Cranz David

Historie von Grönland

Cranz David

Historie von Grönland

ISBN/EAN: 9783337319434

Hergestellt in Europa, USA, Kanada, Australien, Japan

Cover: Foto ©ninafisch / pixelio.de

Weitere Bücher finden Sie auf **www.hansebooks.com**

David Cranz
Historie
von
Grönland
enthaltend
Die Beschreibung des Landes und
der Einwohner rc.
insbesondere
die
Geschichte
der dortigen
Mission
der
Evangelischen Brüder
zu
Neu-Herrnhut
und
Lichtenfels.

Zweyte Auflage.

Mit acht Kupfertafeln und einem Register.

Barby bey Heinrich Detlef Ebers, und in Leipzig
in Commißion bey Weidmanns Erben und Reich.
1770.

Vorrede.

Es ist nunmehr schon über dreßig Jahr, daß der HErr den Evangelischen Brüdern Augspurgischer Confeßion, Gelegenheit verschaffet hat, an der Bekehrung der blinden Heiden in verschiedenen Welttheilen zu arbeiten. Er ist mit ihnen gewesen und hat das Wort ihres Zeugnisses, ihr Gebet und Thränen, ihren Schweiß und Mühe nicht ungesegnet gelassen, sondern ihnen an einigen Orten eine reiche Erndte geschenkt. Wir, die ihnen von ferne zugesehen, haben die Nachrichten, die sie uns von Zeit zu Zeit zugesandt, zwar oft mit Wehmuth und Mitleiden über manche harte Prüfungen, aber mehrentheils mit Dank- und Freuden-Thränen über den herrlichen Sieg, den der HErr ihnen geschenket, gelesen und gehört, und sind dadurch zur Treue im Dienst des HErrn in unserm Theil aufgeregt worden. Ja manche Seele, die in ihrem Lauf ermüdet, ist dabey beschämt und ermuntert worden, sich ihrem Heilande aufs neue hinzugeben, einfältig an Ihn zu gläuben und Ihm anzuhangen.

Wenn dergleichen Nachrichten in den Gemeinen an den monatlichen sogenanten Bet- oder Gemein-Tagen gelesen worden, und sich eben einige auswärtige Freunde oder andre aufmerksame Durchreisende dabey befunden haben und dadurch gerührt worden; so haben sie gemeiniglich ihre Verwunderung bezeugt, warum man nicht zur Ehre GOttes und zur Erbauung der Menschen davon etwas bekant mache? Man wisse an den Orten, wo man doch von allen Unternehmungen der Brüder, obwol auf eine verkehrte Weise, benachrichtiget zu seyn denke, gar nichts von ihrem wahren Segen unter den Heiden. Sie haben gebeten, und es als eine Pflicht gefordert, daß man sowol dem übelberichteten, als dem noch ganz unwissenden und unschuldigen Publico, wenigstens der Nachwelt, etwas vor Augen legen solle, daraus sie sich einen richtigen Begrif von dem Grunde und der Arbeit der Brüder-Gemeine machen könte.

Man hat dem Begehren solcher redlichen Männer ein Genügen thun wollen, und es sind in den Büdingischen Samlungen Stükke von Diariis der Heiden-Boten unter den Negern, Indianern, Grönländern und Hottentotten, Briefe von bekehrten Negern und Indianern, angesehener Männer Zeugnisse von der Mißionarien Arbeit und ihrem Segen an den Heiden, ja selbst Obrigkeitliche Rescripta, die Mißionen der Brüder betreffend, mitgetheilt worden. Es haben aber dieselben den von den guten Freunden erwarteten Nutzen theils nicht gehabt,

(dem

(dem Segen, den sie in der Stille geschafft, nichts benommen,) theils sind sie zu vielen lieblosen Urtheilen, leichtfertigen Spöttereyen, und Versündigungen an einem Werk des HErrn gemißbraucht worden.

Diesen Schaden zu verhüten, hat man lieber damit inne gehalten, das Werk des HErrn in der Stille verehrt, und nur an den Orten, wo man dazu verpflichtet war, gehörige Anzeige davon gethan. Dadurch ist es dann geschehen, daß mancher geglaubt, und das Publicum überreden wollen, es sey an der ganzen Heiden-Arbeit der Brüder nichts; oder sie habe gänzlich aufgehört: und was etwa gelegentlich davon gemeldet worden, sey entweder erdichtet; oder doch für grösser angegeben, als es in der That sey. In dieser Meynung mag man bestärkt worden seyn, da in den Nachrichten aus den Americanischen Ländern, wo die Brüder an den Heiden arbeiten, ihrer zwar sehr oft auf eine unglimpfliche Weise gedacht, ihre Arbeit aber an den Heiden sorgfältig verschwiegen wird. Man hat gegründete Ursachen gehabt, warum man zu dergleichen Verunglimpfungen bishero ganz stille geschwiegen. Man hat auf ruhigere Zeiten gewartet, da man den redlichen Gemüthern, die nicht gleich alles, was nicht in ihrer Verfassung ist, verwerfen, verdrehen und verderben, etwas vorlegen könte, daraus sie sich einen wahren Begrif von der Brüder Arbeit machen möchten.

Diese ruhigere Zeiten scheinen währender allgemeiner Unruhe des letzten Krieges etwas näher gerükt zu seyn, da viele tausend Menschen von allerley Nationen und Gesinnungen und besonders die höchsten Befehlshaber fast aller Armeen Gelegenheit gehabt haben, durch eigenen Augenschein und Umgang, ja oft durch genaue Untersuchung, die Evangelischen Brüder-Gemeinen auf einer ganz andern Seite kennen zu lernen, als sie ihnen durch die grosse Menge von Gegen-Schriften und besonders in den offenbaren Läster-Schriften abgemahlt worden. Die Geduld, mit der man zu allen den Mißhandlungen geschwiegen, hat bey ihnen Bewunderung und Achtung, und diese ein redliches Verlangen erwekt, gründliche Nachricht von der Lehre und Verfassung der Brüder einzuziehen: und was sie davon erhalten haben, ist gewiß gut angewendet worden. Besonders hat die Arbeit der Brüder unter den Heiden Aufmerksamkeit erwekt, und man hat angemerkt, daß manche dadurch einen bleibenden Eindruk bekommen haben, der ihnen zu mehrerm Nachdenken über die Göttliche Kraft des Evangelii Gelegenheit gegeben hat. Desto weniger aber haben sie begreiffen können, warum man von dieser Sache hinauswerts nichts bekant werden läßt. Sie haben mit allerley Gründen die Brüder dazu aufgefordert, und dieses Verlangen hat man auch bey verschiedenen redlichen Theologis und Historicis bemerket.

Man

Man hat also geglaubt, daß eine ausführliche Nachricht von dem Anfang und Fortgang der Arbeit unter den Heiden von vielen, wo nicht von den meisten, die bisher auf den Gang der Brüder-Gemeinen Acht gegeben, wohl aufgenommen und wenigstens von solchen Gemüthern, die das Gute überall, wo sie es finden, zu prüfen und zu schätzen wissen, mit Freude und Erbauung gelesen werden möchte. Denen ein Genügen zu thun und unserm eigenen Volke und sonderlich den Nachkommen, achten wir uns verpflichtet, eine zuverläßige, in die Kürze gezogene und doch ausführliche Nachricht von einem Werk GOttes zu hinterlassen, davon die wenigsten den Anfang und den rechten Zusammenhang erfahren können: damit sie wissen, aus welchen Gründen ihre Vorfahren gehandelt; welche Schwierigkeiten dieselben durchgehen müssen, ehe es zu der Erndte, darein sie gekommen sind, präpariret worden; welche Methode sie befolget; ja, welche Fehler sie begangen, und wie sie dieselben durch GOttes Gnade verbessert haben; kurz damit sie durch die Erfahrung der Alten, weise, und durch ihren Glauben zur treuen Nachfolge ermuntert werden.

Diesen Entschluß hat man noch bey Lebzeiten des seligen Ordinarii Fratrum gefaßt, und für gut befunden, daß mit einer Historie von der Grönländischen Mißion der Anfang gemacht, und derselben eine Beschreibung des Landes und der Einwohner voran gesetzt werden solte. Zu dem Ende hielt man es für nöthig,

nöthig, daß jemand eine Reise nach Grönland
thäte, und weil nur alle Jahr eine Schifs-
Gelegenheit dahin geht, sich ein ganzes Jahr
daselbst aufhielte, um aus dem Augenschein
und aus mündlich- und schriftlichen Nachrichten eine zuverläßige Beschreibung zu verfertigen. Diese Arbeit wurde mir schon im Sommer 1759. angetragen; verschiedene Umstände
aber hinderten, daß ich mich nicht eher als im
Merz 1761. von Neuwied am Rhein auf die
Reise begeben konte. Es wurde aber dieselbe
durch die critische Situation der Armeen, welche an verschiedenen Orten die Posten gehem-
met, und durch zweymalige Anfälle von Krankheiten, so sehr verzögert, daß ich in Copenhagen
zwar noch das Schif, mit welchem der Mißionarius Friedrich Böhnisch nach Grönland zurük-
kehrte, aber nicht genugsame Zeit fand, mich mit
allen nöthigen Hülfsmitteln zu versehen. Alles
was ich auftreiben konte, war Andersons Nachricht von Island und Grönland, des seligen
Herrn Superint. Egede Natürliche Historie
von Grönland, und die Relation oder das
Tage-Buch seiner Arbeit, nebst seiner beyden
Söhne, des Herrn Probst Paul Egede und
des Herrn Capitäns Niels Egede Continuation der Relationen, in Dänischer Sprache.

Mit diesem wenigen Vorrath begab ich
mich den 17 May auf die Reise, mit deren
besondern Umständen ich den geneigten Leser
nicht aufhalten will, weil sie nicht zu meiner
Absicht dienen, und langte am 1 Aug, 1761.
zu Neu-Herrnhut in Grönland an. In ein
paar

paar Wochen begleitete ich den Mißionarius Johann Bek zu der zweyten Mißion in Lichtenfels, und betrachtete mir sowol diese Gegend, als die sieben bis acht wüsten Plätze, wo wir auf der Hin- und Herreise unser Nachtlager nahmen, so gut es in vierzehn Tagen bey ungestümem Regen- und Schnee-Wetter geschehen konte. Von Neu-Herrnhut aus fuhr ich, wenn es seyn konte, mit in die nächsten Inseln, und im Sommer auf den Heringfang, und durchsuchte den einen Arm des Bals-Reviers. Dabey arbeitete ich fleißig an der Natürlichen Geschichte des Landes, worinnen mir die mündlichen Erzehlungen unsrer Mißionarien und der Kaufleute, nebst einigen schriftlichen Aufsätzen, die besten Dienste thun mußten; und war damit sowol, als mit der Mißions-Geschichte zu Stande gekommen, als am 26 Aug. 1762. das Schif einlief, mit welchem ich, nachdem wir die, dreißig Meilen von Godhaab entfernte, Colonie Zukkertop besegelt, nach Copenhagen zurük reiste, wo wir am 2 Dec. einliefen.

Nach meiner Zurükkunft in Herrnhut habe ich meine Aufsätze einigen verständigen und gelehrten Männern durchzulesen gegeben und dieselben theils nach ihren Erinnerungen, theils aus denen mir gütigst mitgetheilten Schriften, die von den Nordlichen Gegenden handeln, verbessert und hie und da vermindert oder vermehret.

Inzwischen erschien in der Michaelis-Messe 1763. eine französische und teutsche Uebersetzung von des seligen Herrn Egede Beschreibung von Grönland. Dieses hätte mich beynahe bewogen, das Publicum mit dem ersten Theil meiner Arbeit zu verschonen und auf dessen Beschreibung, die ich zwar kurz aber sehr zuverläßig gefunden, zu verweisen. Ich habe mich aber auf Ersuchen vieler Freunde anders besonnen: und man wird finden, daß meine Arbeit nicht überflüßig ist. Denn zu geschweigen, daß denjenigen, die unsre Mißions-Geschichte lesen, etwas zur Einsicht der äussern Umstände fehlen würde, wenn sie dieselben nicht beschrieben fänden und keine andere Beschreibung davon zur Hand hätten: so hat der selige Herr Egede viele Umstände entweder gar nicht, oder doch nur sehr kurz berührt. Wer seine Beschreibung schon besitzt, der kan die meinige als einen Commentarium darüber ansehen: wie ich dann dieselbe hauptsächlich zum Grunde gelegt, aus den Continuationen seiner Herren Söhne erweitert, und eben darum nicht citirt habe, weil es gar zu oft hätte geschehen müssen.

Aus dem Inhalt meiner Beschreibung des Landes wird man sehen, daß ich einige bisher entweder ganz unbekante, oder doch nicht deutlich genug erklärte Umstände der Nordlichen Gegenden abhandele, die dem Leser ein mehreres Licht in die Beschaffenheit dieser Mißion geben können.

In dem Ersten Buch, **von der Lage und Beschaffenheit des Landes,** findet sich

unter

unter andren eine zwar noch unvollständige, aber doch nöthige geographische Beschreibung des Landes, der Colonien und Mißionen, ingleichen eine ausführliche Abhandlung von der Beschaffenheit, Verschiedenheit und dem Ursprung des Treib-Eises und Eisberge, wie auch des Treibholzes, davon man bisher wenig oder keine gründliche Nachricht gegeben hat. Das wenige, was man aus dem Stein-und Kräuter-Reich melden kan, ist auch deutlicher und vollständiger geschehen.

Im Zweyten Buch **von den Thieren**, halte ich mich zwar nicht lange bey den Vögeln und Fischen auf, und in der Beschreibung der Wallfische folge ich mehrentheils dem Herrn Anderson: desto ausführlicher ist die Beschreibung der Seehunde, die der Grönländer eigentliche Nahrung und der Kaufleute beste Handels-Waare sind.

Im dritten Buch **von der Grönländischen Nation**, beschreibe ich die Mittel und Weise der Grönländischen Nahrung so deutlich als möglich; führe ihre Lebens-Art, Sitten und Gebräuche etwas ausführlicher aus; handle besonders von ihren Tugenden und Lastern, und suche ihre Begriffe, die sie von der menschlichen Seele, und von den Geistern haben, ihren Aberglauben und ihre wenige Einsicht in natürliche Dinge, in einen Zusammenhang zu bringen, den ich sonst nirgends gefunden habe.

Im vierten Buch von der Geschichte des Landes, habe ich mich bemühet, die davon vorgefundenen Nachrichten nach meiner Zurükkunft aus den Quellen selbst zu nehmen, mit einander zu vergleichen, das verlorne Grönland aus Torfæi Grœnlandia antiqua und aus den Nachrichten, die unsre Mißionarien seit zehn Jahren durch die Grönländer von der Ost-Seite erhalten haben, wie auch das Herkommen der itzigen Wilden und das Aussterben der ehmaligen Norwegischen Einwohner, nach den wahrscheinlichsten Muthmassungen zu beschreiben. Die Geschichte der ersten Colonie und Mißion dieses Landes ist ein bloßer Auszug aus des seligen Herrn Egede Relation von dem Anfang und Fortgang der Grönländischen Mißion bis auf das Jahr 1736.

Was die Schreib-Art betrift, so habe ich mich nicht so sehr der Zierlichkeit als der Deutlichkeit beflissen, und daher manches durch den Gebrauch eingeführtes fremdes Wort stehen lassen, durch dessen Verteutschung der Sinn hätte verdunkelt werden können. Weil ich nicht allzuweitläuftig werden und doch auch keinen nöthigen Umstand vorbeylassen wolte; so werden manchmal die in einem Satz zusammen gehäuften Ideen den Leser etwas aufhalten. Da ich aber bey mehrmaligem Versuch gefunden, daß alle, und besonders unstudirte Leute, bey dem ersten Lesen und Hören den Sinn gleich gefaßt haben; so denke ich die zur Historie erforderlichen Eigenschaften, nicht zu kurz

und

und nicht undeutlich zu seyn, erreicht zu haben. Denen Lesern zu gefallen, die sich nicht ex professo auf die natürliche Geschichte geleget, habe ich die natürlichen Dinge nicht nach den itzt beliebten und den Naturkündigern nöthigen Eintheilungen und Kennzeichen, sondern nach einer gewissen Vergleichung, beschrieben, die dem Gemüth sogleich eine lebhafte und leichte Vorstellung machen kan, und mich besonders gehütet, die Ursachen weit herzuholen, oder unter vielen wahrscheinlichen die rechte zu bestimmen, wo sie nicht gleich in die Augen fällt.

Ich komme nun auf die Haupt-Sache, die Mißions-Geschichte der Brüder in Grönland. Die Quellen, deren ich mich dabey bedienet, sind ihre Diaria, nebst einigen wenigen Briefen. Dieselben habe ich aufmerksam durchgelesen, was mir anmerklich geschienen, ausgezeichnet und nach Art der jährlichen Berichte unter gewissen Hauptstükken erzehlt: Wie das Evangelium, sowol durch der Grönländer, als der Mißionarien Zuspruch, ausgebreitet worden; wie es den Getauften im Aeussern und Innern ergangen; wie sie in der Gnade und Erkentnis Christi zugenommen, vor Abwegen bewahrt, oder davon zurük gebracht, und in mancherley Gefahren behütet und errettet worden; wie die Gemeinen zu-oder abgenommen; nebst dem kurzen Lebenslauf und Character einiger Entschlafenen.

Dabey habe ich nun freylich nicht vermeiden können, daß nicht manchmal ein Jahr wie
das

das andere aussieht, obgleich die Materien verschieden sind. Ich habe daher einigemal angestanden, ob ich es nicht in eine andere und vie kürzere Form giessen solte. Es ist mir aber widerrathen worden: und ich habe mich darinner nach dem vermuthlichen Geschmak der mehresten Leser richten müssen. Dieses werden hauptsächlich unsre eigenen Brüder und ihre Nachkommen seyn: und die wollen umständlich wissen, wie es ihren Brüdern oder Vorfahren bey dem Werk des HErrn ergangen. Theils werden es unsre auswärtigen Freunde seyn, die sich an dem wenigen, was sie bisher von dem Missions-Werk vernommen, erbauet; weil ihnen aber die Geschichte vom Anfang an fehlen, keinen rechten Zusammenhang davon haben. Und viele andre redliche Gemüther, die von der Brüder-Gemeine und ihrer Arbeit entweder keinen, oder einen unrechten Begrif haben, werden froh seyn, daß sie eine Gelegenheit bekommen, bey einem zwar kleinen aber wichtigen Theil ihrer Arbeit, ihrer Denk- und Handelweise Schritt vor Schritt nachzugehen und daraus einen Schluß auf das übrige zu machen. Diesen drey Arten von Lesern, denen es nicht genug ist, den Titel und den kurzen Inhalt eines Buchs zu wissen, und die einem Geschichtschreiber nicht allemal auf sein Wort glauben können, wie er ihnen die Sache vorzustellen beliebt, sondern sie in ihrem täglichen Gange und in den mancherley abwechselnden Umständen selber betrachten und beurtheilen wollen, wird diese Art der jährlichen Berichte nicht zu weitläuftig und langweilig vorkommen.

Aus

Aus eben dieſer Urſach theile ich einige Stükke von Briefen und Diariis mit, und laſſe die Mißionarien manchmal ſelber reden: dabey ich mir die einige Freyheit genommen, ihre Gedanken über eine Sache, die oft an einigen Orten zerſtreut ſind, am rechten Ort zuſammenzuziehen und mit Weglaſſung des Ueberflüſſigen daraus ein ganzes zu machen; jedoch ſo, daß es nicht meine, ſondern ihre Gedanken und Ausdrükke ſind.

Eine zahlreiche und ſchleunige Ausbreitung der Chriſtlichen Religion nebſt vielen ſonderbaren Begebenheiten, muß man bey den Grönländern nicht erwarten. Es iſt eine gar nicht zahlreiche Nation: und wer ſie bey aufmerkſamer Durchleſung des dritten Buchs wird kennen lernen, dem wird es in Betrachtung ihrer Stupidität und wilden Lebensart als ein Wunder GOttes vorkommen, daß doch ſo viele dem Evangelio gehorſam werden, treu bleiben und in der Erkentnis JEſu Chriſti wachſen und zunehmen. Ihre Reden, ihre letzten Stunden, ja ſelbſt manche Abweichungen und darauf erfolgte Zucht und Beſſerung werden zeugen, daß ſie auf dem Einigen wahren Grund erbauet und als zarte Reben in den rechten Weinſtok gepflanzt worden,
  Daran ſie wachſen und kleben
  Und bringen Frucht dazu.

Solche Zeugniſſe habe ich in einer Hiſtorie, die nicht ſowol die äuſſerliche Vermehrung, als das innerliche Zunehmen an Einſicht und Gnade de bezielet, so wenig vorbey gehen können, als ihre Briefe, die sie zum Theil selbst schreiben, meistens aber einem Mißionario in die Feder dictiren. Und da dieselben den bisherigen Lesern das angenehmste gewesen: so hoffe ich, man werde sie in dieser Historie nicht für überflüßig halten; zumal da ich nur die wenigsten, und dieselben oft ins Kurze gezogen, mitgetheilt habe. Die einige Freyheit, die ich mir dabey genommen, ist die, daß ich manchmal aus vielen Briefen eben desselben Grönländers von verschiedenen Zeiten, die mir anmerklichen Aeusserungen seiner Gedanken in einem Brief zusammen gezogen, jedoch allezeit mit Absetzungs-Zeichen unterschieden habe: weil es mir nicht um viele und lange Briefe, sondern nur darum zu thun war, die Denkweise und Herzensstellung unsrer Grönländer an den Tag zu legen.

Ich habe oft gewünscht, daß unsre Mißionarien etwas mehr von verschiedenen zufälligen Begebenheiten und Veränderungen unter ihrem Volk, besonders aber von den öffentlichen Reden der Grönländischen Helfer, und von den gelegentlichen Aeusserungen der Getauften über die Evangelischen Wahrheiten und derselben Erfahrung an ihren Herzen, aufgezeichnet hätten. Ich habe bey meinem einjährigen Daseyn oft erst lange hernach von ohngefehr einige artige Umstände erfahren und dabey vernommen, wie sich dieser und jener Grönländer von verschiedenem Alter und Gnade so naif und herzgefühlig ausgedrukt hat. Daraus habe ich geschlossen, es müsse in den
vor=

vorgefundenen Diariis nur das wenigste davon aufgezeichnet worden seyn. Ja ich habe manchmal Lükken von einigen Tagen und Wochen gefunden, wo nichts, oder doch nicht das, was ich am meisten geschätzt haben würde, aufbehalten worden. Die äusserliche Situation entschuldiget diesen Mangel. Unsere Grönländischen Mißionarii haben oft vor äusserlicher Arbeit, zumal wenn die meisten auf Besuchs-Reisen einige Tage lang abwesend sind, nicht Zeit und Gelegenheit alles sogleich aufzuschreiben; wie dann oft die besten Practici schlechte Theoretici sind, und lieber thun als schreiben. Dieser Mangel hat mir oft Mühe gemacht, den Leser mit der Verschiedenheit der Materien vergnüglich zu unterhalten. Aber eben dieser Mangel hat mich von der Glaubwürdigkeit der Quellen, aus denen ich geschöpfet, versichert, wenn ich auch sonst keine Gelegenheit gehabt hätte, von der Aufrichtigkeit, Einfalt und Treuherzigkeit der Mißionarien aus ihrem persönlichen Umgang und aus dem Augenschein ihrer Arbeit an den Grönländern, überzeugt zu werden. Leute, die nicht gewohnt sind, alles aufzuschreiben, was ihnen vorkommt, und überdas nicht Zeit genug haben, sind noch weniger geneigt eine Sache auszuschmükken. Sie schreiben von Zeit zu Zeit einfältig auf, was mit ihnen vorgeht, um sich selbst nach einiger Zeit die Sachen im Zusammenhang vorstellen zu können, und überlassen dem abwesenden Leser, was er daraus für einen Schluß aufs Ganze machen kan und will. Diesen Vortheil haben die Tage-Bücher bey allen aufmerksamen Lesern, die sich

Zeit und Mühe nicht verdrießen laßen, einer Sache Schritt vor Schritt nachzuspüren, und dabey im Stande sind, sich aus den verschiedenen Vorfällen einen zusammenhängenden Begrif zu machen. Weil sie aber den meisten Lesern zu weitläuftig fallen möchten und viele Sachen gar zu oft wiederholen, oder manchmal am unrechten Ort erzehlen; so habe ich sie kürzer zu faßen und in einem Blik vorzustellen gesucht. Eine gar zu concise Erzehlung der Haupt-Begebenheiten und Veränderungen würde bey den wenigsten Lesern den Zwek erreichen. Daher habe ich die Methode der jährlichen Berichte erwehlet, um den Leser in Stand zu setzen, die innere und äussere Beschaffenheit der Grönländischen Gemeine von Jahr zu Jahr kennen zu lernen, und habe mehrentheils ihm selbst überlaßen, davon zu urtheilen, wie er selber kan und will.

Diese jährlichen Berichte habe ich nach einigen Haupt-Begebenheiten in fünf Abschnitte oder Periodos getheilt.

In dem ersten war der Brüder Arbeit sehr mühsam, aber mehrentheils vergeblich. Dabey wird man ihr treues und geduldiges Aushalten unter allerley Schwierigkeiten und Uebungen von auſſen und innen bemerken, und aus dem jämmerlichen Zustand der Heiden und der damals befolgten Methode, sie zu gewinnen, den nachfolgenden Zustand der Mißion desto beſſer einsehen.

In dem zweyten Periodo, nach der Visitation eines Aeltesten und dem Besuch des ersten Mißionarii in den Brüder-Gemeinen, wird man die Kraft GOttes, die in der einfältigen Predigt von JEsu blutigem Verdienst liegt, in der Erwekkung, Bekehrung und Samlung der sonst so todten, blinden und ungezähmten Heiden erkennen und verehren.

Nachdem dieselben einen ordentlichen Kirchen-Saal und andere zur äusserlichen guten Ordnung nöthige Gebäude erhalten, besonders aber mit dem hohen Gut des heiligen Abendmahls begnadiget worden: so stellt uns der dritte Periodus eine wirklich eingerichtete Grönländische Gemeine dar, die sich von aussen und innen baut, und dem Haus-HErrn, bey allem Elend und Gebrechen, zur Ehre ist.

Bey einer abermaligen Visitation im vierten Periodo wird sie in ihrer Ordnung bestättigt, noch besser eingerichtet, und durch einige aus der Nation bestellte Gehülfen sowol unter sich selbst erbauet, als durch Wort und Wandel von aussenher vermehret: wobey der HErr der Erndte manchen in Seine Scheuren samlet, dessen Ausgang aus der Zeit wol oft schmerzlich, aber für ihn selbst erfreulich und den Nachbleibenden erbaulich ist.

Der fünfte Periodus gibt den Grönländern ihren ältesten Mißionarium wieder, welcher eine neue Mißion aufrichtet, und bald die Freude hat, eine Gemeine zu sehen, die der er-
stett

sten in allem ähnlich ist. Beschreibungen des innerlichen Zustandes der Grönländer nach ihren verschiedenen Graden, kurze Begriffe aus den Reden einiger Grönländischen Helfer, und die Lebens-Umstände, Character und Briefe einiger Entschlafenen machen diesen und den vorhergehenden Periodum zwar etwas weitläuftiger, aber desto nützlicher.

Hierauf folgt im zehnten und letzten Buch die äussere und innere Verfassung der Grönländischen Gemeine, und der Anhang liefert einen Auszug der noch übrigen Briefe, nebst dem kurzen Lebenslauf des Mißionarii Böhnisch.

Indem ich mit Ausfertigung dieser Arbeit beschäftiget war, wurde mir von einem benachbarten Prediger, mit dem ich mich von der Brüder Arbeit unter den Heiden unterhielt, verschiedenes von dem Verlangen redlicher Männer nach zuverläßigen Nachrichten von unserer Heiden-Arbeit erzehlt, und unter andren des seligen Herrn Abt Steinmetz öffentlicher Aufruf gezeiget. Derselbe befindet sich in dem Geistlichen Magazin, Erste Samlung, viertes Stük, Magdeburg 1762. Seite 428. Es heißt daselbst in den Nachrichten aus West-Indien §. 4. (*)

"Da die sogenanten Herrnhuter, wie bekant, seit vielen Jahren mit allergnädigster Königlichen Erlaubnis auf diesen Inseln ein eigenes
Etablis-

(*) Aus Herrn Josias Lorks, teutschen Predigers an unsers Erlösers Kirche zu Copenhagen, Beyträgen zu den neuesten Kirchen-Geschichten, II. Band, S. 92.

Etablissement und die Freyheit haben, sich der armen Heiden anzunehmen: so erfordert die Billigkeit und Vorsicht, dahin zu sehen, daß sie unsren Mißionarien, oder diese ihnen, keine Hinderung in dieser Arbeit verursachen und noch vielweniger durch Streitigkeiten Verwirrung und Schaden anrichten; um so viel mehr, da die Herrnhuter durch eine vieljährige Uebung, sowol in Absicht der Sprache, als in Absicht der Art und Weise, mit den Heiden umzugehen, vieles voraus haben."

Hiebey macht der Herr Verfasser des Geistlichen Magazins folgende Anmerkung:

– – "Dis einige wollen wir hier noch beyfügen, daß die von dem Herrn Past. Lork bemerkten Herrnhuter sich nicht nur auf besagten Dänischen Inseln, sondern auch in mehreren andren Americanischen Landen, und zwar dem Vernehmen nach, nicht ohne Fortgang, angelegen seyn lassen, die Neger oder Mohren-Sclaven zur Christlichen Religion zu bringen. - - - Nur finde an den itztgedachten an sich selbst löblichen Bemühungen der sogenanten Herrnhuter dieses noch zu erinnern, welchergestalt es einem bedenklich fallen müsse, daß sie solche gar heimlich zu halten suchen, und Niemanden, ausser ihrer Gemeinschaft, etwas wollen wissen lassen, weder von der Art ihres Verfahrens mit den Negern, noch auch von der Frucht, die dadurch unter denselben geschafft wird. Halten sie solches ihr Geschäfte für ein Werk GOttes, was Er durch ihren Dienst ausrichten will; so hätten sie sich billig nach dem Ausspruch des Engels B. Tob. 12, 8.

zu richten: Der Könige und Fürsten Rath und Heimlichkeit soll man verschweigen; aber GOttes Werk soll man herrlich preisen und offenbaren. Man hindert sonst das Ihm dafür gebührende Lob, worauf doch aller Gläubigen Herzen bedacht seyn sollen; wenigstens machen sie sich verdächtig, daß sie sich nicht getrauen, ihre Handlungs-Weise mit den Mohren-Sclaven andren zur Prüfung bekant werden zu lassen, ob solche den Göttlichen Vorschriften gemäß eingerichtet sey oder nicht. Die Vernunfts-Bedenklichkeiten, die, so viel mir wissend, dabey obwalten, können mit dem wahren Vertrauen auf den grossen und mächtigen Heiland nicht bestehen. Was Der auszuführen beschlossen hat, wird kein Mensch hindern können, und man bedarf daher nicht aus dessen Besorgung, es so zu verstekken."

Dieses Verlangen des seligen Herrn Abts, für welchen die Brüder-Kirche von je her grosse Achtung gehabt hat, bewog mich die Herausgabe dieses Werks nicht länger aufzuhalten, da vorher noch verschiedene wichtige Gründe, die man just nicht Vernunfts-Bedenklichkeiten nennen kan, obgewaltet, mit dem Druk nicht zu eilen. Ich habe dabey nur noch dieses zu erinnern: daß die Brüder ihre Heiden-Arbeit vor denen, die darum wissen müssen, nie heimlich zu halten gesucht haben. Sie ist denen Landes-Herren, unter deren Botmäßigkeit sie an den Heiden arbeiten, und Deren nachgesetzten Collegiis gnugsam und zu ihrem gnädigen Wohlgefallen bekant worden: ja es ist vielen redlichen Personen ausser unsren

ren Gemeinen auf Verlangen manches davon mitgetheilt worden; derer Stükke, die in den Büdingischen Samlungen dem Publico vorgelegt worden, nicht einmal zu gedenken. Zudem liegt ihre Arbeit an den Orten, wo die Gemeinen aus den Heiden gepflanzt sind, öffentlich am Tage, und die Früchte müssen zeigen, ob der Baum gut ist, ob der Grund nach der Vorschrift des Göttlichen Worts gelegt worden, und ob nach der wahren Ordnung des Heils darauf gebauet wird.

Hievon könten manche schöne mündliche Aeusserungen und schriftliche Zeugnisse, die von Augen-Zeugen ausser unsrer Verfassung, gehörigen Orts an ihre Obern auf Erfordern abgelegt worden, angeführt werden, wenn es die Umstände der Zeit, darinnen wir uns dermalen noch befinden, verstatteten. Ich will an deren Stelle für dismal den geneigten Leser auf des Herrn Johann Lorenz Carstens, Directeurs der Dänischen West-Indischen Compagnie auf der Insel S. Thomas, Declaration wegen der Brüder Arbeit daselbst, wie sie den Büdingischen Samlungen, Theil II. Seite 197. bis 215. einverleibt worden, (*) verweisen, und daneben noch drey Zeugnisse von drey verschiedenen

Missi-

(*) Vielleicht könte der Einfältige Aufsatz der Evangelisch-Mährischen Kirche wegen ihrer bisherigen und künftigen Arbeit unter den Wilden, Sclaven und andern Heiden, d. d. 11 Jul. 1740. (in den Büdingischen Samlungen 1 Theil Seite 182.) dem geneigten Leser manches Licht in der Brüder Beruf, Absicht, Lehr-Grund und Methode der Heiden-Arbeit geben.

Mißionen, davon das erste und letzte ohne unser Wissen und Zuthun im Druk erschienen, mittheilen.

Von den Grönländern schreibt der Kaufmann Lars Dalager, damals bey der Colonie Friedrichshaab, zum Schluß seiner Grönländischen Relation vom Jahr 1752. Seite 91. also:

— — " Ich will nur mit wenigen Worten sagen, daß die Mährischen Brüder nicht weniger durch ihren vernünftigen und sanftmüthigen Umgang, als durch ihre liebreiche Invitation vermittelst Evangelischer Friedens-Predigten die grosse Anzahl Grönländer, die wir bey ihnen sehen, erworben haben. Ich will ihre Lehre und Lehrart nicht demonstriren oder vertheidigen, weil dieselbe mehr als genugsam bekant ist. Ich will nur so viel sagen, daß, wenn ich nachdenke, mit welcher Noth, Kummer und Verachtung sie die ersten Jahre hier im Lande haben verbringen müssen, und wie sie nun nach Verlauf einiger Jahre eine schöne kleine Kirche oder Versamlungshaus aufgebaut haben, wie man am Sonntage mehr als dreyhundert Grönländer hineinströmen sieht, und Lob- und Dank-Lieder anstimmen hört: so falle ich in Verwunderung, weil meine Vernunft und Sinnen keinen Grund dazu finden können; muß aber endlich den Schluß machen: Siehe, hier ist mehr dann der Menschen Finger."

Von den Indianern in Nord-America findet sich in den Büdingischen Samlungen, dritter Band, Seite 282. vom Jahr 1743. folgendes Schreiben eines Königlichen Richters,

Con-

Conrad Weiser, der von den Brüdern sonst nicht allemal das Beste geredet hat:

"Der Indianer ihr Glaube an den HErrn JEsum, ihre Einfalt und unverstelltes Wesen, ihre wesentliche Empfindung der durchs Blut JEsu zuwege gebrachten und von den Brüdern gepredigten Gnade, gab mir den allergrößten Eindruk und Glaubens-Gewißheit, daß der HErr mit euch ist. Es war mir, als sähe ich ein Häuflein der ersten Christen beyeinander. Ihre Alten saßen in der Versamlung theils auf den Bänken, und wegen Enge des Raums, auf dem Grunde, mit grosser Gravität und Andacht, und hörten dem Bruder P. zu, als ob sie ihm die Worte aus dem Herzen hören wolten. Johannes (*) war Dollmetscher und hat es aufs allerschönste verrichtet. Ich halte ihn für einen Mann, der mit Geist und Kraft gesalbet ist. ---- Kurz zu sagen, ich rechne es mit unter die grössesten Gnaden, die mir in meinem Leben geschenkt sind, daß ich in Schekomeko gewesen bin. Der Spruch: JEsus Christus, gestern und heute und in Ewigkeit, war ganz neu und lebendig in meinem Herzen, als ich die Patriarchen der Americanischen Kirche daherum sitzen sahe, als Zeugen des Versöhnungs-Opfers unsers HErrn JEsu Christi. Ihr Gebet müsse hinaufkommen vor GOtt, und aus dem Himmel müsse gegen ihre Feinde gestritten werden!" u. s. w.

Diesen beyden Augen-Zeugen will ich das rühmliche Zeugnis beyfügen, das der selige Herr Pro-

---

(*) Ein Indianer, von dem ein schöner Brief in den Büdingischen Samlungen, zweyter Band, Seite 685. zu finden.

Procancellarius Pontoppidan zu Copenhagen in einer Vorrede zu Ludwig Ferdinand Römers Nachricht von der Küste Guinea 1760. von der Brüder Arbeit unter den Negern in den Dänisch-West-Indischen Eylandern abgelegt hat. Weil ich die Schrift selbst noch nicht im Teutschen gesehen, so will ich des Herrn Verfassers Worte aus dem Dänischen übersetzt, mittheilen.

"Nach meinem Augenmerk ists genug, daß bemeldte Neger zum wenigsten dort (nemlich auf den Zukker-Plantationen in West-Indien) mehr als in ihrem Vaterlande dem Lichte nahe kommen. Hiezu kommt dieses, daß die sogenanten Mährischen Brüder (deren Worte und Vornehmen in Europa ich übrigens nicht gänzlich approbiren kan) doch gewiß genug in America, und insbesondere auf St. Crux Dank verdienen und von vielen gerühmt werden, die Augen-Zeugen ihrer Arbeit am Evangelio gewesen sind. Doch was für ein Evangelium? möchte man sagen. Hier zu Lande geschiehet es oft, daß der Fortgang des Evangelii von demselben antinomischen Geist gehindert wird, der zur Reformations-Zeit, ja, was sage ich, schon zu Pauli Zeit, das Gesetz durch die Gnade abschaffen wollen, da das Letzte oft ärger wird als das Erste. Ich antworte: Das war auch meine Furcht, bis ich im Gespräch mit einigen aus West-Indien zurükgekommenen redlichen, Christlichen und nicht just Herrnhutisch gesinnten Proprietären zu meiner Verwunderung versichert worden bin, daß, wie auch die Herrnhuter an andren Orten seyn oder nicht seyn möchten,

ten, sie doch auf St. Crux weit grössere und kentlichere Frucht verschaffen, als man an andren Orten von den ordentlichen Lehrern der Gemeinen sieht. Denn es fänden sich auch unter den allerwildesten und rauhesten Neger-Sclaven, die in ihrem Vaterland alle Menschlichkeit verloren zu haben schienen, sehr viele Exempel einer so aufrichtigen und bleibenden Bekehrung zu Christo, das ist, zu Seinem Sinn und zur Nachfolge Seines Exempels, daß, wenn die Regel noch veste stehe: An ihren (nemlich der Propheten) Früchten sollt ihr sie erkennen; so müßte man der Wahrheit beypflichten, GOtt die Ehre geben und zugestehen, daß in manchen ordentlichen Gemeinen oft nicht so viele selige Amts-Früchte gefunden werden, als unter den Sclaven in gedachten Dänischen Colonien. Zum Beweis davon dienet unter andren, daß mancher Herr daselbst, der durch seinen eigenen Lebenswandel gnugsam zeigt, daß er und sein Haus GOtt nicht fürchtet, und also um GOttes willen den Herrnhutern gewiß nicht gewogen ist, sie doch aus einem andern Grunde lieb hat, nemlich um seines eigenen zeitlichen Vortheils willen, wie Laban den Jacob als einen glüklichen und nützlichen Hausdiener lieb hatte. Es will immer ein Herr lieber als der andere die Brüder auf seine Plantage haben, weil sie seine Sclaven zu Christen machen. Und daß das geschiehet, erkennet man daran, daß sie von der Zeit an weder lügen und stehlen, noch Aufruhr oder sonst was böses anrichten, sondern ihrem Herrn die allertauglichsten und besten Arbeiter werden. Ich freue mich, daß ich bey dieser Gelegenheit der Wahrheit unpartheyisch

partheyisch ein Zeugnis geben kan, und dieses mi solcher Freymüthigkeit, daß ich zu dessen Beweis mich auf verschiedener itzt hier wohnender redlicher Männer einstimmiges Geständnis berufen, und wer dieselben sind, denenjenigen sagen kan, die die Sache in Zweifel ziehen. GOtt allein die Ehre!"

Demselbigen GOtt und dem Lamm, das geschlachtet ist und hat uns erkauft mit Seinem Blut aus allerley Geschlecht und Zungen und Volk und Heiden, gebühret allein Ehre und Preis für dieses gesegnete Werk. Was Menschen durch ihr treues und geduldiges Aushalten, durch die Predigt des Evangelii, und durch sorgfältige Pflege der Seelen dazu beygetragen haben, ist das geringste. Der Geist des HErrn ist es, der dem Wort Kraft gegeben, und diese arme Heiden durch das Evangelium berufen, gesamlet, erleuchtet und bey JEsu Christo erhalten hat im rechten einigen Glauben. Derselbe segne und salbe diese einfältige Nachricht von der Grönländischen Heiden-Gemeine, und lasse einen jeden Leser etwas von der Gnade unsers HErrn JEsu Christi empfinden, die die Arbeiter derselben bey der Verkündigung des Evangelii und bey den heiligen Sacramenten in reichem Maaß geniessen und den Lesern der bisherigen einzelen Nachrichten nicht weniger als mir, bey meiner vierzehnmonatlichen Anwesenheit und der Abfassung dieser Mißions-Geschichte, Freude, Dankbarkeit und Beschämung erwekket hat.

Herrnhut am Gedenk-Tage der ersten Heiden-Mißion, den 21sten Aug. 1765.

Erklärung der Kupfertafeln.

I. General-Charte von Grönland.

II. Special-Charte von der Gegend um die Fischer-Fiorde und das Bals-Revier. Die Erklärung der Grund-Risse von Neu-Herrnhut und Lichtenfels findet man bey N. VIII.

Kan zu B. I. §. 3. und 4. gebunden werden.

III. Ein Grönländer, wie er von der See kommt, den Kajak unter dem Arm tragend, nebst einem Grönländischen Hause und einem Seehund.

Eine Grönländerin, ein Kind im Kleide auf dem Rükken, in der rechten Hand ein Weiber-Messer, in der linken einen Wasser-Eimer tragend; daneben ein Zelt mit geöfnetem Vorhang, und einige See-Vögel.

Gehört zu B. III. §. 3.

IV. Profil eines Grönländischen Hauses, nebst dem Grundriß.

Gehört zu B. III. §. 4.

V. Die zur Wasser-Jagd gehörigen Pfeile.

1.) Erneinek, oder Harpun-Pfeil zusammen gestekt mit dem Werfbret, dem Riemen und der Blase.

2.) Eben derselbe aus einander gelegt.

   a. Die beinerne Harpune mit der eisernen Spitze.

   b. Der beinerne Stift.

   cc. Beinerne Knöpfe, den Pfeil am Kajak zu bevestigen.

   dd. Ring und Stift, die Harpun vermittelst des Riemens am Schaft zu bevestigen.

   e. Die Beinfedern.

   f. Das Werfbret.

   gg. Beinerne Stiftgen, das Werfbret am Schaft zu bevestigen.

3.) Ang-

3.) Angovigak, die grosse Lanze, zusammen gesteckt.
4.) Eben dieselbe mit ausgebrochenem beinernem Stift und der eisernen Spitze.
 a. Der ausgehölte beinerne Ring, worinnen der Stift bevestigt wird.
 bb. Beinerne Stifte, zu besserer Haltung mit dem Daumen und Finger.
5.) Kapot, die kleine Lanze.
6.) Agligak, der Werfpfeil.
7.) Eben derselbe auseinander gelegt.
 a. Beinerner Stift mit dem eingehakten Eisen.
 b. Die Blase, oder Schlund.
 c. Beinerner Pfropfen, den aufgeblasenen Schlund zu verstopfen.
 d. Ein fischbeinerner Reiffen.
8.) Nugnit, der Vogelpfeil.
 a. Das Pfeileisen, mit Fischbein im Schaft bevestigt.
 b. Die Beinfedern mit Widerhaken, im Schaft eingesetzt und mit Fischbein bevestigt.
 c. Beinernes Stiftgen, das Werfbret daran zu bevestigen.
 Gehört zu B. III. §. 6.

VI. 1.) Umiak, oder Weiberboot.
 2.) Eben dasselbe im Profil.
 Gehört zu B. III. §. 7.

VII. 1.) Ein Grönländer im Kajak oder Mannsboot, einen Seehund werfend.
 a. Die aufgerollte Leine.
 b. Die an der Leine bevestigte Blase.
 c. Das Pautik oder Ruder.
 2.) Der Kajak im Profil, nebst Werkzeug.
 gehört zu B. III. §. 8.

VIII. 1.) Neu-Herrnhut im Bals-Revier.
 1. Das Wohn- und Versamlungs-Haus.
 2. Der rechte Flügel, darinnen die Schulstube, Küche, Bekkerey und Brunnen.

3. Der

3. Der linke Flügel oder das Europäische Proviant- und Holz-Haus.
4. Der Garten.
5. Der Bach.
6. Das Europäische Boot-Haus.
7. Grönländische Häuser.
8. Der Grönländer Proviant-Haus.
9. Der Gottes-Akker.

2.) Lichtenfels in der Fischer-Fiorde.
1. Das Versamlungs-Haus.
2. Der Garten.
3. Grönländische Häuser.
4. Zelte.
   Auf dem Grund-Riß ist aus Versehen N. 4. zum Boot-Hafen gesetzt worden.
5. Stein-Warte, oder Wege-Zeiger der Schiffe.
6. Gottes-Akker. Ist nur auf dem Grund-Riß zu sehen.
7. Das alte Grönländische Haus Akonamiok, davon dieser Platz den Namen hat.
   gehört zu B. X. §. 1.

§. 4.

Der
Grönländischen Historie
Erstes Buch,
Von der Lage und Beschaffenheit des Landes, des Meeres, der Luft und der Erde, den Stein-Arten und Gewächsen.

Inhalt.
I. Abschnitt.
Von dem Lande überhaupt.

§. 1. Von der Lage und den Grenzen des Landes.

§. 2. Von dem Namen und der Gestalt des Landes überhaupt.

§. 3. Geographische Beschreibung. Die Colonie und Mißion Friedrichs-Haab und Fischer-Loge, nebst der Mißion Lichtenfels.

A §. 4.

§. 4. Die Colonie und Mißion Godhaab und Zukkertop nebst der Mißion Neu-Herrnhut. Summarische Berechnung der Einwohner des Landes.

§. 5. Die Colonie und Mißion Holsteinburg, Südbay und Egedesminde.

§. 6. Disko-Bucht und Eyland, Colonie und Mißion zu Christianshaab, Claushavn und Jacobshavn.

§. 7. Colonie Rittenbenk und Noogsoak. Beschaffenheit des Nordlandes.

§. 8. Beschaffenheit des Südlandes bis Statenhuk.

II. Abschnitt.
Von dem Meer und Eise.

§. 9. Von der nunmehr mit Eis verstopften Frobisher-Straße.

§. 10. Von der Eis-Blink.

§. 11. Beschaffenheit des Eises, besonders der schwimmenden Eisberge, wo und wie dieselben entstehen.

§. 12. Beschaffenheit der schwimmenden Eis-Felder.

§. 13. Gefährlichkeit des Treib-Eises für die Schiffe.

§. 14. Muthmaſſungen von dem Urſprung der groſſen Eis-Felder.

§. 15. Beſchreibung eines veſten Eis-Feldes im Bals-Revier.

§. 16. Jährlicher Zu- und Abfluß des Treib-Eiſes.

§. 17. Von dem in der See ſchwimmenden Treib-Holz, und wo daſſelbe herkömmt.

§. 18. Von der Ebbe und Fluth und den Waſſer-Quellen und Flüſſen.

III Abſchnitt.

Von der Luft und den Jahrs-Zeiten.

§. 19. Witterung im Winter und Froſt-Rauch.

§. 20. Vom Sommer und der mit der Hitze abwechſelnden Kälte und Nebel. Verſchiedenheit der Winter.

§. 21. Geſunde Luft. Veränderung des Wetters. Regen, Winde und Stürme. Gewitter und Erdbeben.

§. 22. Tag- und Nacht-Länge. Mond- und Nord-Schein, nebſt andren Luft-Erſcheinungen.

§. 23. Anmerkungen über das Wetter vom Aug. 1761. bis dahin 1762.

IV Abschnitt.

Von den Stein= und Erd=Arten.

§. 24. Beschaffenheit der Berge überhaupt.

§. 25. Von verschiedenen Stein=Arten, besonders dem Weichstein, Asbest und Grönländischen Crystallen und Granaten.

§. 26. Von Steinkohlen, Marcasiten, Erzen und versteinerten Sachen.

§. 27. Von verschiedenen Erd=Arten, besonders dem Torf.

V Abschnitt.

Von den Erd= und See=Gewächsen.

§. 28. Von den Erd=Gewächsen, besonders den Kräutern.

§. 29. Vom Gras und Garten=Gewächs.

§. 30. Vom Moos.

§. 31. Von Heide=Kräutern und Gesträuchen und deren Beeren.

§. 32. Von den See=Gewächsen.

I Abschnitt.

I Abschnitt.
Von dem Lande überhaupt.

§. 1.

Grönland ist das äusserste Stük Land, das in Norden zwischen Europa und America liegt, und von den Geographis gemeiniglich unter die noch unbekanten nordlichen Länder gerechnet wird. Es erstrekt sich von der südlichsten Spitze, dem Vorgebirge Farewell und Statenhuk, im 59sten Grad rechter Hand Nord-Ostwerts gegen Spitzbergen zu, bis in den 80sten Grad, und linker Hand, dem nordlichen America gegen über, Nord-West- und Nordwerts bis etwa in den 78sten Grad. So weit sind die Küsten dieses Landes entdekt worden.

Ob es eine Insel sey, oder mit andren Ländern zusammenhange, hat bisher noch nicht ausgemacht werden können; da noch kein Schif wegen des Eises das äusserste Ende gegen Norden erreicht hat.

Die Vermuthung, daß es gegen Osten mit Spitzbergen, Nova Jembla und der Tartarey zusammenhänge, fällt nach den neuern Entdekkungen der Holländer und Russen, wenn nicht gänzlich, doch ziemlich wahrscheinlich weg. Daß das Land auf der Nord-West-Seite mit America grenze, ist mit mehr Wahrscheinlichkeit zu vermuthen: Weil erstlich die Strasse Davis, oder besser Baffins-Bay, gegen Norden im 78sten Grad sich immer enger zusammen zieht; zum andern, das Land, welches sonst bey der offenen See sehr hoch ist, gegen Norden immer niedriger wird; und drittens, die Fluth, welche bey Statenhuk, ja noch beym Coffins-Sund im 65sten Grad bey Neu- und Vollmonden achtzehn Fuß steigt, in Norden über Disko hinaus so abnimt, daß sie im 70sten Grad nicht viel über acht Fuß ausmacht und sich vermuthlich endlich gar verliert. (*) Wozu noch viertens der Grönländer Erzehlung kommt, (worauf doch nicht viel zu bauen ist,) daß nemlich die Strasse sich so enge zusammen ziehe, daß sie auf dem Eise den Einwohnern auf der andren Seite zuruffen und mit ihnen zugleich von beiden Seiten einen Fisch treffen können; es gehe aber ein so starker Strom von Norden in die Strasse, daß sie nicht zu einander kommen könten.

§. 2.

Den Namen Grönland hat die Ost-Seite dieses Landes vor einigen hundert Jahren von den Norwegern und Isländern, die es zuerst entdekt haben, bekommen;
weil

(*) Ellis Reise nach Hudsons Meerbusen, zu Entdekkung der Nord-Westlichen Durchfahrt. S. 48. und 51. Aus diesem Grund hat der Englische Seemann Baffin die Hoffnung, durch die Strasse Davis eine Durchfahrt in die Süd-See zu finden, aufgegeben, und folglich geschlossen, daß Grönland mit America zusammenhange.

weil es grüner bewachsen geschienen, als Island. Diese Seite, die man gemeiniglich das alte oder verlorne Grönland nennt, ist uns fast gänzlich unbekant; weil sie wegen des vielen Treib-Eises bisher noch nicht hat besegelt werden können.

Es stehen einige in den Gedanken, als ob das alte Grönland, das von den Jsländischen Schriftstellern so herrlich und mit Kirchen und Dörfern angebaut, beschrieben wird, nunmehro verloren und nicht mehr zu finden sey, und fragen daher, ob man bey den Grönländern keine Nachricht davon einziehen könne? Man kan aber die West-Seite, mit eben dem Recht als die Ost-Seite, das alte, verlorne und, seitdem man es besegelt, wieder gefundene Grönland nennen; weil die alten Norweger daselbst ebenfals ihre Wohnungen und Kirchen gehabt, wovon man noch deutliche Spuren findet, und der Boden, wenigstens itzo, nicht weniger hervorbringt, als auf der so sehr berühmten und gesuchten Ost-Seite.

Wenn die Schiffer Grönland nennen, so verstehen sie darunter gemeiniglich die über Lappland zwischen dem 75sten und 80sten Grad belegenen Inseln Spitzbergen, nebst der gegen über liegenden Ost-Seite von Grönland; und wenn man ihnen von einer Heiden-Mißion in Grönland vorsagen wolte; so würden sie es für eine Erdichtung halten; weil sie wissen, daß daselbst keine Menschen wohnen. Die West-Seite, die nunmehro wieder vom 62sten bis 71sten Grad von Europäern bewohnt ist, nennen sie Straat-Davis, die Straße Davis, von dem grossen Meerbusen, welcher Grönland von America scheidet, und 1585. von dem Engländer, John Davis, auf seinem Versuch einer Nord-westlichen Durchfahrt, zuerst entdekt und seitdem, des Wallfischfangs halber, von allerley Nationen, besonders von den Holländern, die uns auch die besten Charten davon geliefert haben,

häuffig

häuffig befahren worden. Eigentlich nennt man nur die Meer-Enge, die sich zwischen dem Vorgebirge Walsingham auf James-Eyland in Nord-America und der Sud-Bay in Grönland vom 67sten Grad bis in den 71sten über Disko-Eyland hinauf erstrekt, und etwa dreißig Meilen breit ist, die Strasse Davis; denn bis dahin ist zwischen Grönland und Terra Labrador ein weites Meer: Die Schiffer aber nennen gern das ganze Gewässer an der West-Seite mit diesem Namen.

Diese Seite ist ein hohes, felsigtes und dürres Land, und erhebt sich an den meisten Orten gleich an der See zu hohen Bergen und unzugänglichen Klippen, die man über zwanzig Meilen weit im Meer sehen kan. Dieselben sind, ausser den obersten gar zu steilen und glatten Felsen, beständig mit Eis und Schnee bedekt, welches auch schon alle erhabene Flächen und viele Thäler angefüllt hat und vermuthlich von Jahr zu Jahr zunimt. Die vom Schnee entblösten Felsen und Klippen sehen in der Ferne dunkel-braun und ganz kahl aus: in der Nähe aber sieht man sie mit vielen Adern von farbigten Steinen durchstreift, hie und da mit ein wenig Erde und Torf bedekt und mit kleinem Gras und Heidekraut, und in den Thälern, wo auch verschiedene kleine Bäche und Teiche sind, mit niedrigem Gesträuch bewachsen.

Die Küste ist mit vielen Buchten und weit ins Land gehenden Fiorden oder Meerbusen durchschnitten, und mit einer unzehligen Menge kleiner und grosser Inseln, wie auch offenbarer und blinder Klippen oder Schären bedekt.

Wer die Norwegischen Küsten gesehen hat, der kan sich eine ziemliche Vorstellung von Grönland machen; nur mit dem Unterscheid, daß die Felsen hier nicht mit Bäumen, und die Thäler nicht so mit Gras bewachsen sind, und daß die Berge nicht erst in der Weite, sondern bern gleich beym Meer sehr hoch und spitzig zu lauffen; wiewol auch hie und da lange flache Gebirge, (Juga Montium) aber mit immerwährendem Schnee und Eis bedekt, zu sehen sind.

§. 3.

Von diesem wilden und so wenig bewohnten Lande ist wol keine grosse geographische Beschreibung zu machen: denn ausser der Küste ist das Land gar nicht, und am Wasser nur sehr dünne, bewohnt. Ich will aber doch einen kleinen geographischen Versuch machen und aus der Beschreibung der Küste durch einen Kaufmann, der viele Jahre im Lande gedient, einige Merkwürdigkeiten mittheilen.

Von Statenbuk bis in den 62sten Grad, oder wie die Einwohner zu reden pflegen, in Süden, wohnen zwar die meisten Grönländer, aber keine Europäer. Das Land ist uns also noch sehr wenig bekant. Davon sowol, als was uns Nordwerts noch unbekant ist, will ich zulezt etwas aus der Grönländer Erzehlungen anmerken. Das erste ist also:

Erstlich, die Colonie Friedrichshaab, d. i. Friedrichs Hoffnung, im 62sten Grad, im Jahr 1742. von dem Handelsmann, Herrn Jacob Severin, der damals von Jütland aus die Handlung nach Grönland trieb, auf einer Näs oder vesten Landes-Spitze, von den Grönländern Pamiut, ein Schwanz genant, angelegt; ein guter Handels-Platz und Hafen, eine Viertel-Meile von der offnen See. Zu den Inseln, wo die Holländischen Handels-Schiffe ehedem einen Hafen gehabt haben, wohnen viele Grönländer, und haben einen guten Fisch-, Seehund- und Rennthier-Fang. Die ersten Kaufleute, Gelmeyden und Lars Dalager, und der erste Mißionarius hieselbst Arnold von Westen Syko, wurden von Godhaab dahin überbracht. Es ging mit dieser Colonie im Anfang sehr unglüklich. Das eine Schif,

welches

welches die ersten Einwohner von Godhaab dahin brachte, verunglükte auf der Rükreise nach Jütland mit Mann und Maus. Das andere Schif, welches die Colonie-Gebäude herüber geführt hatte, mußte in Norwegen mit vielen Kosten überwintern. Im Jahr 1743. verunglükte das dahin destinirte Proviant-Schif ebenfals in der See; und von dem Proviant, der von Godhaab dahin überlassen wurde, ging die Helfte mit zwey Mann verloren. Im Jahr 1744. stieß sich das Schif, acht Meilen von der Colonie, bey hellem Tage an einem Eisstük ein Loch, und nur die Mannschaft kam in einem Boot ans Land, nachdem sie zwey Tage und Nächte in der See zugebracht. In den folgenden Jahren hat das Schif einigemal wegen des Treib=Eises nicht einlauffen können; da man dann den Proviant bey der Colonie Godhaab ausladen und einige dreißig Meilen weit mit Booten dahin schaffen müssen. Seit einigen Jahren hat man nicht so grosse Noth vom Eise gehabt; die Colonie ist fast von neuem wieder aufgebaut worden, und treibt nunmehro einen guten Handel mit Seehund-Spek, Fuchs-und Seehund-Fellen. Der itzige Kaufmann heißt Petersen; der Mißionarius Müllenfort, und der Catechet Joachim Grönbek. Daneben sind sechs bis acht Bootsleute, und darunter einige mit Grönländerinnen verheyrathet.

Ein paar Meilen von der Colonie Nordwerts ist eine Fiorde, darinnen ausser den gewöhnlichen Angmarset, oder Grönländischen kleinen Heringen, auch manchmal grosse Heringe gefangen werden.

Sechs Meilen von der Colonie liegt die bekante Eis-Blink, in der Charte de witte Blink genant. Das ist ein grosses hohes Eis-Feld, dessen Glanz in der Luft, wie der Nordschein, viele Meilen weit in der See gesehen werden kan. Die Mündung der dasigen Fiorde ist mit vielen von der Ebbe aus derselben herausgetriebenen

benen grossen Stükken Eis dermassen verstopft worden, daß es von Land zu Land über einige Inseln weg gleichsam eine gewölbte Eis-Brükke von vier Meilen lang und einer Meile breit ausmacht. Die Oeffnungen oder Wölbungen derselben, da man durchfahren könte, wenn man sich nicht vor denen öftern herabfallenden Eis-Stükken fürchten müßte; werden zwanzig bis sechzig Ellen hoch geschätzt. Durch dieselben treibt die Ebbe die von den Bergen herab gestürzten Eis-Stükke in die See. Wenn die Grönländer in die Fiorde wollen, so tragen sie ihr Fahrzeug auf dem Kopf übers Land, und finden alsdann zehn Meilen lang und etwa eine Meile breit offen Wasser. Man findet Plätze, wo sonst Grönländische Häuser gestanden haben; welches anzeigt, daß die Mündung der Fiorde ehedem offen gewesen. Die Land-Spitzen, die zu beiden Seiten der Eis-Blink sich ins Meer hinausstrekken, bestehen aus Sandbänken; und der Sand ist so fein und leicht, daß der geringste starke Wind die Luft damit wie mit einem Nebel verdunkelt, und den Menschen, noch sechs Meilen davon, Augen und Mund voll wehet.

Etwa sechzehn Meilen von der Colonie geht eine mit Eis bedekte Oeffnung ins Land hinein, welche in der Charte der Bär-Sund genant wird, und ehedem eine Durchfahrt auf die Ost-Seite gewesen seyn soll. Daselbst finden sich, nach der Grönländer Aussage, noch Rudera oder Ueberbleibsel von alten Norwegischen Gebäuden.

Nicht weit davon ist im Lande eine See von Brakober Halb-Salz-Wasser, indem das See-Wasser durch zwo kleine Oeffnungen mit der Fluth hinauf geht. Im Frühjahr gehen die gesprenkelten Seehunde häuffig in diesen See ein, und werden, nachdem das Wasser mit der Ebbe gefallen, von den Grönländern mit leichter Mühe gefangen.

Im

Im 63ſten Grad, achtzehn Meilen No[rd]
drichs-Haab, (*) iſt eine ſchmale Fiorde, [ ]
lang, welche der erſte Miſſionarius Egede [ ]
Menge verſchiedener Fiſche, die Fiſcher-Fi[orde]
hat. (**) In der Mündung dieſer Fiorde l[iegen]
den kleinern zwo groſſe Inſeln, drey bis [ ]
len im Umkreis. Am Ende der ſüdlichen [ ]
ſtarke Meile von der See liegt:

Zweytens, die Fiſcher-Loge auf einem [ ]
men und mit vielem groſſen Gras bewachſe[n]
Die Grönländer benennen dieſe Gegend von [ ]
über liegenden Inſel Kikkertarſueitſiak, u[nd]
ſich auf ihrer Fahrt nach einem hohen Berg [ ]
ben, nach deſſen Verhältnis mit andren Berg[en]
ſie die Plätze, wo ſich Seehunde aufhalten, [ ]
wiſſen.

Die Loge iſt im Jahr 1754. auf Ordre der [ ]
nen Handels-Compagnie von dem Aßiſtenten [ ]
haab, Anders Olſen, angelegt worden; und [ ]
Kaufmann oder Ober-Aßiſtent heißt Schade. [ ]
[L]oge iſt nur darinnen von einer Colonie unter[ ]
[da]ß der Kaufmann unter der nächſten Colonie [ ]
weniger Mannſchaft hat. Die Handlung iſt hie[r]

(*) Man kan die Grade und Minuten eines Pla[tzes]
recht beſtimmen; und die Entfernung eines Ort[s]
man nach der Krümme zwiſchen den Inſeln nac[h]
ſchen Meilen, die etwas gröſſer als die Teutſch[en]
ſo viel man etwa bey ſtillem Wetter in zwey [ ]
rudern kan.

(**) Itzo werden gar wenig Fiſche daſelbſt gefangen,[ei]
nige Arten ſieht man gar nicht mehr. Die Grö[nländer]
ſagen, es hätte einige unter ihnen denen Nepiſ[ ]
Rogen=Fiſchen den Rükken aus Muthwillen abgeſ[chnitten]
und ſie wieder ins Waſſer geſetzt; und ſeitdem [ ]
dieſe Fiſche ihre Gegend gänzlich verlaſſen.

drick
lang
Mer
hat.
den
len
stark

men
Die
übe
sich
hen
sie
wiss

nen
haa
Kai

daß
wei

mäßig, weil wenig Grönländer in der Gegend wohnen. Eine starke halbe Meile davon an eben der Insel, Seewerts, haben die Evangelischen Brüder seit 1758. ihre zweyte Mißion errichtet. Dieselbe heißt Lichtenfels, und wird an ihrem Ort umständlicher beschrieben werden.

Oben in der Fiorde findet man auch Ruinen und dabey Metall wie Glokken-Gut; welches vermuthlich Stükke von der alten Norweger Kirchen-Glokken sind.

Zwey Meilen von der Loge ist Innuksak, ein Grönländischer Wohn-Plaz, und drey Meilen weiter die Gräder-Fiorde, wo auch Grönländer wohnen. Eine Meile davon ist eine grosse Bucht mit einem flachen sandigen Lande, welches wegen seiner Grösse und Ebene der Muster-Plaz genant wird, aber unbewohnt ist. So weit erstrekt sich die Handlung der Loge Nordwerts, welche nebst der Colonie Friedrichs-Haab von einem Schif besegelt wird.

§. 4.

Nach diesem kommen zwey Meilen weiter die Inseln Kellingeit, oder wies die Dänen nennen, Klingarne, die schon unter der Handlung der nächstfolgenden Colonie liegen, wo ein vortreflicher und leichter Seehund-Fang ist, indem man ihnen in den engen Wassern zwischen den Inseln den Paß gar leicht abschneiden kan.

Vier Meilen davon ist Merkoitsok, und dann die Buxe-Fiorde mit dem Holländer-Hafen, wo auch manchmal vagirende Grönländer überwintern.

Die Insel Kellingarsoak, zwey Meilen weiter, ist ehemals auch stark bewohnt gewesen; und eine Meile davon in Kariak und beym Strom am besten Lande wohnen noch immer einige Grönländer.

Eine

Eine Meile davon geht die grosse zehn Meilen lange und zwey Meilen breite Amaralik-Fiorde Nord-Ostwerts ins Land hinein, und gleich im Anfang derselben Süd-Ostwerts die kleine Priester-Fiorde; also genant, weil der erste Priester, Herr Egede, wegen des vielen Grases und Busch-Werks, daselbst Anstalt machen lassen, die Colonie aufzurichten. Es ist in der Amaralik-Fiorde ein guter Angmarset- Seehund- und Rennthier-Fang. Man findet auch noch Rudera von der alten Norweger Gebäuden, nebst vielem Gras und kleinem Gesträuch, wie auch Weichstein und Adern von rothem Granat; von Grönländern aber wohnen itzt sehr wenige da.

Eine Meile davon fährt man unter dem Hiorte-Tak, oder Hirsch-Zakke, weg. Das ist der höchste Berg in dieser Gegend und vielleicht im ganzen Lande. Die oberste von seinen drey Zakken oder Spitzen kan man zwanzig bis dreißig Meilen weit im Meer sehen, und ist wegen ihrer Steile nur in den Spalten mit Eis und Schnee bedekt. Dieser Berg dient den Schiffern zum Wegweiser und den Grönländern zum Wetter-Zeichen; indem bey bevorstehenden Süd-Sturm die Spitze desselben mit einer kleinen Nebel-Wolke umringt wird.

Unter demselben geht die Kobe-Fiorde zwey Meilen ins Land hinein, wo eine Lachs-Elve oder Bach mit kleinen Teichen und ein guter Rennthier-Platz ist. Von da hat man unter dem Malina- und Ryper-Berge hin, noch eine Meile bis zur

Dritten Colonie Godhaab im 64sten Grad, vierzehn Minuten, achtzehn Meilen von der Fischer-Loge, im Bals-Revier, (*) einer Fiorde, die sich von den äussersten Inseln zwölf bis vierzehn Meilen lang, und an

man-

────────────

(*) So viel ich weiß, hat diese Fiorde den Namen von einem Seemann, der Balthasar geheissen, erhalten.

manchen Orten zwey Meilen breit Nord-Ostwerts ins
Land erstrekt. Die äussersten Inseln, deren einige hundert in einem Bezirk von drey Meilen beysammen liegen,
heissen die Kookörnen oder Kook-Inseln, bey den Grönländern, Kittiksut. Zwischen denselben und Kangek gegen
Norden, ist die gewöhnliche Einfahrt, das Norder-Gat
genant. Kangek, von den Dänen auch die Hoffnungs-
Insel genant, weil die Colonie Godhaab oder gute
Hoffnung zuerst auf derselben gestanden, ist mit vielen
kleinern Inseln umgeben und grenzt an das sogenante
Westerland, welches durch einen engen Sund vom vesten Lande abgerissen ist. Dieser Sund wird von den
Rogen-Fischen der Nepiset-Sund genant, in welchem
die Grönländer zur Herbst-Zeit den besten Seehund-
Fang haben. Gegen Süden sind die Kookörnen durch
eine Einfahrt, das Süder-Gat genant, von einer Menge grosser Inseln, als den Blau-Raben-Xyper-Gö-
tzen- und Holz-Inseln, zwischen welchen eine Durchfahrt,
die der Hamburger-Sund heißt, unterschieden. Von
den Kookörnen ist die Einfahrt drey Meilen Nord-Ostwerts über das Revier in den Schifs-Hafen, auf einer
Halb-Insel, wo das Spek-Haus steht. Eine Viertel-
Meile Westwerts ums Land herum, liegt die Grönländische Brüder-Gemeine Neu-Herrnhut, und eben so
viel noch weiter Nordwerts herum die itzige Colonie
Godhaab, welche ausser dem Haupt-Gebäude, worinn
der Kaufmann und Mißionarius nebst ihren Leuten wohnen, noch aus einem Proviant- und dem Schmiede- und
Brau-Hause besteht. Die Kirche steht nicht weit davon an einem Bach, und die Grönländischen Häuser
stehen hin und her zerstreut.

Eine Meile weiter um die Wildmanns-Näs (wo
alle Winter-Abende viele Eider-Vögel geschossen werden,) liegt die Insel Saalberg, oder Sattelberg, weil
der höchste Gipfel, den man zwanzig Meilen weit sehen
kan, einem Sattel gleichet; nicht weit davon die Bär-
Insel,

Insel, und neben derselben die Insel Aupillartok. Beide Inseln sind vier bis fünf Meilen lang und sehr hoch, und theilen das Revier in zwo Fiorden: Die eine läuft Süd-Ost nach Pißiksarbik, wo der beste Herings-Fang ist; und aus dieser Fiorde geht eine kleinere, Namens Kook, ins veste Land hinein. Die nordliche Fiorde hat auf der West-Seite Kanneisut, ein weites flaches Land, mit kleinen Fels-Hügeln, wo eine gute Lachs-Fischerey, und ein wenigstens vier Meilen langer, aber nicht fischreicher Süß-Wasser-See ist. Diese Fiorde theilt sich oben abermals in verschiedene Arme, davon der eine Ujaraksoak heißt, wo der schönste Weichstein und die mehresten Rudera der alten Normänner anzutreffen; der andere aber viele Meilen lang mit Eis belegt ist. Dieser Arm ist von der Pißiksarbik-Fiorde durch einen schmalen Strich Land, und diese ebenfalls von der Amaralik-Fiorde durch einen geringen Hügel abgesondert.

Godhaab, die älteste Colonie im Lande, wurde im Jahr 1721. auf Veranlassung einer Compagnie in Bergen, von dem ersten Mißionario Hans Egede und Kaufmann Jentoft in Kangek aufgebaut, und 1728. von Gouverneur Paars ans veste Land transportirt. Die Handlung ist eine mit von den besten im Lande. Der itzige Kaufmann heißt Lars Dalager und sein Aßistent Raven; der Mißionarius heißt Gregersen und hat zween Dänische und zween Grönländische Catecheten.

Ehedem ist dieses Revier, das auf der ganzen Küste nicht leicht seines gleichen hat, von einigen tausend Grönländern bewohnt gewesen. Seit einer Blattern-Krankheit im Jahr 1733. haben sie so abgenommen, daß ausser den zwo Mißionen und den heruntziehenden Süderländern, die sich gern einen Winter über in Kangek aufhalten, sehr wenige beständige heidnische Einwohner hier anzutreffen sind.

Bey

A. I. Von dem Lande überhaupt. §. 4.

Bey dieser Gelegenheit will ich eines Kaufmanns, der viele Jahre im Lande gewesen und durch die Grönländer von allen Orten so ziemlich zuverläßige Nachrichten eingezogen hat, möglichste Berechnung von der Anzahl der Grönländer auf der West-Seite, einführen. Er findet in seinem Handels-Bezirk von etwa zwanzig Meilen.

In Kellingeit	90 Seelen;
Kariak	20
Amaralik-Fiorde	8
Kookörnen	10
Kangek	11
Neu-Herrnhut (nemlich A. 1761.)	440
Godhaab	200
In der Fiorde des Bals-Reviers	68
In Pissugbik	110
	957 Seelen,

die beständig da wohnen; denn auf ab- und zu-reisende Süderländer kan man nicht rechnen. Und diese Gegend ist, ausser Disko-Bucht und dem Süd, noch eine von den volkreichsten; da man sonst wol zehn Meilen fahren kan, ohne eine Seele anzutreffen. Wenn man nun annimt, daß das Land auf zwey hundert Meilen lang bewohnt ist, und man wolte auf zwanzig Meilen tausend Seelen rechnen, in Betracht, daß der Süd und Nord volkreicher ist, so kämen nur zehn tausend Seelen heraus. Erstgedachter Kaufmann will aber wegen der vielen öden Plätze nur sieben tausend gelten lassen und behauptet, daß vor 1730. die Grönländische Nation dreißig tausend, und im Jahr 1746. da er den ersten Ueberschlag gemacht, noch zwanzig tausend stark gewesen, und folglich seitdem fast um zwey Drittel, wenigstens um die Helfte abgenommen habe.

Von Kangek aus ist der erste Grönländische Wohnplatz fünf Meilen Nordwerts Pissugbik, am besten Lande und in den Inseln; und zwey Meilen weiter eine Fischer-Fiorde, wo wegen der Fischerey und des vielen Grases der erste Mißionarius ebenfalls sich niederzulaßen versucht hat. Dieser Landstrich ist ganz schmal und im Vergleich des sonst überall so hohen Landes, sehr flach, und läuft mit dem Bals-Revier parållel.

Funfzehn Meilen von Gobhaab kommt man in die Napparsok-Inseln, wo sowol als am vesten Lande gute Gras-Gänge und Treibholz, wie auch Fische, Vögel und Seehunde anzutreffen sind. Das Treib-Eis, das mit dem Strom und einem starken Süd-Wind von der Ost-Seite um Statenhuk herumkommt, gehet nicht weiter als bis an diesen Ort, weil da Strom hier abnimt und sich weiter Nordwerts gar verliert. Im Jahr 1756. mußte das Gobhaabische Schif wegen des Eises hier einlauffen und warten, bis ein Ost- und Nord-Wind das Eis vom Lande ab Westwerts getrieben hatte.

Nicht weit davon ist Omenak, ein Grönländischer Wohn-Plaz, dessen ehemalige Einwohner wegen des Mordens im ganzen Lande berüchtiget gewesen.

Dann kommen die von den Holländern so genanten Saal- oder Sattel-Berge nebst vielen grossen und kleinen Inseln, davon sie die eine, nach welcher sich die Schiffer richten, Kin van Saal nennen.

In dieser Gegend wird viel Asbest oder Steinflachs, Crystallen, rothe Farb-Erde und weisser Marmor gefunden, wie auch die letzten Rudera der alten Normänner; indem man weiter Nordwerts nichts gewisses davon erfahren kan.

Im 65sten Grad und 46 Minuten, acht und zwanzig Meilen von Gobhaab, ist die von den Holländern so genante Bruyne-Bay, und daselbst steht auf einer kleinen Insel, Kangak, d. i. Stirne, die

Vierte

Vierte Colonie, Zukkertop, im Jahr 1755. auf Ordre der Handels-Compagnie, vom Kaufmann Anders Olsen, der noch daselbst ist, angelegt. Der Name ist von drey spitzen Bergen, die in der Ferne wie ein Zukker-Huth aussehen, und wornach sich die Schiffer beym Einlauffen richten, hergenommen. Der Hafen ist einer von den besten und sichersten im Lande, und liegt nur eine Viertel-Meile von der freyen See, zwischen zwo kleinen Inseln. Die Gegend ist aber sehr dürr und kahl, hat also auch keine Rennthiere. Hingegen gibt die See, ausser den ordinären Fischen, Seehunden und Vögeln, oft ein und andere Wallfische ab, die sich in den südlichern Gegenden gar selten sehen lassen. Die Wallfische kommen hier im Januario und Februario, werden aber von den Grönländern selten und von den Europäern aus Mangel genugsamer Fahr- und Werkzeuge gar nicht gefangen. Der Kaufmann hatte einmal einen geworfen; und weil er nicht genug Strikke hatte, nach Art der Grönländer statt der Blase einige leere Fässer angebunden; der Fisch ging ihm aber doch durch.

Der Grönländer in der Gegend sind wenige; doch steht die Handlung ziemlich gut. Bisher ist kein Mißionarius hier gewesen, sondern ein Catechet, Berthel Larsen, der älteste von der Dänischen Mißion und geübteste in der Sprache. Diese Colonie wird nebst Godhaab von einem Schif besegelt.

Nachdem man ein paar Fjorden, davon die eine sechzehn bis achtzehn Meilen lang ist und viel Gras und Buschwerk hat, vorbeygefahren, kommt man zehn Meilen weiter zu einer grossen Insel, mit vielen kleinern umgeben, auf welcher einige tieffe Thäler und flaches Land mit guten Lachs-Fischereyen anzutreffen. Daselbst findet man auch einen weissen, wie Silber glänzenden Thon, der nicht im Feuer springt. Unter den Klippen ist eine sehr groß, mit einem tiefen Thal in der Mitte, welches bey hohem Wasser überschwemmt wird, da dann mit der Fluth bey stillem Sommer-Wetter oft über hundert Seehunde hineingehen; welche, nachdem das Wasser ausgefallen, von den Grönländern wie in einem Teich gefangen und getödtet werden.

§. 5.

Im 67sten Grad ist die Wyde-Fiorde, (*) und vor derselben das Eyland Nepiset oder Nepisene. Auf demselben wurde 1724. eine Loge zur Handlung und Wallfischerey angelegt, das Jahr drauf aber wieder verlassen und die Häuser von fremden Schifleuten verbrant. Im Jahr 1729. wurde abermals eine Colonie nebst einem Castell daselbst aufgebaut, aber auch bald wieder auf Königlichen Befehl verlassen und geschleift.

Nicht weit davon und etwa zwanzig Meilen von Zukkertop ist die Amarlok-Fiorde, in welcher Gegend jährlich einige Wallfische von den Grönländern getödtet werden. Es ist also im Jahr 1759.

Fünftens die Colonie Hollsteinburg, dem damaligen Geheimen Rath und Präsidenten beym hochlöblichen Mißions-Collegio, Grafen von Hollstein, zum Andenken angelegt worden. Der itzige Kaufmann ist der Capitän, Niels Egede, ein Sohn des ersten Mißionarii. Der dermalige Mißionarius heißt Jacob Borch, und sein Catechet, welcher zugleich Handlungs-Aßistent, so wie
der

(*) Von hier an habe ich keine ausführliche und gewisse Nachrichten einziehen können, weil der Kaufmann, der mir die vorstehenden mitgetheilt, das Land nicht weiter, als bis in diese Gegend, selbst befahren und gesehen hat. Das Land ist weiter gegen Norden nicht viel anders, als das bisher beschriebene; und ich würde mit der Nachricht von Buchten, Fiorden, Inseln, Fischen und Vögeln, nichts Neues sagen können.

der Kaufmann auch Mißions Aßistent ist, heißt Christian Wulf. Diese Colonie ist einer der bequemsten Plätze zur Wohnung und Handlung.

Sechs Meilen weiter kommt

Sechstens, die bekante Sud-Bay, im 67sten Grad und 30 Minuten, wo die Holländischen Wallfisch-Fänger ihren besten Hafen gehabt und nach vollbrachtem Fang sich zur Rükreise versamlet haben. Daselbst ist 1756. eine Colonie aufgerichtet worden, die aber, nachdem vorgedachte Colonie aufgekommen, nur von einem Mann bewohnt wird, der von den wenigen Grönländern den Spek einsamlet.

Acht Meilen weiter im 68sten Grad liegt

Siebentens, die Colonie Egedes Minde, d. i. Egedes Andenken, 1759. vom Capitän Egede aufgebaut und seinem Vater zum Andenken so genant. Der itzige Kaufmann heißt Joh. Petersen, und ist zugleich Catechet. Der Wallfisch-Fang ist in der Gegend von den drey letzten Handels=Orten manches Jahr sehr ergibig; es haben sich aber die Grönländer meist weggezogen, obgleich die Gegend reich an Fischen und Vögeln ist. Zudem ist der letztgenante Ort den ganzen Winter eingefroren; und wird erst im May, da der Wallfisch-Fang schon vorbey ist, offen. Daher ist man darauf bedacht, diese Colonie weiter Nordwerts nach den Dunk=Eylanden zu transportiren.

§. 6.

Nachdem man die Riffkull und dann die Nord-Bay passiret, bringt das Meer Süd-Ostwerts ins Land hinein und formiret die bekante grosse Disko-Bucht nebst einer Menge kleiner Eylande, worunter die vornehmsten sind die Wester-Wallfisch-Grüne-Hunde- und Dunk-Eylande, welche sich theils Ostwerts bis in die Spiring-Bay, theils Nordwerts bis an Disko-Ey-

Land erstrekken. Dasselbe ist etwa achtzig Meilen im Umfang. Das Land ist hoch, oben flach und mit Eis bedekt. Unten bey der Rhede ist ein flaches ebenes Land. Daselbst soll man, wie die Holländischen Charten melden, an einem Ort, den sie die Schans nennen, gute Steinkohlen gefunden haben, die aber nicht gesucht werden. Es finden sich auf diesem Eylande viele Rennthiere, die sonst auf keinem Eylande sind. Das Wasser zwischen demselben und dem vesten Lande heißt das Waigat, und ist drey Meilen breit. Die Fischerey in der Bucht ist die beste im ganzen Lande, indem die Grönländer im Winter, da die Bucht zufriert, eine Menge Seehunde auf dem Eis erschlagen, und im Frühjahr kleine, auch manchmal grosse Wallfische fangen. Und hieher kommen auch jährlich viele Holländische Wallfischfänger.

Nächst dem äussersten Süden, wo aber noch keine Colonien sind, ist Disko-Bucht am stärksten von Grönländern bewohnt; gibt also auch die beste Handlung ab, und ist daher schon im Jahr 1734. auf Ordre Herrn Jacob Severins

Achtens, die Colonie Christians-Haab in der Püre-Bay, im 69sten Grad, 30 Minuten; andre sagen, im 68sten Grad, 34 Minuten, angelegt worden. Der erste Mißionarius daselbst war der älteste Sohn des seligen Superintendenten Egede, Herr Paul Egede, ißiger Professor zu Copenhagen und Probst der Königlich-Dänischen Mißion in Grönland. Der ißige Kaufmann ist Svanenhielm Lilienskiold. Die Mißion aber ist 1752. durch den damaligen Mißionarium Bloch vier Meilen weiter Nordwerts verleget und daselbst zugleich

Neuntens, die Loge Claushaven aufgebaut worden. Dasiger Kaufmann oder Assistent heißt Hammond, der Mißionarius Stage und sein Catechet Jens Petersen Njork. Sie sollen nun auch eine Kirche bekommen.

Ein

Ein paar Meilen Nordwerts liegt die Ise-Fiorde, die nach der Grönländer Sage, ehemals ein offener Sund bis auf die Ost-Seite des Landes gewesen, nun aber gänzlich mit Eis verstopft ist. Aus dieser Fiorde kommen alle Jahre viele und die größten Eis-Berge heraus getrieben. Es wohnen hier sehr viel Grönländer; und ist also schon 1741. nicht weit davon in der Fiorde Maklykuyt

Zehentens, die Colonie Jacobshaven, dem damaligen Handels-Director Jacob Severin zum Andenken, angelegt worden. Der itzige Ober-Assistent heißt Peter Hind, der Mißionarius Fabricius und der Catechet Jacob Paulsen. Alle drey Orte werden von einem Schif befahren, welches oft vier hundert Faß Spek und drüber einnimt, und also am besten befrachtet wird.

§. 7.

Von Jacobshaven fährt man Nord- und dann Westwerts zwölf Meilen aus Disko-Bucht heraus und trift zwischen dem 69sten und 70sten Grad

Elftens, die Colonie Rittenbenk, 1755. vom Kaufmann Carl Dalager, der noch daselbst ist, angelegt. In dieser Gegend findet man feine weiße Wetzsteine, die man sonst Oelsteine nennt. Die letzte Colonie ist

Zwölftens, Noogsoak, d. i. die grosse Näs, im 71sten Grad, am Ende des Waigat, im Jahr 1758. angelegt. Der Kaufmann heißt Johann Braun. Beide Colonien werden von einem Schif befahren; haben aber bisher nicht viel abgegeben, indem letztere nicht an ihrem rechten Ort stehen soll; daher schon Anstalt gemacht worden, sie einige Meilen weiter in die Jacobs-Bucht, wo viele Grönländer wohnen, zu transportiren. Auf beiden ist noch keine Mißion und nur

bey

bey der ersten ein Catechet, den die Grönländer Jakungoak, d. i. den kleinen Jacob nennen.

Wie das Land weiter gegen Norden aussieht, davon hat man keine gewisse Nachricht. Wilhelm Baffin, welcher mit dem Capitän Robert Bylot 1616. durch die Strasse Davis die Durchfahrt gesucht, und dem Meer über dem 72sten Grad bis in den 78sten den Namen Baffins-Bay gegeben, meldet, daß er im 73sten Grad im Horn-Sund noch mit Grönländern gehandelt, im 74sten aber keine Menschen, wol aber viele Zelt-Plätze angetroffen, daraus er geschlossen, daß sich zu gewissen Zeiten des Sommers daselbst Menschen aufhalten. Das Meer sey voller Seehunde und Einhorn-Fische, und die grössten Wallfische habe er im 78sten Grad in Thomas Smiths Sund angetroffen. Die Grönländer in Disko erzehlen, daß das Land noch über hundert Meilen und also bis in den 78sten Grad, aber nur von sehr wenigen Menschen, bewohnt sey. Denn ob es gleich daselbst viele Eider-Vögel, weisse Bären, Seehunde und Wallfische gebe, so habe doch niemand Lust, wegen der betrübten langen Winter-Nächte daselbst zu wohnen. Es fehlte ihnen auch an Holz und Eisen, welches sie von den südlichern Grönländern gegen Einhorn eintauschen. Das Land bestehe aus blossen Felsen und Eis, und bringe nicht so viel Gras hervor, als sie in ihre Schuhe brauchen; daher sie dieses auch kauffen, die Häuser aber, statt der Holzsparren und der Wasen, mit Einhorn, Thon und Seehund-Fellen decken müssen. Das Land strekt sich Nord-West und also gegen America zu, und ist mit vielen Inseln verschanzt. Hie und da sollen Steine mit Armen aufgerichtet stehen, fast wie die Wegweiser in unsern Ländern. Die Furcht hat ihnen auch weiß gemacht, daß in einem Berg ein grosser Kablunak oder Europäer stehe, dem die vorbeyfahrenden ein Stük Wallfisch-Bein opfern.

§. 8.

§. 8.

Der südliche, von den Europäern noch unbewohnte Theil, ist uns schon besser bekant, als der nordliche. Denn im Herbst des Jahrs 1723. hat Herr Egede eine Entdekkungs-Reise bis etwa in den 60sten Grad gethan; wovon an seinem Ort etwas gemeldet werden soll: und im Jahr 1749. und 1752. hat ein Handels-Bedienter eine Handlungs-Reise dahin vorgenommen; auf welcher letztern er sich zween Sommer und einen Winter in Süden aufgehalten hat. Es ist aber nichts davon bekant worden. Die mehresten Nachrichten hat man bisher aus den Erzehlungen der Grönländer, von denen alle Jahr eine Anzahl aus Süden nach Norden, und dann wieder zurük fährt, nehmen müssen.

Von Friedrichs-Haab bis Cap Farewell, dem äussersten Ende des Landes, rechnen sie fünf Tage-Reisen; welche etwa vierzig bis sechzig Meilen an der Küste hin, austragen mögen. Sie nennen folgende Orte, wo sie zu übernachten und auszuruhen pflegen:

Erstlich, Sermeliarsok, d. i. die grosse Eis-Fiorde, wo ein guter Seehund- und Angmarset-Fang ist. Vermuthlich ist diese Fiorde die ehemalige Frobisher-Strasse, die nunmehr ganz mit Eis verstopft ist. Dieselbe wird sonst in den 61sten Grad, 20 Minuten gesetzt.

Zweytens, Kudnarme, ein volkreicher Ort an einem hohen vesten Lande, nebst vielen Inseln. Ein Stük weiter geht ein langer, schmaler, niedriger Landstrich in die See hinaus, den die Grönländer Ittiblik nennen, welchen sie wegen der wilden See nicht gern umfahren, sondern ihre Boote ausladen und über Land tragen.

Drittens, Kikkertarsoak, d. i. die grosse Insel, mit einem Hafen, worinn ehedem die Holländischen Schiffe gute Handlung getrieben. Im Jahr 1742. ist hier ein

Holländisches Schif vor Anker von dem durch einen Süd-Sturm hineingetriebenen Eis zerquetscht worden; und die Mannschaft hat sich mit dem Boot zu den Wallfisch-Fängern nach Sud-Bay retiriren müssen.

Viertens, Ikkersoak, d. i. die grosse breite Fiorde oder Sund. Ein Stük Weges davon liegt die Fiorde Igalik, d. i. Kochstelle, wo viele ekkigte durchsichtige Steine gefunden werden, die so hart sind, daß man Glas damit durchschneiden kan. Dann folgt Tunnuliarbik, d. i. die Winkel-Fiörde, mit einem guten Hafen; ingleichen Kangek und Aglutok. An diesen Orten wohnen viele Grönländer, und ist dieses vermuthlich die beste, fruchtbarste und angenehmste Gegend in ganz Grönland. Denn nicht nur hört man alle Grönländer dieselbe rühmen und uns dahin invitiren, sondern hier finden sich auch noch die meisten Rudera von der alten Normänner Wohnungen.

Fünftens, Onartok, d. i. das Warme, ein schönes grünes Eyland, in der Mündung einer ebenfalls fruchtbaren Fiorde. Das Eyland hat den Namen von einem warmen Brunn, welcher sowol im Winter als Sommer kocht, und so heiß ist, daß ein dahinein geworfenes Stük Eis gleich schmelzt. In dieser Gegend ist auch ein guter Angmarset-Fang, zu welchem die Grönländer von der Ost-Seite fünf Tage-Reisen weit herkommen.

Hierauf folgen zwo ebenfals stark bewohnte Inseln, Sermesok, d. i. Eis-Insel, mit hohen Felsen, und Nennortalik, d. i. Bären-Insel. Beide liegen etwa im 59sten Grad, und machen das bekante Vorgebirge Farewell aus. Daneben liegen noch mehr grosse und kleine Inseln. Zwischen denenselben und dem vesten Lande ist ein ziemlich breiter Sund oder Meer-Enge, wodurch ein starker Strom geht. Durch diesen Sund fährt man auf die Ost-Seite. Die Grönländer sagen, daß sie auf der Ost-Kante dieser Inseln im Sommer

die

die Sonne nicht mehr über Land, sondern aus dem Meer aufsteigen sehen; woraus zu schliessen, daß dieses die äusserste Süd-Oestliche Spitze des Landes und folglich Statenhuk ist.

II. Abschnitt.
Von dem Meer und Eise.

§. 9.

Es ist vorher §. 8. der Frobisher-Strasse und §. 3. des Bär-Sundes gedacht worden. Beide sind in der Holländischen Charte von Straat Davis als Durchfahrten angemerkt. Dazu kommt die Ise-Fiord in Disko-Bucht, welche die dritte Durchfahrt gewesen seyn soll. Da aber weder Herr Egede, der 1723. die Frobisher-Strasse gesucht, um dadurch auf die Ost-Seite zu fahren, dieselbe finden können; noch die Isländer in ihren Beschreibungen des alten Grönlands derselben gedenken; so ist ein Zweifel entstanden, ob Martin Frobisher, welcher im Jahr 1576. von der Königin Elisabeth in England hieher gesandt worden, jemals eine solche Strasse entdekt und befahren habe. Ich will dieses nicht untersuchen: Man hält aber nunmehro dafür, daß die obgedachte grosse Eis-Fiorde, Sermeliarsok, eine Tage-Reise Süd von Friedrichs-Haab zwischen dem 61sten und 62sten Grad die Frobisher-Strasse sey; die nunmehro wegen des Eises nicht mehr durchzufahren ist. Ein Kaufmann, der viele Jahre in Friedrichs-Haab gestanden, hat mir seine Gedanken darüber communicirt, welche, weil sie zugleich von der Gestalt des obern Landes und des Eises einen Begriff geben, angemerkt zu werden verdienen. Hier ist ein Auszug davon:

"Ich habe auf meinen Handels-Reisen viele Gelegenheit gehabt, dasige Gegend zu untersuchen. Anfangs konte ich nicht begreiffen, wie doch so eine Menge

Eis aus einer am Ende zugeschlossenen, wenn gleich noch so langen Fiorde heraus in die See treiben könte, ohne im geringsten abzunehmen. Dieses geschieht vom Julio bis in November mit dem starken Strom bey stillem Wetter in Zeit von drey bis vier Tagen in solcher Menge, daß es sich zehn bis funfzehn Meilen lang in die See, und zwey bis drey Meilen breit erstrekt, wenn nicht ein starker Wind es weiter ab vom Lande und auseinander treibt. Wenn ich die Grönländer um die Ursache befragte, bekam ich zur Antwort: Das Loch ist groß und ohne Ende, und unsre Vorfahren haben gesagt, daß man da habe durchfahren können. Weil mir nun niemand weitern Grund geben konte, so wagte ich mich im Jahr 1747. an einem Orte, wo die Grönländer auf die Rennthier-Jagd fahren, an die sieben Meilen durchs Eis in die Fiorde, und bestieg dann mit einigen Grönländern einen Berg, um einen Prospect von der Frobisher-Straße zu bekommen. Ich sahe aber wenig oder nichts; denn das oberste Land, so weit ich, etwa auf zwanzig Meilen, sehen konte, war nichts als Berge und Eis; die Gegend aber, wo das Fretum seyn soll, war kentlich niedriger, doch ganz mit Eis-Schollen, die vielfach über einander lagen, bedekt. Zu hören aber war mehr, nemlich ein so entsetzliches Prasseln und Krachen im Eise, als ob viele Canonen auf einmal abgefeuert würden; worauf ein Sausen folgte, wie das Brausen eines Wasser-Falles: welches zusammen sowol Schrek als Verwunderung und Vergnügen bey mir verursachte. Ob ich nun gleich das niedrige Eis ganz deutlich sahe und das Wasser unter demselben brausen hörte, und also daraus abnehmen konte, daß da ein starker Durchfluß des Wassers seyn müßte; so konte ich doch nicht begreiffen, wie sich dieses Fretum dermassen mit Eis habe verstopfen können, und wie dennoch alle Jahre in wenig Tagen ein etliche Meilen langes und breites Eis-Feld sich unter demselben hervor und in die See drängen könne. Im Jahr 1751.

1751. bekam ich darüber eine weitere Aufklärung, da ich im September mit einigen Grönländern bey der Eis-Blink eine Reise so hoch aufs Land vornahm, als einiger Grönländer und kein Europäer je gewesen: wovon der Extract des Journals in dem Anhang zu den Grönländischen Relationen nachzusehen. (*) Hier fand ich, daß, wo an der See-Seite nichts als vestes Land mit überwachsenem Eis erscheint, binnen Lands doch noch offenes Wasser seyn kan, ingleichen, wie die Eis-Stükke vermittelst des Stroms unter dem vesten Eise, einen Weg ins offene Meer finden. Wenn und wie die Mündung dieser Fiorde, die die Eis-Blink genennt wird, verstopft worden, ist unbekant. Vermuthlich ist mitten im Winter, bey lang anhaltendem stillen Wetter das Treib-Eis in der Mündung stehen blieben, worauf eine starke Kälte und Schnee gefolget, welcher, da er im Frühjahr am Tage aufgethaut und in der Nacht wieder gefroren, das Eis dermassen bevestiget hat, daß es in dem folgenden Sommer weder durch der Sonnen Wärme, noch durch Strom und Wind hat aufgelöset werden können, und nach so vielen

---

(*) In diesem Tractat, welcher mir im Manuscript communicirt worden, hat der Verfasser, der sonst ein unstudirter, aber sehr belesener und dabey verständiger und auf der Grönländer Wesen aufmerksamer Mann ist, auf Begehren, der Grönländer Temperament, Sitten, Gebräuche und Superstition beschrieben, und 1752. mit einer Zuschrift an einen vornehmen Herrn eingesandt. Bey meiner Rükkunft aus Grönland fand ich diesen Tractat gedrukt unter dem Titul: Grönlandske Relationer indeholdende Grönländernes Liv og Levnet, deres Skikke og Vedtægter, samt Temperament og Superstitioner, tillige nogle korte Reflexioner over Missionen; sammenskrevet ved Friedrichs-Haabs Colonie i Grönland, af Lars Dalager, Kiöbmand.

len Jahren durch den häuffigen zu Eis gewordenen Schnee zu solcher Grösse gediehen ist, daß die Oeffnungen oder Wölbungen unter demselben, die wegen ihrer Enge die Macht des Stroms vermehren, an manchen Orten wol zwanzig Faden hoch sind. Die in der offnen Fiorde alle Jahr von den Bergen herabstürzende Eis-Stükke werden durch den Strom an dieses Eis-Gewölbe an, und die kleinern durchgetrieben; die gröſsern aber, die zwanzig und mehr Faden hoch sind, durch mehrmaliges Anstossen zerbrochen, bis sie auch durch können. Eine solche Beschaffenheit hat es mit der Eis-Blink. Eben so kan auch das entsetzlich viele Eis unter mehr als einem solchen Eis-Gewölbe aus dem Meer von der Ost-Seite durch die nunmehro mit Eis zugelegte Fröbisher-Strasse auf unsre West-Seite treiben; und eben so kan auch dieses Fretum, so gut als die Eis-Blink-Fiorde Land-einwerts an einigen Orten, und an der Ost-Seite des Landes noch offen seyn. Man merkt auch an den Eis-Stükken, die aus dem Freto kommen, daß sie nicht wie andre Eis-Stükke, glatt und ganz, sondern zerbrochen, zerquetscht und ausgelöchert sind; welches anzeigt, daß sie lange Zeit in dem Freto vom Strom hin und her getrieben und abgerieben worden."

§. 10.

Zu mehrerer Einsicht in die Gestalt des obern Landes will ich aus des obgedachten Kaufmanns Relation den Artikel von seiner Reise auf die Eis-Blink Auszugsweise einrükken.

"Anno 1751. den 28sten August sandte ich das grosse Boot, um Brennholz Nord von der Eis-Blink zu suchen, und ich begleitete es in meinem Jagd-Boot. Bey der Gelegenheit hätte ich beynahe resolvirt, eine Reise über das Eis-Feld auf die Ost-Seite zu thun, indem ein Grönländer im verwichenen Julii Monat auf

auf der Jagd so hoch hinauf gekommen war, daß er, wie er sagte, die alten Kablunakischen Berge (*) auf der Ost-Seite gesehen habe. Ich krigte also Lust, das Land zu sehen, und begab mich mit dem Grönländer und seiner Tochter, nebst drey jungen Grönländern, in einer Fiorde Süd bey der Eis-Blink, auf die Reise. Den 2ten September banden wir unsre Proviant-Säkke und Nacht-Zeug zusammen und gaben es dem Mägdgen zu tragen. Wir andren nahmen ein jeder seinen Kajak (**) auf den Kopf und die Flinte auf die Schulter, und traten mit einem Stab in der Hand unsern Marsch an. Die erste halbe Meile längst einer Elv oder Bach im Thal war eben und gut. Nun aber mußten wir über einen hohen und sehr unebenen Felsen, da wir oft mit dem Boot auf den Köpfen umtaumelten. Mit Sonnen-Untergang kamen wir auf der andren Seite herunter, an eine grosse Fiorde, die für einen Kajak-Ruderer eine starke Tage-Reise, d. i. zehen Meilen, lang ist. Ehmals haben die Grönländer gleich von der See herein fahren können: Nach der Zeit hat das Eis die Mündung der Fiorde, auf beiden Land-Seiten auf eine halbe und an manchen Orten ganze Meilen dik verstopft. Den 3ten setzten wir unsre Kajake ins Wasser und ruderten drey Viertel-Meilen quer über die Fiorde auf die Nord-Seite. Da legten wir unsre Fahrzeuge, mit Steinen bedekket, ans Land, und setzten unsere Reise Nord-Ost über einen Fels, zu Fusse fort. Abends kamen wir ans veste Eis. Den 4ten früh begaben wir uns auf dasselbe, um zu der ersten Berg-Spitze zu kommen, die mitten auf der Eis-Blink liegt, wohin wir ohngefehr eine Meile hatten. Der Weg dahin war eben so gleich, als auf den Strassen in Copenhagen. Eine Stunde nach Sonnen-Aufgang kamen

---

(*) Kablunak nennen die Grönländer einen Europäer.

(**) Das Fahrzeug der Männer.

men wir auf die Höhe; da lieffen wir den ganzen Tag nach den Rennthieren und schossen eins, wovon die Grönländer das Fleisch krigten. Weil aber weder Reisig noch Gras auf diesem Felde war, um Feuer zu machen und mir was zu kochen, so mußte ich mit einem Stük Käse und Brodt vorlieb nehmen. Den 5ten reisten wir weiter übers Eis, um zu dem obersten Felsen auf der Eis-Blink zu kommen, wohin wir auch ohngefehr eine Meile hatten; darüber wir aber sieben Stunden zubrachten, weil das Eis uneben und voller Spalten ist, die wir umgehen mußten. Um elf Uhr kamen wir zu dem Felsen, und nachdem wir eine Stunde lang geruhet, fingen wir an, ihn zu besteigen. Gegen vier Uhr kamen wir nach vielem Schweiß und Mühe auf die Spitze. Hier gerieth ich in Verwunderung über den grossen Prospect von allen Seiten, vornemlich über das weite Eis-Feld längst dem Lande und hinüber bis zur Ost-Seite, deren Berge eben so wie diese, mit Schnee bedekt waren. Anfangs kam es mir vor, als könte es nicht über vier bis sechs Meilen da hinüber seyn: Da ich aber ebenfalls die Berge bey Godhaab (*) sehen konte, die sich eben so groß präsentirten, und die Distanz dazwischen betrachtete, so mußte ich es weiter schätzen. Wir blieben bis Abends sieben Uhr auf der Spitze des Berges, gingen hernach ein Stük herunter und legten uns nieder. Ich konte aber vor Gedanken und Kälte nicht viel schlafen. Den 6ten früh wurde gleich bey unserer Schlafstelle ein Rennthier geschossen, und da ich in fünf Tagen nichts warmes genossen hatte, so trank ich eine gute Portion von dem noch warmen Blut, wovon ich mich gar nicht übel befand. Die Grönländer speisten ein gut Stük Fleisch roh zum Frühstük und nahmen einen Schenkel mit. Ob ich wol noch gerne eine Tage-Reise länger auf dem Eis-Feld fortgegangen

---

(*) Vier und zwanzig Meilen davon gen Norden.

gegangen wäre, um über diese Distanz von der Ost-Seite einige Muthmaßung zu machen; so mußten wir doch aus vielen Ursachen auf die Rükreise bedacht seyn, unter welchen eine wichtig war; nemlich, daß wir so gut als barfus gingen. Denn ob zwar ein jeder von uns mit zwey paar guten Stiefeln versehen war, so waren sie doch von dem scharfen Eis und Steinen ganz durchlöchert, und das Grönländische Mägdgen konte sie nicht flikken, weil sie ihr Nehzeug verloren hatte.

Was ich von dem Lande gegen die Ost-Seite entdekken konte, besteht in folgendem: Ohngefehr gegen Nord-Ost oder Ost-Nord-Ost sind die nächsten Berge von der Ost-Seite, und kleiner als die gegen die West-Seite; welches ich daraus schliesse, weil sie mit weniger Schnee bedekket sind. Die Gegend, wo die Frobisher-Strasse seyn soll, scheint so gut als eben und mit beständigem Eis bedekt zu seyn; und ich weiß nicht, ob ich zwey bis drey kleine Hügel gesehen habe, die Land bedeuten können: da hingegen nach Nord-Ost und Nord-West die Felsen deutlich übers Eis hervorragen, und einige Spitzen derselben ganz von Schnee entblösset sind: Insbesondere sahe ich einen länglichten Hügel zwischen zween mächtigen Felsen, dessen ganzer Rükken einer natürlichen Erd-Farbe ähnlich sieht.

Soll ich meine Gedanken über den grossen Eis-Plan sagen, der die Communication mit der Ost-Seite verhindert; so glaube ich, daß die Reise, was den Weg betrift, wol practicabel wäre, indem mir die Eis-Felder bey weiten nicht so gefährlich und die Spalten auch nicht so tief schienen, wie man vorgibt. Denn in einigen dieser Spalten kan man gehen, wie in einem Thal, über einige kan man hinüber springen, wie wir oft thaten mit Hülfe unsrer Flinten; und überhaupt habe ich sie nicht tiefer als vier bis fünf Klafter gefunden. Es ist wol wahr, daß hie und da Spalten angetroffen wer-

C den

den, die nach dem Augenschein, Grundlos sind, dieselben sind aber nicht lang und können umgangen werden. Aus folgenden Ursachen aber würde es wol nicht möglich seyn, eine solche Reise vorzunehmen: weil man nicht so viel Mund-Vorrath mit sich führen kan, als dazu gehört; und darnach halte ichs für unmöglich, daß einige lebendige Creatur in einer solchen unleidlichen harten Kälte respiriren könte, zumal da man so viele Nächte nach einander auf dem Eis-Feld campiren müßte. Denn ob wir gleich unser Nachtlager auf dem blossen Erdboden hatten, und mit Pelz-Werk wohl versehen waren, indem ich zwey warme Unterkleider und einen Rennthier-Pelz anhatte, und die Füsse in einen Fuß-Sak von Bären-Fellen stekte; so wars doch, wenn wir eine Stunde gesessen und gelegen hatten, als wolten die Glieder erstarren: so daß in allen den Winter-Nächten, die ich in Grönland auf dem Felde zugebracht habe, die Kälte mich nie so incommobirt hat, als in diesen ersten September-Tagen.

Den 7ten Abends kamen wir wieder zur Fiörde, wo wir unsre Kajake aufgehoben hatten. Den 8ten früh fuhren wir über und kamen Abends zu unsern Zelten.

§. 11.

Aus dem bisherigen kan man sich das obere, meist mit Eis bedekte Land, wie auch das in den Fiorden und in der See schwimmende Eis einigermassen vorstellen. Ich will hier nicht untersuchen, wie das Eis in Flüssen und Seen entsteht und wieder vergeht; das gehört in die Natur-Lehre, und ist wol niemanden gäntlich unbekant; sondern nur anzeigen, wie die entsetzlichen Eis-Felder und Eis-Berge in diesem Meer beschaffen sind, und wo sie entstehen.

Die Schiffe, welche die Durchfahrt nach China theils Nord-Ostwerts bey Nova Zembla vorbey, theils Nord-Westwerts durch die Strasse Davis und die Hudson fons-Bay haben suchen sollen, sind gemeiniglich durch das Eis verhindert worden, ihren Zwek zu erreichen, und einige sind sogar darinnen verunglükt. Man kan davon den Recueil de Voyages au Nord nachlesen. So hat auch das Eis bisher die Entdekkung der unbekanten Länder gegen den Süder-Pol verhindert, wo die Schiffer auf temperirten Höhen mehr Eis und folglich eine kältere Luft, als auf einer gleichen Höhe gegen Norden, finden. Man hat es im Jahr 1749. schon im 47sten Grad Süder-Breite angetroffen. Es herscht aber in den Beschreibungen von dem Eise eine gewisse Unordnung; indem die schwimmenden Eis-Berge und die Eis-Schollen, oder das Treib-Eis nicht deutlich auseinander gesetzt sind, und daher auch von dem Ursprung einer jeden Art nicht richtig genug geredet wird.

Die Eis-Berge sind in der See schwimmende Eis-Stükken von wunderbarer Gestalt und Grösse. Einige sehen aus wie eine Kirche oder Schloß mit vielen stumpfen und spitzigen Thürmen, oder wie ein Schif mit vollen Segeln, und man hat sich in Grönland oft vergebliche Mühe gemacht, an Bord zu fahren und das Schif in den Hafen zu bringen. Andre sehen aus wie grosse Inseln mit Flächen, Thälern, grössen Bergen, die oft mehr als zweyhundert Ellen aus dem Meer hervorragen. Ja es hat mir ein glaubwürdiger Missionarius erzehlt, daß in Disko-Bucht auf einem, nach der Wallfisch-Fänger Aussage, dreyhundert Klafter tieffen Grunde einige solcher Eis-Berge seit vielen Jahren veste stehen, davon sie den einen die Stadt Harlem und den andern Amsterdam nennen. An denselben machen sie zuweilen ihre Schiffe vest und laden auf dem flachen Eis ihre Spek-Fässer aus.

Dieses Eis ist mehrentheils sehr hart, hell und durchsichtig wie Glas; an Farbe bleichgrün und manche Stükke himmelblau. Wenn man es aber schmelzt und wieder frieren läßt, so wird es weiß. Einige sehr grosse Stükke sehen grau und schwarz aus, und wenn man sie in der Nähe betrachtet, so findet man sie mit Erde, Steinen und Reißig angefüllt, welches von den Bergen, die noch über das Eis hervorragen, durch den Regen abgespült und mit neuem Eis bedekt worden. Ja Buffon (*) führt aus einer Reise der Holländer in die Nord-See an, daß man Erde und Nester mit Vogel-Eyern auf einem solchen Eis-Stük gefunden. Etliches hat an einigen Stellen eine dikke Rinde von Salz-Wasser, welches an dasselbe angefroren, nachdem es viele Jahre an einem seichten See-Ufer vest gelegen, und durch das Abstürzen der obern von der Sonne durchlöcherten Stükke leicht und wieder flott worden.

Diese theils kleinen, theils grosse Eis-Klumpen lassen sich häuffig in der Straffe Davis, am meisten aber im Frühjahr nach einem heftigen Sturm in den Fiorden sehen, da sie zwanzig bis dreißig Stükke hinter einander, hinaus und wieder hinein treiben, eine Zeitlang auf den seichten Ufern stehen bleiben, und theils zerfallen, theils von einer hohen Fluth und Strom wieder flott gemacht und in die See getrieben werden; bis sie entweder von dem beständigen Anspülen der Wellen mürbe gemacht und zerschlagen, oder vom Strom weiter Südwerts bis in die Gegend von Terre Neuve und Neu-Schottland, zwischen den 50sten und 40sten Grad getrieben, und von der Sonnen-Wärme vollends aufgelöst werden.

Martens meldet in seiner Reise nach Spitzbergen, daß daselbst am Fuß der Berge so grosse Stükken Eis stehen, die zum Theil noch höher als die Berge sind. Insonderheit stehen daselbst sieben solche Eis-Berge in einer Reyhe zwischen den hohen Felsen. Sie sind blau, voller Spalten und Löcher, die der Regen gemacht hat,

oben

(*) Histoire naturelle. T. II. S. 96.

oben mit Schnee bedekt, durch dessen Schmelzung sie alle Jahr grösser werden. Dasselbe Eis ist dichter als das Treib=Eis, und macht allerley seltsame und dem Auge annehmliche Gestalten. Manche Stükke sehen aus wie Bäume mit Aesten, und wenn es darauf schneyet, kan man sich die Schneeflokken als Blätter vorstellen. Manche stellen eine Kirche vor, oben mit Thürmen, und auf den Seiten mit Pfeilern, Fenstern, Gewölben und Thüren, und die von innen herausstrahlende blaue Farbe, wie eine Glorie.

Man findet es auch gegen den Süd-Pol, wie dann Buffon aus Wafers Reisen anführt, daß man an der südlichsten Spitze von America bey Terra del Fuogo Eis=Stükke angetroffen, die die See-Leute Anfangs für Inseln gehalten, und eine bis zwey französische Meilen lang und vier=bis fünfhundert Fuß hoch geschätzt haben. Ellis hat in der Hudsons=Bay Stükke von fünf=bis sechshundert Yards dik gefunden (*) Und Baffin hat ein solches Stük gemessen und den Theil, der aus dem Wasser hervorragte, welcher nur den siebenten Theil beträgt, hundert und vierzig Fuß hoch befunden; woraus man auf die Höhe und Dikke des ganzen Stüks schliessen kan. Ja bey Nova Zembla sollen einige Eis-Eylande über hundert Klafter aus dem Wasser hervorragen.

Wo und wie diese entsetzlichen Eis-Berge entstehen, losbrechen und vergrössert werden, davon läßt sich schwerlich etwas gewisses, aber doch aus ähnlichen Fällen etwas wahrscheinliches sagen. Einige meynen, sie entstünden vom See-Wasser, das in den Buchten bis auf den Grund zufriert, da dann im Frühjahr beym Aufthauen des Schnees von einer starken Ueberschwemmung solche Eisstükke losgerissen, durch Nebel und Regen,

---

(*) Siehe dessen Reise nach Hudsons Meerbusen S. 133. Eine Yard beträgt drey Fuß.

Regen, der sogleich zu Eis wird, vergrössert und endlich von einem starken Winde fortgeführet werden. Allein nicht zugedenken, daß das See-Wasser gar schwer und auch sogar in den engsten und stillesten Buchten nie bis auf den Grund, sondern nur einige Ellen tief friert, sonst könten die Grönländer nicht auf dem Eis fischen: so sind diese Eisstükke nicht salzig wie das See-Wasser, sondern süß, und können also nicht anders als zum Theil, jedoch nur die kleinern Stükke, in den Flüssen, zum Theil aber und die meisten und grössten auf den Bergen und in den grossen Klüften der Felsen entstehen.

Die Berge sind nemlich nicht nur so hoch, daß der Schnee, besonders an der Nord-Seite, schwerer schmelzt als in den Thälern und in der Nacht gleich zu Eis wird; sondern es sind auch solche Klüfte, wo die Sonne niemals oder doch sehr wenig hineinscheint. Daneben gibt es Absätze an den steilsten Bergen, wo das Regen- und Schnee-Wasser sich samlet und zu Eis wird. Wenn nun von denen noch über die Absätze erhabenen Berg-Spitzen der Schnee herunter rollt, oder durch den Regen herabfliesset, auch wol hie und da Elven oder kleine Berg-Wasser über das schon angesetzte Eis herunter stürzen: so friert es nach und nach zu einem Eis-Klumpen, welcher von der Sonne zum Theil gar nicht aufgelöst werden kan, zum Theil durch das Thauen wol etwas abnimt, aber endlich doch durch den alljährlichen Zuwachs von Schnee und Regen immer grösser wird. Ein solcher Eis-Klumpe hängt oft über den Felsen weit herüber, schmelzt aber nicht auf der Ober-Fläche, sondern von unten, zerberstet also in viele grosse und kleine Spalten, aus welchen das geschmolzene Wasser hervorquillt, und wird dadurch endlich so mürbe, daß er zugleich von seinem Uebergewicht beschwert, losbricht, an dem Felsen mit grossem Krachen herabrollt, und wo er über eine Précipice herüber hängt, in ganzen und so grossen Stükken, als wir sie sehen, in die Fiorde hinein stürzt mit einem Getöse wie der Donner, und mit einer Bewegung des Wassers, die noch weit davon ein Boot umzuwerfen im Stande ist; da dann auch mancher Grönländer, der unbesorgt am Lande hinfährt, sein Leben lassen muß.

Die grossen Eis-Stükke, die nicht gleich ins Wasser fallen, sondern auf einem Absatz des Berges liegen bleiben, werden abermals durch das Schnee-Wasser vergrössert, und zugleich mit der von den Bergen abgespülten Erde, Stein und Reißig vermengt, welche Vergrösserung und Vermengung auch denen Stükken widerfahren kan, die in einer Bucht oder Fiorde einfrieren, und vielleicht so viele Jahre liegen bleiben und sich durch Schnee und Regen vergrössern, ehe sie von einem Sturm losgerissen werden, daß man sich über ihre Höhe und Dikke nicht mehr so sehr verwundern darf.

Wer die Glätscher oder Eis-Berge des Schweitzer-Landes, in Pündten und Tyrol gesehen, oder die Beschreibung derselben gelesen hat, der wird sich vorstellen können, wie sich in den Grönländischen Gebirgen solche ungeheure Eisklumpen vermittelst der Spalten ablösen und herunter glitschen können. Man sehe davon Gruners Eis-Gebirge des Schweitzerlandes. Th. III. Die Spalten in denselben sollen durch das von unten gethaute, den Winter, oder auch nur die Nacht durch, wieder gefrorne und mit vieler Luft angefüllte Eis-Wasser entstehen, welches des Morgens, besonders im Sommer, einen grössern Raum sucht, und daher, wie das in einem Gefäß in der Kälte verschlossene Wasser, die obere Eisdekke zersprengt, mit einem heftigen Knallen und mit einer Erschütterung, die man ein Eisbeben nennt, daß Menschen, die in der Nähe sind, sich niedersetzen müssen, um nicht umgeworfen zu werden.

Da werden dann auch Erde, Holz und Steine, (wie ich zum Theil selber im Julii-Monat auf einem solchen Glätscher gesehen,) ja Menschen und Vieh, die hineingefallen, mit hervorgeworfen. Alsdann rutschen ganze Stükken und Felder von Eis in die niedrigere Berg-Gegend. Solche Eisfelder haben viele Auen, und im Grindelwald, Berner-Gebiets, einen noch vor sechzig Jahren offenen Paß zum Viescher-Bad in Wallis, nebst der Capelle der heiligen Petronella, und ganze Wälder von Lerchenbäumen, die man hie und da noch hervorragen sieht, überdekt.

Wie groß dergleichen herabgerollte Eisstükke oder Glätscher seyn können, kan man aus eben desselben Beschreibung des Rheinwald-Glätschers im Grauen Bunde (Th. II. S. 170.) die zugleich die Beschaffenheit der Eis-Blink in Grönland erläutert, abnehmen. Dieser Glätscher soll eine Meile lang und halb so breit und einige hundert bis tausend Klafter hoch seyn, und aus lauter neben einander stehenden, senkrecht abgeschnittenen Glätscher-Bergen bestehen, die durch und durch pures Eis sind, das von den Bergen herab gestürzt ist. An dem Westlichen Ende fließt ein trübes Wasser heraus, das sich aber bald wieder unter dem Eise verliert. An dem östlichen Ende geht ein prächtiges von lauter Eis gemachtes Gewölbe in den Glätscher hinein, aus welchem ein Crystall-klares Wasser herausfließt. Nach der Aussage der Anwohner soll man eine ganze Stunde unter diesem Gewölbe aufrecht fortgehen können.

Wenn solche ungeheure Eisstükken von den Schweizer-Bergen herunter stürzen; und wenn die Cordilleras de los Andos in Peru, ein Gebirge, das fünf und zwanzig Meilen lang ist, und davon der Chimborasso, als der höchste Berg, vermuthlich in der ganzen Welt, ohnweit Quito grade unter der Linie liegt, mit beständigem Schnee und Eis bedekt sind: so wird man sich
nicht

nicht mehr wundern, woher in den Grönländischen Gewässern solche entsetzliche schwimmende Eis-Berge kommen. Nur dieses habe ich noch dabey anzumerken, daß man zuweit schließt, wenn man meynet, daß die Gefrierungs-Linie, die man sich im heissen Erdstrich zwey tausend, zwey hundert und dreißig Klafter übers Meer vorstellt, gegen die Pole zu, Stuffenweise sich dermassen herunter senke, daß sie jenseit der Polar-Cirkel die Fläche des Meers oder des niedrigsten Landes berühre. Der Augenschein streitet dagegen. Denn nicht nur wohnen Grönländer bis in den 75sten und Europäer bis in den 71sten Grad, sondern ich habe mehr als einmal gesehen, daß es auf den Spitzen der höchsten Grönländischen Berge, die zwar nicht wie der Chimborasso, drey tausend zwey hundert, oder wie der Gotthard, zwey tausend sieben hundert und funfzig; aber doch zum wenigsten tausend Klaftern hoch seyn mögen, im Sommer nicht allezeit schneyet, sondern mehrentheils regnet; und wenn auch Schnee fället, derselbe bald wieder vergeht.

§. 12.

Die in der See herum schwimmenden Eis-Berge machen zwar die Schiffarth in diesem Meer beschwerlich und gefährlich. Weil sie aber nur einzeln und mit vielem Raum dazwischen gesehen werden, so daß man ihnen sehr wohl ausweichen kan; es müßte dann im dikken Nebel oder heftigen Sturm, und noch mehr bey gänzlicher Windstille durch den starken Strom, ein Schif daran stossen: so hört man selten, daß hier und in Hudsons-Bay ein Schif dabey verunglükt. Es müssen aber auch Tag und Nacht ein paar Mann darnach aussehen und wahrschauen. Das flache Treib-Eis ist weit erschreklicher. Dieses Eis-Feld bedekt wol nicht alle, doch die mehresten Jahre, in den Sommer-Monaten das Ufer der Strasse Davis von Statenhuk an bis in den 65ſten Grad, (*) und muß von den Schiffern ſorgfältig vermieden und umfahren werden, bis ſie eine durch den Strom oder Wind verurſachte Oeffnung finden, da ſie durchfahren können, wiewol mit vieler Gefahr, indem oft ein anderer Wind oder eine conträre Fluth und Strom, wo nicht gar Sturm, das Eis wieder zuſammen treibt, das Schif einquetſcht und zu Grunde richtet.

Ich habe ſo ein Eis-Feld nicht geſehen, und kan alſo nur aus der Erzehlung anderer melden, daß, wenn man die Nachrichten der Schiffer mit den Erzehlungen der Grönländer, die zu gleicher Zeit weit von der Oſt-Seite herkommen, zuſammenhält, ſo ein Eis-Feld über hundert Meilen lang und an manchen Orten zwanzig, dreißig bis vierzig Meilen breit ſeyn muß. Wo da Wind und Strom keine Oeffnung gemacht hat, da folgt es Stük an Stük ſo dichte an einander, daß man von einem aufs andre ſpringen und die Fugen, wo es von einander abgebrochen, deutlich ſehen kan. Die Dikke dieſes Eiſes iſt verſchieden. Gemeiniglich iſt es fünf bis ſechs Ellen dik. Und dieſes iſt ſalzig, weil es aus See-Waſſer entſtanden. Es ſind aber auch groſſe Stükke von Süß-Waſſer-Eis darunter, die man leicht an ihrer hellen durchſichtigen Farbe erkennen kan. Und dieſe ſind, wie Ellis (**) von dem Eiſe in der Hudſons-Bay, und Doct. Gmelin in ſeiner Reiſe durch Sibirien (***) anmerken, von vier bis zehn Klaftern dik, je nachdem es aus einzelen, oder aus über einander gehäufften und zuſammen gefrornen Schollen beſteht. Dieſelben ragen auch weit mehr aus dem Waſſer hervor, und

---

(*) So weit erſtrekte ſich das Eis-Feld im Jahr 1756. Seitdem iſt kein Eis in der Straſſe geweſen und erſt in dieſem Jahr 1762. bis auf den 62ſten Grad gekommen.
(**) S. 135.
(***) Th. II. S. 425.

und auf denselben steht öfters eine Menge süssen Wassers, als in einem Teich; wie sie dann auf dem Schif, damit Ellis gefahren, die Fässer davon angefüllt haben. Hin und wieder sind auch kleine und grosse Eis-Berge darunter, die, wo eine Oeffnung entsteht, vom Winde und Strom, davon sie stärker als das flache Eis bewegt werden können, heraus getrieben werden. Daher zeigt sich so ein Eis-Feld bey dem ersten Anblik, wie ein Land mit Bergen und Thälern, Städten und Dörfern samt ihren Häusern, Kirchen und Thürmen. Wenn man sich dem Eise nähert, wird die Luft um ein merkliches kälter; und dieses, wie auch, daß ein dikker aber niedriger Nebel das Eis begleitet, soll ein richtiges Kennzeichen seyn, daß man es bald antreffen werde. (*) Im Gegentheil haben einige Schiffer in der Strasse Davis bemerkt, daß sich der sonst recht dikke Nebel verziehet, sobald man nahe zum Eise kommt; ingleichen, daß sie je weiter gen Norden, je weniger Eis angetroffen und also auch die Luft wärmer befunden haben.

§. 13.

Niemand hat mehr Gelegenheit, das Treib-Eis und dessen Gefährlichkeiten kennen zu lernen, als die Schiffer, die nach Spitzbergen auf den Wallfisch-Fang fahren, und dasselbe nicht allezeit vermeiden und umfahren können, sondern öfters sich in dasselbe hinein wagen müssen. Ich will also in Hoffnung, daß es solchen Lesern, die dergleichen Reisen zu lesen wenig Gelegenheit haben, angenehm seyn werde, aus Martens Reise nach Spitzbergen das hauptsächlichste vom Eise und wie sich die Schiffe in demselben verhalten, kurz zusammen fassen.

Im April und May bricht das Eis in dasigen Gegenden, und kommt in grosser Menge zum Theil Ost von

Nova

(*) Ellis. S. 148. 149.

Nova Zembla, zum Theil und am meisten West, von der Ost-Seite Grönlands her. Und dieses wird das West-Eis genant, so wie jenes das Süd-Eis. Das West-Eis kommt allezeit in grossen Stükken oder Feldern, die mit tiefem Schnee bedekt sind. Wenn schon überall das Eis losgebrochen ist, so findet man es im Nord von Spitzbergen noch vest, und daraus schließt man, daß gegen den Pol noch mehr Land seyn müsse. Noch ehe man das veste Eis ansichtig wird, verräth es sich durch einen weissen Glanz in der Luft. Es ist nicht glatt und durchsichtig, wie das Süß-Wasser-Eis, sondern sieht aus wie Zukker, oder wie das Eis auf den Flüssen, ist dabey sehr schwammig, weil es von unten schmelzt und abnimt, und hat eine bleichgrüne Farbe, wie Vitriol. Wenn die Wallfisch-Fänger sich noch nicht in das kleine Treib-Eis hinein wagen dürfen, so machen sie das Schif am vesten Eis oder an einem losen grossen Eis-Feld vest. Das ist aber ein gefährliches Lager: Denn wenn es von der Bewegung der Wellen bricht, so machen die vielen hundert ja tausend kleine Stükke, ausser der Erschütterung der See, einen Wirbel und ziehen sich nach dem Mittel-Punct. Fassen sie nun das Schif in der Mitte, so ist es um dasselbe gethan. Vor den kleinen Stükken haben sich die Schiffe am meisten zu hüten, weil sie geschwinder schwimmen, und das Schif einschliessen und zerstossen können. Dieselben häuffen sich, vom Strom und Wind getrieben, auf einander wie Klippen, die oft höher als das Schif sind. Wenn nun dieses ihnen nicht mehr ausweichen kan, so wird es von den Eis-Stükken, die sich immer häuffen, auf die Seite geworfen, oder in die Höhe gehoben und öfters gar zerstossen. Daher müssen die Schiffe viel stärker als andre gebaut seyn; und dennoch werden viele im Eise zertrümmert: da sich dann die Menschen übers Eis, oder in einem Boote retiriren, bis sie von einem andern Schif aufgenommen werden können.

nen. (*) Indeſſen müſſen doch die Schiffe dem Wallfiſch in das Treib-Eis folgen, wohin er ſich gern retirirt, wenn er mit der Harpune geworfen iſt. Da hängt
man ein Stük Eis hinten am Schif an, damit es dadurch bey ſtarkem Strom und Winde aufgehalten werde
und nicht von vorne her ans Eis ſtoſſe. Die auf den Seiten herau dringenden Stükke ſucht man vermittelſt langer mit Eiſen beveſtigter Stangen abzuhalten, oder man
hängt einen todten Wallfiſch, auch wol nur einen
Schwanz oder Finne von demſelben, an die Seiten des
Schiffes, um es wider die Gewalt des Eiſes zu ſchützen.

§. 14.

Um nun wieder auf das entſetzlich lange und breite
Eis-Feld in der Straſſe Davis zu kommen, ſo iſt
die Frage: wo daſſelbe entſteht und herkomt? nicht
ſo leicht zu beantworten, ſolange man keine hinlängliche Nachricht von dem ſogenanten Eis-Meer haben kan.
Daß es in der Straſſe Davis nicht entſteht, ſehen wir
daraus, weil die See wegen der unaufhörlichen Bewegung, die durch Ebbe und Fluth und Wind verur-
ſacht

(*) Von der Art Beſchwerlichkeit, Gefahr und wunderbaren Errettung iſt nicht leicht etwas mit ſolchem ſchauer-
haften Vergnügen zu leſen, als Willem Barents und
des nachmals ſo berühmten Holländiſchen See-Helden
Heemskerk Reiſe zur Entdekkung der Nord-Oſtlichen
Durchfahrt in den Jahren 1596. und 97. die, nachdem
ſie den Winter auf der Oſt-Seite von Nova Zembla in
76ſten Grad zugebracht, ihr Schif im Eis verloren, und
in einem offenen Boot etliche hundert Meilen burchs Eis,
darüber ſie Boot und Ladung einigemal ein gut Stük
Weges haben ſchleppen müſſen, der öftern Anfälle von
den weiſſen Bären nicht zu gedenken, bis nach Kola in
Lapland gefahren ſind, wo ſie von einem Holländiſchen
Schif aufgenommen worden. Einen Auszug davon kan
man in Jorgdragers Grönländiſchen Fiſcherey
S. 167. bis 179. leſen.

sacht wird, auch sogar in den Fiorden nicht gefrieren kan; und das wenige Eis, das sich zwischen den engen Inseln und in denen ausser dem Winde gelegenen kleinen Buchten, ja auch in der grossen Disko-Bucht ansetzt, vergeht bald oder wird durch den Strom auf die Americanische Küste getrieben. Das Eis-Feld kommt mit dem Strom von der Ost-Seite Grönlands her. Daselbst ist aber auch kein am Lande vestes, sondern nur treibendes Eis, wie die Grönländer erzehlen. Es wird also wol aus dem Eis-Meer kommen, und da wird ein jeder auf der Charte sehen können, daß das Mare Glaciale, das sich von den Tartarischen Ufern bis unter den Pol erstrekt, so lang und breit ist, daß es wol mehr als ein solches schwimmendes Eis-Feld abgeben könte. Allein wenn unter dem Pol lauter Meer wäre, so könte es daselbst nicht entstehen, weil die durch Wind und Strom verursachten Wellen auch in den nordlichsten Gegenden, wo es gleichwol, nach der Erfahrung, nicht so anhaltend kalt ist, als man nach den Climaten rechnet, das Wasser nicht zum Frieren kommen lassen. Wo Eis entstehen soll, da muß Land seyn, wo sich das Eis zuerst ansetzen und sich so nach und nach weiter erstrekken kan; und auch daselbst erstrekt es sich nicht gar weit in die See. Soll man unter dem Pol Land vermuthen, und supponiren, daß daselbst in einer grossen stillen Bucht das Meer gefriere, und im Sommer durch Thau-Wetter und Sturm so ein Eis-Feld abgerissen und fortgeführt werde, (und dieses waren meine ersten Gedanken von dem Ursprung des Treib-Eises:) so streitet die von Baffon (*) angeführte Erfahrung dagegen, wofern sie nicht, wie es scheint, mehrentheils auf hören sagen beruhet. Es soll nemlich ein Englischer See-Capitän Monson, der die Nord-Östliche Durchfahrt gegen den Pol gesucht hat, bis auf zwey Grad vom

Pol

(*) l. c. T. I. S. 310.

Pol gekommen seyn und kein Eis gefunden haben. Ein Holländischer Schiffer hat vorgegeben, daß er um den Pol herum gesegelt, und es da so warm als in Amsterdam gefunden. Ein Englischer Capitän, Goulden, hat den König Carl den IIten versichert, daß zwey Holländische Schiffe, da sie bey Spitzbergen keine Wallfische gefunden, sich von ihm getrennt, in vierzehn Tagen wieder gekommen und ihm erzehlt, auch aus ihren Journalen bewiesen haben, daß sie bis in den 89sten Grad gefahren und kein Eis angetroffen haben.

Es ist also eher zu vermuthen, daß das Treib-Eis zum Theil aus den vielen und grossen Strömen, die sich aus der grossen Tartarey in das sogenante Eis-Meer ergiessen, herkomme: und dasselbe ist das hie und da in dem Eis-Feld hervorragende Süß-Wasser-Eis: Zum Theil und am meisten bricht es jährlich von den Ufern der Tartarey, Nova Zembla, Spitzbergen und sonderlich der Ost-Seite Grönlands ab, wird durch den Wind und die in dortigen Gewässern entgegen lauffenden Ströme zusammen getrieben, bis es in den an der Ost-Seite regulär lauffenden Strom geräth, welcher es zwischen Island und Grönland um Statenhuk, wol auch durch die Frobisher-Strasse unter dem Eise, in die Strasse Davis bis auf den 65sten Grad treibt, wo es durch einen conträren Strom weiter vom Lande ab, an die Americanische Küste und so weiter Südwerts getrieben wird, bis es durch die Sonne aufgelöst werden kan.

§. 15.

Alle Winter werden die kleinern Buchten und Fiörben, die sich so weit hinter die hohen Berge erstrekken, daß der Strom und Wind keine starke Bewegung des Wassers verursachen können, mit Eis-Stükken bedekt, welche mit dem See-Wasser zusammen frieren und im Frühjahr von Sturm-Winden losgebrochen
und

und in die See geführt werden. Der nordliche Arm des Bals-Reviers ist viele Meilen lang mit solchen zusammen gefrornen Eis-Stükken zugedekt. Ich will dasselbe mit wenigem beschreiben. Ich besuchte den Missionarium in Pißiksarbik, wo er mit der Grönländischen Gemeine auf dem Hering-Fang stand. Den 11ten Junii ließ ich mich drey Meilen weiter bis ans Ende der Fiorde führen, die daselbst noch gefroren und nur am Lande offen war. Ich ging sodann eine halbe Meile weit das Thal hinauf, um bey einem grossen Süß-Wasser-Teich die Rudera der alten Norweger zu sehen; sahe aber an diesem Ort weiter nichts, als einen grossen vierekkigten mit hohem Gras überwachsenen Steinhauffen. Das Thal schien mir eine gute Meile lang und halb so breit zu seyn. In der Mitte fließt ein kleiner Bach, welcher etliche Teiche formirt. Die nächsten Berge erheben sich nicht gleich so steil, als die an der See, sind mit vielem Moos, Gras und Reisig bewachsen, und präsentiren sich dem Ansehen nach fast wie der Vogels-Berg. Die Sonne, die zwischen den Bergen recht brennt, trieb mich bald wieder zurük. Und weil meine Grönländischen Boors-Leute sich mit Lachsfischen beschäftigten, ging ich allein auf einen Hügel, von welchem ich die nordliche Fiorde voll Eis erblikte. Die Neugier trieb mich über einen mit vielem Gras bewachsenen Sumpf eine Viertel-Meile breit; über welchen die Grönländer mit ihrem Kajak auf dem Kopf zur Fiorde gehen, um auf dem Eis Seehunde zu tödten. Weil ich aber das Eis nicht in die Länge sehen koñte, so ging ich noch eben so weit auf eine erhabene Land-Spitze. Da sahe ich mit Verwunderung ein Eis-Feld von etwa sechs Meilen lang und eine halbe breit. (*)

Und

(*) Nicht weit davon sieht man auf einem Berge eine Fläche von zehn Meilen lang und breit, welche, wie ein See, mit lauter blauem Eise bedekt ist.

Und doch konte ich Weſt-oder Seewerts, ſo weit ich zwiſchen den Bergen ſehen konte, kein offen Waſſer erblikken. Nur verrieth der Waſſer-Dampf, (es war eben beym Untergehen der Sonne gegen zehn Uhr) daß da die Fiorde offen ſeyn müſſe. Oſt-oder Landwerts erſtrekte ſich das Eis-Feld von groſſen Stükken in einer Fläche, die etwa eine halbe Meile lang und halb ſo breit ſeyn mochte. Alsdann aber erhub es ſich, nach meinem Augenmaaß, eines recht hohen Thurms hoch, und präſentirte ſich, von einem Berg zum andern, wie eine lange Gaſſe Häuſer mit ſpitzigen Giebeln. Hier vermuthete ich das Ende der Fiorde. Denn von da an erſtrekt ſich das Eis über drey Meilen lang zwiſchen den Bergen Stuffenweiſe erhaben, wie die Waſſer-Fälle in einem zwiſchen den Bergen rauſchenden Strom. Ein am Ende querüber ſtehender Berg, welcher niedrig und mit ſehr wenig Schnee und Eis bedekt zu ſeyn ſchien, machte dieſem langen Eis-Feld ein Ende; doch ſchien auf beiden Seiten, ſowol Nord-als beſonders Südwerts, noch eine ziemlich breite Eis-Strekke, wer weiß wie weit, ins Land hinein zu gehen.

§. 16.

Wer nur ſo obenhin von den entſetzlichen Eis-Triften hört, ohne die Urſach derſelben zu wiſſen, der denkt, die Oſt-Seite Grönlands ſey nunmehro dergeſtalt mit Eis beſetzt, daß die armen Einwohner nicht mehr heraus, und die Schiffe nicht zum Lande kommen können. Er befürchtet, daß es mit der Weſt-Seite einmal eben ſo gehen werde, und bedauert ſchon zum voraus das unglükſelige Schikſal der armen Einwohner. Wie es mit der Oſt-Seite ausſieht, wollen wir ein andermal hören. Auf der Weſt-Seite iſt dieſes Unglük nicht eher zu beſorgen, als bis ſich die ganze Natur verändert. Man darf nur auf die Urſach des Treib-Eiſes merken. Es kommt mit dem Strom, und wird durch denſelben und durch den Wind immer weiter getrieben. Ist der Wind westlich, und dabey etwas stürmisch, so treibt es mit der Fluth in alle Buchten hinein. Sobald der Wind Nord- und Ostlich wird, so treibt es mit der Ebbe wieder aus den Buchten heraus, und geht alsdann dem Strom nach, so weit dieser gen Norden geht, treibt hernach auf die Americanische Küste, und endlich so weit gen Süden, daß es durch die Sonnen-Wärme aufgelöst werden kan. Solange also Ebbe und Fluth und Strom, Süd- und West- und Ost-Wind in dieser Gegend seyn werden, so lange wird auch diese Küste mit Eis bedekt und wieder frey werden. Wenn das Eis auf einer gewissen Höhe ist und zugleich West-Wind weht, so können freilich weder die Grönländer heraus, noch die Schiffer herein fahren, und sind also mancher Beschwerlichkeit, ja Lebens-Gefahr unterworfen. Die Göttliche Vorsehung hat aber schon dafür gesorgt, daß diese Noth nicht lange und selten vierzehn Tage währt.

§. 17.

Mit dieser Beschwerlichkeit hat der Urheber der Natur eine grosse Wohlthat verknüpft. Denn da Er diesem kalten, steinigten Lande den Wachsthum des Holzes versagt hat: so hat Er dafür gesorgt, daß der Strom des Meers theils ohne, theils und am meisten mit dem Eise zugleich vieles Holz mit sich führt und zwischen den Inseln sitzen läßt. Wäre dieses nicht, so hätten wir kein Holz zum Brennen, und die armen Grönländer, die wol nicht Holz, sondern Spek zum Brennen brauchen, hätten kein Holz, ihre Häuser zu bekken, ihre Zelte aufzurichten, ihre Boote zu bauen und ihre Pfeile zu verfertigen; womit sie sich Nahrung und Kleidung und Spek zum Leuchten, Wärmen und Kochen schaffen müssen. Es sind zum Theil grosse mit der Wurzel ausgerissene Bäume, die durch vieljähriges heruntertreiben, anstossen und reiben am Eise, sowol von Aesten als der Rinde gänzlich entblößt und von grossen Holz-Würmern durchfressen sind. Etwas weniges von diesem Treib-Holz sind Waiden-Ellern, und Birken-Sträuche, die aus den Fiorden in Süden kommen; ingleichen grosse Stämme von Espen-Holz, die schon weiter herkommen müssen. Das meiste aber ist Kiefern- und Tannen-Holz. Man findet auch viel Holz von sehr feinen Adern und wenigen Aesten, welches ich für Lerchen-Holz halte, das gern in hohen steinigten Gebirgen wächst; und ein dichtes röthliches Holz von angenehmerm Geruch, als das gemeine Tannen-Holz, mit kennbaren Quer-Adern, welches ich mit dem auf den höchsten Bündtner-Bergen wachsenden schönen und Cederhaftig riechenden Zirbel-Holz, womit die Zimmer getäfelt werden, für einerley Gattung halte.

Man sieht also wohl, daß dieses Holz aus einer zwar fruchtbaren, aber doch kalten, bergigten Gegend kommen müsse. Wo aber diese Gegend sey, ist schwer auszumachen. Aus dem benachbarten America, etwa von Terra Labrador, kan es nicht kommen, weil es gemeiniglich mit dem Eis kommt, welches mit dem Strom nicht von daher, sondern dorthin treibt. Wolte man sagen, es komme aus Canada und treibe mit dem Strom Nord-Ostwerts, bis es in den von Spitzbergen kommenden Strom fällt und hieher getrieben wird: so müßte doch etwas von dasiger Art Holz, als Eichen, darunter seyn, welches, ausser einigen zertrümmerten Schif-Brettern, sich hier gar nicht zeigt. Ellis, welcher es auch in Hudsons-Bay gefunden, meldet S. 132. daß es einige aus Norwegen herleiten, glaubt aber, daß die starken Nord-Westlichen Winde dieser Gegenden es hindern würden, hieher zu kommen; so wie die heftigen Ströme, die aus der Strasse Davis und Hudsons-Bay Südwerts gehen, ihm im Wege seyn müßten, wenn es von der Americanischen Küste kommen solte.

folte. Er leitet es darauf sogar aus dem südlichen Theil Grönlands her, und gründet sich auf eine mißverstandene Nachricht des ehrwürdigen Herrn Egede. Der redet zwar von Birken und Ellern, die eines Schenkels dik sind; das Treib-Holz aber besteht aus Fichten, dergleichen hier gar nicht wachsen, und ist oft so groß, als ein Mastbaum.

Ich will doch dieser sonderbaren Sache etwas weiter nachspüren. Daß es mit dem Strom und Eis kommt, ist ausgemacht. Dieses kommt von Osten. Wo sich das Treib-Holz am häufigsten findet, da muß es auch herkommen, und je länger man es spürt, je weiter muß dessen Ursprung gesucht werden. Nun wird es bey Island viel häufiger als hier gefunden. Und so viel ich aus einem alten Holländischen Zee-Spiegel ersehe, so sind auf der Süd-Ost-Seite von Jan Mayen-Eyland im 75sten Grad zwo Holz-Buchten, da ebenfalls mit dem Eis so viel Holz hinein getrieben wird, daß man ein Schif damit befrachten könte. Man muß also dessen Ursprung noch weiter entweder gegen den Pol oder gegen Osten suchen. Wenn auch unter dem Pol Land wäre, so könte es da so wenig als in Grönland wachsen. Es muß also aus Sibirien oder der Asiatischen Tartarey kommen, wo es durch die vom Regen stark angeschwollene wilde Berg-Wasser, welche ganze Stükke Land und Fels mit grossen Bäumen herab schwemmen, von den Bergen abgerissen, in die grossen Flüsse gestürzt, und ins Meer geführt wird. Hier wird es nebst dem Treib-Eis von dem Oestlichen Strom nach dem Pol zu getrieben, und dann mit dem Strom der bey Spitzbergen aus Norden kommt, zwischen Island und Grönland an der Ost-Seite hin, um Statenhuk herum, in die Strasse Davis bis auf den 65sten Grad geführt. Da nun dieser Strom daselbst abnimt, so bringt es nicht weiter gen Norden; wie man dann

bey

bey und über Disko keins findet; und die wenigen Ueberbleibsel dieses Holzes werden durch einen conträren Strom Westwerts nach America getrieben.

Ich habe auch in Gmelins Reisen durch Sibirien ein und anders von diesem Treib-Holz gefunden. Das Rußische Fahrzeug, das im Jahr 1735. zu Entdekkung einer Nord-Ostlichen Durchfahrt auf hohen Befehl vom Lena-Fluß nach Kamschatka fahren solte, traf in seinem Winter-Hafen eine Menge grosses Treib-Holz an, aus welchem sich die Mannschaft Häuser baute. Der Verfasser macht die Anmerkung dabey: (*) "Man findet an dem Eis-Meer auf zweyhundert Werste weit vom Ufer keine Waldung, und doch sind die Ufer mit vielem Holz bedekt, welches anderswo hergeschwemmt wird, so daß an vielen Orten gleichsam hohe Berge von Schwemm-Holz aufgethürmet sind. Es bestehet alles aus Lerchen-Bäumen und Tannen." Laut der Nachrichten des Verfassers findet man zwischen dem Ob und Jenisei am See-Ufer auch grosse Holz-Hauffen von Lerchen, Cedern und Tannen. Das frische liegt dicht am Ufer, und weiter ins Land hinein findet man ausgedorrte und verfaulte Stämme. An dem Fluß Tura, der in den Ob fällt, und an mehr Orten Sibiriens, wie auch auf dem Riphäischen Gebirge, das Sibirien von Rußland scheidet, wächst zwar kein Eichen- und Buchen- aber die Menge Fichten-Holz, und besonders die so genante Sibirische Ceder, die nach der Beschreibung mit dem oberwehnten Zirbel-Baum übereinkommt. Solte nun, wie eben dieselben Nachrichten lauten, zwischen dem Jenisei und Lena am Ufer kein Treib-Holz gefunden werden, und vom Lena Ostwerts, wo es doch auf grossen Hauffen liegt, aus dem Lande, vermittelst der Flüsse, die bis zum Kolyma nur klein und seichte sind, keins kommen können: so müßte man einem

(*) Th. II. S. 415.

nem grossen Theil dieses Treib-Holzes noch weiter nachspüren. Nun findet man dieses Treib-Holz auch in Kamschatka, wo doch keine Tannen wachsen, sondern nach Aussage der Einwohner durch einen Ostwind in der See, und also vermuthlich aus dem gegenüber liegenden America herbey getrieben werden. (*) Da nun die Bewegung des Meers, und folglich auch die meisten und stärksten Ströme von Osten nach Westen gehen, so könte man auf die Gedanken kommen, daß ein Theil dieses Holzes zwar durch den Ob aus Sibirien, ein Theil aber von der Americanischen West-Seite um Kamschatka herum bis an den Lena komme, da sich dann ein Hauffen näher zum Pol zu, und so nach Spitzbergen und vollends nach Grönland zieht.

§. 18.

Die wunderbaren Eis-Berge, das entsetzliche Treib-Eis und das seltsame Treib-Holz, welche Vorwürfe ein nachdenkliches Gemüth allerdings beschäftigen können, haben mich zu einer Weitläuftigkeit verleitet, die ich im folgenden, wo von bekantern Dingen die Rede seyn wird, mit der Kürze zu verbessern suchen werde.

Die Fluth, die dem Strom den rechten Schwung gibt, und das Eis und Holz zwischen den Inseln und in den Buchten absetzt, wechselt hier mit der Ebbe alle sechs Stunden eben so regulär nach dem Ab- und Zunehmen des Monds, als in andren Gegenden. Die Fluth geht von Süden nach Norden und steigt in Süden drey, auf dieser Höhe zwey, in Disko einen Faden, und nimt alsdann so ab, daß sie weiter Nordwerts nicht viel über einen Fuß anwächst. In der Spring-
Zeit

(*) Müllers Samlung Rußischer Geschichte. III Band S. 67. Die Einwohner fischen grosse Balken zwischen den Inseln auf, und unterstützen damit ihre von Erde aufgebauten Häuser.

Zeit aber, d. i. bey Neu- und Vollmond, steigt sie hier über drey Faden hoch. Mit der Fluth nimt der Wind zu, wofern einer vorher geweht hat, und drey Tage vor und nach der Spring-Fluth, besonders ums Æquinoctium, befürchtet man stürmisches Wetter, welches aber doch nicht allezeit zutrift. Die Abweichung der Magnet-Nadel beträgt etwa zwey und einen halben Strich gegen Westen. Ganz oben am Ende der Strasse in Baffins-Bay soll sie fünf Strich oder sechs und funfzig Grade abweichen; welches die größte Abweichung ist, die man irgends bemerkt hat. Anmerklich ist es, daß die Quellen auf dem Lande ebenfalls nach Proportion des Mondes und der Fluth ab- und zunehmen, und daß besonders im Winter, da alles mit Eis und Schnee bedekt ist, zur Spring-Zeit an Orten, wo sonst kein Wasser ist, und die weit über die Fläche des Meers hervorragen, neue, ganz unbekante und starke Wasser-Qellen entstehen und wieder vergehen.

Sonst ist das Land nicht so Wasser-reich als die Berg-Länder in wärmeren Gegenden, und die meisten Quellen, die ein sehr reines und gesundes Wasser geben, haben keinen weitern Nachsatz als das geschmolzene und eingesikkerte Schnee-Wasser. Hie und da sind in den Thälern ziemlich grosse Teiche, die von dem aus den Bergen herabrinnenden Schnee und Eis unterhalten werden. Und der Lachs-Elven oder kleinen Berg-Ströme sind wenige, und nicht so stark als die Berg-Wasser in der Schweitz. Es können in diesem Lande nicht wohl grosse Ströme seyn. Die Thäler sind nicht lang, weil die Berge bald Anfangs sehr hoch steigen und mit immerwährendem Eis bedekt sind, welches wenig oder gar nicht schmelzet, und also den Quellen auch nur wenig Nachsatz gibt. Daher troknen im Sommer viele Quellen aus, und im Winter frieren die meisten zu. Menschen und Vieh müßten alsdann vor Durst sterben,

wenn

wenn es nicht die weise Vorsehung so geordnet hätte, daß im härtesten Winter oft Thau-Wetter und Regen einfällt; da man dann unter dem Eise das durchgesikkerte Schnee-Wasser samlen kan.

III. Abschnitt.
Von der Luft und den Jahrs-Zeiten.

§. 19.

Da das Land an den meisten Orten mit beständigem Eis und Schnee bedekt ist, so kan man leicht erachten, daß es sehr rauh und kalt seyn müsse. Wo man im Winter noch ein oder ein paar Stunden des Tages die Sonne genießt, da ist die Kälte noch erträglich; wiewol ausser der warmen Stube, ja in derselben, die starken Getränke frieren. Wo aber die Sonne nicht mehr scheint, da kan, über dem Thee trinken, die ausgeleerte Tasse am Tisch anfrieren. Herr Paul Egede führt in seinem Journal unterm 7ten Jan. 1738. von der Kälte bey Disko folgende wunderbare Wirkungen an: "Das Eis und der Reif-Frost erstrekt sich durch den Schornstein bis ans Ofen-Loch, ohne am Tage vom Feuer anzuthauen. Ueber dem Schornstein ist ein Gewölbe von Reif-Frost mit kleinen Löchern, wo sich der Rauch durchdrängt. Thür und Wände in der Stube sind vom Frost wie übertüncht, und zwey Unterbetten sind, welches man kaum glauben wird, oft an der Bettstelle angefroren. Die Wäsche im Kasten ist gefroren. Vom Othem wird das Oberbett und Kopf-Kissen ganz steif vom Reif-Frost eines Daums dik. Die Fleisch-Fässer muß man in Stükken hauen, wenn man es herausnehmen will, und im Schnee-Wasser aufthauen, und wenn mans über das Feuer setzt; so ist das äusserste gar gekocht, ehe das innere sich mit Macht zerreissen läßt."

In der Hudsons-Bay, wo Ellis 1746. im 57sten Grad überwinterte, war die Bucht schon am 8ten Oct.

zugefroren. Die Dinte fror beym Feuer, und das Bier in Flaschen in der warmen Stube in Werg eingewikkelt. Alle starke Getränke froren zu Eis, und zersprengten die Gefässe; der Brantwein und sogar die aus Wein abgezognen Spiritus wurden dik, wie gefrornes Oel. In der warmen Stube setzten sich die Dünste an die Wände wie Schnee, und die Bettlaken froren an die Wand vest. Er merkt aber auch an, daß die scharfe Kälte und schneidende Luft selten länger als vier bis fünf Tage anhalte, und dann mit Thau-Wetter abwechsele.

Die grösste Kälte stellt sich, wie überall, erst nach dem Neujahr ein und ist im Februario und Martio so hart, daß die Steine springen, und die See wie ein Ofen raucht, sonderlich wo eine Fiorde ist. Dieses nennt man den Frost-Rauch. Derselbe ist nicht so kalt als die trokkene Luft. Denn wer vom Lande in einen solchen Frost-Rauch hinein fährt, empfindet die Luft gleich lauer und nicht mehr so brennend-kalt, obgleich Kleider und Haare vom Reif und Eis starren. Der Frost-Rauch zieht aber auch eher Blasen, als die trokkene Kälte, und sobald er in die kalte Luft kommt, gefriert er zu kleinen Eis-Theilgen, die vom Winde fortgetrieben werden und auf dem Lande eine so schneidende Kälte verursachen, daß man kaum aus dem Hause gehen kan, ohne Gesicht und Hände zu erfrieren. Wenn man da Wasser kochen will, so gefriert es zuerst über dem Feuer, bis die Hitze die Oberhand bekommt. Alsdann friert auch die See zwischen den Inseln und in den kleinern Buchten und Fiorden zu. Und da gerathen die Grönländer gemeiniglich in grosse Hungers-Noth, weil sie vor Kälte und Eis ihrer Nahrung nicht nachfahren können.

§. 20.

Den Sommer kan man zwar von Anfang May bis zu Ende September rechnen; denn in diesen fünf Monaten

Monaten campiren die Grönländer in Zelten. Der Boden thaut aber erst im Junio recht auf, und zwar nur in der Ober-Fläche, und da schneiet es auch [...] und fängt im August schon wieder an; wiewol [der] Schnee selten vor dem October liegen bleibt. Es [soll] hier auch weniger Regen und Schnee fallen, als [in] Norwegen; und in der That habe ich den Schnee an [der] See-Seite, ausser wo er zusammen weht, nicht leicht über einen Schuh tief gefunden, und ist nie lange liegen blieben. Denn er wird entweder gar leicht [vom] Winde verweht; und da entsteht ein so feines [Schnee-]Gestöber, daß man sich nicht gut aus dem Hause [wagen] darf; oder von der Sonne verzehrt. Ich [hatte] aber auch einen ausserordentlich leidlichen und [wun]derlichen Winter. In manchen Jahren aber bleibt [der] Schnee vom September bis in den Junium liegen, [und] an einigen Orten viele Klafter hoch zusammen, [wird] aber bald so hart, daß man mit Schnee-Schuhen [drüber] weggehen kan. Dann muß es aber auch [einige] Tage lang regnen, ehe er schmelzt.

In den längsten Sommer-Tagen ist es, besonders in den Fiorden und Thälern, wo sich die Sonnen-Strahlen concentriren, und die Nebel und Winde von [der See] nicht herein können, so heiß, daß man die Kleider werfen genöthigt wird, und das beym Ablauf der [Flut] auf den Klippen bleibende See-Wasser sich zu schö[nem] weissem Salz coagulirt. Ja in der offenen See bey stillem Wetter und hellem Sonnenschein [kann es] werden, daß das Pech an den Schiffen schmelzt: [man] wird aber der Wärme nie recht froh; theils wegen [der] von den Eis-Feldern durchdrungenen kalten Luft, [die] des Abends so empfindlich wird, daß man gern wieder in den Pelz kriecht und oft zween Pelze übereinander vertragen kan; theils wegen der vielen Nebel, die [an] der See-Kante fast täglich vom April bis in den gust regieren, und oft so dik sind, daß man nicht eine Schifs-Länge vor sich sehen kan. Manchmal ist der Nebel so niedrig, daß man ihn kaum vom Wasser unterscheiden, hingegen die Berge und die obere Luft desto klärer sehen kan. Im Herbst ist erst das schönste und beständigste Wetter; kan aber alsdann nicht mehr lange dauren, und wird mit starkem Nacht-Frost abgewechselt.

Wenn der Nebel in der kalten Luft zu Reif wird, so kan man die subtilen gefrornen Eis-Theilgen, sonderlich wenn die Sonnen-Strahlen durch einen Schatten schiessen, wie kleine Nadeln und Sonnen-Stäubgen sehen. Dieselben bedekken das Wasser mit einer Kruste, die wie Spinnen-Webe oder wie dünnes Eis aussieht.

Man hat einigemal angemerkt, daß in Grönland das Wetter dem in Europa entgegen ausfällt, so daß, wenn in dem gemäßigten Erdstrich ein sehr kalter Winter ist, es hier ungewöhnlich gelinde ist, und umgekehrt. Allemal trift es nicht zu; jedoch finde ich in des Herrn Egede Journal als was besonders angemerkt, daß in dem bekanten kalten Winter zwischen den Jahren 1739. und 1740. in Disko-Bucht eine solche gelinde Luft gewesen, daß die wilden Gänse im Januario ihre Zuflucht dahin genommen; und in der Bucht, die sonst vom October bis May mit Eis bedekt ist, bis weit in den Merz kein Eis gewesen; ingleichen, daß man die Sonne, die sich doch daselbst bald nach dem Neu-Jahr schon wieder sehen läst, bis in den Februar, bey hellem klarem Himmel nicht habe sehen können; welches beydes der Verfasser, den warmen und dabey imperceptiblen Dünsten zuschreibt, die durch die strenge Kälte aus den mildern Climaten gleichsam hieher getrieben worden.

In des Herrn Procanzler Pontoppidans Natürlichen Historie von Norwegen findet man, daß sich in den kalten Wintern 1709. und 1740. aus eben der Ursache

die

die Schwäne zum erstenmal nach Norwegen retirirt haben." Damals (heißt es) war der Frost auch in Frankreich so stark, daß die Schildwachten auf ihren Posten erfroren, und die Vögel in der Luft ertödtet niederfielen. Damals war die ganze Ost-See solchergestalt bedrükket, daß man darauf, so wie auf einer Landstrasse, von Copenhagen nach Danzig reiste. Aber, da alle gesalzene Wasser hier zu Lande damals offen waren, auch so gar der Hafen bey Bergen: so zeigte die wunderbare Vorsicht GOttes verschiedenen uns zuvor unbekanten Wasser-Vögeln, und unter andren auch dem Schwan, diesen wunderbaren Weg, den ihnen ein Philosoph höchlich würde widerrathen haben, nemlich in Norden die offenen Wasser zu suchen, die ihnen in Süden mangelten."

Die neuesten Nachrichten aus Grönland bringen mit, daß der Winter des Jahrs 1763. der fast in ganz Europa ausserordentlich kalt war, so gelinde gewesen, daß es oft im Sommer viel kälter ist.

§. 21.

Sonst ist hier eine recht gesunde, reine, leichte Luft, darinn man, bey guten warmen Kleidern, einer mäßigen Diät und gnugsamer Leibes-Bewegung, frisch und gesund bleiben kan; daher man, ausser Scorbut oder Geschwüren (*) und einigen Brust- und Augen-Beschwe-

---

(*) Sowol Ellis (S. 223.) als Gmelin (Th. II. S. 419.) beschreiben den Ursprung und die Wirkungen des Scharboks in den kalten Ländern ausführlich. "Der "Mangel der Bewegung," sagen sie, "und der un= "mäßige Gebrauch des Brantweins befördern densel= "ben am meisten." Und in der That, wer den Brantwein nur zur höchsten Nothdurft geniesset und dabey auch in der grösten Kälte seine Nahrung mit der Jagd suchen muß, der bleibt gesünder, als der alles voll auf hat.

Beschwerungen, die theils von den süchtigen Grönländischen Speisen, theils von Kälte und Schnee-Glanz herrühren mögen, und doch auch nicht sehr gemein sind, selten etwas von denen in Europa gewöhnlichen Krankheiten hört; wie dann die ersten Teutschen Mißionarii nun schon ins dreißigste Jahr bey ihrer recht beschwerlichen und sonderlich im Anfang sehr schlechten und kümmerlichen Lebens-Art ausgehalten und ohne sonderbare Zufälle gesund und munter geblieben; da ihre Brüder auf andren Mißionen in wärmeren Ländern sehr häuffig in die Ewigkeit gegangen sind. Die Kälte ist zwar stark und lange anhaltend; man weiß aber Rath dafür. Und wenn sie zum Besuch nach Teutschland kommen, so leiden sie mehr von dasiger Sonnen-Hitze und dem neblichten, naß-kalten Winter-Wetter, als von der dasigen anhaltenden klaren Kälte.

Das Wetter ist zwar veränderlich, es fällt aber selten ein lang anhaltender Regen, besonders in Disko, wo es fast den ganzen Sommer schön Wetter seyn soll. Von Platz-Regen und Hagel weiß man hier wenig. Die Winde sind hier eben so veränderlich, als in andren Gegenden; doch kommen die mehresten vom Lande und aus den Bergen, aber nicht stürmisch, noch so kalt, wie man es hier vermuthen solte, indem oft bey solchem Winde das angenehmste Wetter ist. (*) Wenn es aber anfängt zu stürmen, welches am meisten im Herbst

---

(*) Buffon theilt die Winde gleichsam in Zonas ein, und meynt: so wie in der Zona torrida fast lauter Ost-Wind regiere, so müßten in der frigida fast lauter Nord-Winde wehen, welche dann die Gegenden so kalt machen. Allein die Winde variiren hier auch, und je weiter man nach Norden kommt, je mehr wehen Süd-Winde, die in dem härtesten Winter Thau-Wetter machen.

Herbst geschiehet, so raset es auch so heftig, daß die Häuser zittern und krachen, die Zelte und leichten Boote in die Luft fliegen, und das See-Wasser wie ein Schnee-Gestöber weit auf dem Lande herumfährt. Ja die Grönländer sagen, daß der Sturm Steine von ein paar Pfunden schwer losreißt und in die Luft führt. Wer da aus dem Hause muß, um die Boote zu bergen, der muß sich gemeiniglich auf den Bauch legen und hinkriechen, damit ihn der Wind nicht umreiße. Im Sommer entstehen auch Wirbel-Winde, die das Wasser aus der See erheben, und ein Boot etlichemal umdrehen. Die meisten und heftigsten Stürme entstehen aus Süden und lauffen herum nach Norden, da sie wieder mit klarem Wetter abstillen. Alsdann wird auch das Eis in den Fiorden losgerissen, und geht hauffenweis in die See hinaus. Man sieht es als ein Zeichen eines bevorstehenden Sturms an, wenn der Mond einen Kreis und die Luft vielerley strahlende Farben hat.

Es zieht manchmal ein Gewitter auf, und gibt Blitz und Strahl, aber keinen Donnerschlag; und wenn sich dergleichen hören läßt, so weiß man nicht, ob der Schall von einem weit entfernten Donner-Wetter, oder von dem Krachen der von den Felsen herabstürzenden Steine und Eisstükken entsteht. In dreißig Jahren weiß man nur von einer Bewegung zu sagen, die dem Erdbeben ähnlich gewesen. Und von Vulcanen oder Feuerspeyenden Bergen, die doch in Island sind, wissen die Grönländer nichts; wie man dann hier auch meines Wissens keinen Schwefel findet.

§. 22.

Im Sommer ist in dieser Gegend gar keine Nacht, indem über den 66sten Grad hinaus die Sonne in den längsten Tagen gar nicht, und hier bey Godhaab im

64sten

64sten Grad erst um 10 Uhr, 10 Minuten unter-und um 1 Uhr 50 Minuten schon wieder aufgeht, so daß sie nur 3 Stunden 40 Minuten unter dem Horizont zubringt. Im Junio und Julio ist es hier die ganze Nacht durch so helle, daß man ohne Licht in der Stube die klarste Schrift lesen und schreiben kan, und im Junio kan man die Berges-Spitzen in der Nacht von den Sonnen-Strahlen bemahlt sehen. Eine grosse Wohlthat, sowol für die Grönländer, die bey dem so kurzen Sommer die ganze Nacht durch jagen und fischen können, als für die Schiffer, die sonst bey der Menge Eises grosse Gefahr lauffen würden! Wo die Sonne gar nicht untergeht, da scheint sie gleichwol des Nachts nicht so helle als am Mittag, sondern verliert ihre Strahlen und scheint wie ein recht heller Mond, so daß man ohne Blendung hineinsehen kan. Hingegen sind auch die Winter-Nächte desto länger, und in Disko-Bucht sieht man vom 30 November bis 12ten Januar die Sonne gar nicht aufgehen. Alsdann geniessen die Einwohner nur einer mäßigen Dämmerung die von dem Wiederschein der Sonnen-Strahlen an den höchsten Berg-Spitzen und in den kalten Luft-Dünsten entsteht. Und doch wird es hier nie so stokfinster Nacht als in andren Welt-Gegenden: Denn entweder geben Mond und Sterne bey der klaren Luft und Kälte und dem vielen Schnee und Eis einen so hellen Wiederschein, daß man draussen ohne Leuchte zurecht kommen, und eine mittelmäßige Schrift deutlich lesen kan; (*) oder wenn der Mond nicht scheint, so vertritt das Nordlicht mit seinen recht lustig anzusehenden Strahlen von verschiedenen Farben, dessen
Stelle

(*) In den kürzesten Tagen sieht man den Mond manchmal gar nicht untergehen; hingegen sieht man im Sommer wenig davon, und die Sterne, vom May bis in den August, gar nicht.

Stelle oft noch besser. In die Erörterung der Ursachen dieser wunderbaren Luft-Erscheinung will ich mich nicht einlassen, sondern dabey nur dieses anmerken, daß weder ich, noch die vieljährigen Einwohner dieser Gegend das rechte Nordlicht in Norden oder Nord-Westen, ausser einem kleinen blauen Glanz an dem Horizont (welcher wol noch vom Wiederschein der Sonne entstehen könte) sondern allezeit in Ost- und Süd-Osten haben aufsteigen sehen; da es dann, wo nicht allezeit, doch oft über den ganzen Horizont her ber bis in Nord-West reichet; so wie man es auch manchmal an allen vier Ecken des Himmels zugleich sehen kan. Es hat also eine ganz gegenseitige Stellung, gegen der, so man in Norwegen, Lapland, Rußland und allen übrigen Gegenden von Europa beobachtet. Da wir nun hier bey Godhaab gegen Ost und Süd-Ost die meisten Eis-Berge, die eben wie der Nordschein von Zeit zu Zeit zunehmen, wie auch das Schwefelreiche Island liegen haben: so dürfte diese Anmerkung bey näherer Untersuchung der Ursachen des Nordscheins nicht gar vergeblich seyn, zumal wenn man des Dänischen See-Capitäns, Johan Heitmanns, Gedanken von der Wirkung der Sonnen-Strahlen, ingleichen vom Nordlicht und dem Meer-Feuer (Moor-Ild) mit dem Baron Holberg einiger Aufmerksamkeit würdigte.

Besondre Anmerkungen über die Folgen des Nordlichts habe ich nicht vernommen, ausser, daß darauf wenn es still und unbeweglich scheint, gelindes, und es sehr roth aussieht und sich die Strahlen heftig bewegen, stürmisches Süd-Wetter folgt; welches ebenfalls den Beobachtungen, in unsren temperirten Ländern, entgegen zu seyn scheint.

Seit einigen Jahren hat man auch Feuer-Ballen gesehen, die im Winter aus der Luft gefallen. Des

Regenbogens, der schiessenden Sterne und anderer Luft=Zeichen nicht zu gedenken, so lassen sich hier mehr als anderswo Neben=Sonnen und Kreise um den Mond sehen, welche vom Frost=Rauch entstehen; obgleich die Luft ganz klar zu seyn scheint. Auf der Rükreise habe ich einen Regenbogen gesehen, der anstatt der bunten Farben, nur weiß mit einem bleich=grauen Streifen war. Es war eben Boyen=Wetter (*) mit Hagel. Martens hat dergleichen auch bey Spitzbergen angemerkt. Aber nichts hat mich mehr surprenirt und artiger anzusehen gedaucht, als wenn bey heitern, warmen und stillen Sommer=Tagen die Kookörnen, oder die zwey Meilen von Godhaab gen Westen gelegenen Inseln, eine ganz andre Gestalt, als sie natürlich haben, vorstellen. Nicht nur sieht man sie, wie durch einen Tubum, weit grösser, und alle Steine und die mit Eis angefüllten Spalten so deutlich, als ob man nahe dabey stünde; sondern wenn dieses eine Weile gewährt hat, so sehen sie alle wie ein einiges Land aus, und stellen einen Wald, oder eine geschorne Baum=Wand vor. Darauf sieht man sie allerley seltsame Figuren, als Schiffe mit Segeln, Wimpeln und Flaggen, alte Berg=Schlösser mit ruinirten Thürmern, Storch=Nestern und hundert dergleichen Dinge, vorstellen, welche sich in die Höhe oder Weite ziehen, und sodann verschwinden. Die Luft ist alsdann zwar ganz still und klar, aber doch, wie bey sehr heissem Wetter, mit subtilen Dünsten angefüllt, durch welche sich, nach meinen Gedanken, wenn sie zwischen dem Auge und den Inseln in einem gehörigen Abstand sich befinden, die Objecte, wie durch ein convexes Glas, weit grösser vorstellen; und gemeiniglich folgt ein paar

E   Stun=

(*) Eine Boye nennt man einen von einer Regen=Wolke plötzlich entstehenden aber nicht lange anhaltenden Sturm.

Stunden drauf ein sanfter West-Wind mit einem sichtbaren Nebel, da dann dieser Lusus naturæ gleich ein Ende hat. (*)

§. 23.

Zum Schluß will ich einige nur obenhin gemachte Obserbationen über die Witterung vom Aug. 1761. bis 1762. anhängen; vorher aber erinnern, daß der Winter ausserordentlich gelind und veränderlich gewesen, und wenig Schnee gefallen.

Im August, warmer Sonnen-Schein mit untermischtem Nebel und Regen aus Süden. Zu Ende Reif und Eis in süssen Wassern, und warmer Sonnen-Schein, hernach Schnee oder kalter Regen.

Im September, Anfangs Nord-Ost-Wind und warmer Sonnen-Schein, dabey Finger-dikkes Eis, wo die Sonne nicht scheinen konte. Hernach Süd-Winde mit ungewöhnlich warmem, beständigem Wetter. Darauf Süd-West stürmisch mit vielem Regen, und endlich harter Sturm aus Süden und darauf aus Norden. Erde und Fenster froren, ohne bey Sonnen-Schein aufzuthauen, das Eis im süssen Wasser zwey bis drey Finger dik.

Im October, Nord-Ost-Wind und viel Schnee, der etliche Tage lag. Dann Nord-Ost-Sturm und
Kälte.

(*) Etwas dergleichen habe ich bey Bern und Neufchatel von denen gegen Süden gelegenen Glatschern observirt. Wenn sich dieselben näher, deutlicher und grösser, als gewöhnlich, vorstellen; so rechnet der Landmann auf einen baldigen Regen, der sich auch gemeiniglich den folgenden Tag einstellt. Und die Tattern ander Mündung des Jenisei Flusses in Sibirien haltens für einen Vorboten des Sturms, wenn die Inseln grösser scheinen. Gmelins Reise Th. III. S. 129.

Kälte. Endlich Schnee eine Hand hoch, der liegen blieb, mit stürmischem Süd-Wetter.

Im November, Anfangs ungewöhnliche Nord-Ost-Kälte, so daß alle starke Getränke ausser, und das Wasser in der warmen Stube gefror. Die abgelegenen Buchten trieben voll Eis-Schollen, welche mit dem See-Wasser vest froren. Dabey schien die Sonne am Tage so warm, daß der bisherige Schnee ganz aufgeleckt wurde. Hernach Süd-Ost-Sturm und Schnee-Gestöber. Dann Thau-Wetter, Regen, Schnee und zuletzt Süd-Sturm.

Im December schneite es ganz zu. Auf ein kleines Wetter-Leuchten folgte eine so harte Kälte, als sie jemals erhört ist; wechselte aber bald mit gelindem schönem Wetter bey Süd-Ost-Winden ab, womit das Jahr sich endigte.

Im Januar fand sich die Kälte gleich mit Ernst ein mit Nord- und Nord-Ost-Winden, welche viele grosse Eis-Stükken am obersten Ende der Fiorde losrissen und heraus trieben. Dann gelindes Schnee-Wetter mit abwechselnder klarer Kälte, die doch nur vier bis sechs Tage währte.

Im Februario, Anfangs eben so, dann Regen und Glatt-Eis, wie auch helles gelindes Wetter mit wenig Schnee. Darauf Thau- und Regen-Wetter mit Ost- und Süd-Winden, und endlich Kälte und Regen untereinander.

Im Martio, fast beständig schönes warmes Frühlings-Wetter, besser als es um die Zeit in Teutschland zu seyn pflegt, mit Süd- und Ost- auch wol Nord-Ost-Winden, des Tages meist still. Man vermuthete daher einen kalten April, und wegen der Süd- und Ost-Winde viel Treib-Eis.

Im April, Anfangs sehr kalt mit Nord-Ost, dann leidlich kalt, darauf Regen-Wetter mit Süd-Wind. Man konte es ohne einzuheitzen ausstehen. Die Kälte wurde aber gegen das Ende wieder sehr heftig und anhaltend, und brach sich mit Ost-Wind und Thau-Wetter.

Im May, Thau-Wetter mit untermischtem Frost und vielem Schnee, hernach heisse Tage und kalte Nächte und zuletzt Regen.

Im Junio, Anfangs warm. Die Erde thauet ziemlich tief auf. Der Garten wurde gesäet. Hernach kaltes Schnee-Wetter mit stürmischen Süd-West-Winden, dann angenehmes Sommer-Wetter mit Nord-Ost-Wind, und endlich viel Nebel und Regen aus Süd-West.

Im Julio, Anfangs Regen-Wetter, dann viele Tage schön warm, ja heiß Wetter mit Süd- und Ost-Luft, doch meist stille.

Dabey ist noch anzumerken,

Erstlich, Daß in dieser Welt-Gegend viel stilles Wetter einfällt, welches je weiter Nord, desto anhaltender seyn soll.

Zweytens, Daß die Winde hier eben so veränderlich sind, als anderswo, und oft am Lande zwischen den Inseln ein heftiger Wind weht, wenn es draussen in der See ganz stille ist; und so umgekehrt. Im Sommer regieren auch öfters bey gutem Wetter Land-Winde, die den Tag über mit See-Winden abwechseln.

Drittens, Daß oft im härtesten Winter starke Süd-Winde wehen und milde Luft und Regen mit sich führen. Dieses trift besonders in Disko und weiter Nordwerts zu. So soll es auch in Finmarken und Lapland seyn, welches eine grosse Erleichterung für Menschen und Thiere ist, weil alsdann doch so viel

Schnee

Schnee thauet, daß sie Waſſer zum trinken bekommen. Deſto mehr wächſt das Eis dadurch an, weil der Regen und das aufgethaute Schnee-Waſſer, gleichwie warm geweſenes Waſſer, in den kalten Nächten deſto leichter und härter friert. In Disko iſt es oft zwey bis drey Monat beſtändig ſtill, die Luft helle, aber doch mit vielen Dünſten angefüllt; worauf weit heftigere Süd-Stürme als in Süden folgen, die das Eis im Waſſer und in den Bergen losreiſſen. In Spitzbergen ſoll ebenfalls viel Windſtille ſeyn, und im Herbſt die Süd-Winde regieren. Man könte alſo leicht vermuthen, daß es weiter hin bis unter den Pol gar ſtille ſey, und keine andere als Süd-Winde daſelbſt wehen könten, die gelindes Thau-Wetter mit ſich führen, wodurch aber, wofern daſelbſt Land iſt, das Eis deſto mehr anwächſt.

IV. Abſchnitt.

Von den Stein- und Erd-Arten.

§. 24.

Was die Berge dieſes Landes in ſich enthalten, davon kan man keine genaue und umſtändliche Nachricht geben, weil man dieſelben noch nicht geöffnet und durchgeſucht hat. Man muß es alſo aus dem bloſſen äuſſerlichen Anſehen der Berge und aus den abgebrochenen Fels-Trümmern ſchlieſſen. Die Berge ſind von viererley Art. Die hohen Fels-Spitzen, die noch über die Berge hervorragen, ſind zwar, meines Erachtens, nicht ſo hoch, als die Schweitzer-Gebirge; wie man dann ſchon längſt angemerkt hat, daß die Berge, die näher zur Linie liegen, höher ſind, als die gegen die Pole liegen. Sie ſind aber viel ſteiler und ſpitziger, und daher auch, beſonders an der Süd-Seite, mit weniger Schnee und Eis bedekt. Sie ſcheinen alle

alle ein harter Fels-Stein von lichtgrauer Farbe zu seyn, ohne Schichten und Lagen, nur daß sie viele tiefe und breite Spalten oder Rinnen haben, die mit Eis angefüllt sind. Die mittlern Berge, die einen langen, breiten Rükken ausmachen, sind beständig mit Schnee und Eis bedekt. Hie und da fallen von denselben, wie auch von den steilen Felsen, grosse Fels-Trümmer herab, die auf ihrem Wege viele kleinere Stükke losreissen; da es dann am Fuß des Berges, wie eine zerstörte Stadt aussieht. Aus diesen könte man den Gehalt der Berge erkennen, wenn es darinnen nicht so unbequem zu gehen wäre, daß man, bey der größten Kälte, gleich in starken Schweiß geräth, und in den Trümmern Hals und Bein brechen könte; nicht zu gedenken, daß man keine Minute vor einem neuen Steinsturz sicher ist. Die kleinern Berge und Fels-Hügel sind dem Zerfallen noch mehr unterworfen, und manche sind gleichsam vor Alter so morsch, daß sie in der Luft zu Staub verwandelt werden. Diese sind meistens von einer dunkelgrauen und braunen Farbe, und aus ihren Trümmern solte man vermuthen, daß allerley Erz darinn verborgen liege. Die Klippen an der See und die Inseln sind gemeiniglich härter als die vorigen, und von dem beständigen Anspülen und gewaltsamen Schlagen der Wellen entweder so glatt und hart als Marmor, oder in lange tiefe Spalten ausgehöhlt.

Die meisten Felsen sind mehr, als ich irgend in Berg-Ländern angemerkt, voller Spalten, die doch selten breiter als eine halbe Elle, perpendicular und wenige horizontal durch den Fels laufen, und mit Spat, Quarz, Granat, Marien-Glas und dergleichen heterogenen Stein-Materien angefüllt sind. Nur wenige Felsen liegen in Schichten, wie sonst der Sandstein zu thun pflegt, und die sind selten horizontal, sondern gemeiniglich schräge.

§. 25.

§. 25.

Die mehresten Felsen bestehen also aus einem lichtgrauen, theils Kies- theils Thon-artigen harten Felsstein (*) und einigem Sandstein, dergleichen in andren Ländern sowol zum Bau, als zu Mühlsteinen gebraucht werden. Darunter finden sich einige feine Wetzsteine von rother und von gelber Farbe, die man sonst Oelsteine nennt. In einem gröbern schwarzen Wetzstein mit glimmerartigen Strahlen, der in lange Schiefer fällt, findet man kleine vierekkigte helle Granaten. Aus Süden bringen die Grönländer einen feinen rothen Sandstein mit weissen runden Flekken mit. Sie brauchen ihn zum Wetzstein. Von demselben stehen daselbst noch Rudera von einer Kirche; und das Pflaster ist mit grossen Fliessen belegt. Er nimt eine Politur an, wie ein grober Marmor. Vom Flintenstein weiß man hier so wenig als in Norwegen; die muß man aus dem Vaterland holen. Und es ist mir nur ein blasser Agatstein bekant worden.

Von Kalksteinen findet sich an der See-Seite vieler grober Marmor von allerley Farben; doch meistens weisser und schwarzer mit unterlaufenden Adern. Am Strande findet man abgebrochne Stükke von rothem Marmor mit weissen, grünen und andren Adern, die durch das öftere Herumrollen und Anspülen der Wellen einen solchen Glanz erhalten, daß sie dem besten Italiänischen Marmor nicht viel nachgeben. Von dem eigentlichen Schiefer- oder Dachstein ist mir gar nichts bekant worden, obgleich hie und da grosse Adern feiner schwarzgrauer Steine sind, die vom Schlag, oder Anspülen der See in vierekkigte Stükken fallen. Diese mögen

---

(*) Saxum concretum, Linn. Saxum micaceo-corneum, Geisbergerstein, woraus auch die höchsten mit Eis bedekten Berge des Schweizerlandes bestehen.

mögen vielleicht Spat seyn, dergleichen in den meisten Spalten der Felsen von allerley Farbe und zum Theil halb durchsichtige, angetroffen werden. Aus Süden haben uns die Grönländer, als was rares, grosse Stükken von einem weissen halb durchsichtigen Stein mitgebracht, der sich wie Spat bricht, und dabey so weich ist, daß er mit dem Messer geschnitten und mit den Zähnen ohne Verletzung zermalmt werden kan; ingleichen weissen Alabaster, der aber nicht schimmert, auch keine Politur annimt, und beym Schneiden in feines Mehl wie Haar-Puder fällt.

Von Feuervesten Steinen findet man verschiedene, Glimmer, Katzen-Silber und weisses, schwarzes und graues Marien-Glas, doch nicht in so grossen Scheiben, daß man, wie in Rußland, Fenster draus machen könte.

Von dem eigentlichen Talkstein habe nichts gesehen, auch keinen Serpentin-Stein. Hingegen findet sich an verschiedenen Orten, sonderlich im Bals-Revier, der Weichstein oder Topfstein, Ollaris, (*) den einige, wegen seiner Marmor-Adern, unächten Marmor nennen. Der Gang desselben läuft ziemlich breit und tief zwischen den Felsen. Die äusserste grobe Rinde besteht gemeiniglich aus Grau-Glimmer und harten Glasartigen Amiant-Strahlen. Der mehreste Weichstein ist von Aschgrauer, auch gelblicher marmorirter Farbe, und ist nicht durchsichtig. Der beste ist Seegrün

---

(*) Lebetum, Lavetsch-Stein, Lapis Comensis Plin. Lapis, qui cavatur tornaturque in Vasa coquendis cibis utilia, vel ad esculentorum usus, quod in Comensi Italiæ lapide viridi accidere scimus. Sed in Siphnis singulare, quod excalefactus oleo nigrescit durescitque, natura mollissimus. Plin. Hist. Nat. L. XXIII. C. 22.

grün und durchsichtig, und hat oft schöne rothe, gelbe und andre Streiffen, die aber selten durchsichtig sind. Es soll auch ganz weissen und schwarzgesprengten geben. Er besteht nicht aus Sand, sondern aus der feinsten schleinnigten Thon-Erde, welche beym Verarbeiten wie das feinste weisse Mehl ausfällt und die Finger fettig macht. Er ist so weich, daß er sich reiben, schneiden und mit den Zähnen zermalmen läßt, dabey aber sehr schwer und compact: und weil er nicht Schichtweise liegt, auch nicht schiefert; so ist ein ganzes Stük ohne zerbrökeln schwer loszumachen. Der Stein läßt sich leichter als Holz bearbeiten, sowol im schneiden als drehen. Er fühlt sich weich und fettig an, wie Seife oder Talk, nimt mit Oel gerieben eine schöne Marmor-Glätte an, und ich habe an dem hiesigen nicht gemerkt, daß er in der Luft dieselbe verliert und porös wird, sondern am Feuer nur noch vester wird. Die Grönländer hauen daraus ihre Kessel und Lampen, die sie in grossem Werth halten und sich theuer bezahlen lassen. Und weil die Speisen in denselben wohlschmekender und gesünder zubereitet werden können, als in unserm Eisen- oder Kupfer-Geschirr: so werden einige solche Kessel nach Dännemark an vornehme Herrschaften geschikt und sehr hoch gehalten. Man kan auch die besten und dauerhaftesten Schmelztiegel daraus verfertigen. Und ich zweifle nicht, daß aus diesem feinen, vesten Stein viel besseres Geschirr verfertigt und mit mehr Nutzen abgesetzt werden könte, als das bey Chiavenna am Comer-See verfertigte und in ganz Italien so beliebte Lavetsch-Geschirr, das dem Grönländischen bey weitem nicht beykommt. (*)

Der

(*) Sie werden daselbst in halb runder cylindrischer Form aus dem Felsen gehauen, an einem Ende mit Pech bestrichen, an ein Holz an den von einer Wasser-Mühle
getrie-

Der Amiant und Asbest, oder Stein-Flachs, findet sich häufig in verschiedenen Bergen dieser Gegend. Selbst beym Weichstein findet man einige grobe, weiche, Aschengraue Adern mit grünlichen Glasartigen, durchsichtigen Strahlen, in der Quere durchschossen. Der eigentliche Asbest sieht wie faules Holz aus, weißgrau, grünlicht oder röthlicht, hat lange Fasern und ohngefehr alle Finger lang einen Bruch, ist an den angebrochnen Enden hart und fein, wie ein Wetzstein; wenn er aber angestossen oder gerieben wird, zerfällt er in feine weisse Flachs Fäsergen. Wenn dieser Stein geklopft, etlichemal im warmen Wasser von seinen kalkigten Theilen, die die Fasern zu einem Stein verbinden, ausgeweicht, auf einem Siebe getroknet und mit dichten Tuchmacher-Kämmen, wie Wolle oder Flachs, gekrempelt worden, so kan man Garn draus spinnen und wie Leinwand weben, die nicht verbrennt, sondern, anstatt der Lauge, im Feuer gereinigt wird. In dergleichen unverbrennliche Leinwand haben die Alten ihre Todten eingewikkelt, verbrant oder begraben. Man macht auch noch itzt in der Tattarey und in den Pyrenäischen Gebirgen zur Rarität Geld-Beutelgen und dergleichen Waare daraus. Aus solcher Leinwand kan man Papier machen. Die gereinigten Fasern lassen sich auch als ein Docht in der Lampe brauchen. Man muß

---

getriebenen Drehstuhl geklebt, und zuerst mit graden, hernach mit immer mehr krummen eisernen Werkzeugen ausgedreht, so daß fünf bis sechs Geschirre aus einem Stük werden. Um den Rand macht man einen eisernen Ring, sie übers Feuer zu hängen. Der ehmalige Flekken Plürs soll jährlich sechzig tausend Ducaten mit dem Handel dieser Geschirre gewonnen haben. Die Speisen sieden darinnen eher und besser und behalten ihren guten, natürlichen Geschmak. Johann Jacob Scheuchzers Natur-Geschichte des Schweizerlandes. Th. I. S. 379.

muß aber nicht denken, daß die Grönländer so sinnreich sind. Sie bedienen sich desselben blos in Thran eingetunkt, anstatt eines Hölzgens, Licht anzuzünden, indem der Stein, solang er ölicht ist, brennt und doch nicht verbrennt; um den Docht in ihren Lampen in Ordnung zu halten.

Es fehlt auch nicht an schönen und auf allerley Art gefärbten dunkeln und durchscheinenden Kieselsteinen, davon mir sonderlich ein gelber figurirter, und ein rother Jaspis mit durchscheinenden weissen Adern, in die Hände gekommen.

Quarze und Crystalle hats auch in ziemlich grossen Stükken. Darunter finden sich auch gelb- und schwärzliche, oder Topase, wie auch, die wie ein Opal eine blau und gelbe Farbe spielen, nachdem man sie dreht.

Den Grönländischen Granat rechne ich auch unter die Quarze, weil er in den obersten Fels-Spalten sitzt und in ungleiche Stükke brökkelt. Er ist aber von einer hellen, durchsichtigen, blutrothen Farbe, die etwas ins Violette fällt, und dabey so hart, daß ihn die Stein-Schneider zu den Rubinen zehlen. Nur sind die Stükke so brökkelig, daß man sehr selten eins wie eine kleine Bohne groß, schleiffen kan.

Von sechsekkigten Crystallen habe einige recht helle von Stahl-Farbe bekommen, die an einander gebakken und daraus wieder kleinere erwachsen sind; und einen weissen, mit feinen rothen Flammen durchlauffen. Auch habe ich dünne, wie Porcellain-Scherben, durchsichtige Steine, in breiten Scheiben, die je zween mit einem röthlichen Schleim an einander gebakken sind und Feuer schlagen, von den Grönländern bekommen.

§. 26.

§. 26.

Daß in den Gebirgen verschiedene Mineralien und Metalle verborgen seyn, davon findet man zwar einige Spuren; es hat aber noch niemand recht genau darnach suchen können. Es ist einmal ein Berg-Verständiger und auch ein geschikter Physicus in dieser Gegend gewesen. Ob und was sie entdekt haben, ist unbekant geblieben. Und wenn man auch Metalle entdekte, so würden sie doch hier wegen Holz-Mangels nicht genutzt werden können, und wegen des weiten Transports die Kosten schwerlich belohnen.

Von Satz, Nitrum, Alaun und Vitriol ist mir nichts vorkommen. Doch sagen die Grönländer, daß am Rande des obbemeldeten warmen Brunns in Süden, in welchem sie sich von dem Ausschlag, und ihr Pelz-Werk von den Faulflekken reinigen, eine grüne Materie gefunden werde.

Von Schwefel-artigen Steinen findet sich hier wenig. In Disko hat man etwas Stein-Kohlen gefunden; die aber schlecht brennen und stinken sollen. Man findet hin und wieder Marcasite, oder Kies-Crystalle, die wie Meßing aussehen und so hart sind, daß sie durch Anschlagen des Stahls viele Funken geben. Gemeiniglich sind sie vierekkigt und flach, und hängen einige Stükke aneinander. Einige lauffen mit den vier Seiten oben spitzig zusammen, wie ein Crystall.

An Eisen-Stein und Erde fehlts hier nicht. An einigen Orten sind die Felsen blau und grün ausgeschlagen, und da vermuthet man Kupfer. An einem dunkel-grauen feinen Felsen habe ich auch einen blaßgelben glänzenden Ausschlag wie Schwefel, und das Gras in der Gegend röthlich gefunden. Im Weichstein findet sich manchmal Wasser-Bley, das theils veste ist, theils sich in dünne Blätter zertheilen läßt.

Die

Die Grönländer bringen einige kleine und grosse Stükken Erz zusammen, die sehr schwer sind und glänzen. Einige haben sie für wirkliche Erz-Stuffen gehalten: da man sie aber probiret und befunden, daß sie nichts anders als ein grobes Glocken-Gut sind; so halte ich sie für Stükke von den Glokken, deren sich die alten Normänner in ihren Kirchen bedient haben.

Von Stein-Verhärtungen, habe nur einen verhärteten Thon wie ein flacher Knopf gestaltet gefunden, zuletzt aber von den Grönländern vernommen, daß an einigen entlegenen Orten allerley versteinerte Fische gefunden worden; wie sie mir dann ein abgebrochenes Stük gebracht, das einem Fisch-Schwanz ähnlich sieht, inwendig aus einem grünlichen Stein bestehend, welcher von einer Eisenfarben harten Rinde umgeben ist. Die Kruste, die gelb ist und sich schaben läßt, ist mit zarten Strichlein, welche viereckigt durch einander lauffen, und mit Bukkeln, wie Linsen, durchzogen. Ein anderes stellt ein Ey nach seiner Form und Farbe recht natürlich vor, besteht aus vorbesagten Materien, und ist so hart und schwer wie Eisen.

Der Bimsstein ist hier rar, weil man von keinen Feuerspeyenden Bergen weiß; doch findet man weissen, grauen und am meisten schwarzen, welchen vermuthlich die See von Island herführt.

§. 27.

Von den Erd-Arten läßt sich noch weniger als von den Steinen reden, weil hier gar wenig Erde, und dieselbe nirgends tief ist. Die Gegend um Godhaab besteht meistens entweder aus Thon, oder Sand, oder Torf-Erde. Der Thon ist blaß-blau, sehr sandig, unfruchtbar und schlecht haltend. In andren Gegenden findet man einen lichtgrauen Seiffenartigen Thon mit Katzen-Silber vermischt, der im Feuer hält. Von derselben Art findet man auch einen sehr feinen und leichten Glimmer-Sand, der sich fettig anfühlt; wie auch einen ganz feinen weissen Perl-Sand, der mit vielen schwarzen und rothen durchsichtigen Granaten angefüllt und ungemein schwer ist. Der mehreste Sand in dieser Gegend ist grau oder braun, mit vielen Steinen vermengt, und wo er gedünget worden, wird er fruchtbar. Torf-Erde findet sich in allen Sümpfen mit etwas wenigem schwarzem Muld, Sand und Kiesel vermischt, und taugt nicht zum brennen. Der rechte Torf ist mit vielen Wurzeln, verwesten Moos und Gras, auch wol verfaultem Holz und Knochen durchwachsen, und findet sich auf niedrigem Lande theils auf Sand, theils auf vestem Fels-Boden. Man findet auch eine Art Schnekken in diesem Torf, die man sonst nicht mehr in dieser Gegend antrift; und daraus könte man muthmassen, daß die See daselbst abgenommen. Man kan aber eben so gut und noch wahrscheinlicher darthun, daß derselbe Torf-Grund durch die vom Regen von den nächsten Bergen abgespülte Staub-Erde und Gras entstanden. Der beste Torf wächst auf den höchsten Gipfeln der kleinen unbewohnten Inseln und kahlen Klippen, auf welchen sich eine Menge Vögel zum Ausruhen in der Nacht, oder zum Eyer legen setzen. Aus deren Unreinigkeit und etwas zusammen gewehter Erde erwächst mit der Zeit Moos und Gras: daraus und aus der dazu kommenden neuen Unreinigkeit, wie auch faulenden Fisch-Gräten, Federn, Muscheln und Knochen, die man in der Tieffe noch gar deutlich erkennen kan, entsteht eine zähe Torf-Dekke, zwey bis drey Schuh dik, die den Gipfel des Felsen, auch wol eine von den Schiffern vor Alters aufgerichtete Stein-Warte überzieht. Und dieses nennt man den Kupp Torf. Derselbe ist wegen der vielen zähen Wurzeln gar mühsam durchzustechen, gibt aber auch eine gute Flamme und Hitze.

V. Abschnitt.

V. Abschnitt.
Von den Erd- und See-Gewächsen.

§. 28.

Aus der Lage und Beschaffenheit des Landes kan man leicht auf die Fruchtbarkeit schliessen. Die Thäler bringen mehrentheils nichts als Moos und etwas saures Moor-Gras hervor. Auf den niedrigen Klippen, die hin und wieder mit gar wenigem Sand und Erde bedekt sind, wie auch auf den unbewohnten Inseln, wo die Vögel nisten und durch ihren Auswurf die Erde düngen, wachsen einige Kräuter, Heide und Gesträuche. Alles aber bleibt wegen der Dürre des Bodens und der kalten Luft sehr klein. Nur bey den Grönländischen Häusern und Zelt-Plätzen, wo der Boden, wenn er gleich nichts als dürrer Sand gewesen, viele Jahre lang durch das Blut und Fett der Seehunde gedüngt worden, wachsen die herrlichsten Kräuter in ungemeiner Menge und Grösse. Jedoch werden die wenigsten so stark als in Europa, wie sie dann auch gemeiniglich einen Monat später aufkommen und blühen. Unter denselben befinden sich verschiedene, die ich mich nirgends gesehen zu haben erinnere, und ohne Zweifel den hiesigen Einwohnern für ihre Krankheiten gar heilsam seyn würden, wenn sie sich derselben zu bedienen wüßten. So viel ich derselben habe samlen und benennen können, welche doch die wenigsten sind, will ich nach alphabetischer Ordnung hersetzen.

Acetosa arvensis lanceolata, wilder Sauerampf mit spitzigen Blättern, eines Fingers lang und breit, wie ein Spies gestaltet, wächst auf sandigen Flächen.

Acetosa montana rotundifolia. Dieser Sauerampf mit dunkelgrünen runden Blättern, wie des Löffelkrauts

krauts, der an andren Orten nicht gemein ist, wächst hier häuffig. Der Stiel ist eine halbe, und der Samen-Stengel, der wie die vorhergehende roth blüht, eine ganze Elle lang. Er wächst an den Fels-Trümmern und an den eingefallenen Grönländischen Häusern. Die Grönländer, die sehr wenig Kräuter essen, suchen doch dieses auf, aber nur an Orten, wo kein Mist gewesen.

Acetosella, **Sauerklee.**

Adiantum aureum, **gülden Wiederthon**, wächst im Moose.

Alchimilla vulgaris, **Löwenfuß**, wächst ungemein häufig und groß.

Alsine, **Vogelkraut, Hünerdarm**, von verschiedener Gattung.

Angelica, **Engelwurz**, wächst an feuchten Orten in den engen Thälern, wo es warm ist, sehr häufig, hoch und stark. Die Norweger nennen es Quanne: und da es die Grönländer fast eben so, nemlich Quanek nennen; so glaubt man, daß sie dieses, wie noch einige wenige gleichlautende Worte, von den alten Normännern angenommen haben. Sie essen das Mark der Stengel und Wurzel dieses Krauts sehr gern. Es schmekt hier auch viel angenehmer, als das in wärmern Ländern wächst, welches wol bey allen Berg-Kräutern zutreffen wird.

Anserina, **Gänserich, Silberkraut.**

Asperula, **Waldmeister.**

Bistorta minima, **Natterwurz**, wächst hier häufig, aber klein. Die Wurzel, die einen zusammenziehenden und mehligten Geschmak hat, essen die Grönländer gern.

Caryo-

Caryophyllus montanus, Bergnäglein, Steinnelken, haben einen angenehmen, aber nicht starken Geruch.

Cochlearia, Löffelkraut, das allerbeste Mittel gegen den Scharbok, wächst hier in unbeschreiblicher Menge, wo nur im Sande etwas Seehund-Fett und anderer Unrath, oder auf einer Klippe, sonderlich in den unbewohnten Inseln, da die Vögel nisten, von ihrem Mist hinfällt. Besonders sind alte verfallne Grönländische Häuser ganz damit bewachsen, und da ist der Trieb so stark, daß aus einer Wurzel, die doch nur einen Winter ausdauren kan, zwölf und mehr Zweige wachsen. Es gibt verschiedene Arten. Einige haben runde, andere länglichte eingekerbte Blätter, welche gemeiniglich bräunlich und dabey dikker, saftiger und schmakhafter sind, als die runden. Der Same, der sich im Herbst ausgesäet, und wol auch von den kleinen Land-Vögeln, die sich um diese Zeit sehen lassen, herum gestreut worden, geht im Frühling noch unter dem Schnee auf, unter welchem die vorjährigen Pflanzen grün, aber sehr klein bleiben. Man sammlet es im Herbst und erhält es den ganzen Winter durch mit Schnee bedekt, um Kohl-Suppen daraus zu kochen, die wenigstens in diesem dürren Lande vortreflich schmekken und die beste Arzeney gegen allerley Zufälle sind. Man ißt es auch wie Salate, am liebsten aber gleich so, wie man es von der Pflanze abbricht; wie es dann auch nicht so herbe, als in unsren Ländern, sondern angenehm bittersüß schmekket. Wenn man des Abends viel davon speiset, so kan man nicht gut schlafen; ein Zeichen, daß das dikke, stokkende Blut davon wieder flüßig gemacht wird. So oft mich im Winter, bey dem Mangel gnugsamer Bewegung, die Vorboten des Scharboks, als Trägheit, Glieder-Drükken, Hitze, Schwindel, Brust-Beschwerung,

wor-

worauf dann bald einige brennende Geschwüre folgen, überfallen haben, ist eine Handvoll Löffelkraut, und kalt Wasser dazu getrunken, meine beste und geschwindeste Arzney gewesen. Dieses Kraut scheint also recht für die Nordländer, wo es am häuffigsten und kräftigsten wächst, geschaffen zu seyn, und könte ein Universal-Mittel für alle Krankheiten der Grönländer abgeben, wenn sie nicht so einen unüberwindlichen Abscheu vor allen Kräutern hätten, die auf ihrem eigenen Mist wachsen.

 Consolida media, Wundkraut, Güldengünsel.

 Equisetum, Roßschwanz, ein Kraut, das man zum Poliren braucht.

 Erysimum, Wegsenf.

 Filix petræa minor. Klein-Steinfarnkraut.

 Filix ramosa und cornuta, Groß-Farnkraut. Wer mit seinem Rauch Tobak nicht gut wirthschaftet bedient sich endlich desselben aus Noth zum Rauchen.

 Gentianella, Creutz-Enzian.

 Jacobæa maritima, Aschkraut.

 Levisticum, Liebstökkel, hat nebst der Wurzel einen recht angenehmen Geschmak, fast wie Sellery.

 Lysimachia spicata, flore albo, Weiderich.

 Morsus Diaboli, foliis hirsutis, Abbißkraut.

 Nasturtium pratense, Wiesenkresse, davon habe nur an einem Ort sehr wenig gesehen.

 Ophrys, Zweyblat.

 Pedicularis, Läusekraut.

 Pentaphyllum, Fünffingerkraut.

 Polypodium, Engelsüß.

 Pyrola spicata florida, Wintergrün.

Ranunculus aquaticus, flore luteo & albo, Hahnenfuß, wächst gern in Mistpfützen, aber sehr klein.

Rosmarinus sylvestris, wilder Rosmarin, Terpentinkraut, nach welchem es sehr stark riecht, wächst auf trocknen moosigten Orten sehr häuffig, und ist von zweyerley Art; eins mit langen spitzigen und unten gelb-wolligten, das andre mit kurzen, unten weissen Blättern.

Sanicula Diapensia, Berg-Sanikel.

Saxifraga alba, weisser Steinbrech.

Serpillum, Quendel, wilder Thymian, meistens röthlich, von einem starken Geruch, wächst auf den Felsen an Sonnenreichen Orten. Man kan ihn statt des Thee brauchen.

Taraxacum, Dens Leonis, Pfaffenröhrlein, Priesterkrone, Kuhblume, wächst häuffig an feuchten Orten. Die Grönländer essen die Wurzel sehr gern, aber roh.

Telephium, Bruchwurz, fette Henne. Die Wurzel dieses Krauts, welches die Grönländer Sortlak nennen, die sonst wie kleine längliche Nüsse aussieht, ist hier lang, ästigt, inwendig röthlich, und hat besonders im Frühling und Herbst einen starken Rosen- oder Nelken-Geruch, welchen sie auch, wenn sie ganz dürr ist, behält. Die Grönländer essen sie, wie auch das Kraut, sehr gern. Es wächst häuffig an den Felsen, wie auch im Kupp-Torf. Als ich diese Wurzel, nachdem sie Jahr und Tag im Papier und meist in der warmen Stube gelegen, wieder ansahe, fand ich einige Sprossen an derselben ausgeschlagen, gab sie also einem Medico, der sie Radix Rhodia nante, zu pflanzen. Sie grünte eine Zeitlang; weil sie aber an einen zu feuchten Ort gekommen, so verfaulte sie.

Tormentilla, Feigwurz, Blutwurz.

Trifolium fibrinum, Bitterklee.

Veronica flore cœruleo, unächter Ehrenpreis.

Viola alba & cœrulea, weisse und blaue wilde Veilgen ohne Geruch.

§. 29.

Gras wächst hier nicht nur auf sumpfigem, sandigem und Torf-Boden, da es gemeiniglich sehr klein und schlecht ist; sondern auch in den mit etwas Erde angefüllten Felsklüften und besonders bey den Grönländischen Häusern, wo es sehr dicht und lang wächst. Man würde hier wol die meisten Arten desselben finden, ich will aber nur zwoer gedenken. Die eine, die gern zwischen den Felsen wächst, ist dem Rohrgras (Gramen arundinaceum majus) ähnlich, aber sehr dünne; und daraus flechten die Grönländer recht saubere Körbe. Die andere, die ich sonst nirgends gesehen, und dem Gersten-Iwalch, (Gramen hordeaceum) am nächsten kommt, wächst bey den Grönländischen Wohn-Plätzen im Sand- und-Kies-Boden und zwischen den Steinen, mit langen breiten Blättern, einem andert-halb Ellen langen dikken Halm wie Weitzen, dem auch die Aehre, die oft sechs Zoll lang wird, am meisten gleichet. Die Körner sollen wie Haber aussehen, werden aber wegen Kürze des Sommers gar selten reif. Die Grönländer bedienen sich dieses Grases wie Stroh in die Schuhe und Stiefeln zu legen, um weich und trokken zu gehen. (*)

Man hat auch einigemal Gersten und Hafer zu säen versucht. Er wächst so schön und hoch als in unsren wärmeren Ländern, kommt aber selten bis zur Aehre,

---

(*) Vermuthlich ist dieses eben das Gras, das man in Island wildes Korn nennet, womit man da die Häuser dekt, und dessen Mehl man für besser hält als das Dänische. Niels Horrebow Beschreibung von Island. S. 23.

Aehre, und auch an den wärmsten Orten, wegen des zu frühen Nacht-Frostes, nicht zur Reiffe.

Daher kan man auch von Garten-Gewächsen nicht viel ziehen, weil man erst in der Mitte des Junii säen kan. Da ist der Boden unten noch gefroren, und oben friert er schon im September wieder zu. Alsdann muß man alles aus der Erde nehmen und einschlagen, ausser Schnittlauch, welches sich auch den Winter durch hält. Salat und Kohl kan man nicht verpflanzen, und bleibt sehr klein. Die Rädisgen wachsen so gut als in andren Ländern. Die Rettige bleiben klein, und die weissen Rüben werden selten grösser als ein Tauben-Ey, können aber nebst dem Kraut gespeiset werden und haben einen vortreflichen Geschmak. Das ist alles, was man hier in Gärten ziehen kan, die man noch dazu so anlegen muß, daß sie vor dem Nord-Wind und dem Sprützen des See-Wassers sicher sind.

§. 30.

Das meiste, was hier wächst, ist Moos, in solcher Menge und von so vielerley Arten, daß ich einmal, auf einem Felsen sitzend, um mich herum ohne aufzustehen, ihrer bey zwanzig zehlen konte. Die eine Art ist wie ein dikker weicher Pelz; mit derselben verstopfen die Grönländer die Ritzen ihrer Wohnungen, und brauchen es, wie wir Maculatur brauchen. Eine andre, deren Fasern oft eine Spanne lang sind, die wie ein Holz-Schwamm an einander kleben, dient ihnen statt des Zunders und Dochts in den Lampen. Eine dritte sieht den zarten Tannen-Sprossen oder dem Lycopodio ähnlich, trägt aber keine Blumen noch Mehl. Unter den blätterigten Moos-Arten ist eine ganz weisse, die den Rennthieren im Winter zur Speise dient, und auch wol in der Noth einem hungrigen Menschen das Leben fristen könte; wie mich dann ein Isländer versichert, daß eine andre dunkelbraune, breitblätterige Art, wie junger Kohl gestaltet, die hier auch wächst, in Island statt des Brodts gegessen und wie Grütze mit Milch gekocht wird. Man nennt sie dort Fialla-Gras, oder Berg-Gras. Beyde haben Anfangs einen herben, wenn mans aber fein käuet und herabschlingt, süßlichen Geschmak wie Rokken. Jene sieht fast aus, wie Muscus terrestris coralloides, und diese, wie Muscus pulmonarius.

Von Bilsen oder Schwämmen wachsen hier die gelblichen Herren-Bilse, wie auch verschiedene rothe und einige Nägelförmige, alle nur sehr klein.

§. 31.

Von Heide-Gesträuch oder holzartigen Gewächsen findet sich hier eine Art, die wie Quenbel ganz niedrig auf dem Boden bleibt, und viele rothe Blümgen ohne Geruch, aber keine Beeren trägt. Eine andre Art trägt kleine runde glatte Blätter, je zwey neben einander, und dazwischen kleine wolligte Blümgen. Diese soll den Rennthieren zur Speise dienen. Diejenigen, die Beeren tragen und hier Beer-Gras genant und zum Feuer anzünden gesamlet werden, sind

Erstlich, die von den Norwegern sogenanten Kräke-Bär, oder Kräh-Beeren, ein niedriges, zähes Kraut mit kleinen dikken Blättern und weissen Blümgen, welche schwarze Beeren mit einem rothen süssen Saft hervorbringen. Diese wachsen hier in sehr grosser Menge. Ein anderes, diesem ganz ähnliches Kraut, trägt ein violettes Glokken-Blümgen, wie eine Caffee-Bohne groß, aber keine Beeren.

Zweytens, Schwarze Heidel-Beeren.

Drittens, Rothe Preissel-Beeren.

Viertens, Moltebär, Chamæmorus Norvegica, wächst hier auch, wird aber nicht reif. Die Blätter und Frucht, welche Brandgelb ist, kommen der Maul-
beer

beer am nächsten, der Stengel ist einen Finger lang und die Blume weiß mit vier Blättern. Sie kommen nur in nordlichen Ländern fort, und werden daselbst in kleine Fässer eingemacht und versandt. Sie sind ein trefliches Labsal und eine gute Arzney gegen den Scharbok.

Alle diese Beeren, besonders die Kräke-Beeren, die auch den Winter über unter dem Schnee aushalten, samlen und speisen die Grönländer sehr gern. Hingegen achten sie die Wachholder-Beeren gar nicht. Diese wachsen hier weit grösser und kräftiger als in Europa, obgleich der Busch nur auf dem Boden kriecht. Ausser diesem Holz wachsen hier drey Gattungen Weiden, die eine mit blaßgrünen, die andere mit hellgrünen spitzigen, und die dritte mit breiten wolligten Blättern. Die Samen-Behältnisse der letztern sind mit vieler Wolle angefüllt. Sie kriechen aber wegen der Kälte nur wie Heide auf dem Boden. Die Birken kommen auch nicht höher, sind in etwas von den unsern verschieden, und haben kleinere eingekerbte Blätter. In den Fiorden aber, wo eine viel stärkere und anhaltende Wärme ist, wachsen diese Büsche, nebst den Erlen, die an Wasser-Bächen stehen, Mannshoch und werden drey bis vier Zoll dik: sind aber so krumm, daß man wenig in ein Boot laden, und sich also dieses Holzes, so häuffig es auch wächst, nicht zur Feuerung bedienen kan, sondern Torf stechen, Treib-Holz samlen, oder Stein-Kohlen und Brenn-Holz übers Meer kommen lassen muß.

Nach der Grönländer Aussage wachsen diese Gesträuche im südlichen Theil des Landes einige Manneslängen hoch und eines Beines dik. Daselbst wächst auch das Vogelbeer-Holz in Menge, und bringt seine Frucht zur Reiffe. Es muß da auch Espen haben, weil die See hier manchmal einige Zweige derselben auswirft. Sie reden auch von einer Art wilder Erb-

sen,

sen, die sie, nachdem sie deren Gebrauch bey uns gesehen, kochen und essen. Auch soll da eine Frucht wachsen, die, nach ihrer Beschreibung, unsren grossen Pflaumen nahe kommen; und die sie wol gar mit den Citronen vergleichen. Je weiter man aber gegen Norden kommt, je kahler wird das Land, so daß man endlich nichts als die blosen Felsen findet.

§. 32.

Den Beschluß der Vegetabilien mögen die Meer-Gewächse machen, davon wol noch die wenigsten den menschlichen Augen bekant sind, die aber doch eben so zahlreich und verschieden, warum nicht auch eben so nutzbar, als die Land-Gewächse, seyn mögen, wenn wir sie nur kennten. Man hat schon längst angemerkt, daß im Meer eine eben so grosse Abwechselung ist, als auf dem Lande, daß daselbst ebene Gegenden und Flächen, als die grossen Sand-Bänke, wie auch Berge und Thäler sind. Die Inseln und Klippen sind nur die höchsten Gipfel der See-Berge; daher man auch findet, daß je höher und steiler das Ufer eines Landes ist, je tiefer ist die See nahe dabey. Und das Senk-Bley, welches bald Läim und Moder, bald allerley Arten von Sand herauf bringt, zeigt zur Gnüge, daß auch im Meer verschiedene Erdlagen sind. Man kan also auch vermuthen, daß der Boden des Meers nicht nur mit vielem Grase und Kräutern, davon ein Sturm-Wind nur dann und wann etwas losreisset und auf den Strand wirft, sondern auch vielleicht gar mit hohen und starken Bäumen bewachsen sey, davon die Fischer mit ihren Schnüren, wenn sie sich verfitzen, nur manchmal abgebrochne Aeste mit hervorziehen, die die Cabinette der Natur-Forscher bis daher mehr um ihrer Seltenheit willen zieren, als daß sie ihren wahren Nutzen bestimmen könten. Indessen müssen sie doch vielen, und wenn man alle kennte, so möchte man sagen,

den

den meisten See-Thieren und Ungeheuern, die uns selten oder gar nicht zu Gesichte kommen, zur Speise dienen; wie ich dann angemerkt, daß die kleinsten, zartesten See-Kräuter, die nicht weit vom Strande wachsen, mit einer Menge kleiner und den Augen kaum kennbarer Würmer angefüllt und von denselben durchfressen sind, und daß manchmal die grössern und stärkern See-Blätter, die tief aus der See ausgeworfen werden, auf verschiedene Weise angebissen und durchlöchert sind.

Gemeiniglich ist das Tang oder Meer-Gras (wiewol hier weniges dem Grase, das nur in der Tieffe wächst, sondern das meiste den Kräutern gleichet) von dunkelgrüner und brauner Farbe. Mit den zarten Wurzeln, die der Pflanze doch mehr zur Bevestigung als zur Nahrung dienen, weil sie dieselbe, als im Wasser schwimmend, überall einziehen kan klebt es so vest an den Klippen, losen Steinen, ja auch Muscheln, daß sie mit Mühe abgesondert und nur durch heftige Stürme und Bewegung der Wellen, die auch grosse Steine mit fortrollen, losgerissen und ans Land geworfen werden. Neben dem Lande wachsen die kleinsten Arten, die von einem Finger bis zu einer halben Elle lang sind: und derer habe ich einmal wol zwanzig Arten gezählt. Je tiefer es in die See geht, je länger und breiter sind sie und von denen näher am Lande befindlichen ganz verschieden. An den kleinern Arten kan man die Samen-Behältnisse, wie Erbsen und Bohnen gestaltet, und mit kleinen schwarzen Körnlein angefüllt, deutlich sehen. Ich habe aber zu keiner Zeit bemerken können, daß diese Körnlein zu einiger Vestigkeit und Reiffe gediehen, um Samen zu Fortpflanzung des Krauts abzugeben; vielmehr kan der zähe Schleim, darein sie eingewikkelt sind, als der Same angesehen werden. Einige Arten sehen aus wie Eichen-Laub, andre wie Erbsen-Stroh, wie Büschel Haare, wie Pfau-Federn und dergleichen.

gleichen. Weiter vom Strande sieht man das lange See-Gras, das dem auf den Teichen schwimmenden Gras ähnlich ist. Dieses spinnet sich in der See durch das Rollen der Wellen als ein Thau zusammen, das oft eines Arms dik und einige Klaftern lang ist. Etliches sieht wie ein grosses Kalb-Gekröse aus. Das größte hat einen hohlen Stengel zwey bis drey Klaftern lang, unten an der Wurzel dünn, und oben ein bis zwey Zoll dik: an demselben ist das Blat ebenfalls zwey bis drey Klafter lang und über eine Elle breit. Eine andre von der langen, breiten Art hat einen flachen, compacten Stengel, der das Blat in der Mitte theilt. Wenn man diese zwo Arten, besonders die Stengel, im Schatten troknet, so setzt sich an jenem ein feines Salz in subtilen, langen Crystallen, an diesem aber Zukker an. Das mag also wol die Alga Saccharifera seyn, welche, wie Bartholin meldet, von den Isländern mit Butter gegessen wird. Die Schafe essen es im Winter gern, und die Grönländer, ja auch die Europäer, wenn sie sonst nichts haben können, müssen damit vorlieb nehmen. Gemeiniglich aber essen die Grönländer ein hellrothes und grünes sehr zartes Blat zur Erfrischung, wie wir die Salate, welches ihnen gegen den Scharbok dienlich ist.

Von den theils weichen und porösen, theils Steinharten See-Gewächsen oder Bäumen, dergleichen man viele bey Norwegen findet, und in Pontoppidans Natürlichen Historie von Norwegen (*) beschrieben sind, habe ich hier keine, und von den Corallen-Bäumen nur ein kleines Zweiglein bekommen; wiewol von diesem ein ziemlich grosser Baum nach Copenhagen gesandt worden, und es vermuthlich an jenen auch nicht mangeln wird.

Der

(*) Cap. 6. §. 3.

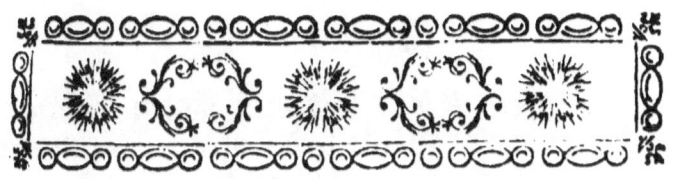

Der Grönländischen Historie Zweytes Buch.

Von den Thieren, Vögeln und Fischen.

Inhalt.

I. Abschnitt.

Von den Land-Thieren, Land- und See-Vögeln.

§. 1. Von den vierfüßigen Thieren. Hasen, Rennthiere, Füchse, weisse Bären und Hunde. Ausländische Thiere.

§. 2. Von den Land-Vögeln. Rypen und Schnepfen. Einige Sing-Vögel. Adler, Falken, Eulen und Raben. Wenig Ungeziefer.

§. 3. Von der Menge und Verschiedenheit der See-Vögel.

§. 4.

§. 4. Erste Classe mit dem Enten-Schnabel. Wilde Gänse und Enten. Angeltasche, Tornauviarsuk und Eider-Vögel.

§. 5. Zweyte Classe mit kurzen Flügeln. Tuglek, See-Emmer, Scharf, Lumm, Alke, Teist, Lund, Kallingak, See-Sperling und See-Schnepf.

§. 6. Dritte Classe mit langen Flügeln. Verschiedene Möven, Mallemukken, Struntjager und Tattaret. Tärn oder See-Schwalbe.

§. 7. Nahrung der See-Vögel, und wie sie dieselbe suchen. Vermehrung derselben.

II. Abschnitt.

Von den Fischen.

§. 8. Betrachtung über die Menge und Verschiedenheit der Fische, ihre Nahrung und Erhaltung.

§. 9. Flußfische. Lachse und Forellen.

§. 10. Seefische. Angmarset oder kleine Heringe, Ulken, Dorsche, Rothfisch, Nepiset und Steinbeisser.

§. 11. Butten und Helleflynder.

§. 12. Schellfische. Krabben, Garneelen, See-Igel und Sternfische. Muscheln, Schnekken und See-Eicheln.

§. 13. See-Insecten. See-Wanze, Wallfisch-Laus, Dintenfisch, Wallfischfraß und Zoophyta.

§. 14. Von den Hayfischen.

III. Abschnitt.
Von den See-Thieren.

§. 15. Unterschied der See-Thiere von andren Fischen und unter sich selbst.

§. 16. Menge und Verschiedenheit der Wallfische. Von den Barden-Fischen. Der Grönländische Wallfisch und der Nord-Caper.

§. 17. Von den Finnfischen. Der eigentliche Finnfisch, Jupiter-Fisch, Pflokfisch und Knoten-Fisch.

§. 18. Von den Hornfischen. Der Narhwal, Sägfisch, Schnabelfisch.

§. 19. Von den grossen Zahnfischen. Cachelott oder Pottfisch.

§. 20.

§. 20. Von den kleinen Zahnfischen. Weißfisch, Butzkopf, Meerschwein, Delphin, Schwerdtfisch, Ardluit.

§. 21. Von den See-Ungeheuern. Meer-Drache, Meerschlange, Meermann, Meerweib, Krake.

§. 22. Beschreibung des Wallfisch-Fangs der Holländer.

§. 23. Wallfisch-Fang der Grönländer.

IV. Abschnitt.
Von den vierfüßigen See-Thieren oder Seehunden.

§. 24. Von den Seehunden überhaupt.

§. 25. Fünf besondere Gattungen der Seehunde.

§. 26. Vom Wallroß.

§. 27. Aufenthalt und Heerzug der Seehunde und wie sie von den Schiffern gefangen werden.

§. 28. Nutzen und Unentbehrlichkeit der Seehunde für die Grönländer.

I. Abschnitt.

I. Abschnitt.

Von den Land-Thieren, Land- und See-Vögeln.

§. I.

So unfruchtbar dieses Land ist, so nehret es doch einige, wiewol nur sehr wenige Arten Thiere, die den Einwohnern zur Nahrung und Kleidung dienen, und zum Theil nur in den kalten Nordländern, sogar in solchen, da keine Menschen wohnen, als in Spitzbergen, bestehen können.

An eßbarem Wildprett findet man hier Hasen und Rennthiere, in ziemlicher Menge; wiewol letztere schon gar rar worden sind.

Die Hasen sind beides im Winter und Sommer weiß, wenigstens habe ich keinen grauen gesehen, und mögen also wol von den Norwegischen, die Sommers grau und Winters weiß sind, verschieden seyn. Sie sind ziemlich groß und zwischen Fell und Fleisch mit etwas Fett versehen, leben vom Gras und weissen Moos und werden von den Grönländern gar nicht geachtet.

Die Rennthiere sind die Nordischen Hirsche, die nicht nur hier, sondern auch in Spitzbergen, Sibirien, Norwegen, Lapland und in dem Nordlichsten Theil von America gefunden werden; in wärmeren Ländern aber, wo sie die reine Berg-Luft und das zarte Gras und Moos nicht finden, nicht bestehen können.

nen. Daß die Lapländer ganze Heerden zahmer Rennthiere von einigen hundert bis tausend Stük haben
die ihnen, wie das Rindvieh, Fleisch, Milch und Käs[e]
geben und ihre Schlitten mit Haab und Gut ziehen[,]
ja wie Post=Pferde dienen müssen, ist bekant. Di[e]
hiesigen sind wild, können stark lauffen und lassen si[ch]
wegen ihres scharfen Geruchs schwer erschleichen[,]
wenn der Wind von dem Jäger auf sie zu wehe[t.]
Man hat einmal ein junges gefangen und aufgezo[=]
gen, und es ist so zahm worden, wie ein Rind: w[o]
es aber den Grönländern allerley Schaden zuge[fü=]
get, hat man es tödten müssen. Die größten sin[d]
wie ein zwenjähriges Rind, gemeiniglich brauner od[er]
grauer Farbe mit weissen Bäuchen und sehr dik v[on]
Haaren, die über einen Zoll lang sind. Ihr Geweih[,]
welches sie jährlich gegen den Frühling abwerfen, i[st]
von der Hirsche ihrem nur darinn unterschieden, d[aß]
es glatt, grau und oben eine Hand breit ist. Sol[an=]
ge das neugewachsene Horn noch weich ist, ist es m[it]
einer wolligten Haut überwachsen, welche das Thi[er]
hernach abreibet. Im Frühjahr bekommen sie ne[ue]
Haare, die sehr kurz sind, und alsdann ist auch d[as]
Thier mager, das Fell sehr dünn und von wenig[em]
Werth: so wie sie hingegen im Herbst sehr dikhäut[ig]
und härig, und dabey mit zwey bis drey Fingerdik[em]
Talg zwischen Fell und Fleisch versehen und voller Bl[ut]
sind. Sie können also, wie Anderson in seiner Nac[h=]
richt von Grönland von allen Thieren in den Nor[d=]
ländern anmerkt, im Sommer die Wärme und i[m]
Winter die entsetzliche Kälte desto besser ausstehe[n.]
Sie sind sehr reinliche und genügsame Thiere, und i[hr]
Fleisch ist zart und wohlschmekkend. Im Sommer w[ei=]
den sie in den Thälern auf dem zarten kleinen Gras[,]
und im Winter suchen sie zwischen den Felsen das wei[che]
Moos unter dem Schnee hervor. Ehedem sind i[m]
Bals=Revier die meisten Rennthiere gewesen, und [die]

Grönländer haben sie auf einer Art von Klopf-Jagd gefangen; indem Weiber und Kinder eine Gegend umfangt, und wo es an Menschen gemangelt, Stekken mit Erde bedekt, aufgestellt, und sie gescheucht haben, bis sie dem Jäger durch einen engen Weg in den Schuß gekommen sind: oder die Weibsleute haben sie neben einer Seebucht zusammen und ins Waffer gejagt, da sie von den Männern mit Harpunen und Pfeilen durchstochen worden. Nachdem sie aber Pulver und Bley bekommen, haben sie dieselben sehr dünne gemacht. Noch itzt versäumen viele mit dieser Jagd, auf welcher sie die besten Sommer-Monate zubringen, um ein paar Felle zum Staat zu haben, den besten Fisch-und See-hund-Fang.

Je weiter man Nordwerts kommt, je weniger giebts Rennthiere: doch findet man sie auf Disko-Eyland. Und dieses hat den Grönländern Gelegenheit zu der Fabel gegeben, daß ein mächtiger Grönländer dieses Stük Land vom Bals-Revier abgerissen und mit seinem Kajak dahin buxirt habe. Er habe es zwar wollen ans veste Land setzen: weil aber eine Wöchnerin aus Vorwitz zum Zelt heraus gegukt; so habe er sein Zauberstük nicht ganz ausführen können. Zum Zeichen der Wahrheit zeigen sie noch das Loch im Felsen, wodurch er das Seil gezogen. (*)

Die Füchse sind hier kleiner und auch etwas anders gestaltet, als in südlichen Ländern. Sie kommen den Steinfüchsen, oder Peszi, wie sie in Sibirien genant werden, am nächsten. Am Kopf und Füssen gleichen sie den Hunden, wie sie dann auch fast wie die Hunde bellen. Die meisten sind blau oder grau und einige weiß, und dabey im Winter sehr bikhärig. Sie verändern

---

(*) Siehe Paul Egede Continuation der Relationen. S. 93.

ändern ihre Farbe nicht, ausser daß die blauen, wann sie haaren, etwas fahl werden und alsdann nichts gelten. Sie leben von Vögeln und Eyern, und wenn sie die nicht haben können, von Kräkebeeren, Muscheln, Krabben, und was die See auswirft. Von ihrer besondern List habe ich nichts weiter anmerken können, als daß sie mit den Pfoten im Wasser platschern, und so einige Fische, die zusehen wollen, was vorgeht, erhaschen. Und dieses Kunststük haben ihnen die Grönländerinnen abgelernt. Ihre Löcher haben sie zwischen den Stein-Trümmern. Die Grönländer fangen sie theils in Fallen, die wie ein Häusgen von Stein aufgebaut sind, darinnn an einem Stekken ein Stük Fleisch angebunden ist, welcher, wenn der Fuchs dran rührt, vermittelst eines Riemens einen breiten Stein vor dem Eingang niederfallen macht; theils in Schlingen von Fischbein, die sie über ein mit Hering angefülltes Loch im Schnee legen, und in einer Hütte von Schnee sitzend zuziehen; theils in einer Art von Wolfsgruben, die in den Schnee gegraben, rings herum hart und glatt gemacht und oben mit Heringen bestreut sind. Die blauen Fuchs-Felle werden von den Kaufleuten sorgfältig aufgekauft. Wenn die Grönländer Mangel haben, essen sie die Füchse lieber als die Hasen.

Diese Thiere bringen keinen Schaden, sondern Nutzen. Nur die weissen Bären, die sich am meisten im südlichsten und nordlichsten Theil von Grönland, wie auch in der Hudsons-Bay, in Sibirien und am häufigsten in Spitzbergen sehen lassen, sind grimmig und schädlich. Sie haben einen langen, schmalen Kopf, wie ein Hund, und sollen auch fast wie ein Hund bellen. Ihre Haare sind lang und weich wie Wolle. Sie sind viel grösser als die schwarzen und oft vier bis sechs Ellen lang. Das Fleisch ist weiß und fett und soll wie Schöpsen-Fleisch schmekken. Die Grönländer

essen

essen es gern. Sie haben viel Fett, daraus läßt sich guter Thran schmelzen, und das Fett der Pfoten wird in den Apotheken gebraucht. Sie gehen auf den Eis-Schollen den todten Wallfischen und Seehunden nach; wie dann in einem ein ganzer Seehund gefunden worden. Sie packen auch wol das Wallroß an, das sich aber mit seinen langen Zähnen treflich wehrt, und sich auch wol ihrer bemeistert. Sie schwimmen von einer Eisscholle auf die andre, und wenn sie angegriffen werden, so wehren sie sich und greiffen eine Schaluppe voll Menschen tapfer an, bringen auch manchen ums Leben. Wenn sie aber verfolgt werden, so tauchen sie und schwimmen unter dem Wasser fort: wie die Reise-Beschreibungen von Spitzbergen bezeugen. Auf dem Lande leben sie von Vögeln und Eyern, fressen auch wol, wenn sie hungrig sind, Menschen und die todten Cörper aus den Gräbern. Im Winter vergraben sie sich in einem Loch zwischen den Felsen oder im Schnee, bis die Sonne wieder hervorkommt. Alsdann suchen sie die Grönländischen Häuser auf, wo sie Seehund-Fleisch riechen, reissen dieselben ein und rauben. Die Grönländer hetzen und umringen sie mit ihren Hunden und tödten sie mit ihren Lanzen und Harpunen, müssen aber manchmal selbst das Leben drüber einbüssen. In der Gegend von Godhaab wird sehr selten einer gesehen; doch haben sie diesen Winter bey der Colonie in der Süd-Bay einige Grönländer zerrissen.

Die Grönländer wollen auch schwarze Bären gesehen haben, und ihre Furcht oder Einbildung macht sie sechs Klaftern lang. Mehrere aber reden von einer Art Tygern, die sie Amarok nennen. Sie sollen weiß und schwarz gefleckt, und wie ein Kalb groß seyn, sind aber noch von keinem Europäer gesehen worden. Es können diese eine Art von den gefleckten Bären seyn, die auf dem Eise aus Grönland nach Island kommen. (*)

Von zahmen Thieren haben die Grönländer nur Hunde von mittelmäßiger Grösse, die mehr einem Wolf ähnlich sehen. Die meisten sind weiß, doch gibts auch welche mit dikken schwarzen Haaren. Sie bellen nicht, sondern muchsen nur, und können desto mehr heulen. Zur Jagd sind sie wegen ihrer Dummheit nicht zu gebrauchen, ausser den Bär in die Enge zu treiben. Man bedient sich ihrer statt der Pferde, indem man vier bis zehn Hunde vor einen Schlitten spannt, und in dem Aufzug einander besucht, oder die Seehunde vom Eis zu Hause führt; wiewol dieses nur in Disko, wo die Bucht zufriert, geschehen kan. Daher sind sie bey den Grönländern in so grossem Werth, als bey uns die Pferde. (**) Einige, und wenn sie Hunger leiden, alle Grönländer, essen die Hunde, und ihre Felle brauchen sie zu Bett-Dekken, wie auch ihre Kleider damit zu besäumen.

Im Jahr 1759 hat einer von unsren Mißionariis drey Stük Schafe aus Dännemark mit nach Neu-Herrnhut genommen. Dieselben haben sich so vermehrt, indem einige zwey und andere drey Lämmer getragen, daß sie seitdem alle Jahre etliche Stük haben schlachten, etliche zu einem Anfang nach Lichtenfels abgeben und zulezt zehn Stük auswintern können. Wie süß und kräftig das hiesige Gras sey, kan man daraus abnehmen, daß die Lämmer, wenn ihrer gleich drey von einer Mutter kommen, im Herbst schon grösser sind, als in Teutschland ein jähriges Schaf, und daß man oft von einem Bok mehr als zwanzig Pfund Talg und siebenzig Pfund Fleisch bekommt. An dem

Fleisch

(*) Horrebow. l. c. §. 24.
(**) Alles das merkt Ellis von den Hunden der Indianer in der Hudsons-Bay auch an. S. 169.

Fleisch ist wenig mageres, und das Fett ist so weich und zart, daß man es ohne Schaden essen kan. Unsren Brüdern kommt diese kleine Vieh-Zucht, sonderlich bey dem starken Abgang der Rennthiere und dem wenigen Vorrath an Butter, sehr wohl zu statten. Sie könten auf der kleinen Fläche um Neu-Herrnhut den Sommer über, der aber nur vier Monate währt, wol zweyhundert Schafe halten, wenn sie nicht für einen so langen Winter das wenige Gras von den zerfallenen Grönländischen Wohn-Plätzen mit vieler Mühe überm Wasser zusammen suchen müßten, daß sie schwerlich mehr als zehn Stük werden auswintern können.

Ehedem hat man auf der Colonie Godhaab auch Rind-Vieh gehalten, aber wegen der zu grossen Kosten und Mühe schon längst eingehen lassen.

Ziegen und Schweine könte man hier mit weniger Mühe halten: weil aber diese Thiere muthwillig sind, und der Grönländer Zelte von Fellen und ihre Lebens-Mittel, die oft auf freyem Felde liegen, nicht verschonen würden, so unterläßt man es.

§. 2.

Der Land-Vögel ist hier keine grosse Verschiedenheit und Menge, weil sie wenig Futter finden; doch gibt es ziemlich viele Rypen, wie man sie in Norwegen nennt, eine Art grosser Rebhühner, die sich nur in kalten Ländern und in den Alpen aufhalten. In der Schweitz nennt man sie Schnee-Hüner. Sie sind im Sommer grau und im Winter weiß. Einige meynen, daß sie ihre Federn behalten und nur die Farbe verändern; man hat hier aber gar genau angemerkt, daß sie alle Frühling und Herbst die Federn verlieren und neue bekommen. Nur der Schnabel und die äussersten Spitzen der Schwanz-Federn bleiben grau. Im Sommer halten sie sich zwischen den Bergen auf, wo sie am meisten Krähe-Beeren, die nebst dem Kraut ihre Speise sind, finden: entfernen sich aber nicht weit vom Schnee, weil sie die Kühlung lieben, und werden erst im Winter vom allzuhäuffigen Schnee genöthigt, sich näher an die See zu begeben, wo der Wind den Schnee von den Felsen so viel wegweht, daß sie ihre Speise suchen können; zugleich aber auch den Menschen, denen sie eine gesunde und schmakhafte Speise sind, näher kommen müssen.

Von diesem Vogel wird so viel artiges zum Preise der mannigfaltigen Weisheit und Vorsorge GOttes für die armen unvernünftigen Creaturen erzehlt, daß man es mit Vergnügen liest, aber nicht durchgehends gegründet und oft widersprechend findet. So will man angemerkt haben, daß er neben seinem Nest, welches er doch in den höchsten Klippen bauen soll, einen Vorrath von Beeren samle, um auf den langen Winter etwas zu haben; ingleichen, daß er gegen den Winter seinen Kropf sehr voll stopfe, sich sodann, um warm zu liegen, im Schnee eingrabe und den langen Winter durch aus seinem Kropf zehre. Wofern dieses keine andere Art Vögel sind, (und sie werden doch eben so beschrieben,) so trift es bey den Rypen nicht zu. Denn wir sehen sie den ganzen Winter durch in Menge auf den Felsen herumfliegen, wo sie ihre Nahrung täglich suchen und finden. Die gütige Vorsehung zeigt sich deutlicher in andren Stükken. Der Vogel ist nemlich sehr einfältig, und soll den Zaun von Reisig oder Steinen, daran man die Schlingen bevestigt, nicht überschreiten und also aus Dummheit in die Schlinge fallen; wenigstens habe ich angemerkt, daß er, wenn er einen Menschen erblikt, anstatt sich zwischen den Steinen zu verbergen, den Hals in die Höhe rekt, und sich durch sein Knurren selbst verräth; wenn man auf ihn zielt, unbesorgt

beſorgt ſtehen bleibt; und wenn man ihn mit einem
Stein aufjagt, doch gleich wieder aufſitzt und ſeinen
Feind angafft. Nur im Winter bükken ſie ſich auf
dem Schnee nieder, um ſich zu verbergen, als hätten
ſie gleichſam bey der Kälte mehr Verſtand, als bey der
Wärme. Da nun dieſem Vogel von Raub-Vögeln
ſehr nachgeſtellt wird; ſo deucht mich erſtlich in der
Veränderung ſeiner Farbe eine Vorſehung GOttes zu
ſeiner Erhaltung zu ſeyn, daß er im Sommer grau wie
die Felſen, und im Winter weiß wie der Schnee aus-
ſehen muß, damit ihn die Raub-Vögel nicht ſo leicht
von dem Boden, worauf er ſitzt, unterſcheiden mögen.
Hiernächſt mögen auch wol die Zähen an ſeinen Füſſen,
gegen die Art der übrigen Land-Vögel, zu dem Ende
mit dikken Ballen verſehen, mit kleinen Federn, wie
mit Wolle, bewachſen (daher er auch Lagopus, Haſen-
fuß genant wird,) und nicht durchaus geſpalten ſeyn,
damit er theils die Kälte beſſer ausſtehen, theils wenn
er ſich unbeſonnen über ein zu breites Waſſer wagt
und aus Mattigkeit hineinfällt, darüber ſchwimmen,
oder auch ſich vor den Raub-Vögeln in Sicherheit
ſetzen möge: wie ich dann ſelbſt ein Junges, das die
Grönländer haſchen wollen, beym Aufflugs ins Waſſer
fallen und wie ein Waſſer-Huhn ſchwimmen geſehen
habe; da ich dann auch befunden, daß dieſer ſonſt ſo
ſanftmüthige Vogel, wenn er gefangen iſt, nicht zahm
gemacht werden kan, keine Speiſe zu ſich nimt, und
aus Gram nicht leicht über eine Stunde lebendig bleibt.

Von kleinern Land-Vögeln gibts hier Schnepfen,
die meiſtens von den kleinen Muſcheln und Schnekken
am See-Strande leben, und gut zu eſſen, aber ſehr
klein ſind. Dann laſſen ſich im Sommer, wann die
Samen der Kräuter, ſonderlich des Löffelkrauts, zeitig
werden, einige Arten kleiner Sing-Vögel ſehen. Die
eine gleicht einem Sperling; nur daß ſie etwas gröſſer

und

und bunter ist und angenehmer singt. Die andre gleicht dem Hänfling, ist gar klein, hat einen blutrothen Flek auf dem Kopf, und singt gar angenehm. Die Norweger nennen ihn Irisk. Beide lassen sich zahm machen und mit Heide-Grütze füttern, aber selten überstehen sie den Winter wegen der Wärme der Stuben. Sie werden manchmal von einem Sturm auf ein Schif verschlagen, wenn es vierzig bis funfzig Meilen vom Lande entfernt ist. Eine dritte Art gleicht den Bachstelzen, wird in Norwegen Steensquette genant, und lebt von Würmern. Und dann habe ich noch bey den Wasser-Fällen zwischen den unbewohnten Felsen einen kleinen singenden Vogel mit einem grauen Rüken und weissen Bauch bemerkt, welcher entweder der von Pontoppidan beschriebene Fosse-Fald (*) (Wasser-Fall) oder Schnee-Vogel (**) seyn mag. Diese Vögel halten sich im Winter in den Steinklüften auf, wie die Grönländer sagen.

Von ausländischen Vögeln hat man Hüner und Tauben herein gebracht, sie sind aber gar zu kostbar zu erhalten. Die zahmen Enten wären leichter durchzubringen, sind aber, weil sie sich zu weit aufs Wasser wagen, nie sicher, in einem Sturm von den Wellen mit fortgerissen zu werden.

Von Raub-Vögeln sieht man hier grosse schwarzbraune Adler, die nach den ausgestrekten Flügeln wol acht Schuh lang sind. Sie leben nicht nur von Land- sondern auch von See-Vögeln, indem sie vom Lande aus lauren, wo dieselben untertauchen, dann über dem Flek warten, bis sie wieder aufkommen, und sie erhaschen. Sie ziehen auch wol einen jungen Seehund mit den Klauen aus dem Wasser. Ferner sieht man
graue

(*) Th. II. S. 138.
(**) S. 182.

graue und sprenglichte Falken, wie auch Eulen, welche weiß sind. Diese Raub-Vögel sind nicht zahlreich, und bleiben meistens in den Bergen. Hingegen halten sich die Raben, die auch ein gut Theil grösser als die unsrigen sind, in grosser Menge bey den Häusern auf, helfen den Grönländern das Ihrige aufzehren, und zerhacken oft aus Hunger ihre lederne Boote: müssen aber meist von See-Insecten, als Muscheln, Stern-Fischen ꝛc. leben, die sie hoch aus der Luft auf eine Klippe fallen lassen, damit sie zerbrechen; da sie dann, wenn sie recht hungrig sind, die Schalen mit hinabschlingen. Doch fressen sie auch Krähe-Beeren. Sie sind schwer zu schiessen; die Grönländer aber fangen sie in Schlingen und brauchen ihre Federn, beym Mangel des Fischbeins, zu Fischschnüren. Wann sie sehr unruhig in der Luft herumfahren und schreyen, so erfolgt bald ein starker Süd-Wind und Sturm.

Was das Ungeziefer betrift, so sind hier kleine und noch mehr grosse Mükken, in solcher Menge, daß man sich im Sommer bey stillem Wetter kaum davor zu bergen weiß und von ihren Stichen aufschwillt: sie dauren aber nur sechs Wochen lang. Bey den Grönländischen Häusern, wo es nie an halbverfaulten Knochen fehlt, schwärmt es voller Schmeiß-Fliegen. Kleine Stech-Fliegen sieht man wenige, und noch seltener eine kleine Art von Hummeln, die sich von den Blumen nehren. Ein paar gelbe Schmetterlinge habe ich gesehen, aber keine Raupen.

Es gibt zwar allerley Erd-Würmer oder Maden, aber ausser kleinen Spinnen, kein giftiges Geschmeiß, keine Schlangen, Kröten, Frösche, Ratzen, Mäuse und dergleichen. Diese Thiere können in diesem kalten Lande so wenig dauren, als in dem nordlichsten Theil von Norwegen.

Von Flöhen und dergleichen Haus-Unrath weiß man hier auch nichts, und ich habe auf dem Schif angemerkt, daß ein Hund, der davon voll war, ganz frey wurde, sobald wir zwischen Hittland und Island kamen. Dagegen sind die Grönländer desto mehr mit Läusen geplagt.

§. 3.

So arm das Land an Creaturen ist: so reich ist im Gegentheil die See, sowol in Verschiedenheit als Menge.

Was erstlich das Geflügel betrift, so sind alle See-Vögel darinnen einander gleich, daß sie Gänse-Füsse, oder durch eine Haut mit einander verbundene Zähen haben, und daß die Füsse gemeiniglich sehr weit hinten stehen und hinterwerts gebogen sind; welches sie zum gehen ungeschikt, zum schwimmen und tauchen aber desto tüchtiger macht. Alle, und besonders die sich tauchen müssen, sind mit dikken, dichten Federn und darunter häuffig mit weichen Dunen oder Pflaumfedern versehen, welche, wie auch das Fett, das die See-Vögel zwischen Fell und Fleisch haben, nebst der Vollblütigkeit, ihnen sowol zur Wärme, als zum desto bequemeren Schwimmen dienen. Von einigen merkt man auch an, daß sie bey starkem Winde allezeit gegen den Wind schwimmen oder fliegen, damit ihre Federn nicht in Unordnung gerathen, und daß man sie von hinten schiessen muß, weil das Schroot die dichten Federn von vorn und auf der Seite nicht leicht durchdringen kan. Einige haben nur drey Zähen an den Füssen; andere hintenaus noch die vierte, welche aber sehr kurz, und doch auch wie die andren mit einem Nagel versehen ist. Einige haben kurze Flügel, und sind desto geschikter zum Tauchen; daher sie sich auch mehrentheils auf dem Wasser aufhalten. Diese sind aber wieder an den

Schnä-

Schnäbeln verschieden; indem einige dieselben breit und eingekerbt, als die Enten, andre rund und spitzig haben, als die Alken. Wieder andere sind mit langen Flügeln versehen, als die Möven, können also nicht tauchen, und müssen in der Luft fliegend auf ihren Raub lauren; daher sie auch mit einem langen, etwas eingekrümmten Schnabel versehen sind. Da nun die Verschiedenheit der äusserlichen Gestalt, der Schnäbel und Flügel, welche die Mittel sind, ihre Nahrung zu suchen, deutlicher in die Sinne fällt, als die verschiedene Anzahl der Flügel- und Schwanz-Federn: so will ich sie in Enten- Alken- und Möven- Arten eintheilen; obgleich einige wegen anderer Unterscheidungs-Zeichen füglicher zu einem andern Geschlecht gezehlt werden könten.

§. 4.

Unter die Vögel von der Enten-Art, die kurze Flügel und einen breiten eingekerbten Schnabel haben, gehören

1.) Die wilden oder grauen Gänse, welche in wärmern Ländern bekanter sind als hier; indem sie erst im Anfang des Sommers, vermuthlich aus dem benachbarten America, in diese Gegend kommen, ihre Jungen zu hekken, und gegen den Winter sich wieder zurük begeben.

2.) Von wilden Enten, die sich bald im süssen, bald im See-Wasser aufhalten, hat man hier zwo Arten bemerkt, eine mit einem breiten Schnabel, heißt auf Grönländisch Kertlutok, den zahmen Enten fast in allem ähnlich. Die andre Art, Grönländisch Peksok, hat einen langen spitzigen Schnabel und einen Zopf auf dem Kopf. Sie brüten ihre Jungen bey den Süß-Wasser-Teichen aus. Eine dritte Art, die in Norwegen Stok-Ente genant wird, und von Aschgrauer

grauer Farbe mit einer schwarzen Brust ist, soll hier auch seyn. Man hat gemeynt, daß dieselben keine Eyer legen, oder sich nach Art aller Thiere vermehren, sondern vom See-Schleim, der sich an das in der See treibende alte Holz ansetzt, generirt werden; indem aus dem Schleim zuerst eine Muschel (Concha anatifera) und in derselben ein Wurm entstehe, der mit der Zeit Flügel bekomme, und dann, wie ein Küchlein aus dem Ey, in die See krieche und eine vollkommene Ente werde; daher die Redensart kommt, daß die Enten auf den Bäumen wachsen. Es sind viele von den Alten dieser Meynung gewesen; und deßwegen hat eine berühmte hohe Schule den Ausspruch gethan, daß man dieselben als eine Fisch-Art, in der Fasten-Zeit, ohne Verletzung des Gewissens essen möge. Man hat aber schon längst die Ungereimtheit dieser Meynung dargethan und gewiesen, daß die Stok-Ente, wie ein anderer Vogel, Eyer und derer sehr viele legt und ausbrütet, und daß die Concha anatifera, oder die Angeltasche, die sich an faulem Holz ansetzt, eine eigne Art Muschel oder Polypen ist. (*)

3.) Die Angel-Tasche, wie sie die Norweger nennen, die man aber nicht mit dem erstgenanten See-Insect verwechseln muß, Grönländisch Aglek, ist kleiner als die Ente, oben grau und unten weiß.

4.) Tornauviarsuk, (ich weiß nicht, wie ich ihn teutsch nennen soll,) ein schöner schwarzer Vogel wie eine kleine Ente groß, mit weissen Flekken auf dem Leibe und rothen Streiffen auf dem Kopf. Er muß wol nicht in Norwegen bekant seyn, weil Herr Professor Egede in seinem Grönländischen Lexico ihm keinen Namen geben können.

5.) Der

(*) Pontoppidans natürliche Historie von Norwegen. Theil II. Cap. 2. §. 12. und Cap. 3. §. 4.

5.) Der **Eider-Vogel**, Anas plumis mollissimis, ist die schönste und nutzbarste Ente, sowol wegen ihres Fleisches, das hier am meisten statt anderer frischen Speisen genossen wird; (wiewol alle See-Vögel, doch eine Art mehr, als die andre, thranigt und unappetitlich schmekken,) als besonders wegen ihres Felles, aus welchem die Grönländer und Europäer ihre schönsten und wärmsten Unter-Kleider machen; und dann wegen der Eyer, die im Junio und Julio in grosser Menge gesamlet und gespeiset werden. Am meisten ist dieser Vogel wegen der kostbaren **Eider-Dunen** bekant, die man ihm, nachdem die groben Federn ausgerupft sind, in Menge abpflükken kan. Diese taugen aber nicht viel, weil sie sich bald entzünden, und nicht gut ausdehnen; daher man sie todte Dunen nennt. Die besten findet man in den Nestern, wo sie sich der Vogel selbst ausrupft oder fallen läßt, um seinen Jungen ein weiches und warmes Nest zu machen. Da sind sie freilich mit allerley Unrath vermengt, von welchem man sie auf einer Art von Harfe, deren Saiten mit einem Stekken überfahren werden, säubert; so daß der Unrath, als das schwere, durchfällt, die leichten Dunen aber an den Saiten hängen bleiben. Wenn man ihm seine Eyer ausnimt, wie in Island, wo er sehr gehegt wird, öfters geschiehet, so legt er zum andern und dritten mal allzeit vier Eyer und rupft sich dazu frische Dunen aus.

Es sind zwo Sorten Eider-Vögel. Die eine und gemeinste nennen die Grönländer **Mittek**. Diese hat gelbliche Federn mit einer schwarzen Einfassung, und sieht also von fernem grau aus. Das Männlein aber ist unten schwarz und oben weiß, und hat einen violetten Kopf und weissen Hals. Die andre Art nennen sie **Kingalik**, d. i. Nasutus, weil sie auf dem Schnabel zwischen den Nase-Löchern ein grosses Orangefarbes Gewächs, wie eine Nase oder Kamm hat. Sie unterscheidet

scheidet sich auch von den andren mit einer bräunlichern Farbe, und das Männlein ist ganz schwarz, hat weisse Flügel und auf dem Rükken weisse Flekken. Beide sind grösser als eine gemeine Ente. Von der ersten Art gibt es die meisten. Im Sommer, solange sie nisten, sieht man wenige; im Winter aber fliegen sie, in grossen Hauffen, des Morgens aus den Fiorden in die Inseln, um ihre Nahrung zu suchen, welche meist in Muscheln bestehet, und des Abends zurük in die stillen Buchten. Sie fliegen nie übers Land, sondern folgen dem Wasser, nach allen seinen Krümmen. Wenn aber ein starker Wind, sonderlich aus Norden wehet; so halten sie sich nahe unterm Lande. Da werden sie auf einer Näs oder Land-Spitze geschossen, und von den Grönländern in ihren Kajaken aus dem Wasser heraufgeholt. Die aber nur verwundet und nicht gleich getödtet werden, tauchen unter, beissen sich ins See-Gras ein und kommen selten wieder hervor. (*)

§. 5.

Der See-Vögel mit einem runden zugespitzten Schnabel und noch kürzern Flügeln, ist eine noch grössere Verschiedenheit, sowol an Grösse als Gestalt; wiewol sie fast alle schwarz und weiß aussehen, doch mit verschiedener Mischung der Farben. Ich will von den größten den Anfang machen.

1.) **Tuglek,** seiner Gestalt nach einem Stahr ähnlich, ist etwa so groß als ein welsches Huhn, hat unten weisse und oben schwarze Federn mit weissen Flekken, einen grünen Hals mit einem weißgestreiften Ringel,

---

(*) Ganz kürzlich ist eine Natürliche Historie des Eider-Vogels von Mort Thrane Brünniche zu Copenhagen in 8vo herausgekommen, darinnen mehres von diesem Vogel gesagt worden.

Ringel, einen graben spitzigen Schnabel vier Zoll lang und einen Zoll dik. Die Länge des Vogels vom Kopf bis zum Schwanz ist zwey gute Schuh, und über die Flügel, die nach seiner Grösse sehr klein und schmal sind, ist er über fünf Schuh breit. Er hat sehr lange und stark hinterwerts gebogene Gänse-Füsse, mit einer ganz kleinen Hinter-Zähe. Vermuthlich ist dis der von Pontoppidan beschriebene Langivie oder Storfaglen, von welchem viel artiges bemerkt wird.

2.) Der See-Emmer, Grönländisch Esarokitsok d. i. klein geflügelt, ist von dem vorigen nicht sehr unterschieden, ausser daß seine Flügel kaum eine Spanne lang und mit so wenig Federn versehen sind, daß er gar nicht fliegen kan. Die Füsse stehen so weit zurük und hinterwerts gebogen, daß man nicht fassen kan, wie der Vogel stehen könne: daher auch die Norweger dafür halten, daß er niemals auf dem Lande gesehen werde, ausser die Woche vor Weyhnachten, die sie daher die Emmer-Woche nennen; und daß er seine zwey Eyer (denn mehr soll er nicht legen,) auch nicht am Lande, sondern zwischen seinen Flügeln und dem Rumpf ausbrüte.

3.) Der Scharf, Okeitsok, das ist, kleinzüngig, weil er fast gar keine Zunge hat und daher auch keinen Laut von sich gibt, ist ausser den Flügeln fast eben so gestaltet; hat aber einen sehr langen Schnabel und Füsse, und könte wol der See-Storch genant werden. Er ist auch so gefräßig, daß er eine fast unglaubliche Menge Fische, welche er fast zwanzig bis dreißig Klafter tief herauf holt, wenn sie gleich eine halbe Elle lang sind, ja auch Butten, die eine halbe Elle breit sind, wie der Storch, ganz hinunter schlukt: daher er auch nur, indem er mit dem hinunter würgen beschäftigt ist, geschossen werden kan; denn sonst ist er gar schlau und kan sich mit seinen weit aus dem Kopf her-
aus-

ausstehenden grossen feurigen Augen, die mit einem gelb und rothen Ringe umgeben sind, sehr wohl umsehen.

Diese drey Arten können am füglichsten zu den Mergis gezehlt werden, deren Jonston Historiæ naturalis de Avibus L. IV. Cap. VII. zwölf Arten rechnet, und von einigen erzehlt, daß sie zahm gemacht und zum Fischen abgerichtet werden können.

4.) Der *Lumm*, lateinisch Colymbus, kommt dem Scharf am nächsten, hat aber unter den kurzgeflügelten die längsten Flügel; daher er auch gegen die Gewohnheit der andren sehr hoch fliegt. Er hat einen dunkelgrauen Kopf, lichtgrauen Rükken und weissen Bauch. Er brütet seine Eyer nahe an den Süß-Wasser-Teichen aus, und bleibt auf denselben, auch wenn sie überschwemmt werden, sitzen. Diesen Vogel nennt man hier den Sommer-Vogel, weil man nicht eher auf anhaltendes Thau-Wetter rechnen kan, als bis er sich sehen läßt. Er muß also wol auch, wie die wilde Gans und mehr dergleichen See-Vögel, die man hier nur im Sommer sieht, sein Winter-Lager in wärmern Ländern halten. Sein Geschrey, das der Ente ihrem fast ähnlich ist, davon er vermuthlich auch seinen Grönländischen Namen Karsaak hat, wird für einen Vorboten bald des Regen-Wetters, bald des drauf folgenden schönen Wetters gehalten, je nachdem er es kurz ausstößt, oder auf eine fröliche Weise lang ausdehnet.

5.) Der *Alk*, lateinisch Alca, Grönländisch Akpa, ist so groß als eine gemeine Ente, hat einen Pechschwarzen Rükken und weissen Bauch. Sie halten sich Schaarenweise sehr weit in der See auf, und kommen erst mit der strengsten Kälte dem Lande nahe, und alsdann oft in solcher Menge, daß das

Wasser

Waſſer zwiſchen den Inſeln wie mit einem ſchwarzen Tuch überdekt iſt, da ſie dann von den Grönländern nicht nur mit Pfeilen geworfen, ſondern auch Haufenweiſe ans Land gejagt, und weil ſie wenig lauffen und fliegen können, mit Händen gegriffen werden. Von dieſen Vögeln, deren Fleiſch unter allen See-Vögeln am zartſten und ſaftigſten iſt, leben die Grönländer, wenigſtens hier an der Oefnung des Bals-Reviers, (denn dieſe Vögel laſſen ſich nicht überall ſehen) im Februar und Merz am meiſten; und von ihren Fellen machen ſie ſich die meiſten Unter-Kleider.

6.) Der Teiſt, grönländiſch Serbak, d. i. Strom-Vogel, weil er, wo der Strom am ſtärkſten iſt, ſeine Nahrung ſuchet, iſt faſt in allem, wie der Alk geſtaltet, nur daß er kleiner iſt, und gar ſchöne Zinnober-rothe Füſſe und Schnabel hat, die im Winter, ſo wie auch der Leib, grau werden.

7.) Der Lund, oder nordiſche See-Papagoy, hat einen Zoll-breiten, dünnen, mit gelben und rothen Strichen gezierten krummen und ſo ſpitzigen Schnabel und Klauen, daß er damit ſeinen Feind, den Raben, bemeiſtern und mit ſich unters Waſſer ziehen kan. Er ſieht ſonſt wie der Alk aus, iſt aber etwas kleiner.

8.) Eine andre Gattung des See-Papagoy nennen die Grönländer Kallingak, dieſelbe iſt durchaus ſchwarz und ſo groß als eine Taube.

9.) Der Akpalliarſuk, oder See-Sperling, dem er nach dem Schnabel gleichet, iſt nur ſo groß wie ein kleiner Kramets-Vogel, ſonſt auch wie ein Alk geſtaltet.

10.) Der kleinſte Vogel iſt die See-Schnepfe, die ebenfalls wie die Land-Schnepfe von den kleinen weiſſen Muſcheln lebt, und ein Amphibion genant werden könte, weil zween Zähen an ihren Füssen mit einer Gänse-Füsse-Haut zusammen verbunden sind, die dritte aber, wie bey den Land-Vögeln frey stehet; daher sie sowol auf dem Wasser als Lande zurecht kommen kan.

§. 6.

Unter den See-Vögeln mit langen Flügeln und Schnäbeln ist

1.) Die Möve, lateinisch Larus, grönländisch Navia, der bekanteste. Diese Art theilt sich wieder in vier verschiedene Gattungen. Die erste nennen die Holländer Burgermeister, so wie die andren Gattungen Rathsherren, und die Norweger Schwartbakker, oder Schwarzrük, von dem schwarzen Rükken, und ist so groß als eine Ente. Die andren Gattungen unterscheiden sich von dieser theils in der Grösse, so daß die kleinste nur wie eine Taube groß ist; theils in der Farbe, indem einige grau, andre bläulicht, und manche fast gar weiß sind. Sie haben alle einen langen, schmalen, vorn an der Spitze eingekrümmten Schnabel, mit einem Knollen zu mehrerer Vestigkeit und besserer Haltung des Raubes. Die Nase-Löcher, die dicht am Kopfe sitzen, sind länglicht und weit. Die Flügel sind sehr lang, mit denen hält sich der Vogel schwebend in der Luft, lauret auf seinen Raub, und schießt, sobald er etwas gewahr wird, wie ein Habicht, herunter. Er kan auch ein wenig tauchen, hält sich aber selten auf dem Wasser auf, ausser wenn er aus Mangel eines Stüks Eises oder Holzes ausruhen will. Am meisten schweben sie über den blinden Klippen, und suchen die Fische, die von den schäumenden Wellen aufs Trokne gespielt werden, aufzuschnappen. Doch diese Art Vögel ist in allen See-Ländern, und wenn ich mich recht besinne, auch auf den Land-Seen der Schweitz bekant. Und Jonston beschreibt wol acht

Gattungen derselben, die sich meistens bey den Flüssen aufhalten.

2.) Eine fünfte Sorte der Möven wird von den Holländern Mallemukke, d. i. tumme Fliege, genant, weil sie so unverschämt, wie die Fliegen, auf einen todten Wallfisch fallen und sich darauf todtschlagen lassen; wiewol alle Möven sehr dummdreist und gar leicht zu schiessen sind. Die Norweger nennen diesen Vogel Havhest, Meer-Pferd. Sie nähern sich selten dem Lande, schwärmen aber desto häufiger bey mehr als vierzig Meilen weit vom Lande in der See täglich um die Schiffe herum, um etwas ausgeworfenes Fleisch aufzufangen. Wenn sie zu viel gefressen haben, so speyen sie, und fressens wieder, bis sie es müde sind. Anderson gibt in seiner Nachricht von Grönland (*) von einem solchen Vogel eine ausführliche anatomische Beschreibung.

3.) Eine sechste Gattung nennen die Norweger Jo-Dieb und die Holländer Strunt-Jager, weil er die andren Möven verfolgt, bis sie, wie die Schiffer meynen, aus Angst ihre Excrementa fallen lassen, die er alsdann im Fluge aufschnappet und damit seinen Durst löschen soll, wenn er vom Wallfisch-Spek erhitzt worden. Eigentlich sucht er, da er selbst nicht auf dem Wasser, sondern nur auf Holz oder See-Gras sitzen kan, den Möven, die geschiktere Fisch-Fänger sind, ihren Raub abzujagen, den sie, sobald sie zu schreyen anfangen, fallen lassen müssen. Er kan also mit Recht der See-Räuber genant werden, und macht den Schifleuten bey müßiger Zeit manches Schauspiel. Linnäus beschreibt ihn ausführlich unter dem Namen Labben, Larus rectricibus intermediis longissimis.

4.) Die Tattarer, vermuthlich die Norwegische Krykkie, von den Grönländern wegen ihres Geschreys,

---

(*) S. 177. bis 183.

das wie der Name klingt, also genant, sind die schönsten und kleinsten unter den Möven, ganz weiß und auf dem Rükken himmelblau. Sie gehören unter die Zug-Vögel, die den Winter in wärmeren Ländern zubringen, und lassen sich hier am frühsten sehen. Sie sehen den Tauben am ähnlichsten, haben einen kurzen eingebogenen gelben Schnabel und nur drey Zähen an den Füssen. Sie folgen dem Heerzuge der kleinen Heringe, da die Grönländischen Knaben sie in einer an einem Bund Reisig bevestigten Schlinge, daran ein Fischlein hängt, sehr geschikt zu fangen wissen. Sie nisten in Menge beysammen an den steilesten Fels-Wänden; und wenn man daneben wegfährt, fliegen sie alle auf und machen ein fürchterliches Geschrey, um einen abzuschrekken.

5.) Der kleinste Vogel mit langen Flügeln ist der Tärn, Hirundo marina, Grönländisch Imerkoteilak, d.i Taucher, der einer Schwalbe an der Grösse, am Kopf und besonders an dem langen, gespaltenen Schwanz sehr ähnlich ist. Seine Farbe ist weißlich, nur auf dem Kopf hat er einen schwarzen Flek wie eine Calotte, und ist nach Proportion seiner Grösse mit einem überaus langen, spizigen Schnabel versehen. Er ist ebenfalls ein Zug-Vogel. Martens in seiner Beschreibung von Spitzbergen, nennt ihn Kirmöve, und hat ihn, wie die meisten der dasigen See-Vögel, sauber abgezeichnet.

Es gibt sowol Süd- als Nordwerts noch andre Arten von Vögeln, die auf dieser Höhe nicht gesehen werden, gleichwie die hiesigen nicht überall anzutreffen sind. So findet sich weiter Nordwerts eine Art Alken, die durchgehends weiß und viel kleiner als die schwarzen sind. Die Grönländer, die in dem äussersten Nord wohnen, wo keine Colonien sind, erzehlen, daß im Sommer kleine Vögel, die sie Akpallit nennen, wie Tauben gestaltet, übers Wasser, vermuthlich aus America,

rica, in solcher Menge kommen, daß sie die süssen Wasser ganz unrein machen. Sie sollen so zahm seyn, daß sie in die Zelte hinein gehen; die Grönländer fürchten sich aber, sie anzurühren, weil sie, wenn ein solcher Vogel in ein Zelt kommt, es für ein Zeichen halten, daß jemand in dem Zelt sterben werde. Sie reden auch von einer Gattung See-Emmer in Norden, die so beißig seyn sollen, daß sie die Grönländer in ihren Kajaken anfallen.

§. 7.

Bey dieser Menge und Verschiedenheit der See-Vögel, so viel mir derer nur auf dieser Höhe bekant worden, würde eine der artigsten Anmerkungen seyn, wovon und auf welche Weise dieselben ihre Nahrung haben. Ich habe zwar nicht genugsame Zeit und Gelegenheit gehabt, etwas gewisses davon zu erfahren; vermuthe aber, daß die erste, nemlich die Enten-Art, wegen ihres breiten stumpfen Schnabels, keine Fische, aber desto leichter Muscheln, Schnekken, See-Gras und das darinnen wimmelnde Gewürme zu fressen fähig sey: wie man mir dann eine in dem Magen eines Eider-Vogels gefundene noch unverdaute runde Muschel gebracht, die wenigstens noch einmal so breit als sein Schnabel war. Daher auch diese Art, weil sie entweder keine, oder doch nur wenig kleine Fische, und gar keinen thranigten Spek ißt, weniger als die übrigen; und der Eider-Vogel, der meistens See-Gras essen soll, am wenigsten thranigt schmekt. Die andre Art, als die Alken, mögen meist von kleinen Fischen leben, die sie mit ihrem spitzigen Schnabel gleich durchstossen und ganz hinabschlingen. Beyde Arten sind darum mit kurzen Flügeln und Schwänzen versehen, damit sie ihnen im Tauchen nicht hinderlich fallen; wie man dann von manchen angemerkt, daß sie wol mehr als zwanzig Klafter tief tauchen. Hingegen sind die Möven wegen ihrer langen Flügel und Schwänze nicht zum Tauchen, aber desto mehr zum Fliegen geschikt. Diese leben wol auch von kleinen Fischen, die sie, in der Luft schwebend, auf der Oberfläche des Wassers und sonderlich auf den seichten Klippen erblikken und mit ihren langen Schnäbeln haschen, da sie sich dann mit den Flügeln aufs Wasser stemmen, um den Kopf desto leichter untertauchen zu können: wiewol einige auch auf kurze Zeit ganz untertauchen, und andre mit Zusammenschlagung der Flügel ihren Raub im Wasser einklemmen und aufheben sollen. Am meisten aber leben diese von todten Wallfischen und Seehunden; daher ihre Schnäbel nicht nur lang und spitzig, sondern auch eingebogen und vorn mit einem Knollen versehen sind, damit sie besser einhauen und ein Stük Fleisch loshakken können. Doch habe ich unter aller der Menge von keinen gehört, die nach Art der Raub-Vögel die kleinern Gattungen See-Vögel verfolgten und fräffen. Und vor den Raub=Vögeln und Thieren auf dem Lande sind sie, vermöge ihres Elements, ziemlich sicher.

Wie sie aber vor denselben ihre Eyer und Jungen in Sicherheit bringen, davon macht Anderson (*) einige artige Anmerkungen. Die mehresten legen ihre Eyer in die Höfter und Ritzen der steilesten Klippen, wo ihnen weder Füchse und Bären, noch Menschen nachkommen können, und wissen sich, weil sie daselbst in grosser Menge nisten, gegen die Raub-Vögel tapfer zu wehren, und ihre noch zarten, ungeübten Jungen theils unter den hohlliegenden Felstrümmern kriechend, theils fliegend, auf dem Rükken ins Wasser zu führen. Jedoch, wenn sie alle so vorsichtig wären, so bekämen die Grönländer, die nicht so geschikt als die Norweger sind, sich an Seilen neben den steilen Felsen herunter zu lassen, keine Eyer. Viele lassen sich also nur damit genügen, daß sie ihre Nester auf den kleinen Inseln und

(*) S. 174.

und Klippen machen, wo keine Füchse hinkommen: und der Eider-Vogel legt seine Eyer so gar auf das platte Land; daher man auch von ihm die meisten bekommt. Ehedem hat man in den Inseln des Vals-Reviers in kurzer Zeit ein Boot voll Eider-Vögel-Eyer samlen können, ja man hat oft nicht gewußt, wo man den Fuß hinsetzen soll, um sie nicht zu zertreten: es scheint aber, daß sie immer mehr abnehmen; und doch ist ihrer noch eine erstaunliche Menge.

Die Eyer der meisten See-Vögel sind grün, einige aber gelb oder grau mit schwarzen und braunen Flekken, und alle nach Proportion des Vogels weit grösser, als die Eyer der Land-Vögel von eben der Grösse. Die Schaale, und besonders die Haut, ist auch viel stärker, der Dotter röthlich und besonders der Möven ganz roth, welche ausserdem ungemein viel Weisses haben, und also auch grösser als der andren ihre Eyer sind. Man kan darinnen ebenfalls eine weise Vorsehung für die Erhaltung und erstaunliche Vermehrung der See-Vögel sehen, daß die Eyer, bey der oftmaligen Abwesenheit des Vogels, vor der Verkühlung gesichert seyn: zumal da die meisten sehr wenige und manche nur zwey Eyer legen; die doch, nach der Bemerkung der Norweger, in weniger Zeit, und oft in acht Tagen ausgebrütet werden. Je röther der Dotter ist, je fetter, aber auch desto widriger schmekken die Eyer; werden daher auch gar bald faul, so daß man sie selten vier Wochen lang aufheben kan.

II. Abschnitt.
Von den Fischen.

§. 8.

Der Nord ist wol der eigentliche Wohnplatz der meisten und brauchbarsten Fische. Da finden sie unter dem Eise, wohin sie der Wallfisch, der wie ein Land-

Thier Luft holen muß, nicht allzuweit verfolgen kan, eine sichere Zuflucht, sich entweder auf so unzehlbare Weise zu vermehren, oder doch fett zu werden. Daher findet man bey den norblichsten Ländern, als bey Jsland, Lapland, Norwegen und den Orcadischen Eylanden, die reichsten Fischereyen und die fettesten Fische, welche, je weiter südlich, je magerer befunden werden. Der Hering beweiset dieses zur Gnüge. Wenn sie aber Jahr aus Jahr ein unter dem Eise blieben, so würden sie andren See-Fischen, besonders aber dem Menschen, der doch zum Herrn über die Fische im Meer gesetzt worden, nicht zur Speise dienen können. Die Weisheit und Vorsorge des Schöpfers hat es also schon so eingerichtet, daß die kleinern Fische, als die Heringe, die unstreitig das zahlreichste Fisch-Geschlecht sind, entweder wegen ihrer allzu grossen Menge, oder aus Mangel genugsamer Nahrung, oder aus einem Triebe, in wärmeren Gegenden zu laichen, oder eine andere Speise zu suchen, (denn die eigentliche Ursach ihres Streichens läßt sich nicht wohl bestimmen) in unzehlbaren Heerden, wie die Bienen-Schwärme, aus ihrer unzugänglichen Tieffe hervorgetrieben werden. Dann werden sie von den Dorschen, Makreelen und andren Raub-Fischen gehetzt; und diese wiederum nebst jenen, von den See-Hunden und Wallfischen so geängstigt und verfolgt, daß die kleinern eßbaren Fische genöthigt sind, sich auf die seichtesten Sandbänke und in die Buchten und Fiorden des Landes, theils zum Laichen, theils vor dem Wallfisch, der sich nicht in seichte Oerter wagen darf, in Sicherheit zu begeben. Aber eben damit lauffen sie den Einwohnern des Landes gleichsam in die Hände; die sie nicht nur zur Speise, und oft zur einzigen Speise, brauchen, sondern auch durch deren Verkauf in den Stand gesetzt werden, sich die Nothdürftigkeiten, die ihnen die Unfruchtbarkeit ihres Landes versagt aus den Ländern, wo es an Fischen mangelt, zu ver-

verschaffen und oft mit grösserm Ueberfluß, als wo sie dieselben herholen, zu geniessen. Man erstaunt, wenn man von den grossen Summen hört, die der Herings-Fang den engen Grenzen Hollands, und der Stokfisch nebst andren Fischen dem sonst für so arm gehaltenen Norwegen einbringt. Man erstaunt aber noch mehr, und kan alsdann die grossen Summen leichter begreifen, wenn man lieset, daß in Norwegen, welches doch weder in Ansehung des Stokfisch- noch des Herings-Fangs das reichste Land ist, manches Jahr nur aus der Stadt Bergen bey zwölftausend Centner an gesalzenen Dorschen und Stokfisch, und mehr als sechzehn Schifs-Ladungen von Dorsch-Rogen ausgeführt werden; daß von den Breislingen oder Sardellen, welche eingesalzen unter dem Namen der Anchois bekant sind, oft in einem Netz und auf einen Zug mehr als vierzig Tonnen gezogen werden; ja was noch mehr und welches man, wie der hochwürdige Bischof von Bergen schreibt, (*) kaum glauben würde, wenn es nicht die ganze Stadt bezeugte, daß in der Weite von einer Meile zwey- bis dreyhundert Fischer-Boote gezehlt, und oft mit einem einzigen Auswurf-Netz so viele Heringe gefangen werden, die hundert (einige sagen hundert und funfzig) Jagden, jede Jagd zu hundert Tonnen gerechnet, und also zusammen zehntausend Tonnen in einem Zuge, anfüllen könten.

Solte man doch bald in eine Furcht gerathen, daß gewisse Gattungen von Fischen, die in solcher erstaunlichen Menge weggefangen, und vermuthlich in noch viel grösserer Menge von andren Fischen gefressen werden, endlich gar ausgehen würden. Denn der Wallfisch verschlingt die Heringe Tonnen-weise, und nach Doct. Nic. Horrebow Nachricht von Island §. 54.

sind

(*) Pontopp. Nat. Hist. Th. II. Cap. 6. S. 277.

sind in einem bey Verfolgung der Dörsche gestrandeten Wallfisch sechshundert Dörsche, nebst vielen Heringen und Vögeln, gefunden worden. Allein eben hierinnen zeigt sich die unbegreifliche Weisheit und Fürsorge GOttes für die Erhaltung und Ernehrung aller, auch der geringest scheinenden Creaturen, daß just die gefräßigsten Thiere sich am wenigsten, die unschädlichsten aber, und die so vielen andren Creaturen zur Speise dienen müssen, nach Maaßgabe ihrer Nutzbarkeit und häuffigen Abgangs, auch am häuffigsten vermehren; wie dann in einem einzigen Heringe zehntausend Rogen gefunden werden sollen. Dieselben werfen ihren Laich, wie ich bey den Grönländischen Heringen bemerkt, nicht in der See, sondern drängen sich viele Klaftern hoch übereinander an die Felsen an, wo sie ihren Rogen vor ihren Feinden gesichert, an die Steine und das See-Gras ansetzen können; an welchem er vest klebt und durch eine gemäßigte Sonnen-Wärme und sachtes Anspülen der Wellen, ausgebrütet werden kan. Durch dieses Hineinbringen in die Buchten bieten sie sich selbst dem Menschen gleichsam vor seiner Thür zur Speise an, und sind zu derselben Zeit so unbesorgt für ihre Sicherheit, daß, wo man unter ihnen eine Lükke macht, dieselbe den Augenblik wieder angefüllt wird. Und da die Fische nicht alle zu einer Zeit laichen, sondern ihre gewisse Monate halten; so daß fast kein Monat des Jahrs in gewissen Gegenden ohne Laichen und folglich ohne Ueberfluß an leicht zu fangenden Fischen hingeht: so kan man daraus die gütige Fürsorge des Schöpfers für Seine nothdürftigen Menschen gleichsam mit Händen greiffen; die desto grösser ist, je weniger sie überdacht, erkant und mit Dankbarkeit genossen wird.

Wer also die Ichthyologie, oder die Wissenschaft von den Fischen, recht studiren wolte, der müßte sich an den Ufern der Nordländer, als auf der besten hohen Schule

Schule von dieser Art, einige Jahre und vielleicht seine ganze Lebens-Zeit aufhalten: um nicht nur die äusserliche Gestalt nach den Schuppen, Floßfedern und dergleichen; sondern die Natur und Eigenschaften, die Nahrungs-Mittel, den Heerzug und den Zwek von einer jeden Gattung gründlich kennen zu lernen. Das würde ein weites Feld für ein aufmerksames, forschendes Gemüth seyn: und es würde oft in eine vergnügliche Tiefsinnigkeit gerathen, wenn es alle Einwohner des grossen Welt-Meers von den kleinsten, dem Auge kaum perceptiblen Insecten, bis zu den grossen kaum zu übersehenden Wallfischen, nebst den fast fabelhaft scheinenden grossen See-Ungeheuren, und den eben so unbegreiflichen Zoophytis, oder halb lebenden See-Gewächsen, nach ihrer Natur und Zwek überdenken wolte. Da würde die Historia naturalis Piscium practisch, und die zufälligen Gedanken und Betrachtungen, die die Natürliche Historie der neuern Zeiten weit besser als die überhäuften und oft ungegründeten, ja lächerlichen gelehrten Allegata der Alten, zieren, zuverläßiger und überzeugender werden: wiewol das nachdenklichste und scharfsinnigste menschliche Gemüth niemals im Stande seyn wird, in die mannigfaltige Weisheit GOttes in Seinen Creaturen so tief hinein zu schauen, daß es von allen, auch nur den geringsten und jedermann in die Augen fallenden Theilen, den rechten, unwidersprechlichen Grund geben könte. Aber eben dieses Unvermögen dient dazu, daß man der Natur-Forschung nie überdrüßig, und des Preises, den der HErr der Natur von Seinen Geschöpfen erwartet, nie müde werden wird.

§. 9.

Wer sich nur ein Jahr in einem Lande aufhalten und nicht an alle Fischreiche Gegenden hinkommen kan, auch nicht Zeit und Gelegenheit hat, sich um die ihm vor-

vorgekommenen wenigen Fische genau zu erkundigen; von dem muß man eine solche gewünschte Nachricht von Fischen, wie auch von andren Geschöpfen, so wenig erwarten, als von den meisten Mißionariis, die, um ihrem Haupt-Geschäfte durch die allzu grosse Verschiedenheit und Abziehung der gehörigen Aufmerksamkeit, keinen Abbruch zu thun, dazu weder Zeit noch Neigung haben. Zudem ist in Grönland, wenn man es gegen andre nordliche Länder auf gleicher Höhe rechnet, keine so grosse Verschiedenheit der Fisch-Arten anzutreffen. Denn da hier keine grossen Flüsse, wenigstens dieselben, wegen des in den Fiorden zwischen den Bergen liegenden Eises, noch nicht weit entdekt sind, und die Teiche bis auf den Grund ausfrieren; so weiß man auch von keinen andren Fluß-Fischen, als den Lachs-Forellen, die sich häuffig in den Elven oder Bächen aufhalten, und ziemlich groß und fett sind. Es hat auch an einigen Orten Lachse oder Salme: sie sind aber schon etwas rarer, und kommen denen in Norwegen und andren Ländern an Grösse und Fettigkeit nicht bey. Die Grönländer fangen diese Fische unter den Steinen mit den Händen; oder stechen sie mit einer Stange, daran zwo beinerne, oder eiserne Spitzen bevestigt sind. Wenn die Lachse aus der See in die Flüsse steigen, so bauen die Grönländer zur Zeit der Ebbe ein Steinwehr vor den Fluß; da dann die Lachse mit der Fluth herüber gehen, bey ausgefallenem Wasser aber auf dem Trocknen liegen bleiben. Die Europäer fangen sie mehrentheils in den Teichen mit Netzen; müssen aber allzeit einen Grönländer im Kajak dabey haben, der das Netz zwischen den Steinen aufhebt.

§. 10.

In der See mag wol ein grosser Vorrath und Verschiedenheit von Fischen seyn, weil eine Menge erfordert wird, die Seehunde und Wallfische zu nehren:

aber

aber eben diese ihre Feinde machen, daß die Menschen nicht sonderlich viele und vielerley zu sehen bekommen; wie dann einige sich verlieren, wo viele Seehunde hinkommen, und andre sich weit vom Lande in der Tieffe des Meers aufhalten, wo der Seehund, der oft Luft schöpfen muß, sie nicht weit gnug verfolgen kan. Der eigentliche Hering, der so gar vielen nutzbaren Fischen zur Speise dient, kommt auch nicht auf diese Höhe: und dieses, wie auch der Mangel seichter See-Gründe und Sand-Bänke, vielleicht auch der Mangel an verschiedenen See-Kräutern, mag wol die Ursach seyn, daß viele in Norwegen bekante häufige Fische hier gänzlich fehlen.

Die gemeinste Nahrung haben die Grönländer von den Angmarset, einer Art Lodden (*) oder Stinte, eine viertel Elle lang. Sie sind auf dem Rükken, welcher breit und deswegen mit subtilen Quer-Gräten versehen ist, dunkelgrün, und am Bauch silberweiß, haben aber keine fühlbare Schuppen, und können also nur in so fern zu den Heringen gerechnet werden, als sie der Gestalt nach ihnen ähnlich sehen und ebenfalls in solcher Menge, daß die See davon schwarz außsieht und sich kräuselt, in die Fiorden hineinströmen, um ihren Laich an die Klippen zu setzen. Sie lassen sich zuerst im Merz und April sehen, und die obbeschriebenen Tattaret sind ihre Verräther: im May und Junio aber

laichen

(*) Wofern die Lodden in Norwegen einen solchen häßlichen Gestank haben, daß man die Ziegen, die davon essen, nicht speisen kan, und alle andre Fische von ihnen vertrieben werden, wie Peter Daß in seiner poetischen Beschreibung vom Nordland meldet, so kan man die Angmarset, die zwar gedörrt stark riechen, aber nicht stinken, noch weniger dem Schaaf-Fleisch einen übeln Geschmak geben, nicht so nennen. Am nächsten werden sie wol den Strömlingen kommen.

laichen ſie; da dann die Grönländer, mit einem von Sehnen geknöteten Kätſcher in wenig Stunden ganze Boote voll ſchöpfen, in der Luft auf den Klippen trokknen und ſie als ihr tägliches Brod oder Zugemüſſe, in groſſen ledernen Säcken und abgelegten Kleidern, gegen den Winter aufheben.

Von groſſen Heringen werden einige wenige in Süden gefangen, welche vermuthlich von dem groſſen Heerzuge, der aus dem Eis-Meer bey Island vorbey nach America ſtreichet, ſich dahin verirren mögen. Wie dieſer wunderbare Zug der Heringe in die ſüdlichen Gegenden der Nord-Oſt- und Weſt-See ſich in zwey groſſe Heere theilt, davon das Weſtliche ſich rechter Hand nach America ziehet, das Oeſtliche aber in verſchiedenen Brauchen die Norwegiſchen, Jütiſchen, Schottiſchen und Irländiſchen Küſten beſtreichet, und ſonderlich nach Johannis, bey Hittland denen Holländiſchen Buizen ſo reiche Ausbeute liefert: davon können die anmuthigen und gelehrten Anmerkungen in Anderſons Nachrichten von Island und das 77ſte Stük der bekanten Wochenſchrift, der Arzt, geleſen werden.

Nach den Angmarſet eſſen die Grönländer am meiſten den Ulken lateiniſch Scorpius marinus. Dieſer Fiſch hält ſich zu allen Jahrszeiten in den groſſen und kleinen Buchten am Lande auf, aber in der Tieffe, und wird von den Grönländern, beſonders im Winter von armen Weibsleuten und Kindern, mit einer Schnur von Fiſchbein oder Vogelfedern von 30 bis 40 Klaftern, an deren Ende ein blauer länglichter Stein zum Senken, und daran ſtatt der Lokſpeiſe weiſſe Bein- oder Glas-Perlen, auch wol Flekke von rothem Tuch, über dem Fiſchhaken, beveſtigt ſind, gefangen. Der Fiſch iſt gemeiniglich eine halbe Elle lang und voller Gräten. Die Haut iſt ganz glatt und dabey ſo gelb-

grün-

grün-, roth- und schwarzflekkigt, wie eine Eidexe. Er hat einen sehr grossen, dikken, runden Kopf und weiten Rachen, und die Floßfedern, sonderlich auf dem Rükken, sind breit und stachelich. So häßlich dieser Fisch aussieht, so wohlschmekkend und gesund ist sowol die Brühe als das Fleisch desselben; daher es auch alle Kranken essen mögen.

Dann gibts auch Dorsche, in ziemlicher Menge und von mancherley Art: sie sind aber meistens klein und mager. Wie derselbe eingesalzen, und nebst dem Kabbelau oder Codfisch, den man hier auch, wiewol nicht sehr häuffig, fängt, und nur eine besondere Gattung des Dorsches ist, in Island und Norwegen auf verschiedene Weise, als Klippfisch, Hängfisch, Flakfisch, Rundfisch und Rodschär, an der Luft getroknet, und unter dem gemeinen Namen Stokfisch überall hin verführt wird; davon kan man Andersons Nachrichten von Island S. 81. lesen. In dem Magen der Kabbelau findet man lange schmale Fische, wie Heringe gestaltet, die mit dem Sandhering in Island einerley seyn mögen.

Der Rothfisch hat seinen Namen von der rothen Farbe seiner Schuppen; und dieser ist, ausser dem rechten Lachs, der einige schuppigte Fisch, den man hier weiß. Er ist sonst einem Karpfen ähnlich, nur daß die Floßfedern groß und stachelich sind. Sie sind fett und wohlschmekkend, aber selten zu bekommen.

Makreele und Hornfische sieht man hier nicht: Hingegen kommen im April und May die Nepiset, die von den Dänen wegen ihres gar häuffigen Rogens, Rogen-Kall und See-Katzen genant werden, unters Land, um ihren Rogen zu werfen, und werden alsdann von den Grönländern, wie die Lachse, häuffig mit Stangen gespießt; da sie sonst gar nicht gesehen werden, weil sie sich im Seegras in der Tieffe enthalten. Dieser Fisch ist

ist etwa eine halbe Elle lang und sehr breit und dik. Er hat keine Fisch-Haut, sondern eine dikke, zähe, knorpelichte Schwarte mit scharfen Körnern besetzt. Durch die dunkelgraue Haut scheint das Fleisch röthlich, und wenn es recht fett ist, grünlich durch. Auf dem Rükken, an beiden Seiten und am Bauch hat er fünf Reyhen hornartiger Bukkeln. Er hat einen breiten Kopf und sieht mit seinen grossen Augen einer Katze oder Eule nicht unähnlich. Gleich unter dem Kopf, an der Brust, hat er einen fleischigten weichen Flek, wie ein Thaler groß, vermittelst dessen er sich an einen Stein so vest ansaugt, daß man ihn mit Mühe abreissen muß. Das Fleisch ist weiß, aber so weich und fett, daß man es bald satt krigt. Doch in der Luft getroknet kan man es besser vertragen. Die Grönländer essen es, wie alles Fisch-Fett, sehr gern, und den Rogen, der den grösten Theil des Fisches ausmacht, speisen sie gekocht, wie einen Hirse-Brey.

Der Steinbeisser, ein ungewöhnlicher Fisch, fast eine Elle lang, wird von den Grönländern Kigutilik, d. i. dentatus, genant, weil er nicht nur wie andre Fische in den Kiefern, sondern den ganzen Rachen oben und unten voll langer, scharfer, beinerner Zähne hat, die mehr den spitzigen Hunds- als den Fisch-Zähnen gleichen; mit welchen er alles, was er pakt, ohne loszulassen, zerquetscht. Horrebow nennt ihn Lupus marinus, andere Seeschlange. Er hat einen runden, häßlichen Kopf, läuft hinten wie der Aal spitzig zu, ist eben so grau und schlüpfrig, und hat oben und unten fast den ganzen Leib lang, nur eine Reyhe Flossfedern. Er lebt von Muscheln, See-Jgeln und Krebsen. Sein Fleisch ist wie Spek, und wird von den Grönländern nur selten und nie frisch, sondern Windtrokken gegessen.

Eine andre Art von diesem Fisch, der aber ganz schmal, wie ein Aal, gestaltet ist, nur daß der Schwanz
mit

mit langen Floßfedern versehen ist, wird von ihnen gar nicht gespeiset.

§. 11.

Es gibt hier auch kleine und grosse Butten oder Flünder, werden aber selten gefangen. Hingegen fangen die Grönländer zu gewissen Jahrs-Zeiten eine Menge Helleflynder oder Hilbutten, lateinisch Hippoglossus, mit grossen Fisch-Haken, an einem Fischbein- oder Seehund-Riemen von 100 bis 150 Klafter lang, bevestigt. Die größten sind 2 bis 3 Ellen lang, etwa halb so breit und eine gute Spanne dik. Sie wiegen 100 bis 200 Pfund, auch drüber. In Norwegen sollen sie so groß seyn, daß einer eingesalzen eine bis anderthalb Tonnen anfüllen kan. Sie haben eine glatte Haut, dieselbe ist unten weiß, und oben dunkelgrau mit Flekken. Auf der obern Seite haben sie beide Augen, grösser als Ochsen-Augen, mit einer Haut umgeben, welche sie wie ein Augenlid darüber ziehen können. Im Maul, welches nicht groß ist, sitzt unten und oben eine doppelte Reihe scharfer, einwerts gebogener Zähne, und am Schlunde zween Zapfen mit Spitzen versehen, dergleichen sich auch im Rachen an den dreyfachen Kiefer-Dekkeln finden. Gleich am Kopf sitzt oben und unten eine kleine Floßfeder, und auf beiden Seiten der Breite ist der Fisch nur mit einer Floßfeder versehen, die vom Kopf bis zum Schwanz geht. Sie leben meistens von See-Krabben, und daher halten sie sich gemeiniglich in der Tieffe des Meeres auf. Man solte meynen, daß dieser schwere Fisch wegen seiner breiten, platten Gestalt und so wenigen Floßfedern sich immer am Grunde aufhalten müsse und nicht stark schwimmen könne, wie Anderson in seiner Nachricht von Island bemerkt. Es haben mich aber die Fischer versichert, daß er, sobald er angebissen, von selbst geschwinder

her-

heraufführt, als sie mit der Schnur ziehen können, und wenn er seinen Feind erblikt, so heftig auf der Seite fortschießt, daß die Schnur ihnen Wunden in die Hände reibt. Er hat ein grobes, mageres, aber wohlschmekkendes, weisses Fleisch, an der Haut und besonders unter den Floßfedern mit vielem süssen Fett versehen. Aus diesem schneidet man den in den Nord-ländern bekanten Raf, welcher geräuchert wird; und aus dem mageren Fleisch lange Streiffen, die an der Luft getroknet und roh gespeiset werden, und diese nennt man Rekel. Das übrige wird eingesalzen und zur Winter-Kost aufgehoben. Die Grönländer aber schneiden alles in schmale Streiffen, und lassens an der Sonne trocknen.

Vermuthlich sind die Helleflynder Zug-Fische, die von einem Ort zum andern ihrer Nahrung nachziehen: denn an einigen Orten, als bey der Fischer-Fiorde, findet man sie gar nicht, bey Godhaab fängt man sie im May, gemeiniglich aber und die meisten im Julio und August; jedoch nie zwischen dem Lande, sondern in der offnen See. Weiter Nordwerts bey Jukkertop werden sie erst im August und September gefangen. Daselbst findet man auch eine kleinere Art Helleflynder, die nur halb so groß ist.

§. 12.

Von den Fischen, die kein Blut haben und entweder theils in weiche, theils in harte Schalen, wie die Krebse und Schnekken, eingeschlossen, oder ganz weich und schleimig sind, findet man hier viele runde Krab-ben oder Taschen-Krebse (Pagurus) wie Spinnen gestaltet, mit acht langen Füssen und zwo Scheeren. Die Augen, welche, wie Horn, vest und durchsichtig sind, stehen weit aus dem Kopf heraus. Statt der Zähne haben sie zween breite, weisse Knochen, womit sie ihre

Nah-

Nahrung, wie mit einer Scheere, entzwey schneiden. Sie haben keinen Schwanz. Ihr Fleisch schmekt etwas faul, und man glaubt, daß sie meist von todten Seehunden und Vögeln leben. Gemeine Fluß-Krebse mit Schwänzen, wie auch grosse Hummern oder Lobster gibts hier nicht.

Kleine Squillen, oder Räger, Garnälen sieht man die Menge im See-Gras, sobald sie aber groß werden, gehen sie vom Lande in die Tieffe, und dienen den Seehunden zur Speise.

Der See-Igel oder See-Apfel, Echinus marinus, überall mit spitzigen Stacheln versehen; und Sternfische, theils mit 5, theils mit 6 Spitzen, sind hier auch. Beide haben das Maul unten und den Hintern oben, und letztere sind auf der untern Seite mit unzehligen kleinen Fühlhörnern, dergleichen die Schnekken haben, versehen. Diese beiden recht wunderbaren Thiere sind hier zu weitläuftig zu beschreiben: man kan aber Pontoppidans Natürliche Historie von Norwegen Th. II. Cap. 7. davon nachsehen.

Zwischen den Klippen, wo viel See-Gras ist, hängt es voller blauen Muscheln, die ziemlich groß und gut zu essen sind. In denselben findet man auch Perlen, wie ein Hirse-Korn groß.

Die eigentlichen Austern findet man hier nicht, sondern nur zwo Gattungen unnießbarer Auster-Muscheln: deren die eine tiefe Streiffen in der Länge hat und blätterig ist; die andre ist glatt und marmorirt, doch so, daß man die Streiffen sehen kan, die nach der Breite lauffen. Man findet auch einige Harfen-Muscheln, Pectines, deren Fleisch weiß und wohlschmekkend ist; lange ovale Muscheln von der Grösse eines Enten-Eyes, die bald an einem, bald am andern Ende abgestutzt sind; noch eine Art weisser Muscheln, wie eine Säubohne

bohne gestaltet; Dactylos oder Ritz=Muscheln, wie ein Finger gestaltet; Top=Austern oder Boks-Augen, (Patellas,) die nur aus einer schön marmorirten Schale bestehen, welche an dem Felsen klebt und wegen ihrer Fühlhörner zu den Schnekken gezehlt werden könte; und endlich eine ganz kleine blaue in die Länge und Queere gereifte Muschel, wie eine Caffee-Bohne groß. Man findet manchmal auf den Felsen kleine Stükke von einer grossen Muschel, die nach der Beschreibung der Grönländer den Perlen=Muscheln ähnlich sind, ich habe aber keine davon bekommen können.

Von Schnekken findet man hier eine Menge, aber ganz kleine, wie eine Erbse groß, von allerley Farben. Sie kleben an den Klippen in der See, und haben einen Dekkel, den sie vorziehen, wenn sie ins Wasser fallen oder aufgehoben werden. Sonst sieht man, wiewol selten, einige gar kleine lange Schnekken, die man sonst Turbines nennt. Am häuffigsten findet man hier die See=Eichel, (Balanus marinus,) die, wo sie sich ansetzt, an Klippen, See=Gras, Muscheln, Krabben, ja an den Wallfisch, so vest klebt, daß man sie ab- und zugleich zerbrechen muß. Diese Schnekke ist weiß, glänzend und nach der Länge gereift, gemeiniglich wie eine welsche Nuß groß, und oben offen, unter der Oefnung mit zween beweglichen Dekkeln verschlossen, durch deren Schlitz das Thiergen, welches ein gelber, körnigter Schleim ist, das See=Wasser, als seine einige Nahrung, einsaugt, und wenn es ausser dem Wasser in der Sonne liegt, zwey mit unzehligen Federgen versehene krumme Hörner hervorlangt. Sie setzen sich auch sehr häuffig an dem Kiel der Schiffe an, daher stehen einige, die sie nicht in ihrem Vaterland gesehen haben, in den Gedanken, daß aus dieser Muschel die Holz=Würmer entstehen, die die Schiffe durchfressen.

An einer alten blauen Muschel habe ich, ausser den See-Eicheln, auch eine Menge kleiner Schnekken, wie Ammons-Hörner gestaltet, von einem Senfkorn bis zu einer Linse groß, gefunden: und da ich ein Vergrösserungs-Glas dazu nahm, fand sichs, daß die auf der Muschel klebenden Unreinigkeiten ebenfalls unzehlbare Schnekgen waren, dergleichen sich so gar auf den kleinen Ammons-Hörnern vestgesetzt hatten.

Wie die Muscheln, die sich so vest an die Steine anspinnen, daß man mit ihnen einen schweren Stein zugleich aufheben kan, und besonders die See-Eicheln, die gar unbeweglich sitzen, entstehen, ist etwas unbegreifliches. Man soll manchmal, besonders im Frühling und Herbst, auf dem Wasser eine Materie, wie Sand, fliessen sehen, der sich an die Felsen ansetzt. Dieselbe hält man für den Rogen, daraus die Muscheln entstehen. (*)

§. 13.

Daneben findet man vielerley kleinere Krebsartige Insecten, wie Würmer oder Maden, darunter eins wie eine Raupe gestaltet und kaum so groß, als der Nagel an einem Finger, welches an den Felsen klebt, und mit seinen acht recht schön gezierten, marmotirten Krebsschalen ungemein pranget.

Die See-Wanze hat sieben gelb-marmorirte Schalen, an deren jeder ein Fuß bevestiget ist. Der Schwanz besteht aus sechs kleinern Schalen, und darunter hat sie zwo kleine Scheeren zum vest halten. Der Kopf gleicht einem Käfer. Diese Thiere, die wie ein Glied eines Fingers lang und breit sind, sollen die Fische und Wallfische dermassen plagen, daß sie wie unsinnig über dem Wasser springen.

(*) D. Kalms Reise nach Nord-America. S. 111.

Die Wallfisch-Laus, die ich nicht gesehen, ist drey-ekkigt, hat sechs Schalen und Sichelförmige Füsse, womit und den vier Hörnern am Maul, sie sich in die Haut der Wallfische, sonderlich unter den Finnen und an den Lefzen sehr vest einhaken und solche Stükke heraus reissen soll; daß das Fell wie von Vögeln zerpikt aussieht.

Es mögen sich in der Tieffe noch verschiedene monströse Insecten enthalten; wie man dann mit dem Fisch-Haken eins wie einen Stroh-Kranz oder Raupe mit unzehligen Füssen, und eins wie ein Ochsen-Herz gestaltet, aufgezogen.

Von ganz nakkenden, weichen, schleimigten See-Insecten habe ich nur einmal die Sepia oder den Dinten-Fisch gesehen, und denselben auch bald wegen seiner garstigen Gestalt weggeworfen. Er ist etwa ein Spanne lang und 2 Finger dik. Der Leib sieht aus, wie ein offener Geld-Beutel, in den er vermuthlich seinen Kopf hineinziehen und verbergen kan, welches das wunderbarste an diesem Fisch ist. Denn ausser den zwey grossen Augen hat er ein Maul, wie der Schnabel eines Vogels, neben demselben stehen acht lange krumme Hörner, davon die zwey mittelsten mehr als einen Finger lang, die andren aber nur halb so lang, und alle mit Zakken oder kleinen Kugeln besetzt sind. Dieselben sind, wie der Leib, nur ein schleimiges Wesen von Aschgrauer halbdurchsichtiger Farbe. Nur am Bauch scheint der Kohlschwarze Saft durch, wie Dinte, von dem er auch den Namen hat, und der zu seiner Rettung dienen soll, wenn er von den Raub-Fischen, die sehr begierig nach ihm sind, verfolgt wird. Denn wenn er diesen Saft, der auf der Hand eines Menschen wie Feuer brennt, aussprützt; so wird dadurch das Wasser so trübe, daß ihn die Fische nicht weiter sehen und verfolgen können. Vermuthlich kan

sich

sich dieser Fisch vermöge seiner schleimigten Art mancherley Gestalten geben: wie ich dann im Frühjahr an einer Menge solcher Thiergen, die die Ebbe auf einem släimigten Seestrand hatte sitzen lassen, und die ich für die junge Brut der Sepia hielt, angemerkt, daß sie bald rund, bald länglicht waren, und erst, wenn sie ins Wasser kamen, ihre Hörner herausstrekten; da ich dann auch neben dem Kopf auf jeder Seite die Floßfedern, wie Füsse, und einen langen Schwanz sehr geschwind bewegen sehen konte, die sie sogleich wieder einzogen, als sie aufs Trokne kamen.

Im Meer sieht man oft einen weissen Schleim bald rund, bald lang, bald wie eine Schlange gestaltet, schwimmen. Das nennt man Wallfisch-Fraß, und glaubt, daß der eigentliche sogenante Grönländische Wallfisch nur davon und von ganz kleinen Würmern, die wie Fliegen und Schnekken aussehen und auch weich sind, lebe. Die Manáte, Seelunge oder See-Nessel, weil sie giftig ist und wie Feuer brennt, ist von eben der Art, nur grösser, wie ein kleiner Teller, hier aber habe ich keine gesehen. Diese schleimigten Wesen sind ebenfalls lebendige Creaturen, die sich von der See nehren und sich in mancherley Gestalten bewegen. Eins von der Art, das ich näher betrachtete, war im Wasser wie ein Englischer Schilling groß, weiß und durchsichtig. Auf der Hand zerfloß es wie ein weicher Brey, und da sahe man acht hellrothe Streifen aus dem Mittelpunct auf allen Seiten herabgehen: und wenn man es aufhob, stellte es eine runde, hohle Mütze vor, deren Näthe mit rothem Band eingefaßt sind.

Man rechnet sie auch sonst unter die Zoophyta, Thierartigen See-Gewächse, die halb wie eine Pflanze wachsen und halb wie andre Thiere Nahrung an sich ziehen. Dieselben aber schwimmen nicht, sondern sitzen an den Steinen oder See-Grase vest. Von dieser Art habe

habe ich ein ungemein zartes Myrten- oder Tannenförmiges Gewächs von sehr vielen unter einander gewebten Zweigen, und ein anderes wie Tannzapfen eines Nagels lang gestaltet, und wie Indianische Feigen eins aus dem andern gewachsen, auf einem Hauffen der obgedachten See-Eicheln gefunden, beide von Schneeweisser Farbe; die man für ein blosses Gewächs halten würde, wenn man nicht beym Zerdrükken die thierschen Eingeweide sähe.

Die See wirft auch bey stürmischem Wetter ein an See-Gras klebendes Nest, wie ein Apfel groß, aus, welches aus einer Menge weißgelber, halb durchsichtiger Insecten besteht, die wie eine zusammengelegte Perlen-Schnur oder wie die Körner des Welschkorns oder Mahis aussehen.

So geht in der Natur alles Stuffenweise. Es gibt Pflanzen, als die Herba sensitiva, die ein Leben zu haben scheint. Es gibt lebendige Creaturen, wie die Zoophyta, die so leblos als die Pflanzen scheinen. Die Creaturen sind Stuffenweise eine immer vollkommener als die andere, bis sie endlich dem Menschen nicht viel nachgeben. Der Herr Professor Sulzer in Berlin hat in einer Schrift, auf deren Namen ich mich nicht mehr besinne, gar artige Gedanken darüber geäussert. Unter den See-Geschöpfen ist diese Gradation von den Zoophytis und Muscheln, die sich nicht bewegen können, bis zu denen, die in allen Stükken mehr einem Land-Thier, als einem Fisch gleichen, deutlich wahrzunehmen.

§. 14.

Ehe ich aber zu den See-Thieren komme, muß ich noch zwoer Gattungen gedenken, die man weder zu den Fischen, noch zu den Thieren rechnen kan: weil sie keinen Rogen, sondern lebendige Jungen hervorbringen, und doch aus- und inwendig wie Fische gestaltet sind.

Der erste ist der Haa oder Hay-Fisch, (Englisch Shark, lateinisch) Canis marinus, Canis Carcharias) ein Fisch, den man eigentlich den Seehund nennen solte, theils weil er so gefräßig ist, theils weil ihrer, wie unter den Hunden, so mancherley Gattungen sind, daß einige nur eine Elle, andere aber 8 bis 10 Klafter lang und 10 bis 40 Centner schwer sind. Diesen Fisch hält man für den, welcher den Propheten Jonas verschlungen, wozu er wegen seines weiten Rachens geschikter ist, als der Wallfisch: wie man dann im Mittelländischen Meer in einem solchen Fisch einen geharnischten Menschen gefunden haben soll. So weitmäulig habe ich den Grönländischen Hay, den ich beym Herings-Fang nahe am Lande mit einer Harpun spiessen sahe, nicht gefunden. Und diesen will ich beschreiben.

Er ist 2 bis 3 Klafter lang, hat auf dem Rükken zwo und am Bauch sechs Floßfedern oder vielmehr Finnen. Der Schwanz ist gespalten und an einem Ende länger als am andern. Seine Farbe ist grau; wenn man ihn aber im Wasser sieht, silberweiß. Die Haut ist voller scharfen Prikken, wie grobe Sand-Körner, und wird zum Raspeln gebraucht. An seinem Kopf, der eine Elle lang und vorn stumpf zugespitzt ist, merkt man erstlich unterwerts zwey grosse Nasen-Löcher. Das Maul, welches eine halbe Elle breit ist, sitzt nicht wie bey andren Fischen, vorn an der Schnautze, sondern eine gute Spanne davon unter dem Kopf, in der Queere, und ein wenig gekrümt. Dieses hindert diesen sonst so gefräßigen Fisch an seinem Fange, weil indessen, daß er sich aufwerts richten muß, die Fische Zeit zum Entfliehen gewinnen. In dem Ober-Gaumen sind vier bis sechs Reihen kleiner, runder, spitziger

spitziger Zähne, wie Hecht-Zähne, und im Zahn-Fleisch findet man den Nachwachs von mehreren. Im Unter-Gaumen sind zwo Reihen breiter, ein wenig eingebogener, zugespitzter Zähne, deren 52 sind, davon die eine Hälfte links, die andre rechts eingebogen ist. Sie gleichen also einer Säge, die auf beyden Seiten Zähne hat. Diese zwo Sägen kan man von einander lösen, und die Grönländer haben sich derselben ehedem statt der eisernen Sägen bedienet. Die Augen sind grösser als Ochsen-Augen, und hinter derselben sitzen die Ohren, aber ohne Ohr-Lappen. Dieser Fisch hat nicht das geringste von Gräten oder Knochen. Der Rükgrad und Hirnschädel besteht nur aus einem weichen Knorpel, den man mit dem Nagel zwischen den Fingern zermalmen kan, und hat keine Gelenke, sondern grosse Höhlen, die mit vielem flüßigen Fett angefüllet sind. Er hat zweyerley Fleisch, ein weisses Fisch-Fleisch, das aber auch so weich ist, daß mans in der Hand wie Seiffe zerreiben und zu Schaum machen kan; und auf beyden Seiten einige schmale Streiffen rothes Thier-Fleisch. Die Schwarte aber unter der Haut ist sehr zähe und einen Finger dik. In Norwegen und Island wird das Fleisch in Streiffen geschnitten, an der Luft getroknet und gespeiset: die Grönländer aber achten es nicht sonderlich und essen es erst, wanns dürr und halb faul, oder wie sies nennen, *Mikkiak* ist. Von seinem Eingeweide habe ich (weil die Grönländer gar zu geschwind mit dem Zerschneiden fertig sind,) nur die Leber bemerken können, die, wie zween Spannenbreite Riemen, durch den ganzen Bauch liegt, und fast lauter Thran ist. Mit derselben soll man, nachdem der Fisch groß ist, 2 Tonnen anfüllen können. Er bringt gemeiniglich 4 Junge zugleich zur Welt. Wenn er auf ein Schif aufgezogen wird, schlägt er so heftig mit dem Schwanz, daß man Schaden befürchtet und ihn bald tödten muß. Die zerschnittenen

tenen Stükke leben noch einige Stunden, und wenn man nach drey Tagen drauf schlägt oder tritt, merkt man noch eine Bewegung. Er muß an einer eisernen Kette geangelt werpen, die er nicht durchbeissen kan. Die Grönländer werfen ihn mit der Harpun. Er hängt sich gern an einen tobten Wallfisch und saugt ihm das Fett aus; da ihn bann die Wallfisch-Fänger mit einem krummen Messer an einer Stange bevestigt, durchschneiden und die Leber herausreissen. Nach Menschen Fleisch soll er sehr begierig seyn und den Schiffen folgen, in Hoffnung einen tobten Leichnam aufzufangen. Man sagt auch, daß er wol öfter einem schwimmenden Matrosen auf einen Biß Arm oder Bein abgebissen habe.

Die andre Gattung Thier-Fische heißt bey den Grönländern Takkalikkisak, wird aber nur in Süden gefangen, und mag wol die auch anderswo bekante Roche, Raja, seyn. Dieser Fisch ist fast wie der Helleflynder gestaltet, zwey Ellen lang, anderthalb Ellen breit; hat aber einen schmalen Schwanz, anderthalb Ellen lang, und an demselben ganz unten zwo kleine Floßfedern und sonst keine am ganzen Leibe. Auf der obern Seite ist er grau mit vielen scharfen Prikken versehen, auf der untern weiß und glatt. Das Maul sitzt, wie beym Hay-Fisch, eine Spanne unterwerts in der Queere, und über demselben die Augen, die er um und hineinwerts drehen kan, so daß er alsdann durch die Oeffnung des Mauls durchsieht, was unter ihm auf dem Boden vorgeht. Er hat ebenfalls weder Knochen noch Gräten. Der Rükgrad, welcher eine halbe Elle breit ist, besteht aus Knorpel, und an demselben sind auf beiden Seiten knorpeligte Federn, drey Viertel-Ellen lang, mit vielen Gelenken bevestigt, und wohl mit Fleisch bewachsen. Mit denselben schlägt er im Schwimmen auf und nieder, wie ein Vogel mit seinen
Flü-

Flügeln. Das Fleisch soll gut schmekken. Er bringt ebenfalls lebendige Jungen, wie der Hay.

Auffer diesen soll in Süden auch eine Art Fische gefangen werden, die, wie die Schild-Kröte, mit einer dikken Schale bedekt und mit Klauen und Schwanz versehen sind. Noch eine Art Fische, die, wie die Eule, einen grossen Kopf und Augen haben, nennen sie Jagminniset, weil sie brummen, wenn sie untergehen.

III. Abschnitt.
Von den See-Thieren.

§. 15.

Nun kommen die See-Thiere, die sich von andern Fischen merklich unterscheiden: nicht sowol in der Grösse und äusserlichen Gestalt; (denn der Seehund ist kleiner, als der Hay, und die Wallfische sind wie andre Fische gestaltet,) als in der innern Einrichtung ihrer Theile. Denn sie haben warmes Blut, können nicht lang unterm Wasser dauren, weil sie eine Lunge haben und Othem schöpfen müssen, haben Junge und ernehren dieselben, wie Land-Thiere. Sie haben keine Gräten und Floßfedern, sondern Finnen, aus Glieder-Knochen bestehend, und mit Nerven, Fleisch, Spek und Fell überzogen. Eben so ist auch der Schwanz beschaffen, welcher nicht vertical, wie bey andern Fischen, sondern horizontal auf dem Wasser liegt. Ihr Fleisch, welches roth und voller Blut ist, ist mit Spek von drey Finger bis zu einer Elle dik, und dieses mit einer zähen, dikken Haut, und bey manchen mit einem haarigten Fell umgeben: welches ihnen sowol zur Leichtigkeit im Schwimmen, als zur Erhaltung der innerlichen Wärme dient, die sie in einem so kalten Meer nöthig haben, daraus sie sich nur theils bey Verfolgung der Fische, theils durch einen Sturm, in andre Meere gleichsam

sam zu verirren scheinen. Die meisten See-Thiere sind wie Fische gestaltet; das sind die grossen und kleinen Wallfisch-Arten: einige aber, als die Seehunde, sind, wie die vierfüßigen Thiere, mit Füssen und Haaren versehen, und können unter die Amphibia gerechnet werden.

§. 16.

Der Wallfische sind so viele Gattungen, und dieselben in alle grosse Welt-Meere vertheilt, daß man sie, so viel ich weiß, noch nicht alle hat in ihre gehörigen Classen bringen und beschreiben können. Einige zehlen derselben nur in der Nord-See 24 besondre Gattungen. Die Menge derselben ist in den Nordlichen Meeren so groß, daß, nach dem Zeugniß Pontoppidans, (*) die See an der Norwegischen Küste von Stavanger bis Drontheim, d. i. auf 60 Meilen, von den vielen 1000 Wallfischen, die die Fische ans Land jagen, gleichsam nur eine grosse Stadt vorstellt, deren Schornsteine rauchen, wie man sich die aus den Blaselöchern aufsteigenden Strahlen einbilden kan. Einige haben im Maul Barden, andre Zähne; einige haben Finnen auf dem Rükken, andre nicht: einige sind vorn am Maul mit einem Zahn oder Horn versehen; an einigen, die aber selten gesehen werden, lassen sich andre besondre Kennzeichen, als eine lange Schnautze mit Naselöchern, bemerken. Ich will in ihrer Eintheilung und Beschreibung hauptsächlich dem aufmerksamen Anderson folgen.

Unter denen, die einen glatten Rükken und Barden im Maul haben, ja unter allen Wallfischen ist

1.) der eigentlich sogenante Grönländische Wallfisch, um dessentwillen so viele Schiffe ausgerüstet werden,

---

(*) l. cit. Th. II. Cap. 5. S. 226.

den, der vornehmste, den ich aus Martens Reise nach Spitzbergen und Jorgdragers Grönländischen Fischerey hauptsächlich beschreiben will. (*) Dieser Fisch wird itzt nur von 50 bis zu 80 Fuß lang gefunden, und soll vor Alters, da er nicht so häufig weggefangen worden, und also Zeit gehabt, recht auszuwachsen, mehr als 100 ja bis 200 Fuß lang gewesen seyn; deren nicht zu gedenken, die Plinius an die 4 Jugerte, d. i. 960 Fuß lang angibt. Der Kopf macht den dritten Theil seiner Länge aus. Er hat keine Finne auf dem Rükken, und die zweinigen Finnen, die an beiden Seiten neben dem Kopf sitzen, sind nur 5 bis 8 Fuß lang. Mit denselben kan er sich gleichwol sehr geschwind fortrudern. Der Schwanz ist 3 bis 4 Klafter breit, und an beiden Enden in die Höhe gekrümmt. Mit demselben kan er so gewaltig schlagen, daß das stärkste Boot in Stükken geht. Doch attaquirt er nicht selber, weil er furchtsam ist und bey dem geringsten Geräusch flieht. Die Haut ist glatt; oben gemeiniglich schwarz wie Sammet, unten weiß und an einigen Orten, besonders an den Finnen und dem Schwanz, von allerley Farben gemarmelt. Auf dem Kopf ist ein Buckel und darinn sind die zwey Blaselöcher, aus welchen er den Othem, wie auch Wasser, mit einem lauten Zischen, und wenn er verwundet ist, mit solchem Brausen, wie des Sturm-Windes, heraus bläst, daß man es fast eine Meile weit hören kan. Zwischen den Blaselöchern und den Finnen sitzen die Augen, die nicht grösser als Ochsen-Augen, und mit Augenlidern versehen

---

(*) Hiebey muß ich anmerken, daß ich zwar im Meer viele Wallfische gesehen, aber keinen, ausser den weissen Fisch und das Meerschwein, nahe zu betrachten Gelegenheit gehabt, und also nur kurz erzehle, was andere gesehen haben.

ehen sind. Ohrlappen hat er nicht; sobald man aber die oberste Haut am Kopf weggethan hat, finden sich hinter den Augen zwo kleine Oeffnungen, durch welche die Schiffleute mit einem Boots-Haken das sogenante Wallfischrohr, welches ein zum Gehör dienlicher Knochen ist, hervorziehen. Im Maul hat er keine Zähne, in deren Stelle aber im Ober-Kinnbakken, welcher vol zehn Ellen lang ist, die Barden oder das sogenante Fischbein, auf jeder Seite gemeiniglich 350 Stük. Von diesen 700 werden nur 500 genommen, die das erforderliche Maaß haben und Maaß-Barden genant werden. Einige Fische, die ganz ausgewachsen sind, sollen wol 1000 und mehr grosse und kleine Barden haben. Sie hängen wie Orgel-Pfeiffen, die kleinen vorn und hinten, und die längsten, die gut zwey Klafter lang sind, in der Mitte, und senken sich in den ein wenig ausgehölten Unter-Kinnbakken, wie in eine Scheide. Sie sind wie eine Sense gestaltet, oben, wo sie im Gaumen stekken, einen Schuh breit, lauffen unten spitzig zu, sind innwerts dünner als auswerts, und mit langen Haaren, wie Pferde-Haare, versehen, damit sie die Zunge nicht verletzen, und die Nahrung, die der Fisch mit vielem Wasser einschlurft, nicht wieder herausfliesse. Die Zunge besteht fast aus lauter weichem, sehr schwammigem Spek, womit man fünf bis sieben grosse Tonnen anfüllen kan. Sie bringen gemeiniglich nur eins, doch manchmal auch zwey Junge auf einmal hervor, dieselben schliessen sie, wann sie verfolgt werden, mit der Finne an den Leib an. Unter der Haut, die einen Zoll dik und noch mit einem dünnen Häutgen, wie Pergamen, überzogen ist, sitzt der Spek sechs bis zwölf Zoll, und an der Unter-Lefze eine Elle dik. Mit demselben können, nachdem der Fisch groß ist, 50 bis 90 Quarteelen, andre sagen, 2 bis 300 Tonnen, angefüllt werden. Das Fleisch ist

ist grob und mager, und soll wie Ochsen-Fleisch schmekken. Die Grönländer essen es gern, sonderlich vom Schwanz, der nicht so hart, aber mit vielen Sehnen durchzogen ist, woraus sie ihren Zwirn machen. Selbst die Isländer essen es gern, nachdem sie es in ihrer Syre oder sauer gewordenen Molken gebeitzt haben. Dabey merkt Horrebow an, daß nur das Fleisch der Wallfische, die Zähne haben und also Fleisch fressen, zu thranigt sey und nicht zum essen tauge. Die Knochen sind hart, und das Inwendige voller Hölen, wie ein Bienen-Rus, mit Thran angefüllt.

Man solte denken, daß dieses ungeheure Thier auch eine Menge grosser Fische zu seiner Nahrung haben müsse. So aber ist sein Schlund kaum vier Zoll breit, und seine Nahrung ist das vorbeschriebene Wallfisch-Aas, welches der Fisch durch einen starken Othem-Zug einschlurft, das mit eingedrungene Waffer aber zwischen den Barden und durch das Blaseloch wieder von sich gibt. Das ist alles, so viel man weiß, wovon er lebt und so fett wird. Das Wallfisch-Aas findet man am meisten zwischen Spitzbergen, Nova Zembla, Jan Mayen Eyland und Grönland, und daselbst so häuffig, daß die Buchten, wie eine Waffer-Pfütze voll Maden, davon wimmeln. Daher entfernt sich dieser Fisch nicht leicht aus derselben Gegend, und ist daselbst in solcher Menge, daß man oft in einem Bezirk von zwey Graden, zwischen dem 77sten und 79sten Grad, 300 bis 350 Schiffe von allerley Nationen, und jedes Schif mit fünf bis sieben Schaluppen, gesehen hat, die in Zeit von zwey Monaten 1800 bis 2000 Fische gefangen haben, ohne die zu rechnen, welche verwundet entrinnen. Durch eine solche Menge Schiffe, die nebst ihren Schaluppen wie die gröste Flotte aussehen, sind die Eyländischen Wallfische, wie sie

Sorg-

Jorgdrager nennt, die Anfangs gar zahm waren, so scheu worden, daß sie sich zuerst aus den Buchten in die See und hernach zwischen das Treib-Eis gezogen, und da man sie auch da aufzusuchen gewußt, endlich noch weiter, vermuthlich näher unter den Pol, verloren haben.

2.) Der **Nord-Caper**, (von dem äussersten Norwegischen Vorgebirge, **Nord-Cap**, wo er sich am häufigsten befindet, also genant) ist dem eigentlichen Wallfisch in allem ähnlich, nur daß er nicht so groß ist, kleinere Barden und weniger und schlechtern Spek hat: daher er auch nicht sehr aufgesucht wird. Er lebt am meisten von Heringen, die er durch einen Schwung mit dem Schwanz zusammen treiben und sodann ganze Tonnenweise in seinen ungeheuren Rachen hinein ziehen soll. Dieser Fisch zieht nebst andren See-Thieren den kleinern Fischen nach, die ihm zum Raube dienen; kommt aber wegen der Untieffen, an denen er sich zu stranden fürchtet, selten weiter als Island, Norwegen und Hittland: da hingegen die übrigen wegen ihrer Leichtigkeit sich in weit südlichere Meere wagen können.

§. 17.

Zur zweyten Classe gehören die Wallfische, die Barden und zugleich eine Finne auf dem Rükken haben. Unter denen ist der vornehmste

3.) der **Finnfisch**. Die Finne, die auf dem Rükken gegen den Schwanz, spitzig und grade aufwerts steht, ist drey bis vier Fuß hoch. Er ist rund und zwar länger, aber schmaler als der eigentliche Wallfisch, anbey auch hurtiger, grimmiger und wegen des Schlagens mit dem Schwanz viel gefährlicher: daher man sich nicht gern mit ihm einläßt, zumal da seine Barden kurz und knotigt sind und der Spek wenig und schlecht ist. Hingegen achten ihn die Grönländer desto mehr

mehr wegen seines vielen, ihnen wohlschmekkenden Fleisches.

4.) Der Jupiter-Fisch, (besser Gubartas oder Gibbar, wie ihn die Spanischen Wallfisch-Fänger genant haben) von dem Bukkel, Gibbero, den er ausser der Finne gegen den Schwanz hat, also genant, ist länger, vorn und hinten spitziger als der eigentliche Wallfisch, hat aber gar schlechten Spek und Barden. Am Bauch hat er lange Runzeln wie Furchen, die inwendig weiß sind. An diesem Fisch sollen sich die Pokken oder See-Eicheln häuffig finden.

5.) Der Pflok-Fisch, den die Fischer auf der Küste von Neu-England Bunch-Whale oder Humpbak-Whale nennen, hat einen Hökker wie ein Pflok gestaltet, eines Kopfs hoch und dik, statt der Finne auf dem Rükken. Der Güte nach komt er dem Finnfisch am nächsten.

6.) Der Knoten-Fisch hat statt der Finne viele Knoten auf dem Rükken. Nach der Gestalt und dem Spek komt er dem eigentlichen Wallfisch ziemlich nahe; ausser daß die Barden weiß sind und nicht viel taugen.

Bey den Bermudischen Inseln in America sollen auch einige Wallfische gefangen werden, die die Engländer, wegen der vielen grossen Beulen auf dem Kopf, Cubs nennen. Sie sollen länger als der Grönländische Wallfisch, doch nicht so dik, und hintenaus spitzig, wie ein Dach seyn, dabey wenig und schlechten Spek abgeben.

§. 18.

Zur britten Classe gehören die Wallfische, die an der Schnautze ein Horn haben. Der vornehmste ist

7.) Der Einhorn-Fisch, oder Narbval, Monoceros. Er ist gemeiniglich 20 Fuß lang, hat eine glatte,

glatte, schwarze Haut, spitzigen Kopf und kleines Maul. In der obern Lefze zur linken Seite steht das runde, zwiefach gewundene Horn grade aus. Dasselbe ist gemeiniglich 10 Fuß lang und Arms dik, inwendig hohl und von einer weissen, vesten Materie. Dieses Horns bedient er sich vermuthlich, theils das See-Gras, als seine eigentliche Speise, vom Grunde herauf zu langen; theils unter dem Eis eine Oeffnung zum Luftschöpfen zu machen; theils sich damit gegen seine Feinde zu wehren. Auf der rechten Seite der Schnautze stekt noch ein kleines Horn, einer Spanne lang, im Fleisch verborgen, welches ihm vermuthlich zum Nachwachs dienet, wenn er durch einen Zufall das lange verlieren solte: wie man dann erzehlt, daß in einem Schif, welches in der See einen harten Stoß, wie von einer Klippe, bekommen, hintennach ein abgebrochenes Horn gefunden worden. Diese Hörner oder Zähne hat man ehedem für die Hörner des nun schier für fabelhaft gehaltenen Land-Thiers, Einhorn, Unicornu, gehalten und als was unschätzbares nur an die vornehmsten Herren sehr theuer verkauft, bis die Grönländische Fischerey aufgekommen, da man sie im nordlichen Theil der Strasse Davis häuffiger als anderswo gefunden, und noch eine Zeitlang den Betrug damit fortgesetzt hat. Wie unbekant und kostbar diese Hörner, die im Nord von Grönland so gemein sind, daß die Grönländer aus Mangel des Holzes die Sparren ihrer Häuser davon machen, noch gegen das Ende des vorigen Jahrhunderts gewesen, kan man aus la Peyrere Rélation du Grœnland à Monsf. de la Mothe le Vayer, Chap. I. mit vielen sonderbaren Anmerkungen sehen. Man hat auch welche gefangen, die zwey gleich lange Hörner haben, welche aber sehr rar seyn mögen. Der Fisch hat zwey Naselöcher im Gehirn-Knochen, die aber in der obern Haut in eins ausgehen. Er hat guten Spek, schwimmt geschwind fort, ob er gleich nur zwo kleine Finnen

Finnen hat, und kan nur gestochen werden, wenn ihrer viele beysammen und sich selbst mit den Hörnern hinderlich sind. Sonst halten die Schiffer dafür, daß sie die Vorboten von den rechten Wallfischen sind.

8.) Der Säg-Fisch, Pristis, hat ein Ellen-langes und drey bis vier Finger breites dünnes Horn, auf beyden Seiten mit Zakken, wie ein Kamm, besetzt, vor der Schnautze stehen. Auf dem Rükken hat er zwo und am Bauch vier Finnen. Er ist gemeiniglich 20 Fuß lang. Diese Fische sind die größten Feinde des Wallfisches, der sich gräulich vor ihnen fürchtet, indem ihrer etliche ihn auf allen Seiten angreiffen und tödten, nur die Zunge von ihm verzehren, und das übrige den Hayen und See-Vögeln zum Raub überlassen.

Der Schnabel-Fisch, der, wiewol selten, in Norwegen gefangen wird, 12 Ellen lang ist, und ein langes Maul, wie einen Gänse-Schnabel hat, könte auch hieher gerechnet werden, wenn man von dessen Beschaffenheit etwas genauer unterrichtet wäre.

§. 19.

Zur vierten Classe gehören die Wallfische, die Zähne, aber nur im Unter-Kiefer haben. Dahin gehört

9.) Der Caschelot oder Pottfisch, von welchem das Sperma Ceti oder Wallrath kommt. Es ist aber derer mehr als eine Gattung; indem einige schwarz, andre dunkelgrün aussehen; einige mit stumpfen, andre mit krummen, spitzigen Zähnen versehen, auch in der Grösse verschieden, und von 50 bis zu 100 Fuß lang sind. Der Kopf ist unproportionirlich groß, und macht fast die Hälfte des ganzen Fisches aus, geht vorn am Munde nicht rund oder spitzig zu, sondern ist

abge-

abgestumpft und vorn eben so dik, als mitten und hinten. Oben ist der Kopf breit, wie ein Bakofen, und laufft unten bis an die Unter-Lefze schmal zusammen, so daß er wie eine Flinten-Kolbe oder wie das Hintere eines umgekehrten Schuhleistens aussieht. Das Blaseloch ist vorn vor den Augen, da die andren Wallfische das ihre im Nakken haben. Er hat eine kleine, zugespitzte Zunge, zwar ein kleineres Maul als der rechte Wallfisch, aber einen so grossen Schlund, daß er wol einen Ochsen verschlingen könte; wie dann einer in der Angst, da er angeschossen worden, einen Hayfisch von sechs Ellen lang ganz wieder von sich gegeben, und im Magen viele Knochen und Gräten einer Klafter lang gefunden worden: daher einige dafür gehalten, daß Hiobs Leviathan und Jonä Wallfisch von dieser Gattung seyn müsse. Im Unter-Kiefer hat er 30 bis 50 Zähne, über einen halben Schuh lang und Arms dik; im Ober-Kiefer aber beinerne Gruben; worein die Zähne des Unter-Kiefers passen. Jedoch findet man bey einigen auch hinten im Ober-Kiefer einige stumpfe Mahl-Zähne. Auf dem Rükken hat er einen Bukkel, und an jeder Seite gleich hinter den Augen eine Finne, neben welcher er leicht verwundet werden kan; da sonst seine Haut sehr zäh und nicht leicht durchzubringen ist. Der Spek ist über eine halbe Elle dik, und kan, nachdem der Fisch groß ist, zu 100 Tonnen abgeben.

Einen solchen ungeheuren Kopf hat der Caschelot haben müssen, um das heilsame Gehirn oder Sperma Ceti in seiner Hirnschale zu enthalten. Dieselbe ist bey einigen mit einem vesten, beinernen Dekkel, bey andren mit einer dikken, zähen Haut verschlossen. Das Gehirn liegt in 20 bis 30 Kammern, wie das klareste Oel, welches aber, sobald es herausgenommen worden, wie saure Milch gerinnt. So gar findet man in dem Spek überall kleine Bläsgen mit demselben Oel angefüllt; wie dann dieses Oel nicht nur in die Augen und Ohren, sondern durch den ganzen Leib, vermittelst einer Beinsdikken Haupt-Ader, die in unzehlige kleine Neben-Aeste ausgeht, zertheilt und wieder zurük geleitet wird. Man kan mit demselben einige 20, andere sagen 50 Tonnen, anfüllen. Der Kopf oder Nakken ist auch voller Sehnen, da sonst die andren Wallfische die meisten im Schwanz haben.

Ein mehreres von diesem sonderbaren Fisch, deren im Jahr 1723. 17 Stük bey Ritzebüttel in der Mündung der Elbe, und erst kürzlich einige in Holland gestrandet, wie auch von den übrigen Wallfischen, kan man bey Anderson nachlesen.

§. 20.

Die fünfte Classe enthält die kleinen Wallfische, die oben und unten Zähne haben, als da ist

10.) Der Weißfisch, von seiner weissen Farbe also genant, ist nur zwey bis drey Klaftern lang, sonst aber dem rechten Wallfisch ziemlich gleich, nur daß der Kopf spitziger ist, und die zwo Seiten-Finnen nach Proportion länger sind. Er hat zwar im Nakken nur ein Blaseloch oben in der Haut, untenher aber sind zwey ovale Löcher, zwey bis drey Zoll im Durchschnitt, die oben in eins gehen. Die weisse aber etwas eingeschrumpfte Haut ist Fingers dik, der Spek einer Hand breit und gibt nur vier Tonnen ab. Das Fleisch ist roth wie Rind-Fleisch und fast von eben dem Geschmak. Ihr grösster Aufenthalt ist bey Disko: doch werden auch viele von den Grönländern (denn die Wallfisch-Fänger achten sie nicht,) bey Godhaab gefangen. Ob ich gleich keinen ganz betrachten können, denn die Grönländer zerschneiden sie, ehe sie damit zu Lande kommen: so hab ich doch gesehen, daß die Meynung,

nung, als habe er im Ober-Kiefer keine Zähne, ungegründet ist. Denn ich habe in jedem Unter Kiefer sechs stumpfe, in dem einen Ober-Kiefer acht, und in dem andern neun, ein wenig eingebogene und ausgehöhlte Zähne, in welche die untern genau passen, gezehlt: wiewol die drey hintern, die unten keinen Gatten haben, nur spitzige Stiftgen sind. So ist es auch ungegründet, wenn einige diesen Fisch für den Sexum sequiorem des Einhorn=Fisches halten: denn beide sind gar sehr verschieden.

11.) Der Butzkopf, von seiner butten oder stumpfen Schnautze also genant, Englisch Grampus, sonst Porcus marinus major, ist 15 bis 20 Fuß lang, oben schwarz und unten weiß, sonst in allem dem grossen Wallfisch ähnlich. Dieses mag wol eben das Thier seyn, das die Jsländer von seinem Springen, Springhwal nennen.

12.) Das Meerschwein, von seinem Welzen in der See also genant, Englisch Porpus, Porcus marinus minor, kommt dem Butzkopf ziemlich gleich, ausser, daß es nur ein bis zwey Klafter lang ist, und ein spitziges Maul, wie ein Sau-Rüssel, hat. Die Rükken-Finne steht gegen den Schwanz zu ausgehöhlt, wie ein halber Mond. Das Fleisch schmekt nicht nur den Grönländern, sondern auch manchen Fischern in Europa; wie sie dann überall in Menge zu sehen sind, sonderlich bey entstehendem starkem Wind, da sie in grossen Hauffen gleichsam einen Wettlauf um das Schif herum halten. Ueberhaupt hat man angemerkt, daß die See-Thiere nicht nur vor einem Sturm sich häuffiger oben sehen lassen, vermuthlich aus Furcht, von der Gewalt der Wellen auf die Sand-Bänke geworfen zu werden; sondern auch bey Sonn= und Mond-Finsternissen sehr ängstlich thun und ein ungewöhnliches Geräusch machen.

13.) Der

13.) Der Delphin, von seinem Springen und Tummeln Tümmeler genant, ist vom Meerschwein gar wenig unterschieden, wie dann auch sowol die Grönländer als Norweger beide Gattungen Nisa nennen, ausser daß er kleiner ist und eine etwas spitzigere Schnautze hat. Was man aber in den südlichern Gegenden Dolphin nennt, ist eine andere Art Fische.

14.) Der Schwerdtfisch, Grönländisch Tikagulik, von der Finne auf dem Rükken, die ein bis zwey Ellen lang, gegen den Schwanz schmal und etwas eingebogen ist, also genant; wiewol dieselbe eher einem stumpfen Pfahl als einem Schwerdt gleichet. Der Fisch ist 7 Klafter lang und hat sehr scharfe Zähne. Sie fallen Truppenweise den grösten Wallfisch an, reissen ihm ganze Stükken Fleisch aus dem Leibe, bis sie ihm den Garaus machen. Daher werden sie von den Neu-Engländern Whale-Killers, d. i. Wallfisch-Mörder, genant. Sie sollen so stark seyn, daß ein einiger mit seinen Zähnen einen todten Wallfisch aufhalten und fortschleppen kan, wenn gleich etliche Schaluppen denselben fortbuxiren wollen. In Norwegen werden sie Spekhauer genant, sollen aber nicht über 2 Ellen groß seyn.

15.) Eine andre Art Schwerdtfische nennen die Grönländer Ardluit. Dieselben sind nur 5 Klafter lang. Wo diese sich sehen lassen, da fliehen alle Seehunde, unter denen sie grosses Unheil anrichten. Denn sie sind so geschikt, dieselben mit dem Maul und mit den Finnen zu fangen, daß man sie manchmal mit Fünfen beladen sieht, indem sie einen im Maul, ein Paar unter jeder Finne, und unter der Rükken-Finne auch einen fortschleppen. Die Grönländer fangen dieselben wie andre Wallfische, und lassen sich ihr Fleisch wohl schmekken.

§. 21.

§. 21.

Zur sechsten Classe könten die ungewöhnlichen grossen See-Monstra gerechnet werden, wenn man von denselben was gewisses wüßte, oder allemal glaubwürdige Männer dieselben mit eigenen Augen gesehen hätten. Herr Paul Egede meldet in seiner Continuation der Grönländischen Relationen, S. 6. von einem Meer-Wunder, das er auf seiner andren Reise nach Grönland im Jahr 1734. auf der Höhe von Godhaab im 64sten Grad gesehen und abgezeichnet hat, und das man einen Meerdrachen nennen könte, folgendes:

" Den 6ten Julii ließ sich ein recht erschrekliches See-Thier sehen, welches sich so hoch übers Wasser erhob, daß der Kopf desselben über unser grosses Mers-Segel hervorragte. Es hatte eine lange, spitzige Schnautze, aus welcher es wie ein Wallfisch blies, hatte statt der Finnen grosse, breite Patten, wie Flügel, der Leib schien mit Schalen bewachsen zu seyn und war sehr runzelig und uneben auf der Haut. Hinterwerts war es wie eine Schlange gestaltet; und da es wieder unters Wasser ging, warf es sich überrüks, und hob den Schwanz eine ganze Schifs-Länge vom Leibe aus dem Wasser hervor. Man konte nicht anders ermessen, als daß es wol so dik als das Schif, und drey- bis vier mal so lang war. Abends bekamen wir hart Wetter und den folgenden Tag Sturm."

Hiemit kommt überein, was glaubwürdige Männer von den grossen Meer-Schlangen erzehlen, die in dem Norwegischen Meer, wiewol selten und nur bey gänzlicher Meerstille im Julio und Augusto, gesehen werden. Ihre Länge schätzt man wie ein Kabel-Tau auf 100 Klafter lang, ihre Dikke wie ein grosses Weinfaß, ihre Krümmungen von 20 bis 100, wie grosse schwimmende Fässer. Der Nordländische Poet,

Peter

Peter Daß, vergleicht sie mit 100 Fudern Mist, die in einer Reyhe auf dem Akker liegen, mit dem Behemoth und Leviathan, mit der schlechten und gekrümmten Schlange. Der Kopf soll wie ein Pferds-Kopf aussehen, am Halse soll eine lange weisse Mähne herabhangen, und der Leib aus einem grauen, schleimigten Fleisch bestehen.

Vielleicht läßt sich damit auch erklären, was Hr. Egede in seiner Grönlands Perlustration S. 47. aus Thormoder Torfäi Historia Norvegiæ & Grœnlandiæ anführt, von dem Havstramb oder Meermann, der nach dem Kopf, welcher mit einer Haut, wie mit einer Mönchs-Kappe umgeben ist, nach Nase und Maul und Augen einem Menschen ähnlich ist; dergleichen man in neuern Zeiten einen von 3 Klafter lang in Norwegen todt gefunden: ingleichen von der Margi oder Meerweibe, die schwarze, lange Haare, Brüste, lange Arme und Hände mit Fingern, wie Gänse- oder Seehund-Füsse hat, und von der Mitte an bis hinten wie ein Fisch mit Schwanz und Finnen gestaltet ist. Dergleichen dem Menschen oder dem Affen ähnliche See-Thiere soll es manche grosse und kleine Gattungen bey Norwegen, wie auch in der Africanischen und Ost-Indischen See geben.

Das erschreklichste und wunderbarste See-Ungeheuer muß wol der Norweger Krake oder See-Horv Hafgufa, seyn, welchen aber niemand ganz gesehen zu haben vorgibt. Die Fischer sollen nemlich, wenn sie auf einen sonst 80 bis 100 Klafter tiefen Grund kommen, denselben weit seichter, etwa 20 bis 30 Klafter tief befinden, und daraus, wie auch aus der Menge Fische, die dieses Thier durch seine liebliche Ausdünstung an sich zieht, schliessen, daß sie über einem Kraken zu stehen gekommen sind. Da eilen sie dann herbey, um einen reichen Fisch-Zug zu thun, ehen aber wohl zu, wenn der Grund noch seichter wird, indem sich das Thier noch mehr in die Höhe begibt; alsdann fliehen sie eilig davon, und sehen mit größter Verwunderung, in einem Umfang von einer Viertel-Meile und drüber, grosse Höfker, wie Klippen aus dem Meer aufsteigen, daraus lange glänzende Zakken entstehen, die immer dikker werden und einer Menge kleiner Mastbäume gleichen. Wenn nun das Thier seinen Rachen, den man nicht zu sehen bekommt, mit gnugsamen Fischen, die auf ihm, wie auf einer troknen Sandbank stranden, angefüllt hat, geht es mit einer grossen Bewegung des Wassers wieder unter. Man hat dieses Thier, wie gesagt, nie ganz gesehen; stellt es sich aber vor wie einen grossen Polypum mit einer Menge voll Antennis und Tentaculis oder Fühlhörnern versehen, auf die Art, wie die Stern- und Creutz-Fische, Stella arborescens, Caput Medusæ, See-Sonne, oder des Plinii Ozæna, die auch von einigen für die junge Brut der Kraken gehalten werden.

Diese See-Ungeheuer, die, ausser dem ersten, im Grönländischen Meer noch nicht gesehen worden, lässet man dahin gestellt seyn. Der Verfasser der natürlichen Historie von Norwegen sucht, nach sorgfältiger Absonderung des Fabelhaften, die Möglichkeit und Wirklichkeit derselben a priori und posteriori mit Beybringung vieler glaubwürdigen Zeugnisse und manchen ganz ungemeinen Anmerkungen darzuthun, welche im 8ten Capitel des zweyten Theils gewiß recht angenehm zu lesen sind.

§. 22.

Um aber wieder auf den eigentlichen Wallfisch zu kommen, so will ich aus dem Munde eines Mißionarii, der im Jahr 1745. auf einem Holländischen Schif den Wallfisch-Fang in Disko mit abwarten müssen, erzehlen

len, was er von demselben angemerkt und behalten hat. Der Wallfisch wird in der Disko-Bucht im April gefangen, und wenn man keinen oder nicht genug fängt, so folgt man ihm auf die Americanische Küste, wo er in die Hudsons-Bay gehet und sich zu Ende des Sommers ins Süd-Meer ziehen soll, wie Ellis S. 349. bemerket. Bey Spitzbergen aber fängt man ihn im May und Junio. Nach der Zeit zieht er weiter Ostwerts. Sobald man einen Wallfisch sieht oder hört, muß gleich eine mit sechs Mann bemannte Schaluppe, derer fünf bis sieben parat sind, auf ihn zufahren und trachten, daß sie ihm vorne her auf der Seite begegne. Wenn der Fisch wieder herauffährt, Othem zu schöpfen, und wie gewöhnlich eine Zeitlang oben bleibt, fährt die Schaluppe ihm zur Seite auf den Leib; und indem der Harponier ihn in die Seite, etwa bey der Finne sticht, rudert die Schaluppe eilig zurük, ehe der Fisch den Stich empfinden, und durch das heftige Schlagen des Schwanzes oder der Finne die Schaluppe umwerfen, oder gar zerschlagen kan. Die Harpun ist ein dreyekkigtes Eisen mit Widerhaken, etwa einen Schuh lang, an einer Stange beveftigt. Wenn der Fisch den Stich empfindet, eilt er zu Grunde, und die an der Stange bevestigte Leine, die Fingers dik von ganz frischem Hanf und 100 Klafter lang ist, deren neun in jeder Schaluppe liegen, fährt so schnell nach, daß sie, wo sie sich verwikkelt, entweder wie eine Saite reißt, oder die Schaluppe umwirft. Daher muß ein Mann auf die Leine Acht geben, daß sie grade und unverwikkelt ablaufe, und ein andrer muß die Stelle, wo sie über Bord läuft, mit Wasser netzen, damit sich durch das Reiben das Holz nicht entzünde. Zugleich fährt man mit der Schaluppe dem Wallfisch, der wie ein Pfeil mit der Leine fortschießt, so geschwind nach als man kan. Ist der Fisch nicht tödtlich getroffen, so kan er wol eine Stunde lang herunter lauffen, und ein paar 1000 Klafter

Klafter Leinen nach sich ziehen; indem gleich die andren Schaluppen herbey eilen und ihre frischen Leinen anknüpfen. Fährt er unter das Treib=Eis, so rudert man ihm doch nach. Geht er aber unter ein grosses Eis=Feld, so sucht man mit aller Macht die Harpun auszuziehen, oder man muß die Leine abhauen: und da sind wenigstens 1000 Reichsthaler (denn so hoch wird ein mittelmäßiger Fisch geschätzt) verloren. Wenn der Fisch lebendig wieder heraufkommt, werfen sie ihn noch mit ein paar Harpunen, und dann bringen sie ihn mit Lanzen vollends ums Leben. Sobald er todt ist, kommt er in die Höhe und kehrt sich um, daß der Bauch oben kommt.

Indessen kommt das Schif, so gut es kan, den Schaluppen entgegen, die den Wallfisch buxiren und am Schif vest machen; indem sie in der Mitte desselben zwo Spalten in den Spek schneiden; dadurch sie ein Tau ziehen und am Schif bevestigen. Die erste Arbeit ist, daß sie mit einer Schaluppe in den Rachen hinein fahren, und mit langen biegsamen Messern sehr vorsichtig die Barden aus dem Gaumen schneiden und mit Strikken aufs Schif ziehen. Sie nehmen nur die größten, derer 500 sind, und die sind so viel werth, als der Spek vom ganzen Fisch. Wenn sie dann auch den Spek von der Zunge losgemacht haben, schneiden sie den Spek vom Leibe, doch so, daß sie vom Kopf und Schwanz zugleich anfangen und in der Mitte endigen. Die Leute, die auf dem Fisch stehen, haben Stacheln in den Schuhen, damit sie nicht herab glitschen. Sie lösen den Spek mit grossen an Stekken bevestigten Messern, in langen vierekkigten Tafeln ab, und ziehen dieselben vermittelst der Kloben auf die Dekke, wo sie in kleinere Stükke zerschnitten und vorerst in die Last oder Hohle des Schifs geworfen werden, bis sie mit dem ganzen Fang fertig sind. Die Finnen und

und der Schwanz, welcher aus vielen Sehnen besteht, werden ganz abgelöst, in kleinere Stükke zerschnitten und zum Leim kochen besonders aufgehoben.

So ein 40 bis 50 Menschen, die in verschiedenen Parthien einander in die Hände arbeiten, müssen, wenns recht geht, in vier Stunden einen Fisch abgeflenzt haben. Nachdem dann das Stük Spek, das wie ein Ring um den Fisch herum bis zulezt geblieben, und durch dessen immer weitere Ablösung vom Fleisch und Fortrükkung des darunter bevestigten Taues, der Fisch sich von selber herum drehet, auch abgenommen worden; so fährt der Rumpf, der mit dem Spek die Fähigkeit oben zu schwimmen verloren, unter allgemeinem Jubel-Geschrey in die Tieffe, kommt aber in etlichen Tagen, nachdem er geborsten, wieder herauf, und reicht das viele Fleisch den Fischen, Vögeln und Bären zur Speise. Wenn man aber wegen unruhigen Wetters, oder weil man noch einen oder etliche Wallfische gefangen, dieselben nicht gleich abflenzen kan: so schwellt der Fisch auf mit einem lauten Gezische, berstet mit einem entsetzlichen Krachen und sprizt eine Zinnoberrothe Jauche aus seinem Eingeweide, die heftig stinket.

Wenn sie genug haben, so fahren sie in einen Hafen, oder bey stillem Wetter an ein grosses Stük Eis, um durch Ausladung der Fässer mehr Plaz zum Kleinschneiden zu gewinnen; sintemal sie nun allen Spek aus der Hohle des Schiffes herauf ziehen, die Schwarte abnehmen, (welche in die See geworfen und von den Grönländern zum Essen aufgefangen wird,) den Spek in kleine länglichte Stükke zerschneiden, durch einen Schlauch hinunter in eine Gelte senken und dann ein Faß nach dem andern vermittelst eines Trichters damit anfüllen. Bey dieser Arbeit schwimmt der Thran auf
dem

dem Schif bis über die Schuhe. Derselbe wird aufgeschöpft, oder an den Wasser-Rinnen des Schifs in Eimern aufgefangen und mit zum Spek in die Fäſſer gegoſſen. Was nun aus dem Faß herausrinnen und röfeln kan, iſt der feinſte und beſte oder ſogenante klare Thran:(*) was aber aus dem übrigen gekocht wird, iſt der braune Thran. Die übrig bleibenden Grieben machen ſo wenig aus, daß man aus 100 Tonnen Spek wol 96 Tonnen Thran zapft und kocht.

§. 23.

Was den Wallfiſch-Fang der Grönländer betrift, ſo werden nur in Norden der eigentliche Wallfiſch und das Einhorn, der Caſchelot aber und die andren kleinern Sorten auch im ſüdlichen Theil gefangen. Ich will nur der Nordländer ihre Weiſe beſchreiben. Sie putzen ſich dazu aufs beſte: denn wenn jemand unreine Kleider, beſonders in welchen er einen Todten berührt hat, anhätte: ſo würde der Wallfiſch nach der Zauberer Vorgeben entfliehen; oder, wenn er auch ſchon todt iſt, ſinken. Die Weibsleute müſſen auch mit, theils zum Rudern, theils der Männer ihre See-Kleider und die Boote, wofern ſie verletzt werden, gleich zu flikken. Sie fahren in Männer- und Weiber-Booten beherzt auf den Fiſch los, ſchieſſen ihn mit etlichen Harpunen, an welchen eine Blaſe von einem groſſen See-
hund-

(*) Von der Bedeutung und Ableitung des Worts Thran, welches in der Ruſſiſchen, Jsländiſchen, Nordiſchen und Teutſchen, und allen damit verwandten Sprachen, ja im Griechiſchen, Ebräiſchen und Arabiſchen faſt einerley iſt, kan Anderſons ſinnreiche Anmerkung zu ſeiner Nachricht von Island S. 99. nachgeſehen werden.

hund-Fell hängt; deren etliche den Fisch so stark aufhalten, daß er nicht tief sinken kan. Wenn er matt ist, tödten sie ihn pollends mit ihren kleinen Lanzen. Die Männer kriechen alsdann in ihre aus Seehund-Fellen bereiteren Wasser- oder Spring-Pelze, die Schuh, Strümpfe, Handschuh und Mütze in einem Stük haben und um den Kopf vest zugeschnürt werden. In denselben springen sie auf den Fisch und in die See (indem der Pelz durch die Bewegung im Wasser so aufbläset, daß sie nicht sinken, sondern gleichsam im Wasser stehen) schneiden den Spek ab und wissen auch mit ihren schlechten Messern die Barden geschikt genug herauszunehmen. Beym Spek schneiden geht es sehr unordentlich zu. Männer, Weiber, Kinder, alles lauft mit spitzigen, scharfen Messern unter und übereinander weg, indem ein jeder, der auch nur zugesehen, an dem Raube Theil hat. Man muß sich wundern, wie sie sich doch dabey so zu hüten wissen, daß niemand zu sonderlichem Schaden kommt; wiewol es ohne Blut nie abgeht.

Die kleineren Gattungen der Wallfische fangen sie wie den Seehund, oder jagen sie in den engen Buchten ans Land, daß sie sich den Kopf zerstossen oder stranden. Eben so scheuchen die Isländer den Wallfisch durch ein gräuliches Geschrey, Schlagen und Werfen im Wasser, so weit in eine Bucht, bis er strandet, wiewol sie ihn auch mit der Harpun zu tödten wissen, giessen auch wol Blut ins Wasser, damit er aus Scheu vor demselben dem Lande zufahren und stranden soll: welches zu dem Mährgen von der Tonne oder von dem rothen Tuch, damit die Fänger den Wallfisch zu unterhalten suchen, bis sie ihn unvermerkt stechen können, Gelegenheit gegeben haben mag.

IV. Abschnitt.

IV. Abschnitt.
Von den vierfüßigen See-Thieren oder Seehunden.

§. 24.

Nun ist noch übrig von den vierfüßigen See-Thieren oder Amphibiis, lateinisch Phoca, Grönländisch Pua, Seehund, Seal, Loup marin, etwas zu melden, deren verschiedene Gattungen sind. Alle kommen darinn überein, daß sie eine veste, zähe, haarigte Haut wie die Land-Thiere haben; nur daß die Haare dicht, kurz und, wie mit Oel bestrichen, glatt sind. Sie haben vorn zween kurze, unterwerts stehende Füsse zum Rudern, und hinten, zu beiden Seiten eines kurzen Schwanzes, zween gleich ausstehende Füsse zum Steuren. Mit diesen schlagen sie das Wasser hinter sich zusammen, welches sie, wie die Wellen das Schif, desto geschwinder fortschiebt. Die fünf Zähen an den Füssen, deren jeder aus vier Gelenken bestehet, sind mit langen spitzigen Nägeln oder Klauen versehen, womit sie auf das Eis und die Klippen klettern. An den Hinter-Füssen sind die Zähen mit einer dünnen Gänse-Füsse-Haut an einander bevestiget, so daß sie beym Schwimmen wie ein Fächer ausgebreitet werden. Ihr eigentliches Element ist das Wasser, und ihre Nahrung allerley Fische. Sie liegen aber auch oft auf dem Eis oder Lande, um der Sonnen-Wärme zu geniessen oder zu schlafen: da sie dann stark schnarchen und wegen ihres vesten Schlafs leicht zu überraschen sind. Sie haben einen lahmen Gang, können aber mit ihren Vorder-Füssen nicht nur ziemlich geschwind fortkriechen, sondern mit den Hinter-Füssen einen so grossen Sprung thun, daß man sie nicht leicht einholen kan. Der Kopf ist einem Hunds-Kopf mit abgeschnittenen Ohren ziemlich ähnlich, obgleich einige runder, andre spitziger sind: wie sie dann auch

fast

fast wie die Hunde, oder vielmehr wie die wilden Schweine, und die Jungen, wie die Katzen, schreyen. Das Maul ist mit scharfen Zähnen und die Lefzen mit starken Bart-Haaren, wie Borsten, versehen. Sie haben zwey Luft-Löcher in der Nase, und müssen wenigstens alle Viertel-Stunde einmal herauf kommen, Luft zu schöpfen; grosse feurige Augen mit Augenlidern und Braunen, eine kleine Oefnung für die Ohren, aber keine Ohrlappen. Ihr Leib geht vorn und hinten spitzig zu, und ist in der Mitte breit, damit sie desto leichter durchs Wasser fahren können. Sie haben also beym ersten Anblik die meiste Aehnlichkeit mit dem Maulwurf. Ihr Spek ist zwey Finger bis einer Handbreit dik, das Fleisch roth, zart, saftig und fett, fast wie Wildschwein-Fleisch, schmekt nicht so wild und thranigt, wie das Fleisch der meisten See-Vögel, und könte mit mehrerem Appetit gespeist werden, wenn es nicht Seehund hiesse.

§. 25.

Von diesen Thieren findet man in allen andren Meeren zwar nicht alle, doch einige, und so viel man aus deren Beschreibung schliessen kan, von unsren Grönländischen Seehunden sowol an Gestalt als Farbe verschiedene Gattungen: wie mich dann ein Jütländer versichert, daß er in dasigem Meer Seehunde gesehen, die statt der Hinter-Füsse einen Fisch-Schwanz mit Flossen oder Finnen haben; womit die Abbildung des Seehunds in Pontoppidans Natürlichen Historie überein kommt. Anderson (*) meldet, daß so gar in dem Süß-Wasser-See Baikal in der Tattarey, welcher wenigstens 20 Grad vom Meer entfernt ist, Seehunde gefunden werden, die sich vermuthlich den Jenisei-Fluß hinauf dahin verirrt und fortgepflanzt ha-

---

(*) S. 235.

haben, so daß sie nun ohne See-Wasser bestehen können. Der Seehund, der im Frühling des Jahrs 1761. in der Elbe bey Magdeburg gefangen worden, ist auch noch in frischem Andenken. Hier werden ihrer fünf Gattungen gefangen, die zwar nach der Gestalt des Leibes einander ähnlich, aber in der Grösse, am Kopf und an den Haaren verschieden sind. Ich muß sie mit den Grönländischen Namen nennen, weil ich keine Teutsche weiß.

1.) **Kaßigiak**, ist ein langer, schwarz mit weiß gesprengter Seehund, mit einem dikken Kopf. Von dieser Gattung fangen die Grönländer im Bals-Revier die meisten und das ganze Jahr durch. Aus den Fellen der Jungen machen sie (und wir auch) die besten Kleider; und wenn sie auf dem Rükken schwarz und am Bauch ganz weiß sind, so stehen sie so prächtig wie Sammet: daher diese jungen Felle auch häuffig ausgeführt und als Camisöler getragen werden. Je älter das Thier wird, je grösser werden die Flekken, so daß einige wie Tiger-Felle aussehen und zu Pferde-Dekken gebraucht werden. Ein ausgewachsener Seehund dieser Art ist etwa drey Ellen lang.

2.) **Attarsoak**, hat einen spitzigern Kopf und dikkern Leib, wie auch mehrern und bessern Spek, und ist, wenn er ganz ausgewachsen ist, wol vier Ellen lang, und alsdann meist ganz weißgrau, mit einem schwarzen Schild auf dem Rükken, wie zween halbe Monde, die mit ihren Spitzen gegen einander aufgerichtet sind. Doch sind auch einige durchaus schwärzlich. Es verändern zwar alle Seehunde, solange bis sie ausgewachsen sind, jährlich ihre Farbe, doch keiner so sehr, als dieser: daher ihm auch die Grönländer nach Unterscheid des Alters einen andern Namen geben. Das junge, ungeborne, welches ganz weiß und wolligt zur Welt kommt, da die von andren Arten schon glatt und gefärbt

gefärbt sind, nennen sie Iblau. Im ersten Jahr, da es fahlweiß ist, nennen sie es Attarak; im zweyten, da es grau wird, Atteitsiak; im dritten, Aglektok, das bemahlte; im vierten, Milektok, das gefleckte; und im fünften Jahr, da es ganz ausgewachsen ist und ein schwarzes Schild kriegt, Attarsoak. Ihre Haut ist steif und vest, und wird daher die Kuffer zu beschlagen gebraucht. Die Grönländer gerben die Haare ab, lassen auch etwas Spek an der Haut, damit sie im Gerben desto dikker werde, und überziehen ihre Boote damit. Die ungegerbten brauchen sie zu Zelt-Fellen, und sehr selten, wenn sie sonst nichts haben, zu Kleidern. Dieser Seehund gibt den meisten und besten Spek ab, und der Thran, der von selber austrieft, ist nicht viel dikker und übelriechender, als altes Baum-Oel. Der Spek hat so wenige Grieven, daß man aus einer Tonne ein paar Kannen mehr Thran zapfen und schmelzen kan, als man Spek hineingethan, wenn er nicht, wie leicht geschiehet, ausleckt.

3.) Neitsek, ist von diesem an Grösse und Farbe nicht sehr verschieden, nur daß die Haare etwas bräunlicher und fahlweiß sind, und nicht glatt anliegen, sondern wie Schweins-Haare rauh und bürstig untereinander stehen. Wenn aus dessen Fellen Kleider gemacht werden, so wird das rauhe gemeiniglich inwendig gekehrt.

4.) Neitsersoak heißt zwar auf Grönländisch nur soviel als ein grosser Neitsek, ist aber von demselben sehr verschieden. Denn ausser, daß er viel grösser ist, hat er unter seinen weissen Haaren eine kurze, dichte, schwarze Wolle, welche der Haut eine schöne graue Farbe gibt. Und dann ist die Stirn mit einem dikken runzlichten Fell versehen, welches das Thier wie eine Mütze über die Augen ziehen kan, um dieselben bey Stürmen und grossen Wellen gegen die rollenden

spitz=

spitzigen Steine und Sand zu beschützen: daher man dieses Thier, welches aber nur im südlichen Theil gefangen wird, Klappmütz nennt.

5.) **Ukſuk** iſt die größte Seehund-Art, etwa fünf Ellen lang, mit ſchwärzlichen Haaren und einer dikken Haut, daraus die Grönländer die Riemen oder Seile zum Seehund-Fang, wie einen kleinen Finger dik, ſchneiden. Dieſe Art wird auch nur in Süden gefangen.

§. 26.

Die ſechſte Art, die die Grönländer **Auak** nennen, iſt das **Wallroß**, (Rosmarus, Engliſch Sea-Kow, Franzöſiſch Vache marine,) welches zwar an der Geſtalt des Leibes dem Seehunde ähnlich, aber am Kopf von demſelben ganz verſchieden iſt. Derſelbe iſt nicht ſpitzig, ſondern ſtumpf und breit, und könte daher eher See-Ochs oder Löwe, und wegen der zween langen Zähne, Elephant genant werden: denn allen dieſen Thieren ſieht der Kopf ähnlicher als dem Pferde. Ich will dieſes ſonderbare See-Thier, welches hier ſehr ſelten geſehen wird, ſo gut ich es bey dem übereilten Zerſchneiden der Grönländer wahrnehmen können, ausführlicher beſchreiben.

Das ganze Thier mochte wol acht bis neun Ellen lang und im Umfang bey der Bruſt eben ſo dik ſeyn. Die Haut, die am ganzen Leibe nicht glatt, ſondern überall, beſonders am Halſe, ſehr geſchrumpft und mit wenig Haaren bewachſen iſt, iſt einen Finger und am Halſe noch einmal ſo dik und knorpelicht, daher ſie die Grönländer gern roh eſſen. Sie kan 400. und mehr Pfund wiegen. Der Spek iſt weiß und derb, wie Schwein-Spek, etwa eine Hand hoch, gibt aber wegen ſeiner zähen Grieven bey weitem nicht ſo vielen und guten Thran, als der Seehund-Spek. Die Vorder- und Hinter-Füſſe ſind länger und plumper als des See-

hunds,

hunds, und die Zähen, deren Gelenke zum Theil eine Spanne lang sind, haben keine so lange und spitzige Nägel. Der Kopf ist länglicht rund. Das Maul ist so klein, daß man die Faust nicht ganz hinein stekken kan. Die Unter-Lefze, die wie ein Dreyek spitzig zugeht, ragt ein wenig zwischen den langen Zähnen hervor. An derselben, wie auch an der Ober-Lefze und an beiden Seiten der Nase, stekken in einer handbreiten schwammigten Haut eine Menge Borst-Haare, die eine gute Spanne lang, einen Stroh-Halm dik, und wie Bindfaden dreyfach gewunden und durchsichtig sind, und dem Thier ein prächtiges, fürchterliches Ansehen geben. Die Nase ist gar wenig erhaben und die Augen sind nicht grösser, als beym Ochsen. Augenlider habe ich nicht bemerken können: hingegen, da ich die Augen suchte und nicht finden konte, drükte ein Grönländischer Junge an der Haut, bis sie aus dem Kopf hervor sprangen, da ich sie dann Fingers tief hinein und wieder heraus drükken konte; woraus ich schliessen mußte, daß dieses Thier bey Sturm-Wetter seine Augen zur Sicherheit hineinziehen und verschliessen kan. Die Ohren sitzen weit hinterwerts im Nakken; wie dann auch die Ohr-Gänge im Hirnschädel, ganz hinten am Kopf sind, und haben keine Ohrlappen, so daß man die kleine Oeffnung kaum finden kan. Im Maul hat es keine spitzigen Hunds-Zähne, und vorn gar keine, sondern nur auf jeder Seite vier, und in dem Unter-Kiefer zur rechten, drey länglich breite ein wenig ausgehöhlte Mahl-Zähne, eines Daumens groß. Daher kan es nicht wohl, wie der Seehund, Fische fangen und fressen, woran ihm besonders die zween langen bey der Nase aus der Stirne herunterhangenden Zähne oder Hörner, die ihm das Maul fast gar verdekken, mehr hinderlich als förderlich zu seyn scheinen. Diese langen Zähne sind inwendig dichter und feiner als Elfenbein, auch recht weiß; nur ist das innerste etwas bräunlich, wie ein polirtes Ma-

sern-

sern-Holz. Am Ende, wo sie im Hirnschädel stekken, sind sie ein wenig ausgehöhlt, daben nicht ganz rund, sondern etwas breit, und bey den meisten Wallrossen voller Kerben; wie dann auch selten eines mit zween ganzen, gesunden Zähnen gefunden werden soll. Der rechte Zahn ist etwa einen Zoll länger als der linke, in allem 27 Zoll lang, (davon sieben Zoll im Hirnschädel veste stekken,) und im Umfang acht Zoll dik. Sie stehen oben am Kopf vierthalb und unten an den Spitzen zehntehalb Zoll aus einander, und sind unterwerts ein wenig eingebogen. Ein Zahn wiegt fünftehalb und das ganze Cranium, welches nebst andren Grönländischen Merkwürdigkeiten in das Cabinet des Collegii zu Barby verehrt worden, 24 Pfund, nach Sächsischem Maaß und Gewicht.

Dieser Zähne oder Hauer bedient sich das Wallroß, theils seine Speise zu suchen, indem es mit denselben die Muscheln, die nebst dem See-Kraut seine einige Speise zu seyn scheinen, aus dem Schlamm und zwischen den Klippen loshauet und herauszieht; theils zum Gehen, da es sich in die Eis-Schollen und Klippen einhaut und seinen schweren unbehülflichen Rumpf nachschleppt; theils zur Wehr, sowol auf dem Lande und Eise gegen den weissen Bär als im Wasser gegen die Schwerdt-Fische und dergleichen behendere und grimmige See-Thiere.

Daß es von See-Gras lebe, schließt Martens daraus, weil dessen Koth wie Pferde-Mist aussieht. Er meynt aber, es fresse auch Fleisch, weil es die Haut der Wallfische, die man über Bord wirft, auffängt, unters Wasser zieht und wieder in die Höhe wirft. Allein die Grönländer haben eben das angemerkt, daß es die See-Vögel zum Spiel mit seinen langen Zähnen unters Wasser zieht und dann in die Höhe wirft, aber niemals frißt.

§. 27.

§. 27.

Von den Wallroſſen findet man in der Straſſe Davis wenige, aber deſto mehr bey Spitzbergen, Nova Zembla und im Waigat bis an den Ob-Fluß. Von hier bis an den Kolyma und alſo längſt den Küſten des Eis-Meers ſpürt man ſie nicht, deſto häuffiger aber im Kamſchatkiſchen Meer, wo am Ufer eine Menge ausgefallener Zähne, die weit gröſſer und ſchwerer als die Grönländiſchen ſind, und 10, 20 bis 30 Pfund wiegen ſollen, gefunden werden, wie Gmelin in ſeiner Sibiriſchen Reiſe (*) erzehlt. Ehemals hat man ſie bey Spitzbergen hauptſächlich um der Zähne willen, woraus allerley ſaubere Arbeit verfertigt worden, und zwar auf dem Lande, wo ſie bey groſſen Hauffen liegen nnd ſchlafen, in groſſer Menge mit Harpunen erſtochen. Sie ſollen aber, nachdem ſie die Menſchen als ihre gefährlichſten Feinde kennen gelernet, ſchwer zu bekommen ſeyn; indem ſie Wache ſtellen, einander treulich beyſtehen, und wenn ſie im Waſſer verwundet werden, das Boot umzuwerfen oder, nachdem ſie untergetaucht, ein Loch in daſſelbe zu hauen trachten.

Hingegen ſollen wenige Seehunde bey Spitzbergen, aber deſto mehr an dem Ufer von Oſt-Grönland ſeyn, und Martens merkt dabey an, daß es da wenig Wallfiſche gibt, wo viele Seehunde ſind, weil dieſe ihnen alles wegfreſſen. Jonſton Hiſt. nat. de Piſcibus, Art. VI. merkt noch dieſes ſonderbare von ihnen an, daß ſie in den wärmern Gegenden die Weinberge und Obſt-Gärten am See-Ufer verderben; ingleichen daß ſie nicht nur lebendig gefangen und zahm gemacht, ſondern auch angewöhnt werden können, aus dem Meer ans Land zu kommen und ihre Speiſe von den Menſchen

(*) Th. III. S. 164.

schen anzunehmen: welches auch Charlevoix von Canada erzehlt. Voyage de l' Amérique. Lett. VIII.

In der Strasse Davis findet man die zwo erst beschriebenen Gattungen der Seehunde, nemlich die gesprenkelten Kaßigiät und die schwarzseitigen Attarsoit, am häuffigsten. Jene sind das ganze Jahr durch, wiewol nicht allzeit in gleicher Menge, anzutreffen, und können wegen ihrer Vorsichtigkeit, ausser wenn sie trächtig und unbehülflich sind, nicht von einzelnen Grönländern gefangen werden; sondern müssen von etlichen zusammen, wie bey der Klopf-Jagd, umringt und getödtet werden. Die letztern aber ziehen zweymal des Jahrs aus dieser Gegend weg, einmal im Julio und kommen im September wieder. Vermuthlich gehen sie da in andren Gegenden ihrer Nahrung nach; wie sie dann auch nicht allesamt wegziehen, und sehr fett wieder kommen. Das andre mal aber, nemlich im Merz, ziehen sie alle weg, (*) ihre Jungen zu werfen, und kommen im Anfang des Junii mit denselben, wie grosse Heerden Schafe, wieder. Da sind sie aber alle sehr mager. In diesem letzten Zuge scheinen sie, wie die Zug-Vögel, eine vestgesetzte Zeit und einen gewissen Weg, der vom Eise frey ist, zu beobachten; daher ihnen die Schiffe bey Spitzbergen sicher folgen können. Man weiß, daß sie sich zuerst in Süden, und 40 bis 50 Meilen weiter in Norden, erst 20 Tage darnach, und so, je weiter nordlich, je später, verlieren. Man kan mit ziemlicher Gewißheit den Tag bestimmen, wenn sie sich zu Ende May bey Friedrichshaab, und zu Anfang Junii bey Godhaab und so weiter gegen Norden wieder werden sehen lassen: da viele Tage nach einander grosse Hauffen kommen und zum Theil bleiben, zum

Theil

―――――

(*) Von dieser Art Seehunde merkt Horrebow an, daß sie im December auf die Nordseite von Island kommen, und im Merz alle wieder wegziehen.

Theil weiter gen Norden ziehen. Wo sie aber ihren
Zug hinnehmen, das kan man nicht mit solcher Gewißheit sagen. In dem Grunde des Meers können sie nicht
bestehen, denn sie müssen Luft schöpfen. Nach America
gehen sie nicht, denn sie ziehen nicht West- sondern
Nordwerts; und um die Zeit sieht kein Schiffer dieselben weit in der freyen See. In Norden, wo sie Eis
und unbewohnte ruhige Klippen finden würden, ihre
Jungen zu werfen, bleiben sie auch nicht: denn man
sieht sie nicht von Norden, sondern von Süden zurük
kommen. Sie müssen also entweder durch einen engen
Sund oder Durchfahrt, dergleichen in der nunmehr
mit Eis überdekten Ise-Fiord in Disko-Bucht im
69sten und in Thomas-Smith-Sund im 78sten Grad
vermuthet wird; oder durch eine noch höher unter dem
Pol zu vermuthende offene See um Grönland herum
auf die Ost-Seite des Landes ziehen, und dann zwischen Island und um Statenbuk herum wieder kommen. Sie müssen diesen Zug auch nicht um besserer
Nahrung willen vornehmen; denn sie kommen allesamt
mager zu Hause: sondern ihre Jungen zu werfen, und
auf der Rükreise so eilen, daß sie sich nicht Zeit genug
nehmen, satt zu fressen und auszuruhen. Es kan seyn,
daß sie durch die Robbenschläger (so heissen die Schiffe,
die im April und May auf den Seehund-Fang bey
Spitzbergen ausgehen,) zu einer so eiligen Flucht genöthigt werden, wenn sie gleich um ihrer zarten Jungen willen sich noch länger da aufhalten wolten.

Diese Robbenschläger suchen sie auf dem Eise, wo
sie in ganzen Heerden liegen und schlafen, zu umringen, erschrekken sie mit Schreyen, und wenn sie die
Hälse hervorrekken und bellen, geben sie ihnen mit einem Stekken nur einen derben Schlag auf die Nase,
davon sie betäubt werden. Weil sie aber bald wieder
zu sich kommen (denn sie haben ein so hartes Leben,

daß

A. IV. Von den Seehunden. §. 27. 28.

daß manche noch, indem man ihnen die Haut abzieht, um sich beissen,) so muß man noch einmal herum eisen, um den Betäubten vollends ihren Rest zu geben. Auf diese Weise können die Schiffe, die keine Wallfische fangen, mit leichterer Mühe eine Ladung Seehund-Spek, welcher den Wallfisch-Spek noch übertrift, bekommen, und noch über das einen guten Vorrath an Fellen, die man ausser ihrem bekanten Gebrauch, auch wie Maroccanisch Leder gerbt, zur Ausbeute davon tragen. Die Isländer sollen dieselben auch in Netzen 60 bis 200 in einem Tage fangen; in Grönland aber hat dieses noch nicht bewerkstelligt werden können.

§. 28.

Niemand kan die Seehunde besser nutzen und zugleich weniger entbehren, als die Grönländer, derer Acker die See, und der Seehund-Fang die einträgliche Ernbte ist. Uns Europäern sind die Schafe, von denen wir Nahrung und Kleidung haben, und den Indianern die Cocos-Bäume, die sie ausser der Nahrung und Kleidung auch zum Haus- und Schif-Bau nutzen, so daß sie im Nothfall allein davon sollen leben können, nicht so nothwendig, als ihnen der Seehund. Das Fleisch reicht ihnen, ausser den Rennthieren, die aber nun schon sehr dünne sind, die liebste und beste Nahrung. Den Spek brauchen sie theils in den Lampen zum Leuchten, Wärmen und Kochen; und sobald man ihre Wohn-Häuser ansieht, findet man auch gleich, daß sie, wenn sie auch Ueberfluß an Holz hätten, dasselbe doch nicht, sondern blos den Thran zu brauchen können; theils ihre trokkenen Speisen, als die Fische, damit zu schmelzen; theils sich dagegen allerley Nothwendigkeiten zu erhandeln. Mit den Sehnen können sie besser nähen, als mit Zwirn und Seide. Aus den Gedärmen machen sie ihre Fenster,

Vor-

Vorhänge der Zelte, Hember, und zum Theil die Blosen an die Pfeile, und aus dem Magen die Thran-Schläuche. Aus den Knochen haben sie ehedem aus Mangel des Eisens allerley Werkzeug machen müssen. Das Blut wird auch nicht verschüttet, sondern nebst andren Zuthaten als Suppe gekocht und gegessen. Die Felle brauchen sie am nöthigsten: denn wenn sie sich gleich hinlänglich mit den Fellen der Renntiere und Vögel kleiden und statt der Betten bedekken, wie auch mit ihrem Fleisch und mit Fischen hinlänglich ernehren, und diese Speisen mit Holz kochen, und nach einer neuen Einrichtung ihrer Wohnungen, sich damit wärmen und leuchten könten; so würden sie doch ohne Seehund-Felle nicht im Stande seyn, sich mit Renntieren, Vögeln, Fischen und Holz zu versorgen: weil sie ihre grossen und kleinen Boote, in denen sie reisen und ihre Nahrung suchen müssen, mit Seehund-Fellen überziehen, die Riemen daraus schneiden, die Blase zur Harpun davon machen, und ihre Zelte, ohne welche sie im Sommer auch nicht bestehen können, damit dekken müssen.

Es kan also niemand für einen rechtschaffenen Grönländer gelten, der nicht Seehunde fangen kan. Hierauf geht all ihr Tichten und Trachten von Jugend auf. Das ist die einige Kunst (und gewiß eine schwere und gefährliche Kunst,) dazu sie von Kindesbeinen an erzogen werden, womit sie sich ernehren, den andren angenehm und dem gemeinen Wesen nützlich machen. Wie sie aber damit umgehen, das kan man erst alsdann deutlich begreiffen, wenn man in dem Folgenden ihre dazu nöthigen Fahr- und Werk-Zeuge hat kennen lernen.

Der Grönländischen Historie Drittes Buch.

Von der Grönländischen Nation.

Inhalt.

I. Abschnitt.

Von der Grönländer Gestalt und Lebens-Art.

1. Der Grönländer Name und Gestalt,
2. Temperament und Gemüths-Beschaffenheit.
3. Kleidung der Manns- und Weibsleute, nebst ihrem Putz.
4. Ihre Winter-Häuser, nebst Schlaf- und Feuerstellen, Aussengebäude und Zelte.
5. Ihre Speisen und Getränk. Zubereitung der Speisen und Mahlzeiten.
6. Ihr Jagd-Geräth zum Rennthier-, Seehund- und Vogel-Fang.
7. Von ihren Fahrzeugen, besonders vom Weiber-Boot.
8. Vom Manns-Boot oder Kajak.
9. Verschiedene Arten, mit dem Kajak umzuschlagen und wieder aufzustehen.
10. Von dem Seehund-Fang mit Harpun und Blase.
11. Vom Seehund-Fang auf der Klopf-Jagd.
12. Vom Seehund-Fang auf dem Eise.

II. Abschnitt.

II. Abschnitt.
Von dem Verhalten der Grönländer in ihrem Haus-Wesen.

§. 13. Von ihrem Verhalten im ledigen Stande und beym Heirathen. Vielweiberey und Scheidung.

§. 14. Von der Kinder Geburt, Benennung und Erziehung.

§. 15. Beschäftigung der heranwachsenden Jugend.

§. 16. Ihre Arbeit und Verhalten gegen das Gesinde.

§. 17. Beschwerlichkeiten der Weibsleute und des Alters.

§. 18. Von ihrer Art, das Leder zu bereiten.

§. 19. Von ihrer unreinlichen und doch ordentlichen Haushaltung.

III. Abschnitt.
Von dem Verhalten der Grönländer in Gesellschaft.

§. 20. Ihr gemeiner Umgang untereinander.

§. 21. Ihre Besuche, Gastereyen und Tisch-Gespräche.

§. 22. Ihr Handel und Wandel unter sich und mit den Europäern.

§. 23. Ihre Lustbarkeiten, Ballspiele und Kämpfe.

§. 24. Von ihrem Singe-Streit und satyrischen Tanz.

S. 25.

25. Sie haben keine Obrigkeit, richten sich aber nach gewissen Gewohnheiten.

IV. Abschnitt.
Von dem moralischen Verhalten der Grönländer.

26. Von ihren Sitten überhaupt.
27. Sie sind Wilde, die nach der Natur uneingeschränkt und doch sittsam leben.
28. Viele Laster sind bey ihnen unbekant, oder doch nicht sehr im Schwange.
29. Die Gründe, aus welchen sie sich verschiedener Laster enthalten.
30. Ihre Moral beläuft sich auf die blosse Ehrbarkeit, dabey es ihnen an wahren Tugenden fehlt.
31. Von ihren Lastern.
32. Confusion bey ihren Erbschaften, und Unbarmherzigkeit gegen verlassene Witwen und Waisen.
33. Von ihrer Rach- und Mord-Begierde.
34. Die Grönländer sind nicht tugendhaft, doch haben sie vieles vor andren Nationen voraus.

V. Abschnitt.
Von der Religion oder vielmehr Superstition der Grönländer.

35. Gänzlicher Mangel einer Religion, aber nicht aller Idee von einem obern Wesen. Erklärung eines Grönländers darüber.

§. 36.

§. 36. Ihre verschiedenen Begriffe von der Seele und der Unsterblichkeit derselben.
§. 37. Ihre Begriffe von dem Zustand nach dem Tode.
§. 38. Mancherley fabelhafte Traditionen, besonders von der Schöpfung und Sündfluth, und der Auferstehung.
§. 39. Ihre Meynungen von zween grossen Geistern, einem guten und einem bösen.
§. 40. Von verschiedenen kleinern, guten und bösen Geistern, wie auch von Gespenstern.
§. 41. Von ihren Angekoks oder Zauberern und Wahrsagern, und wie sie ihr Handwerk lernen und verrichten.
§. 42. Ihre Zauberer sind theils weise Männer, theils Phantasten, theils Betrieger.
§. 43. Vorschriften der Wahrsager wegen der Diät und der Angehänge.

VI. Abschnitt.
Von den Wissenschaften der Grönländer.

§. 44. Kurzer Begrif der Grönländischen Sprach-Lehre, nebst einigen Uebersetzungen.
§. 45. Von ihrer Einsicht in der Historie, Genealogie, Rechnen und Schreiben, Zeit-Rechnungen, Geographie und Astronomie.
§. 46. Von ihren Krankheiten und deren Cur.
§. 47. Von ihren Begräbnissen.
§. 48. Von der Betraurung der Todten.

I. Abschnitt.

1. Abſchnitt.
Von der Grönländer Geſtalt und Lebens-Art.

§. 1.

Die Grönländer nennen ſich ſchlechtweg Innuit, d. i. Menſchen oder Einwohner. Von den Isländern, die vor vielen 100 Jahren dieſes Land und die nächſten Americaniſchen Küſten entdekt und beſetzt haben, ſind ſie aus Verachtung Skrällinger genant worden, welches kleine, ſchlechte, untaugliche Menſchen bedeuten ſoll; weil ſie von Statur ſehr klein, und wenige über, die meiſten aber unter fünf Schuh lang ſind, und dabey ſchwach zu ſeyn ſcheinen. (*) Sie haben jedoch wohlgebildete

---

(*) Es iſt eine gemeine Anmerkung, daß gegen die Pole ſowol Menſchen als Thiere und die Erd-Gewächſe immer kleiner werden; wiewol das Elend-Thier, der weiſſe Bär und das Renntier eine groſſe Ausnahme machen. Man ſchreibt dieſes der kalten drükkenden Luft und den Nebeln zu. Ellis, welcher uns die ausführlichſte Beſchreibung von den Eskimaux in der Hudſons-Bay gegeben, die faſt in allem mit unſren Grönländern überein treffen, und mit ihnen urſprünglich ein Volk ſeyn mögen, hat angemerkt, S. 279. daß, wo an dem ſüdlichen Ende der Hudſons-Bay groſſe Bäume ſind, im 61ſten Grad nur Geſträuche, und die Menſchen immer kleiner angetroffen werden, im 67ſten aber gar keine Menſchen mehr wohnen.

gebildete und proportionirte Glieder. Das Angesicht ist gemeiniglich breit und platt, mit erhabenen, aber wohl ausgestopften runden Bakken. Die Augen sind klein, schwarz und gar nicht feurig. Die Nase ist wol nicht eingedrükt, aber klein und gar wenig erhaben. Der Mund ist gemeiniglich klein und rund, und die Unter-Lippe etwas dikker als die obere. Die Farbe des ganzen Leibes ist dunkelgrau, und des Angesichts braun, (dabey doch bey vielen das Rothe durchscheint) welches nicht sowol von Natur, (denn die Kinder werden so weiß wie andre geboren,) als von ihrer Unreinlichkeit herkommen mag, da sie beständig mit Spek umgehen, bey den dampfenden Oel-Lampen sitzen und sich selten waschen. Jedoch kan das Clima, besonders die im Sommer auf eine brennende Sonnen-Hitze schleunig erfolgende kalte und rauhe Luft, welche uns ebenfalls etwas braun macht, vieles dazu beytragen, daß diese Farbe ihnen endlich nach so vielen Generationen erb- und eigenthümlich worden. Das meiste mögen wol die vielen thranigten Speisen verursachen, wovon ihr Blut so dik, hitzig und fett wird, daß ihr Schweiß wie Thran riecht, und die Hände kleberig wie Spek anzufühlen sind. Man findet aber auch einige, die eine ziemlich weisse Haut und rothe Bakken, und noch mehrere, die ein länglichtes Gesicht haben, und sich leicht unter den Europäern, sonderlich unter den Einwohnern gewisser Berge des Schweitzerlandes, verlieren würden. Ich habe auch Grönländer gesehen, die Europäer zu Vätern gehabt, aber auf Grönländisch erzogen worden. Dieselben unterscheiden sich von den übrigen nicht in der Farbe, sondern in wenigen Gesichts-Zügen. Hingegen habe ich einer Halb-Grönländerin Kinder von einem Europäer gesehen, die so schön waren, als man sie in Europa sehen kan.

Sie haben durchgängig pechschwarze, strakke, starke und lange Haare auf dem Kopf, aber selten Bart-

Haare, die sie sorgfältig ausrupfen. Füsse und Hände sind klein und zart, der Kopf aber und die übrigen Gliedmassen groß. Sie haben eine erhabene Brust, und besonders die Weibsleute, die von Jugend auf grosse Lasten tragen müssen, breite Schultern. Ihr ganzer Leib ist sehr fleischig, und mit vielem Fett und Blut versehen: daher sie auch bey sehr leichter Kleidung, blossem Kopf und Halse, die Kälte sehr wohl ausstehen können; wie sie dann in ihren Häusern mehrentheils, bis auf die Beinkleider, nakket sitzen, und einem Europäer, der bey ihnen sitzt, durch ihre heissen Ausdünstungen so einheizen, daß ers nicht lange ausstehen kan. Wenn sie im Winter beym GOttesdienst versamlet sind, dunsten oder vielmehr blasen sie so viele Wärme aus, daß man gar bald den Schweiß abwischen muß und vor Dampf mit Mühe Othem holt. Sie sind sehr leicht und behende auf den Füssen, und können mit den Armen gar geschikte Bewegungen machen. Daher gibt es auch wenige gebrechliche Leute und noch seltener Misgeburten unter ihnen. An Leibes-Geschiklichkeit und Stärke fehlt es ihnen auch nicht, nur wissen sie dieselbe in einer ungewohnten Arbeit nicht anzuwenden; so wie sie hingegen in ihrer Arbeit uns übertreffen. So kan ein Mann, der in drey Tagen nichts oder doch nur See-Gras gegessen, in den größten Wellen seinen Kajak oder Kahn regieren, und die Weibsleute tragen ein ganzes Rennthier zwey Meilen weit, und ein Stük Holz oder einen Stein auf dem Rükken, wenn ein Europäer eine halb so grosse Last kaum aufheben kan.

§. 2.

Von ihrem Temperament läßt sichs schwerlich urtheilen, weil ihre Gemüths-Beschaffenheit so gemischt ist, daß man sie nicht ergründen kan. Doch scheinen sie hauptsächlich sanguinisch und daneben phlegmatisch zu seyn. Ich sage, hauptsächlich; denn freilich sind die Grönländer, wie alle Nationen, unter sich verschieden, und es gibt auch hitzige und melancholische Leute. Sie sind zwar nicht sehr lebhaft, am wenigsten lustig und ausschweiffend; aber doch aufgeräumt, freundlich und leutselig: dabey fürs Künftige unbekümmert, also auch nicht geitzig, etwas zusammen zu scharren; aber karg im Mittheilen. Einen sonderbaren Hochmuth kan man ihnen zwar nicht absehen, aber aus Unwissenheit haben sie ein grosses Maaß von dem so genanten Bauren-Stolz, setzen sich weit über die Europäer oder Kablunät, wie sie sie nennen, hinaus, und treiben wol heimlichen Spott mit ihnen. Denn ob sie gleich die vorzügliche Geschiklichkeit derselben an Verstand und Arbeit gestehen müssen: so können sie doch dieselbe nicht schätzen. Dahingegen gibt ihre eigene unnachahmliche Geschiklichkeit im Seehund-Fang, wovon sie leben, und ausser welchem sie nichts unentbehrlich benöthigt sind, ihrer Einbildung von sich selbst genugsame Nahrung. Und sie sind in der That auch nicht so dumm und stupide, wie man die Wilden insgemein ansieht; denn in ihrer Art und Geschäften sind sie witzig genug. Sie sind aber auch nicht so sinnreich und raffinirt, als sie von manchen ausgegeben werden. Ihr Nachdenken äussert sich in den zu ihrem Bestehen nöthigen Geschäften; und was damit nicht unzertrennlich verbunden ist, darüber denken sie auch nicht. Man kan ihnen also eine Einfalt ohne Dummheit, und eine Klugheit ohne Raisonnement zuschreiben. (*)

Sie

(*) Was Gmelin Th. II. S. 216. von den Tungusen schreibt, paßt sich gut auf die Grönländer: "Sie sind redlich, doch mehr deswegen, weil sie in keinen andren Geschäften als in der Jagd den Verstand zu üben Gelegenheit haben, als aus einem besondern Triebe zur Redlichkeit.

Sie halten sich allein für sittsame oder gesittete Menschen, weil viele unanständige Dinge, die sie nur gar zu oft bey den Europäern gesehen haben, unter ihnen wenig oder gar nicht vorkommen. Daher sie zu sagen pflegen, wenn sie einen stillen, eingezogenen Fremden sehen: "Er ist beynahe so sittsam, als wir;" oder: "Er fängt an, ein Mensch, d. i. ein Grönländer zu werden." Sie sind geduldig und weichen aus, wenn man ihnen zu nahe kommt. Werden sie aber so weit in die Enge getrieben, daß sie nicht weiter fliehen können: so werden sie so desperat, daß sie weder Feuer noch Wasser scheuen.

Sie sind nicht faul, sondern immer mit etwas beschäftigt, aber sehr veränderlich, und können leicht eine Sache anfangen, und wenn sie unvorgesehene Schwierigkeiten finden, wieder liegen lassen. Des Sommers schlafen sie fünf bis sechs und des Winters acht Stunden.

lichkeit. Insgemein gibt man sie für dumm aus, weil man sie leicht betriegen kan: allein ich glaube, andre Völker sind in Ansehung ihrer auch dumm; und man müßte auf die Art einen jeden Menschen dumm nennen, der in denen Sachen, welche zu hören und zu sehen er wenig Gelegenheit hat, nicht sonderlich beschlagen ist. Bey den meisten Völkern erkennt man den natürlichen Verstand in ihren gewöhnlichen Arbeiten und Einrichtungen. Daß also die Tungusen ihren Verstand in denen Sachen nicht geübt haben, die ihnen unbekant sind, ist kein Wunder. Sie sind in ihrer Art eben so witzig, als derjenige, der am besten zu betriegen weiß, oft in dem Jagen dumm ist."

Daß die Grönländer einen fähigen Verstand und Nachahmungs=Kunst besitzen, sieht man daraus, daß der Getauften Kinder leicht lesen und sauber schreiben lernen, und daß einer unsrer Grönländer der ordinäre Büchsenschäfter, und ein andrer der Barbierer für die Europäer ist.

den. Wenn sie aber stark gearbeitet und die Nacht durch gewacht haben, schlafen sie den ganzen Tag. Des Morgens, da sie sich auf einer Höhe mit einem melancholischen Stillschweigen das Meer und Wetter ansehen, sind sie gemeiniglich tiefsinnig und unmuthig, weil ihnen des Tages Last und Gefahr bevorsteht. Wenn sie aber nichts zu verrichten haben, oder glüklich vom Fang zu Hause kommen, sind sie aufgeräumt und gesprächig.

Ihre Affecten wissen sie so zu verbergen, daß man sie, dem Anschein nach, für Stoicos halten solte. Sie thun auch bey Unglüks-Fällen sehr gelassen, und sind nicht leicht zum Zorn aufzubringen, oder können doch ihren Unmuth leicht verbeissen; werden aber in solchem Fall stok-stumm und murrisch, und vergessen nicht, sich zur gelegenen Zeit zu rächen. Doch von ihren Sitten wird sich weiter unten besser reden lassen.

§. 3.

Ihre Kleider (*) machen sie aus Rennthier-Seehund- und Vögel-Fellen, wie eine Mönchs-Kutte auf allen Seiten zugeneht, so daß sie zuerst die Arme hinein stekken und dann den Rok, wie ein Hemd, über den Kopf herabziehen müssen. Nur ist er vorn nicht offen, sondern bis ans Kinn zugeneht, und oben mit einer Kappe versehen, die sie bey kaltem und nassem Wetter über den Kopf ziehen. Den Manns-Leuten reichet der Rok nur bis auf die halben Schenkel, und liegt nicht vest an, läßt aber, weil er vorn zu ist, keine kalte Luft durch. Sie nehen nicht mit den Gedärmen, sondern mit den Sehnen der Rennthiere und Wallfische, die sie gar zart spalten, und dann wieder mit den Fingern zwey- auch dreyfach flechten. Ehmals brauchten sie, statt der Nadeln,

---

(*) Siehe die III. Kupfertafel.

deln, die Gräten der Fische und die zartesten Knochen der Vögel, und ihre Messer waren von Stein. Man muß die Sauberkeit ihrer Arbeit bewundern, (sie wollen aber auch die feinsten Nadeln dazu haben,) und die Kürschner gestehen, daß sie es ihnen darinn nicht nachthun können. Die Vogel-Pelze sind, so zu reden, ihre Hemden, die Federn einwerts gekehrt. So tragen sie auch die Rennthier-Pelze, über die sie auch wol noch einen von dünnhärigen Rennthieren gemachten Pelz ziehen; wiewol dieselben itzt schon so rar sind, daß nur die reichsten Weibs-Personen damit prangen können. Die Seehund-Pelze sind die gemeinsten, das rauhe gemeiniglich auswerts gekehrt, und der Saum, wie auch die Naht, mit zarten Streiffen von rothem Leder und von weissen Hunde-Fellen zierlich besetzt. Doch tragen nun die meisten vermögenden Manns-Leute Ober-Kleider von Tuch, blaugestreifter Leinwand oder Cattun, aber nach Grönländischer Mode gemacht. Ihre Bein-Kleider sind von Seehund- oder dünnhärigten Rennthier-Fellen; und sowol oben als unten sehr kurz. Ihre Strümpfe sind von den Fellen der ungebornen Seehunde, und die Schuhe von glattem, schwarz gegerbtem Seehund-Leder, oben mit einem durch die Sohlen gezogenen Riemen zusammen geschnürt. Die Sohlen stehen zwey Finger breit hinten und vorn herauf und sind mit vielem Fleiß gefaltet, haben aber keine Absätze. Eben so sind auch ihre Stiefeln gemacht. Wohlhabende Grönländer tragen nun auch wollene Strümpfe, Hosen und Mützen. Wenn sie auf die See fahren, ziehen sie über ihre Kleider einen Tuelik oder schwarzen glatten Seehund-Pelz, der das Wasser abhält, und darunter wol auch ein Hemde von Därmen, um die natürliche Wärme desto besser bey sich und die Nässe abzuhalten.

Der Frauens-Leute Kleider sind nur darinn von jenen verschieden, daß sie eine hohe Achsel und höhere

Kappen haben, unten nicht abgeſtutzt, ſondern hinten und vorn von den Hüften an mit einem langen runden und mit rothem Tuch bebrämten Zipfel, der bis über die Knie hängt, verſehen ſind. Sie tragen ebenfalls Bein-Kleider, und unter denſelben einen Gurt. Ihre Schuhe und Stiefeln machen ſie gern von weiſſem oder rothem Leder, und die Naht, welche vorn iſt, bebrämt und ſauber ausgenehet. Die Mütter und Kinder-Wärterinnen ziehen ein Amaut an, das iſt ein Pelz, der auf dem Rükken ſo weit iſt, daß ſie das Kind darinnen tragen, welches gemeiniglich ganz nakt darinnen ſtekt, und ſonſt von keinen Wikkel-Kleidern und Wiegen weiß. Damit es aber unten nicht durchfalle; ſo binden ſie mit einem Gurt, der vorn mit einer Schnalle oder Knopf verſehen iſt, das Kleid über die Hüfte um den Leib veſt. Ihre alltäglichen Kleider triefen von Fett und ſtekken voller Läuſe, die ſie, wie die Bettler, im Griff haben, aber nicht wegwerfen, ſondern mit den Zähnen zerknikken. Hingegen ihre neuen und gleichſam Staats-Kleider halten ſie ſehr ſauber.

Die Männer tragen ihre Haare kurz, vom Scheitel auf allen Seiten herabhängend und an der Stirne abgeſchnitten, auch wol bis an den Scheitel abgeſchoren, damit ſie ihnen bey der Arbeit nicht hinderlich fallen. Den Weibern aber wäre es eine Schande, die Haare abzuſchneiden; das thun ſie nur bey der tiefſten Trauer, oder wenn ſie gar nicht heirathen wollen. Sie binden dieſelben über dem Kopf zweymal zuſammen, ſo daß über dem Scheitel ein langer, breiter, und über demſelben noch ein kleiner Zopf ſteht, den ſie mit einem ſchönen Bande abbinden, das auch wol mit Glas-Perlen geziert iſt. Dergleichen Perlen tragen ſie auch in den Ohren, um den Hals und die Arme, und auf dem Saum der Kleider und Schuhe. Sie fangen auch an, in ihren Kleider-Moden ein und anders zu ändern, und

die

ilien. IV.

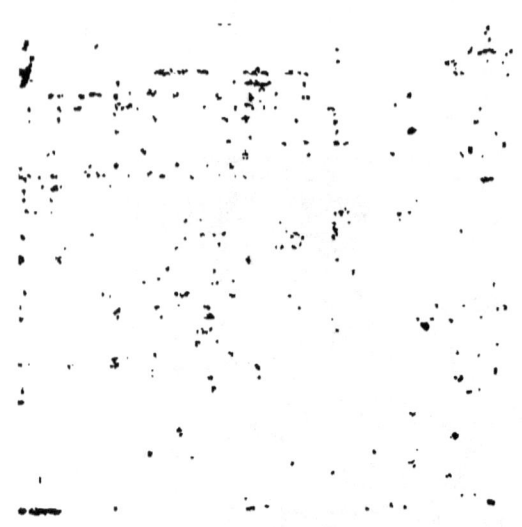

die Wohlhabenden binden ein buntes leinen oder seiden Tuch um die Stirn, doch so, daß der Haar-Zopf, als der größte Zierath, dadurch nicht verdekt werde. Wenn sie aber recht schön seyn sollen; so müssen sie am Kinn, auch wol an den Bakken, an Händen und Füssen mit einem von Ruß geschwärzten Faden durchneht seyn, davon, wenn der Faden ausgezogen worden, die Haut so schwarz bleibt, als ob sie einen Bart hätten. Diese ziemlich schmerzliche Operation verrichtet die Mutter an der Tochter schon in der Kindheit, aus Furcht, sie möchte sonst keinen Mann krigen. Diese Gewohnheit haben in Nord-America die Indianer, und in Asien verschiedene Tattern, nicht nur Weibs- sondern auch Manns-Leute, um sich theils schön, theils fürchterlich zu machen. Unsre getauften Grönländer haben dieselbe, als eine alberne, aber doch zur sündlichen Reitzung abgesehene Eitelkeit, längst verlassen.

§. 4.

Sie wohnen Winters in Häusern und Sommers in Zelten. Die Häuser (*) sind 2 Klafter breit, und nachdem viele oder wenige drinnen wohnen, 4 bis 12 Klafter lang, und so hoch, daß man eben aufrecht stehen kan. Sie sind nicht, wie man gemeiniglich denkt, in die Erde gebaut, sondern an einem erhabenen Ort und am liebsten auf einem steilen Felsen, damit das zerschmolzene Schnee-Wasser desto besser abflauffe. Sie legen grosse Steine auf einander eine Klafter breit, und dazwischen Erde und Rasen. Auf diese Mauer legen sie nach der Länge des Hauses einen Balken, und wenn derselbe nicht zulangt, binden sie zween, drey, auch wol vier mit Riemen zusammen und stützen sie mit Pfosten. Darüber legen sie Queerbalken und dazwischen kleines Holz, bedekken dieses mit Heidekraut, dann

---

(*) S. die IV. Kupfertafel.

dann mit Rasen und schütten oben drauf seine Erde. Solange es friert, hält das Dach; im Sommer aber fällt es durch den Regen meistens ein, und muß nebst der Mauer im Herbst reparirt werden. Sie bauen nie weit vom Wasser, weil sie von der See leben müssen, und der Eingang ist gegen die Seeseite. Das Haus hat weder Schornstein noch Thür. Beyder Stelle vertritt in der Mitte des Hauses ein von Stein und Erde 2 bis 3 Klafter lang gewölbter, aber so niedriger Gang, daß man, besonders vorn und hinten, wo man von oben hinein steigt, mehr auf Händen und Füssen kriechen, als gebükt durchgehen muß. Dieser lange Gang hält Wind und Kälte treflich ab, und durch denselben zieht auch die dikke Luft (denn Rauch ist nicht im Hause,) heraus. Die Wände sind inwendig mit abgenuzten Zelt= und Boot=Fellen behangen, und mit Nägeln von den Rippen der Seehunde bevestigt, um die Feuchtigkeit abzuhalten; und damit ist auch von aussen das Dach bedekt.

Von der Mitte des Hauses bis an die Wand ist, nach der Länge, eine halbe Elle hoch über dem Fuß=Boden, eine Pritsche von Brettern und mit Fellen bedekt. Dieselbe ist mit den Pfosten, die das Dach stützen, und mit Fellen, die bis an die Wand gespannt sind, abgetheilt, wie etwa die Abtheilungen eines Pferd=Stalls. Eine jede Familie, derer von vier bis zu zehn in einem Hause wohnen, besizt so einen Stall. Auf der Pritsche schlafen sie auf Pelzwerk, und sitzen auch den Tag über darauf, der Mann mit herunterhängenden, die Frau aber gemeiniglich hinter ihm mit unterschlagenen Beinen, auf Türkisch. Die Frau kocht und nehrt dabey, und der Mann schnizt an seinem Werkzeug. An der andren Länge des Hauses, wo der Eingaug ist, sind etliche viereckigte Fenster, einer guten Elle groß, von Seehund=Därmen und Hellefsunder=Magen so sauber

ber und dicht genehet, daß kein Wind und Schnee, hingegen das Tages-Licht ziemlich gut durchbringen kan. Unter den Fenstern steht, so lang das Haus ist, inwendig eine Bank, darauf die Fremden sitzen und schlafen.

An jedem Pfosten ist eine Feuer-Stelle. Sie legen einen Klotz von Holz auf den Boden, der mit flachen Steinen belegt ist. Auf demselben steht ein niedriger dreyfüßiger Schemel, und darauf die von Weichstein einen Schuh lang ausgehauene und fast wie ein halber Mond gestaltete Lampe, darunter aber ein ovales hölzernes Geschirr, um den überlaufenden Thran aufzufangen. In diese mit Seehund-Spek oder Thran gefüllte Lampe legen sie an die gerade Seite etwas klein geriebenes Moos statt des Dachts, welches so helle brennt, daß von so vielen Lampen das Haus nicht nur gnugsam erleuchtet, sondern auch erwärmet wird. Ja, was noch mehr, über einer solchen Lampe hängt mit vier Schnüren am Dach ein aus Weichstein gehauener Kessel, der eine halbe Elle lang und halb so breit, wie eine länglichte Schachtel, gestaltet ist. Darinnen kochen sie alle ihre Speisen. Ueber demselben haben sie einen von hölzernen Stäben gemachten Rost bevestigt, auf welchen sie ihre nassen Kleider und Stiefeln zum Troknen legen.

Da so viele Feuer-Stellen als Familien in einem Hause sind, und auf einer jeden oft mehr als eine Lampe Tag und Nacht brennt: so sind ihre Häuser mehr und anhaltender warm, und doch nie so heiß, als unsre Stuben. Dabey ist kein merklicher Dampf, noch weniger Rauch zu spüren, und vor Feuersnoth sind sie völlig sicher. Zwar ist der Geruch von so vielen Thran-Lampen, über welchen noch dazu so vieles und oft halb verfaultes Fleisch gekocht wird, und sonderlich von denen im Hause stehenden Urin-Gefässen, darein sie die Felle zum Gerben tunken, einer ungewohnten

Nase

Nase sehr unangenehm: man kan es aber doch bey ihnen ausstehen, und weiß oft nicht, ob man ihre ins Enge gefaßte recht wohl ausgesonnene Haushaltung; oder ihre Genügsamkeit bey der Armuth, dabey sie glauben, reicher als wir zu seyn; oder ihre in einem so engen Bezirk wahrgenommene Ordnung und Stille am meisten bewundern soll.

Ausser dem Hause haben sie ihre kleinen Vorraths-Häuser, wie ein Bakofen von Steinen gebaut, in welchen sie Fleisch, Spek und gedörrte Heringe aufheben. Was sie aber den Winter durch fangen, wird unter dem Schnee, und der Thran in Mägen oder Schläuchen von Seehunds-Fellen aufgehoben. Daneben legen sie ihre Fahrzeuge umgestürzt auf erhabene Pfähle, und unter denselben hängen sie ihr Jagd-Geräthe und Fellwerk auf.

Im September müssen die Weibsleute (denn keine Mannsperson rührt ausser dem Holzwerk einige Land-Arbeit an,) die Häuser bauen oder ausbessern, weil gemeiniglich den Sommer über das Dach vom Regen einfällt. Nach Michaelis ziehen sie ein, und im Merz, April oder May, je nachdem der Schnee früher oder später schmelzt, und ihnen die Dächer durchzuweichen drohet, ziehen sie mit grossen Freuden wieder aus, und wohnen alsdann in Zelten. Zu denselben legen sie den Grund mit kleinen, platten Steinen in Form eines langen Vierecks, und stellen 10 bis 40 Stangen dazwischen, die oben auf einem Mannshohen Gestelle oder Thür-Pfosten aufliegen und in einer Spitze zusammen laufen, behängen dieselben mit einer doppelten Dekke von Seehund-Fellen, und wer reich ist, legt darunter Rennthier-Felle, das Rauhe einwerts gekehrt. Der untere Rand der Dekke wird auf dem Grunde mit Moos verstopft und mit Steinen beschwert, damit der Wind das Zelt nicht aufhebe. Vor den Eingang hängen sie einen, von den zartesten Seehunds=Därmen recht sauber zusammen geneheten und mit einem Rande von rothem oder blauem Tuch und mit weissem Bande bebrämten Vorhang, welcher die kalte Luft abhält und doch gnugsames Licht durchschimmern läßt. Die Felle hängen aber oben und auf beyden Seiten noch ein gut Stük hervor: und das ist gleichsam ihr Vorhaus, darinnen sie ihren Vorrath und die übelriechenden Gefässe aufheben; wie sie dann auch nicht leicht im Zelt, sondern unter freyem Himmel mit Holz in einem messingnen Kessel kochen. In den Winkeln des Zelts hebt die Wirthin, die nur im Sommer allen ihren Putz sehen läßt, ihren Hausrath auf, und hängt eine von weissem Leder mit allerley Figuren ausgenehte Dekke davor. Daran heften sie ihre Spiegel, Bänder und Nadel-Küssen. Eine jede Familie hat ihr eigenes Zelt; doch nehmen sie manchmal ihre Verwandten oder ein paar arme Familien ein, so daß oft 20 Menschen in einem Zelt wohnen. Lager und Feuerstellen ist wie in den Winter-Häusern, nur alles viel reinlicher, ordentlicher, und für Europäer, sowol wegen Geruch als Wärme, ganz wohl erträglich.

§. 5.

Vom Lande können die Grönländer nicht leben, und das wenige, das sie von Beeren, Kräutern, Wurzeln und See-Gras, mehr zur Erfrischung als zur Nahrung, geniessen, ist bey den Gewächsen schon angezeigt worden. Ihre liebste Nahrung ist Rennthier-Fleisch: weil das aber nun schon sehr mangelt, und wenn sie auch einmal vieles bekommen, meistens auf der Jagd verzehrt wird; so ist ihre beste Nahrung das Fleisch der See-Thiere, Seehunde, Fische und See-Vögel; denn Rebhüner und Hasen achten sie nicht sonderlich. Sie essen das Fleisch nicht roh, wie einige denken, und noch weniger die Fische. Zwar essen sie, sobald sie ein Thier

gefan-

gefangen haben, vielleicht mehr aus abergläubischer Gewohnheit, als aus Hunger, ein kleines Stük roh Fleisch oder Spek, trinken auch wol von dem noch warmen Blut: und wenn die Frau den Seehund abzieht, gibt sie einer jeden Weibs=Person, die zusieht (denn für Manns-Leute wäre dieses eine Schande) ein paar Bissen Spek zu essen. (*) Der Kopf und die Schenkel der Seehunde werden im Sommer unter dem Grase, und im Winter ein ganzer Seehund unter dem Schnee verwahrt, und solches halb durchfrornes und halb verfaultes Seehund-Fleisch, das sie Mikiak nennen, wird von ihnen mit eben dem Appetit, wie in unsren Ländern das Wildpret, oder ein geräucherter roher Schinken und Würste, gespeiset. Die Rippen werden an der Luft getroknet und aufgehoben. Das übrige Fleisch von Thieren und Vögeln und sonderlich die Fische werden allzeit wohl, doch ohne Salz, nur mit etwas See-Wasser gekocht oder gestauft, und nur die grössern, als Helleflynder, Kabbelau, Lachse ꝛc. werden in breite Riemen zerschnitten und Windtrokken gespeiset. Die kleinen gedörrten Heringe sind ihr tägliches Brodt. Wenn sie einen Seehund fangen, wird die Wunde gleich mit einem Pflok verstopft, damit das Blut aufbehalten werde, welches sie als Klösse geballt aufheben, um Suppe daraus zu kochen. Das Eingeweide wird nicht weggeworfen. Die Gedärme von den Seehunden brauchen sie zu Fenstern,

---

(*) Hiebey kan ich nicht vorbey gehen, daß mich ein Europäer versichert, wie er auf der Jagd, wenn er ein Rennthier geschossen, nach dem Exempel der Grönländer, seinen Hunger oft mit einem Stük rohen Rennthier-Fleisch gestillt, und dasselbe so gar nicht unverdaulich befunden, daß es ihn vielmehr weit weniger, als etwas gekochtes, gesättigt habe. Die Abyssinier sollen auch vieles roh essen, und können es in ihrem heissen Clima verdauen. Man ißt also lieber gekochtes, weils besser schmekt und nehrt.

stern, Zelt-Vorhängen und Hembern; die von kleinern Thieren werden gespeiset, nachdem sie blos zwischen den Fingern ausgedrükt worden: aus dem was sich noch in den Rennthier-Mägen befindet, welches sie Nerukak, d. i. das Eßbare, nennen, davon sie nur ihren besten Freunden etwas zum Geschenk schikken, und aus dem Eingeweide der Nyper, mit frischem Thran und Beeren gemengt, machen sie sich eine so schmakhafte Delicatesse, als andre aus den Krammets-Vögeln. Frische, faule und halbausgebrütete Eyer, Krähbeeren und Angelica heben sie zusammen in einem Sak von Seehund-Fellen mit Thran angefüllt, zur Erfrischung auf den Winter auf. Aus den Fellen der See-Vögel wird das Fett mit den Zähnen ausgezogen, und den Spek, der an den Seehund-Fellen beym Abziehen nicht ganz abgeflenzt werden kan, schaben sie beym Gerben mit dem Messer ab, und machen daraus eine Art Pfanne-Kuchen, den man sie recht appetitlich speisen sieht.

Sie trinken keinen Thran, wie einige vorgeben: den verkauffen sie und brauchen ihn in ihren Lampen. Doch essen sie gern zu den troknen Heringen ein paar Bissen Spek, schmelzen auch die Fische damit, indem sie ihn wohl zerkauen und so in den Kessel ausspeyen. Ihr Trank ist klares Wasser, daß sie in einem grossen kupfernen Gefäß, oder in einer von ihnen selbst recht sauber ausgearbeiteten und mit beinernen Tüpfgen und Reiffen ausgezierten hölzernen Gelte, mit einem blechenen Schöpfer, im Hause stehen haben. Täglich tragen sie in einem aus starkem Seehunds-Leder dichtgenehten Eimer, der wie halbgares Sohlleder riecht, frisches Wasser herzu: und damit es desto kühler sey, legen sie gern ein Stük Eis oder Schnee hinein, worin es ihnen nicht leicht fehlt.

In Zubereitung der Speisen sind sie, wie in allen Sachen, sehr unreinlich. Selten wird ein Kessel gewaschen

waschen und oft nur von den Hunden rein gelekt. Doch halten sie ihr Weichstein-Gefäß gern sauber. Das Gekochte legen sie auf hölzerne Schüsseln, nachdem sie die Suppe getrunken oder mit beinernen und hölzernen Löffeln gegessen haben; das Rohe aber auf den blossen Boden, oder auf ein altes Fell, das nicht viel reiner ist. Die Fische nehmen sie mit der Hand aus der Schüssel, die Vögel zerreissen sie mit den Fingern oder Zähnen, ein ganzes Stük Fleisch halten sie mit den Zähnen, und schneiden vor dem Munde einen Bissen davon ab. Zuletzt streichen sie, statt der Serviette, mit dem Messer das Fett vom Munde ab, und lekken es, wie auch das Fett von den Fingern auf. Und wenn sie voller Schweiß sind, streichen sie den Schweiß ebenfalls in den Mund. Wenn sie einen Europäer höflich bewirthen wollen, so lekken sie erst das Stük Fleisch von dem Blut und der Unreinigkeit, die sich im Kessel dran gesetzt, mit der Zunge rein: und wer es nicht annähme, würde für einen groben Menschen gehalten werden, weil er ihre Gutthätigkeit beschimpfte.

Sie essen, wenn sie hungert: des Abends aber, wenn die Männer etwas von der See gebracht haben, halten sie eine Haupt-Mahlzeit, und bitten die andren im Hause, die nichts gefangen haben, gern zu Gaste, oder theilen mit ihnen. Die Mannsleute speisen zuerst für sich alleine; die Weibsleute aber vergessen sich drum nicht: und weil sie alles, was der Mann bringt, unter Händen haben; so tractiren sie sich und andere in der Männer Abwesenheit, oft zu ihrem Schaden. Und da ist ihre größte Freude, wenn die Kinder den Wanst so voll stopfen, daß sie sich auf der Bank rollen, damit bald wieder etwas hinein gehen möge.

Sie sorgen nicht sehr für den andern Morgen: Wenn sie vollauf haben, ist des Gastirens und Fressens kein Ende, worauf dann gern ein Tanz folgt, in

Hoffnung, daß ein jeder Tag ihnen zur See etwas abgeben werde. Wenn dann gegen den Frühling die Seehunde vom Merz bis zum May wegziehen, oder sonst grosse Kälte und schlecht Wetter einfällt: so können sie auch etliche Tage hungern, und sind oft genöthigt, mit Muscheln und See-Gras, ja mit alten Zelt-Fellen und Schuh-Solen, wofern sie nur noch Thran genug zum Kochen haben, ihr Leben zu retten, welches mancher dabey wol gar zusetzen muß.

Wenn ihnen das Feuer ausgeht, so können sie mit einem runden Stekken, den sie vermittelst einer Schnur in einem durchlöcherten Holz mit Geschwindigkeit herum drehen, wieder Feuer hervorbringen.

Ausländische Speisen essen sie gar gern, sonderlich Brod, Erbsen, Grütze und Stokfisch, wenn sie es nur bekommen können, und es sind manche nur schon zu sehr dran verwöhnt. Vor Schweinfleisch aber haben sie grossen Abscheu, weil sie gesehen haben, wie dieses Thier alles frißt. Starkes Getränke haben sie sonst verabscheuet und es Tollwasser genant: die aber mit den Europäern näher bekant worden, würden es gern trinken, wenn sie es bezahlen könten. Sie stellen sich manchmal krank, um einen Schluk Brantwein zu krigen, der ihnen auch oft das Leben rettet, wenn sie sich überfressen haben. Diese rauchen auch gern Tabak, können aber nicht so viel kaufen. Hingegen dörren sie die Blätter auf einer heissen Platte und mahlen sie in einem hölzernen Mörsel zum Schnupfen, und sind von klein auf schon so dran verwöhnt, daß sie denselben nicht lassen können, auch wegen ihrer flüßigen Augen nicht wohl lassen dürfen.

§. 6.

Die Mittel ihre Nahrung zu erwerben, sind zwar einfältig, aber so wohl ausgedacht und bequem, daß wir damit gar nicht umgehen können, und sie besser damit zurecht kommen, als wir mit unsren weit kostbarern Werkzeugen.

Zur Land-Jagd brauchten sie ehedem Bogen von zartem Tannen-Holz, einer Klafter lang, und um ihn desto steiffer zu machen, mit Fischbein oder Sehnen umwunden. Die Schnur war von Sehnen, und der Pfeil von Holz, vorn mit einer Spitze von Bein mit Widerhaken, hinten aber mit zwo Raben-Federn versehen. Dergleichen sieht man nicht mehr, seitdem sie Flinten kaufen oder borgen können. Ihre Abbildung kan man am besten aus Ellis (*) Beschreibung der Eskimaux sehen.

Zur Wasser-Jagd brauchen sie hauptsächlich fünf Geräthe: (**)

1.) Den Erneinek oder Harpun-Pfeil mit der Blase. Der Schaft ist eine Klafter lang und anderthalb Zoll dik. Vorn stekt darinnen ein beweglicher beinerner Stift einer Spanne lang, und auf demselben stekt die knöcherne Harpun, die eine gute halbe Spanne lang mit Widerhaken und vorn mit einer Zollbreiten eisernen Spitze versehen ist. Am hintern Ende des Schafts sind zwo Federn von Wallfisch-Knochen, einer Spanne lang und zwey Finger breit, wie eine Weber-Schütze gestaltet, damit der Wurf desto grader und sicherer von statten gehe. Zwischen denselben wird das Werfbrett einer Elle lang, unten einen und oben vier Daumen breit, bevestigt, an beiden Seiten mit einer Kerbe, um es mit dem Daum und Vorder-Finger bes zu umfassen. An der Harpun hängt ein Riem, ohngefehr acht Klafter lang, welcher erst vermittelst eines beinernen Ringes an einem Stift in der Mitte des
Schafts

(*) l. c. S. 144.
(**) Siehe die V. Kupfertafel.

Die V. Kupfertafel.

Schafts bevestigt wird, und dann vorn auf dem Kajak oder Boot in einem beinernen Ring aufgerollt liegt, und endlich an die hinter dem Grönländer liegende Blase oder aufgeblasenen Seehund-Schlauch bevestigt ist. Dieser Pfeil verdient viele Aufmerksamkeit, kan aber nicht wohl beschrieben werden. Er muß nicht aus einem Stük bestehen, sonst würde er von dem Seehund gleich zerschlagen. Die Harpun muß also vom Schaft abfahren können; und damit dieses desto leichter und ohne zu zerbrechen vor sich gehe, muß der beinerne Stift, auf welchem sie stekt, und der mit zween Riemen zu beyden Seiten am Schaft bevestigt ist, zugleich mit aus dem Schaft fahren, welcher auf dem Wasser liegen bleibt, indem der Seehund mit der Harpun und Blase unters Wasser geht. Das Werfbrett, welches oben und unten mit einem beinernen Stiftgen am Schaft vest gemacht wird, und das der Grönländer beym Werfen in der Hand behält, muß dem Wurf einen desto grössern Nachdruk geben. Aus so vielen Stüken besteht dieser Pfeil, der so wohl ausgesonnen ist, daß nichts überflüßig ist.

2.) Angovigak, die grosse Lanze, die dritthalb Ellen lang und vorn ebenfalls mit einem beweglichen beinernen Stift und einem spitzigen Eisen, aber ohne Widerhaken, versehen ist, damit es gleich wieder aus der Haut des Seehunds herausfahre.

3.) Kapot, die kleine Lanze, die mit einer bevestigten langen Degenspitze versehen ist. Diese drey Pfeile braucht der Grönländer zu dem Seehund-Fang mit der Blase.

Zu der andren Art, nemlich der Klopf-Jagd, gebraucht er nur

4.) den Agligak oder Werf-Pfeil, dritthalb Ellen lang, vorn mit einem Schuhlangen, runden und Fingers-

gersdikken Eisen, statt der Widerhaken zweymal einge-
hakkt, versehen, welches ebenfalls aus dem Schaft her-
ausfährt, durch einen Riemen aber an der Mitte desselben hängen bleibt. Hinterwärts ist an einem Knochen
ein aufgeblasener Schlund von einem Seehund oder
grossen Fisch bevestigt, damit der Seehund sich daran
abmatte und sich nicht verliere; wie er dann auf der
Klopf-Jagd mehr als einen Pfeil in den Leib bekommt.
In diese Blase haben sie eine beinerne Röhre mit einem
Pflok oder Stöpsel bevestigt, damit sie dieselbe nach
Belieben aufblasen oder schlapp machen können. Wie
sie aber den Seehund fangen, wird unten bey ihren
Booten beschrieben werden.

  Zum Vogel-Fang brauchen sie

 5.) den Naguit oder Vogel-Pfeil, einer Klafter
lang, vorn mit einem Schuhlangen, runden, stumpfen und nur einmal eingehakkten Eisen, welches im
Holz vest stekt, versehen. Weil aber der See-Vogel
durch tauchen, oder in die Höhe und auf die Seite
fahren, dem Wurf ausweichen kan; so haben sie in der
Mitte des Schafts drey, manche auch vier Bein-Fe-
dern, einer Spanne lang und dreymal als Widerhaken
eingeschnitten, mit Fischbein bevestigt, damit der Vogel, wenn er ausweicht, von einem derselben gespießt
werde. Zu diesem und dem vorbenanten Werfpfeil
brauchen manche auch ein Werfbrett, um desto stärker
werfen zu können.

  Wie sie die Fische fangen, und was sie dabey für
Werkzeuge brauchen, ist schon oben gemeldet worden.

§. 7.

Eben so einfältig, aber sinnreich und zu ihrer Nahrung ungemein bequem ausgedacht, sind ihre Fahr-
Zeuge eingerichtet. Derer haben sie zwey, ein grosses
und ein kleines.

Das

196

gerä
hatt
ausj
ben
ein
groſ
abm
Klo
In
Pfa
Vel
ſie
Boc

lang
pfen
Holʒ
durc
fahr
Mit
dern
eing
gel,
werʒ
brat
wer

We

S

Zeu
unt

Das grosse, oder Weiber=Boot, Grönländisch Umiak, (*) ist gemeiniglich sechs auch wol acht bis neun Klafter lang, etwa vier bis fünf Schuh weit und drey tief, vorn und hinten zugespitzt und unten platt. Es wird von leichten Latten, die etwa drey Finger breit sind, zusammen gesetzt, mit Fischbein verbunden und mit Seehund=Leder überzogen. Mit dem Kiel lauffen zu beiden Seiten eine Ribbe vorn und hinten in eins zusammen. Ueber diese drey Hölzer sind dünne Quer=Balken in Fugen gelegt. Auf den untern Ribben sind auf beiden Seiten Pfosten aufgerichtet, auf welchen der Rand des Boots ruhet. Die Pfosten werden von den Ruder=Bänken, derer 10 bis 12 sind, hinauswerts gedrukt, und diese ruhen an jeder Seite auf einer Ribbe: damit sie aber auch nicht zu stark ausgetrieben werden; so sind sie von aussen noch mit einer Ribbe versehen. Diese vier Ribben sind am Vorder= und Hinter=Staven bevestigt. Die Balken, Pfosten und Bänke sind nicht mit eisernen Nägeln, welche leicht rosten und Löcher ins Fell scheuren könten, sondern zum Theil mit hölzernen Nägeln bevestigt und überall mit Fischbein verbunden. Zu dieser Arbeit, welche gewiß künstlich und dabey recht sauber ist, braucht der Grönländer weder Schnur, noch Winkelmaaß; und doch weiß er die gehörige Proportion mit den Augen zu treffen. Sein ganzes Werkzeug, das er hiezu und zu aller seiner Arbeit braucht, besteht aus einer kleinen Stich=Säge, einem Meissel, der an ein hölzernes Heft gebunden, ihm statt des Beils dient, einem kleinen Bohrer und einem spitzgeschliffenen Taschen=Messer. Wenn er mit dem hölzernen Gerippe fertig ist, so überzieht es die Frau mit frischgegerbtem und noch weichem dikkem Seehunds=Leder, und verpicht die Nähte mit altem Spek, so daß diese Boote weit weniger Wasser ziehen als die hölzernen,

(*) Siehe die VI. Kupfertafel.

nen, weil die Nähte im Wasser aufquellen. Und fahren
sie sich auf einem spitzigen Stein ein Loch, so wird es
gleich zugenehet. Sie müssen aber auch fast alle Jahre
von neuem überzogen werden. Diese Boote werden
von den Weibs-Leuten gerudert, derer gemeiniglich vie-
re sind, und eine steuret es hinten mit einem Ruder. Für
die Männer wäre solches eine Schande, es sey dann,
daß sie in der größten Noth zuzugreiffen genöthigt werden. Die Ruder sind kurz und vorn breit, fast wie ein
Grabscheid, und sind mit einem Riemen von Seehunds-
Leder auf dem Rande des Boots bevestigt. Vorne richten sie an einer Stange ein von Därmen genehtes Se-
gel, einer Klafter hoch und anderthalb Klaftern breit
auf. Reiche Grönländer machen es von feiner weisser
Leinwand mit rothen Streiffen. Sie können aber damit nur vor dem Winde segeln, und doch nicht einem
Europäischen Segel-Boot gleichkommen. Hingegen
haben sie den Vortheil, daß sie bey conträrem Winde
oder Stille viel geschwinder fortrudern können. In
diesen Booten fahren sie mit ihren Zelten, allem Haus-
Geräthe und Gütern, und oft noch dazu mit 10 bis
20 Menschen beladen, von einem Ort zum andern
100 bis 200 Meilen weit nach Norden und Süden.
Die Männer aber fahren nebenher im Kajak, mit
welchem sie das Boot vor den grossen Wellen schützen,
und im Nothfall mit Anfassung des Randes aufrecht
erhalten. Gemeiniglich fahren sie mit diesem Boot
sechs Meilen in einem Tage. Bey jedem Nachtlager laden sie aus, schlagen ihr Zelt auf, ziehen das
Boot ans Land, stürzen es um, und beschweren die
Vorn und Hinter-Staven mit Steinen, damit es der
Wind nicht wegführe; und wenn sie nicht weiter können, so tragen es ihrer sechs bis achte auf den Köpfen
über Land in ein besser Fahr-Wasser. Dergleichen
Boote haben sich die Europäer auch zugelegt, und können sich ihrer zu gewissen Zeiten und Geschäften mit
mehr

19

nen
ste
glei
von
vor
re si
die
daß
den
Gr
Led
ten
gel
auf
Lei
mit
Eu
hal
ode
die
Ge
20
10
Di
wel
unt
erh
sech
ger
Vo
Vo
Wi
nen
übe
Vo
ner

mehr Nutzen bedienen, als der schweren hölzernen Schaluppen.

§. 8.

Das kleine oder das Manns-Boot, Grönländisch Kajak, (*) ist drey Klafter lang, vorn und hinten spitzig, wie eine Weber-Schütze gestaltet, in der Mitte nicht anderthalb Schuh breit, und kaum einen Schuh hoch, von langen schmalen Latten und Quer-Reiffen, die mit Fischbein verbunden sind, gebauet und mit eben so gegerbtem Seehund-Leder wie das Weiber-Boot, aber auf allen Seiten, oben und unten, überzogen. Die beiden spitzigen Enden sind unten mit einer beinernen Leisten und oben mit einem Knopf versehen, damit sie sich auf den Steinen nicht so leicht abreiben. In der Mitte des Kajaks ist ein rundes Loch mit einem zwey Finger breiten Rande von Holz oder Bein. Durch dasselbe schlupft der Grönländer mit den Füssen hinein und setzt sich auf die Latten mit einem weichen Fell bedekt, so daß ihm der Rand nur bis über die Hüften reicht, über welchen er den untern Saum des Wasser-Pelzes, der am Gesicht und Händen ebenfalls mit beinernen Knöpfen und Ringen zugeschnürt ist, so vest anzieht, daß nirgends Wasser eindringen kan. Zur Seiten stekt er seine erst beschriebenen Pfeile zwischen die über den Kajak gespannten Riemen. Vor ihm liegt die Leine auf dem ein wenig erhabenen runden Gerüst aufgerollt. Hinter sich hat er die von einem kleinen Seehund-Fell gemachte Blase. Sein Pautik oder Ruder von bestem rothem Firn-Holz, an beiden Enden mit einem drey Finger breiten dünnen Blate, und zur Vestigkeit an den Seiten mit Bein eingefaßt, ergreifft er in der Mitte mit beiden Händen, und schlägt damit geschwind und gleichsam nach dem Tact zu beiden Seiten ins Wasser. Also

aus-

(*) Siehe die VII. Kupfertafel.

ausgerüstet fährt er auf den Seehund- und Vogel-Fang, und dünkt sich nichts geringer zu seyn, als ein Capitän auf seinem Schif. Und in der That kan man den Grönländer in diesem Aufzug nicht anders als mit Bewunderung und Vergnügen betrachten, und seine schwarzen mit vielen weissen beinernen Knöpfen beveftigten See-Kleider geben ihm ein prächtiges Ansehen. Sie können damit sehr geschwind fortrudern, und wenn sie von einer Colonie zur andren Briefe bringen, 10 bis 12 Meilen in einem Tage fahren. Sie fürchten sich darinn vor keinem Sturm. Solange ein Schif bey stürmischem Wetter das Mars-Segel führen kan, ist ihnen vor den grossen Wellen nicht bange, weil sie wie ein Vogel leicht darüber wegschwimmen, und wenn auch eine ganz über sie hinschlägt, kommen sie doch wieder hervor. Will sie eine Welle umwerfen, so halten sie sich mit dem Ruder auf dem Wasser aufrecht. Werden sie doch umgeschlagen, so thun sie unter dem Wasser mit dem Ruder einen Schwung, und so richten sie sich wieder auf. Verlieren sie aber das Ruder, so sind sie gemeiniglich verloren, wenn nicht jemand in der Nähe ist, der sie aufrichtet.

§. 9.

Es haben es zwar einige Europäer mit vieler Mühe so weit gebracht, daß sie bey stillem Wetter und Wasser zum Vergnügen im Kajak fahren, aber sehr selten darinn fischen, oder bey der geringsten Gefahr sich helfen können. Da nun die Grönländer hierinnen eine ganz eigene Geschiklichkeit besitzen, die man mit einem Furchtvollen Vergnügen bewundern muß; und sie in diesem Fahrzeug alle ihre Nahrung schaffen müssen; dieselbe aber mit so vieler Gefahr begleitet ist, darinnen manche umkommen: so wird es hoffentlich nicht unangenehm seyn, einige Uebungen des Umschlagens und Aufstehens, die die Grönländer von Jugend

auf

auf lernen müssen, zu lesen. Ich habe derer 10 bemerkt, wiewol ihrer noch mehrere seyn mögen.

1.) Der Grönländer legt sich bald auf der einen, bald auf der andren Seite mit dem Leibe aufs Wasser, hält eine Weile mit seinem Pautik oder Ruder die Balance, damit er nicht ganz umschlage, und richtet sich sodann wieder auf.

2.) Wenn er ganz umschlägt, so daß er mit dem Kopf perpendiculár herunter hängt, thut er unterm Wasser einen Schwung mit dem Pautik, und kan auf einer Seite so gut als auf der andren wieder in die Höhe kommen.

Dieses sind die gemeinsten Arten zu kantern, die bey Sturm und grossen Wellen oft vorkommen, da der Grönländer noch immer den Vortheil hat, daß er das Pautik in der Hand behält und nicht mit dem Seehund-Riemen verwikkelt ist. Beym Seehund-Fang aber kan er gar leicht mit dem Riemen verwikkelt werden, so daß er das Pautik nicht recht brauchen kan, oder gar verliert: daher müssen sie sich auch darauf präpariren. Sie stekken also

3.) Das Pautik unter einen Quer-Riemen am Kajak, kantern um, und stehen vermittelst der Bewegung des einen Endes des Pautik wieder auf.

4.) Sie fassen das eine Ende mit dem Mund, und das andere bewegen sie mit der Hand, und richten sich also auf.

5.) Sie halten das Pautik mit beyden Händen im Nakken, oder

6.) hinter dem Rükken vest, kantern, schwingen es hinterwerts mit beyden Händen, ohne es hervor zu nehmen, und kommen also herauf.

7.) Sie

7.) Sie legen es über eine Achsel, fassen es mit einer Hand hinter, und mit der andren vor sich, und helfen sich so wieder auf.

Diese Uebungen dienen auf die Fälle, da das Pautik mit dem Riemen verwikkelt wird. Weil sie es aber auch gar verlieren können, wobey die größte Gefahr ist, so stekken sie

8.) beym Exerciren das Pautik unter dem Kajak durchs Wasser, haltens auf beyden Seiten vest, so daß sie mit dem Gesicht auf dem Kajak liegen, schlagen um, bewegen das Ruder von unten auf über dem Wasser, und stehen also auf. Dieses dient dazu, wenn sie das Ruder währndem Umschlagen verlieren, aber noch über sich schwimmen sehen, es von unten auf mit beyden Händen zu ergreiffen.

9.) Sie lassen das Ruder fahren, und wenn sie gekantert, suchen sie es mit der Hand über dem Wasser, ziehen es zu sich hinunter und helfen sich so auf.

10.) Wenn sie es aber nicht mehr erreichen können, nehmen sie das Werfbrett vom Harpunpfeil, oder ein Messer, und suchen sich durch Bewegung desselben, ja auch wol nur mit dem Platschern der blossen Hand in die Höhe zu schwingen, wiewol dieses sehr wenigen gelingt.

Sie müssen aber auch am Lande, oder in den blinden Klippen, wo die Wellen sich sehr thürmen und schäumen, ihre Exercitia machen, daß sie von einer Welle vor und hinter sich, oder auf beyden Seiten fortgerissen und auf eine Klippe geworfen, oder etlichemal herumgedreht, oder ganz überdekt werden. Da müssen sie durch geschiktes Balanciren sich immer aufrecht erhalten, damit sie im größten Sturm aushalten und bey allem Toben der Wellen ans Land steigen lernen.

Wenn

Wenn sie kantern und sich nicht mehr helfen können, so pflegen sie auch wol unterm Wasser aus dem Kajak herauszukriechen, um jemanden in der Nähe durch Schreyen zu Hülfe zu rufen. Und können sie niemanden erschreyen, so halten sie sich am Kajak, oder binden sich daran vest, damit man ihren Leib wieder finden und begraben möge.

Es ist nicht ein jeder Grönländer im Stande, alle obgedachte Arten des Kanterns und Aufstehens zu lernen, ja es gibt geschikte Erwerber oder Seehund-Fänger, die nicht einmal auf die leichteste Art aufstehen können: daher beym Seehund-Fang, den ich nun beschreiben will, viele Mannsleute zu Schaden kommen.

§. 10.

Die Grönländer fangen den Seehund auf dreyerley Weise, entweder einzeln, mit der Blase; oder zusammen auf der Klopf-Jagd; oder zur Winterszeit auf dem Eise; wozu nun noch kommt, daß sie dieselben manchmal mit der Flinte schiessen.

Die vornehmste und gemeinste Art ist der Fang mit der Blase. Wenn der Grönländer nach §. 7. ausgerüstet, einen Seehund erblikt, sucht er denselben unter dem Wind und zwischen der Sonne zu überraschen, daß er von demselben weder gehört und gesehen noch gewittert werde. Er sucht sich durch Bükken hinter einer Welle zu verstekken, fährt ihm geschwind, aber leise, auf vier bis sechs Klaftern nahe, und sieht indessen wohl zu, daß Harpun, Riem und Blase in gehöriger Ordnung liege. Alsdann behält er das Ruder in der linken, und den Harpun-Pfeil ergreifft er beym Werfbrett mit der rechten Hand, und wirft denselben auf den Seehund, so daß er das Werfbrett, welches dem Pfeil seinen rechten Schwung geben muß, in der Hand behält. Trift die Harpun bis über die Widerhaken, so fährt

fährt sie gleich von dem beinernen Stift, und dieser auch aus dem Schaft heraus, und wikkelt den Riemen von dem Gestelle auf dem Kajak ab. Der Grönländer aber muß in dem Moment, da der Seehund getroffen wird, die an dem Ende des Riemens bevestigte Blase hinter sich auf dieselbe Seite ins Wasser stossen, wo der Seehund, der wie ein Pfeil zu Grunde fährt, seinen Lauf hinnimt. Dann legt der Grönländer den auf dem Wasser schwimmenden Schaft wieder an seinen Ort. Die Blase, welche einen bis anderthalb Centner tragen kan, zieht der Seehund manchmal mit unters Wasser, mattet sich aber an derselben so ab, daß er etwa in einer Viertelstunde wieder heraufkommen muß, Othem zu holen. Wo der Grönländer die Blase wieder herauf kommen sieht, da fährt er drauf zu, und wirft dem Seehund, sobald er herauf kommt, die §. 6. beschriebene grosse Lanze, die allemal wieder losgeht, so oft in den Leib, als er wieder aufkommt und noch nicht ganz ermattet ist. Alsdann sticht er ihn mit der kleinen Lanze vollends todt, stopft alle Wunden sorgfältig zu, um das Blut zu behalten, und bindet ihn an der linken Seite des Kajaks vest, nachdem er ihn zwischen Fell und Fleisch aufgeblasen, damit er ihn desto leichter schwimmend fortbringen möge.

Bey diesem Fang ist der Grönländer den meisten und gröffsten Lebens-Gefahren unterworfen. Daher sie vermuthlich diesen Fang Kamavok, d. i. das Auslöschen, nemlich des Lebens, genant haben. Denn wenn der Riem, wies bey dem schnellen Ablaufen gar leicht geschiehet, sich verwikkelt, oder am Kajak hängen bleibt; oder sich um das Ruder oder gar um die Hand, ja auch wol, bey starkem Winde, um den Hals schlinget; oder wenn der Seehund sich plötzlich auf die andere Seite des Kajaks wendet: so kan es nicht anders seyn, als daß der Kajak durch den Riemen umgerissen

und

und unterm Wasser mit fortgeschleppt wird. Und da hat ein Grönländer alle seine im vorigen §. beschriebene Kunst nöthig, um sich unterm Wasser loszuwikkeln, und wol etlichemal nacheinander aufzurichten; indem er so oft wieder umgerissen wird, als er sich noch nicht gänzlich vom Riemen entwikkelt hat. Ja wenn er denkt, ausser aller Gefahr zu seyn, und dem schon halb todten Seehunde zu nahe kommt, kan ihn derselbe noch ins Gesicht und in die Arme beissen; wie dann ein Seehund, der Junge hat, manchmal anstatt zu fliehen, ganz wütend auf den Grönländer loseilt, und ein Loch in den Kajak reißt, daß er sinken muß.

§. 11.

Auf diese Weise und einzeln können sie nur den obbeschriebenen Attarsoak, der unvorsichtig und dumm ist, fangen. Dem vorsichtigen Kaßigiak müssen ihrer etliche zusammen auf der Klopf-Jagd nachstellen; auf welche Weise sie auch die Attarsoit zu gewissen Jahrs-Zeiten in grösserer Anzahl umringen und tödten. Denn im Herbst ziehen sie sich gemeiniglich bey stürmischem Wetter in die Meer-Engen, als im Bals-Revier in den sogenanten Nepiset-Sund zwischen dem vesten Lande und Kangek, der eine gute Meile lang, aber sehr schmal ist. Da verlaufen ihnen die Grönländer den Paß, scheuchen sie durch Schreyen, Klopfen und Steine-schleudern unters Wasser, damit sie, weil sie nicht lange ohne Othem-holen dauren können, desto eher ermatten und endlich so lange oben bleiben mögen, bis sie dieselben umringen und mit dem §. 6. beschriebenen vierten Pfeil werfen können. Bey dieser Jagd hat man recht Gelegenheit, der Grönländer Behendigkeit, und so zu sagen, Husarenmäßige Manœuvres zu sehen. Denn wenn der Seehund aufkommt, fahren sie alle, wie die Vögel, mit grossem Geschrey auf ihn zu: und da er gleich wieder untertaucht, so zerstreuen sie sich in einem

einem Augenblik, und ein jeder gibt auf seinem Posten Achtung, wo er sich wieder sehen lassen wird; welches sie nicht wissen können, und gemeiniglich eine halbe Viertelmeile von dem vorigen Platz geschicht. So können sie einen Seehund, wo er ein breites Wasser hat, auf zwey Meilen lang und breit, ein paar Stunden lang verfolgen, ehe sie ihn so müde machen, daß sie ihn einschliessen und tödten können. Wenn sich die Seehunde in der Angst ans Land retiriren wollen; so werden sie von den Weibern und Kindern mit Steinen und Stekken empfangen und hintenzu von den Männern erstochen. Dieses ist den Grönländern eine sehr lustige und einträgliche Jagd, da ein Mann in einem Tage, (es müssen aber immer einige beysammen seyn,) wol 8 bis 10 Stük auf seine Part bekommen kan.

§. 12.

Die dritte Art des Fangs auf dem Eise, ist mehrentheils nur in Disko gebräuchlich, wo die Buchten im Winter mit Eis belegt sind, und geschicht auf mancherley Weise. Ein Grönländer setzt sich neben einem Loch, das der Seehund zum Luft schöpfen selbst gemacht hat, auf einem Schemel mit einem Bein, und stellt die Füsse, um sie nicht zu erkälten, auf einen dreybeinigten Fußschemel. Wenn nun der Seehund die Nase an das Loch hält, so stößt er mit der Harpune drein, macht gleich ein grösseres Loch, zieht ihn heraus und schlägt ihn vollends todt. Oder es legt sich einer auf einem Schlitten neben dem Loch, wo der Seehund gewohnt ist herauszukommen, und sich auf dem Eis an der Sonne zu wärmen, auf den Bauch nieder. Neben dem grossen Loch macht man ein kleiners, in dasselbe stekt ein anderer Grönländer eine Harpun an einer sehr langen Stange. Der auf dem Eise liegt, schaut durchs grosse Loch, bis ein Seehund unter der Harpun, welche er mit einer Hand dirigirt,

hin-

hinfährt; dann gibt er dem andern ein Zeichen, welcher mit Macht den Seehund durchspießt.

Liegt ein Seehund neben seinem Loch auf dem Eise, so rutscht der Grönländer auf dem Bauch ihm entgegen, wakkelt mit dem Kopf und knurrt wie ein Seehund, der den Grönländer für seines gleichen ansieht, ganz nahe an sich kommen läßt, und so gespießt wird.

Wenn im Frühjahr der Strom ein grosses Loch ins Eis macht, umgeben die Grönländer dasselbe und passen auf, bis die Seehunde in Menge unter dem Eis hervor an den Rand kommen, Luft zu schöpfen, da sie dieselben mit Harpunen empfangen. Viele werden auch auf dem Eise, wo sie in der Sonne schlafen und schnarchen, erschlagen.

II. Abschnitt.
Von dem Verhalten der Grönländer in ihrem Haus-Wesen.

§. 13.

Nun wird es Zeit seyn, von der Grönländer Sitten und Gebräuchen in den verschiedenen Umständen des gemeinen Lebens etwas zu melden, so viel mir davon durch den Augenschein, durch Erzehlungen und durch bereits gedrukte Nachrichten, bekant worden. Ich rede aber nur von den Wilden, die wenig oder keinen Umgang mit Europäern gehabt, und noch nichts von ihnen angenommen haben. Ihre Familien- oder Haus-Umstände mögen den Anfang machen.

Die Grönländer führen dem äusserlichen Ansehen nach ein ziemlich züchtiges Leben, und man hört und sieht keine unanständige Worte oder Handlungen. Was sie heimlich treiben, davon ist hier bey den äusserlichen
Sitten

Sitten nicht die Rede, und muß an einem andern Ort berühret werden. Sehr selten haben Dirnen Kinder; bey verstoßenen Weibern und jungen Witwen aber kommts mehr vor: und obgleich eine solche verachtet wird, so kan sie doch manchmal ihr Glük damit machen; indem sie jemanden, der keine Kinder hat, die ihrigen verkauft, oder von einem solchen in seine Familie aufgenommen, wo nicht gar geheyrathet wird. Ledige Leute verschiedenen Geschlechts scheinen gar keinen besondern Umgang miteinander zu haben, und eine Dirne würde es in der Gesellschaft für eine Beleidigung halten, wenn ihr ein Junggeselle nur von seinem Schnupftabak anböte.

Will einer heyrathen, woran er erst denkt, wenn er über 20 Jahr alt ist, da er dann auch auf eine nicht viel jüngere Person fällt: so meldet er seinen Eltern oder nächsten Verwandten, auf welche Person seine Wahl gefallen. Er sieht dabey nicht aufs Heyrathgut; denn die Braut bekommt nichts mit, als ihre Kleider, ihr Messer, ihre Lampe und aufs höchste einen Kessel von Weichstein, und oft das nicht; sondern auf ihre Geschiklichkeit im Haushalten und Nehen; so wie diese nur darauf sieht, ob er ein guter Jäger ist. Der Eltern Consens ist gleich da; denn sie lassen ihren Kindern, besonders den Söhnen, allen Willen. Sie schikken dann ein paar alte Weiber zu der Braut Eltern, welche nicht gleich ihr Gewerbe anbringen, sondern den Bräutigam und dessen Haus sehr rühmen. Die Dirne mag davon nichts hören, läuft fort, und reißt den Haarzopf auseinander. Denn die ledigen Weibsleute thun sehr schaamhaft, und wehren sich, was sie können, damit sie nicht in ein übles Geschrey kommen; obgleich der Mann oft schon ihrer Einwilligung gewiß ist. Jedoch ist das nicht allezeit Verstellung, sondern oft ein wirklich fürchterlicher Eindruk, der so weit geht,

daß

daß sie manchmal ohnmächtig wird, oder in eine Wüsteney lauft, und (welches bey einer Grönländerin viel sagen will,) sich die Haare abschneidet, da sie dann gewiß nicht weiter angesprochen wird. Vielleicht rührt dieser Abscheu daher, weil sie viele Exempel von verstossenen Weibern und stolzen Nebenweibern gesehen haben. Indessen geben die Eltern zwar nicht ausdrüklich ihre Einwilligung, lassens aber geschehen. Die Weiber suchen die Tochter auf, und schleppen sie mit Gewalt in des Freyers Haus, wo sie einige Tage, niedergeschlagen, mit zerstreuten Haaren sitzt und nichts ißt; und wenn alles freundliche Zureden nichts hilft, mit Gewalt, auch wol mit etlichen Rippenstössen genöthiget wird, ihren Stand zu verändern. Läuft sie fort, so wird sie wieder geholt und desto eher genöthigt. Jedoch sorgen manche Eltern selbst für ihre Kinder, und einige haben dieselben einander schon in der Kindheit versprochen, und ein Pfand drauf gegeben; da sie dann ohne weitere Umstände zusammen kommen, sobald sie wollen. Mancher Grönländer, der schon eine Frau hat, holt sich auch wol selber mit Gewalt noch eine dazu, wenn er sie wo allein, oder auch bey einem Tanz findet; da er sich aber mit Secundanten versehen muß, wenns etwa Schläge setzen solte, welches doch nicht oft geschieht.

Geschwister-Kinder und sogar zwey fremde Leute, die mit einander in einem Hause als adoptirte Kinder erzogen worden, lassen sich sehr selten mit einander in eine Heyrath ein. Hingegen findet man Exempel, wiewol sehr wenige, daß einer zwo leibliche Schwestern zugleich, oder die Mutter und ihre zugebrachte Tochter, zu Weibern nimt; welches aber insgemein verabscheuet wird.

Die Vielweiberey ist unter ihnen nicht so gar gemein; indem kaum der Zwanzigste zwey Weiber hat.

Ein solcher Mann wird zwar nicht verabscheuet, sondern vielmehr als ein tüchtiger Erwerber angesehen. Und da es eine grosse Schmach ist, keine Kinder zu haben, sonderlich keinen Sohn, der einmal die Stütze des Alters seyn kan; so sind die Männer, wenn sie vermögend sind, auf mehr Weiber bedacht. Weil es aber doch was ungewöhnliches ist; so exponiren sie sich leicht der Grönländer Critique, ob die Liebe zur Familie; oder die Wollust der Grund dazu ist. Wer aber schon drey oder vier Weiber nimt (und man hat einige mit mehreren, und ein Weib mit zween Männern gesehen,) der bleibt gewiß nicht ohne böse Nachrede. Es richtet zwar auch bey einigen Weibern allerley Verdruß an, sonderlich seitdem sie vernommen, daß es in Christlichen Ländern verboten ist: manche aber bereden selber ihre Männer dazu; wie dann auch wol beyde einen Angekok oder sonst geschikten Grönländer dazu erkauffen, auch wol den Europäern zumuthen, ihnen taugliche Kinder zu schaffen.

Ihr Conjugium führen sie ziemlich ordentlich, wenigstens wissen sie die Ausschweifungen, die der beleidigte Theil nicht zu bestrafen, sondern auf eben die Weise zu rächen sucht, so zu verbergen, daß man nicht viel davon reden hört. Ohne verdrießliche Gesichter und Worte auf beyden Seiten, wobey die Frau oft ein blaues Auge davon trägt, geht es nicht ab: welches desto wunderlicher ist, da sonst die Grönländer weder zänkisch noch zu Schlägereyen geneigt sind. Das Ehe-Bündnis ist auch nicht so unwiderruflich, daß der Mann die Frau, besonders wenn sie keine Kinder hat, nicht verstossen solte. Dabey macht er wenig Umstände. Er macht ihr nur ein saures Gesicht, fährt aus, und kommt in etlichen Tagen nicht zu Hause. Da merkt sie gleich, wies gemeynt ist, pakt ihre Kleider zusammen und zieht zu ihren Freunden; führt sich aber,

ihm

ihm zum Trotz, desto netter auf, um ihm Verdruß und böse Nachrede zu machen.

Manchmal läuft auch eine Frau davon, wenn sie sich nicht mit den andren Weibsleuten im Hause vertragen kan, welches gar leicht vorfällt, indem eines Mannes Mutter allemal die Oberherrschaft im Hause behält, und die Frau nicht viel anders als eine Magd behandelt. Beyde Arten der Ehescheidung geschehen aber selten, wenn sie schon Kinder miteinander haben, sonderlich Söhne, die der Grönländer größter Reichthum und die beste Versicherung wegen ihrer künftigen Versorgung sind; weil dieselben allemal der Mutter folgen, und auch nach ihrem Absterben sich, wieder zum Vater zu ziehen und ihm in seinem Alter zu helfen, nicht bereden lassen. Es geschicht auch wol, daß eins von beyden, besonders der Mann, in die Wildnis läuft, und bis an sein Ende nicht mehr zu Menschen kommt. Man hat Exempel, daß ein solcher Eremit viele Jahre in einer Kluft gewohnt, von der Land-Jagd gelebt, und sobald er Menschen ansichtig worden, die Flucht ergriffen hat. Wo so einer sich aufhält, da geht niemand allein weit ins Feld, weil man bey solchen verwilderten Menschen seines Lebens nicht sicher zu seyn glaubt. Doch dergleichen Händel und Scheidungen kommen nur in jungen Jahren bey Leuten vor, die sich vorher nicht recht bedacht haben. Je älter sie werden, je lieber haben sie einander.

Wenn einem Mann die einige Frau gestorben, so schmükt er sich, sein Haus und Kinder nach etlichen Tagen aufs beste; sonderlich muß sein Kajak und Pfeile, die sein größter Staat sind, in bester Ordnung seyn, um sich beliebt zu machen. Doch enthält er sich von allen lustigen Gesellschaften, und heyrathet nicht vor Verfliessung eines Jahrs; es sey dann, daß er kleine Kinder und niemand zur Wartung derselben hat.

Stirbt ihm die rechte Frau, so tritt die Neben-Frau in ihren Platz. Dieselbe muß wol auch heulen, und Ehren halber den Chorum anführen; man merkt aber an der Stimme (denn an Thränen fehlts niemals,) daß es nicht sehr von Herzen geht. Der Verstorbenen hinterlassene Kinder careßirt sie mehr als ihre eigenen, bedauret sie, daß sie bisher versäumt worden, und gibt so fein zu verstehen, wie sie diese und mehrere Haushaltungs-Fehler der Verstorbenen, die doch dabey immer gerühmt wird, verbessert habe, daß man sich über die verstellten Schmeicheleyen dieser sonst so unpolirten Menschen wundern muß.

§. 14.

Die Grönländer sind eben nicht sehr fruchtbar. Gemeiniglich hat eine Frau drey bis vier und höchstens sechs Kinder, und gebieret ordinär alle zwey bis drey Jahr einmal. Wenn sie daher von der Fruchtbarkeit anderer Nationen hören, so vergleichen sie dieselben verächtlicher Weise mit ihren Hunden. Sehr selten werden Zwillinge geboren. Sehr wenige kommen bey der Geburt zu Schaden. Gemeiniglich verrichten sie vor und gleich nachher alle ihre Arbeit, und man hört selten von todt- oder ungestalt gebornen Kindern. Dem Kinde wird von den Eltern oder der Wehmutter ein Name gegeben, von Thieren und Geräthschaften, auch von Theilen des Leibes hergenommen. Sie geben dem Kinde gern den Namen eines ohnlängst verstorbenen Anverwandten, sonderlich der Groß-Eltern, deren Andenken sie dadurch beyzubehalten suchen. Wenn aber dieselben zu frühzeitig gestorben oder verunglükt sind, so vermeiden sie ihre Namen zu nennen, um den Schmerz über ihren Verlust nicht aufs neue rege zu machen. Ja wenn ein anderer schon eines neulich verstorbenen ansehnlichen Freundes Namen hat, so nennen sie aus Mitleiden desselben Namen nicht, sondern geben ihm einen andern.

bern. Daher kan mit der Zeit ein Grönländer von einer rühmlichen, oder lächerlichen und schändlichen Handlung wol mehr als einen Namen bekommen, so daß mancher nicht weiß, wie er sich nennen soll; indem er allzu bescheiden ist, seinen rühmlichen oder gleichsam Adels-Namen selber zu nennen, und sich des Nik-Namens schämt.

Sie haben ihre Kinder ungemein lieb. Die Mütter tragen dieselben, wo sie gehen und stehen und bey aller Arbeit, in dem Kleide auf dem Rükken mit sich, und säugen sie bis ins dritte und vierte Jahr und länger, weil sie keine Mittel zu zarten Kinder-Speisen haben. Daher sterben auch viele Kinder, wenn sie andren den Platz räumen müssen, ehe sie harte Speisen ertragen können. Und stirbt die Mutter, so ist es mit dem armen Kinde gar aus, wenn es noch nicht bey andren Speisen bestehen kan.

Die Kinder wachsen ohne alle Zucht auf, und werden von den Eltern weder geschlagen, noch mit harten Worten bestraft. Man muß aber auch gestehen, daß eine scharfe Zucht bey den Grönländischen Kindern theils nicht sehr nöthig ist, weil sie so still, wie die Schaafe herumgehen und auf sehr wenige Ausschweifungen gerathen; theils vergeblich seyn würde, indem ein Grönländer, wenn man ihm eine Sache nicht Bittweise und durch vernünftige Vorstellungen annehmlich machen kan, sich ehe todtschlagen, als dazu zwingen lassen würde. Ob aber dieses eine Wirkung ihres eigensinnigen Naturells ist; oder ob es aus der langen Gewohnheit ihrer ungebundenen Erziehung herrührt, weiß ich nicht zu entscheiden. Zwischen dem zweyten und fünften Jahr sind sie am unbändigsten mit schreyen, kratzen und um sich schlagen: und eine Mutter, der die Geduld ausrisse und ihr Kind, sonderlich wenns ein Sohn ist, der, schon von der Geburt an, als der

künftige

künftige Herr im Hause angesehen wird, wieder schlüge, würde gewiß vom Mann übel behandelt werden. Je mehr die Kinder zu Verstande kommen und was zu thun krigen, je ruhiger und geziger werden sie. Man merkt auch keine sonderbare Schalkheit, Bosheit oder andere grobe Untugend an ihnen. Sie folgen den Eltern gern, weil sie wollen: wollen aber auch von ihnen gütig, ja freundschaftlich behandelt seyn; und wenn etwas nicht nach ihrem Sinn ist, so sprechen sie schlechtweg: Ich wills nicht thun. Dabey lassens die Eltern bewenden, bis sich die Kinder eines Bessern besinnen. Dagegen wird man schwerlich ein Exempel der Undankbarkeit erwachsener Kinder gegen alte unbehülfliche Eltern aufzubringen wissen. Sie scheinen also in den meisten Stükken das grade Gegentheil von vielen Kindern gesitteter Völker zu seyn, die von aussen besser scheinen, als sie innerlich sind, und das Böse von Jahr zu Jahr mehr zu Tage legen lernen.

§. 15.

Sobald ein Knabe Hände und Füsse brauchen kan, gibt ihm der Vater einen kleinen Pfeil und Bogen in die Hand, und läßt ihn damit, wie auch am See-Ufer mit Steinen, nach einem Ziel werfen, oder mit einem Messer Holz zu Spiel-Geräthschaften schnitzen. Gegen das zehnte Jahr schafft er ihm einen Kajak, damit er sich in seiner oder anderer Knaben Gesellschaft im Fahren, Umkantern und Aufstehen, Vögel und Fische fangen übe. Im funfzehnten oder sechzehnten Jahr muß er mit auf den Seehund-Fang. Von dem ersten Seehund, den er fängt, wird den Hausleuten und Nachbarn eine Gasterey gegeben. Währendem Essen muß der Knabe erzehlen, wie ers angestellt hat. Die Gäste bewundern seine Geschiklichkeit und rühmen das Fleisch, als was besonders, und die Weiber sind von dem an bedacht, ihm eine Braut auszusuchen. Denn wer nicht Seehunde fangen kan, wird äusserst verachtet, und muß sich mit weiblicher Nahrung, als Ulken, die er auf dem Eise fischen kan, Muscheln, trofnen Heringen ꝛc. durchbringen. Und derer gibts doch einige, die es zu dieser Geschiklichkeit nicht bringen können. (*) Wenn er 20 Jahr alt ist, muß er seinen Kajak und Geräthschaft selbst verfertigen und sich in vollkommenen Stand setzen. Einige Jahre drauf heyrathet er, bleibt aber bey seinen Eltern wohnen, solange sie leben, und die Mutter behält allemal die Wirthschaft.

Die Mågdgen thun bis ins vierzehnte Jahr, ausser, daß sie etwa ein Kind warten, oder Wasser holen, gar nichts als plaudern, singen und tanzen. Hernach aber müssen sie nehen, kochen, gerben, und wenn sie stärker werden, im Weiber-Boot rudern und Häuser bauen helfen.

§. 16.

Hieraus kan man zugleich die Geschäfte der Erwachsenen sehen, und wie sich Mann und Frau in die Haushaltung getheilt haben. Der Mann macht sein Jagd-Geräth und zimmert die Boote, und die Frau überzieht sie mit Leder. Er jagt und fischt; und wenn er seine Beute zu Lande gebracht hat, so bekümmert er sich nicht weiter darum: und es wäre ihm eine Schande, den Seehund auch nur aus dem Wasser ans Land zu ziehen. Die Weiber schlachten, kochen, gerben

---

(*) Ich habe auch hier in Kangek einen frischen, starken Grönländer gesehen, der gar nicht im Kajak fahren gelernt, weil seine Mutter ihn daran verhindert hatte, aus Furcht, sie möchte ihn eben so, wie ihren Mann und ältsten Sohn, die zugleich ertrunken, verlieren. Derselbe diente bey andren Grönländern als Magd und that alle weibliche Arbeit, worinn er sehr fertig war.

ben die Felle, machen daraus Kleider, Schuh und Stiefeln. Sie müssen also Metzger, Gerber, Schuster und Schneider abgeben: und zu allen diesen Handwerken brauchen sie nichts als ein krummes Messer in Form eines halben Mondes, wie die Eisen der Weißgerber, das sie auch zum Essen, und sonst weder Scheere noch Messer brauchen; ein Falzbein, einen Fingerhuth, ein paar grobe und feine Nehnadeln und ihre Zähne, womit sie die Felle beym Gerben und Nehen zerren und geschmeidig machen. Ja sie bauen und repariren die Häuser und Zelte ganz allein, nur daß sie das Holzwerk zu verfertigen den Männern überlassen: und wenn sie Steine tragen müssen, daß ihnen der Rükken zerbrechen möchte; so sehen die Männer ganz kaltsinnig zu. Dagegen lassen sie dieselben mit dem Erworbenen, (den Spek ausgenommen, den der Mann verkauft,) wirthschaften und in ihrer Abwesenheit schmausen, wie sie wollen: und wenns alle und nichts mehr zu haben ist, hungern sie ganz geduldig mit ihnen, oder essen Schuhflekke; nur die Noth ihrer Kinder geht ihnen sehr zu Herzen.

Wenn sie gar keine oder doch nicht erwachsene Kinder haben, so nimt der Mann einen oder ein paar verwaysete Knaben an Kindesstatt auf, die ihm in seiner Nahrung helfen und einmal die Seinigen versorgen müssen. So thut die Frau mit Mägdgen oder mit einer Wittwe. Ob nun gleich dieselben Diener sind, so leiden sie so wenig Zwang, daß ein Knabe schon als der künftige Hausherr angesehen wird: und eine Dirne kan aus dem Dienst gehen, wann sie will. Niemals wird ein Herr seinen Diener schlagen: und schlüge er die Dienerin, so wärs ihm gar eine Schande.

§. 17.

Bey dem allen haben die Grönländischen Frauensleute ein mühseliges und fast sclavisches Leben.

Solange sie klein oder bey ihren Eltern sind, haben sies sehr gut. Vom zwanzigsten Jahr an bis an ihren Tod ist ihr Leben eine Kette von Furcht, Elend und Jammer. Stirbt der Vater, so erben sie nichts, und müssen bey andren Leuten dienen: da es ihnen zwar nicht an Nahrung, solang der Wirth was hat, wohl aber an reinlichen Kleidern gebricht. Fehlen diese und sie selber sind auch nicht schön, oder zur Arbeit sehr geschikt, so bleiben sie sitzen. Nimt sie jemand, (und daß sie dabey nicht oft ihre Wahl haben, ist oben gemeldet,) so schweben sie die ersten Jahre, sonderlich wenn sie keine Kinder haben, beständig in Furcht, verstossen zu werden: und alsdann werden sie nicht mehr geachtet, müssen abermal dienen, oder gar mit schändlichem Gewinn ihr Leben fristen. Behält sie der Mann, so müssen sie oft mit blauen Augen vorlieb nehmen; unter der Schwiegermutter als eine gemeine Magd, (die oft besser dran ist,) stehen, oder sich eine und mehrere Neben-Weiber gefallen lassen. Stirbt der Mann, so bekommt die Frau nichts, als was sie mitgebracht hat, und muß um ihrer Kinder willen bey andren Leuten viel submisser dienen, als eine ledige Magd, die gehen kan, wann sie will. Hat sie aber erwachsene Söhne, so ist sie auch besser dran als manche Hausfrau, weil sie die Wirthschaft nach ihrem Gutbefinden anstellen kan. Wird eine Weibsperson sehr alt, so muß sie für eine Hexe paßiren; und sie paßiren oft gerne dafür, weils doch einigen Nutzen bringt: das Ende aber ist gemeiniglich, daß sie bey dem geringsten Verdacht der Verhexung gesteinigt, in die See gestürzt, erstochen und zerschnitten werden. Entgeht sie diesem Unfall, so wird sie, wenn sie sich und andren zur Last wird, aus Mitleiden, eigentlich aber aus Geitz, lebendig begraben, oder muß sich selbst in die See stürzen. Es ist aber leicht zu erachten, daß diese Fälle nicht bey einer jeden und auch nicht alle zugleich eintreffen.

Bey aller der harten Arbeit, Furcht, Kummer und Verdruß kommen sie doch gemeiniglich zu einem höhern Alter als die Mannsleute, welche, weil sie ihre meiste Zeit im Schnee und Regen, Hitze und Kälte, im härtsten Winter nicht weniger als im Sommer auf der See zubringen, stark arbeiten, und gemeiniglich den ganzen Tag nichts, hernach aber desto überflüßiger essen, gar bald so entkräftet werden, daß sie selten das funfzigste Jahr erreichen. Und da auch viele im Wasser ums Leben kommen, so gibt es fast überall weniger Manns- als Weibsleute. Diese können ihr Alter bis 70, 80 Jahr, ja höher bringen; geben aber alsdann gemeiniglich schädliche Werkzeuge ab, die sich mit Lügen, Afterreden, Kupplereyen, Hexerey und dergleichen durchzubringen, und sonderlich die Jugend mit allerley superstitiosen Sachen vom vernünftigen Nachdenken und Erwegung der Christlichen Wahrheiten abzuhalten suchen.

§. 18.

Bey dieser Gelegenheit will ich der Grönländer Art, das Leder zu Kleidern, Schuhen und zu den Booten zu bereiten, welches der Weibsleute Haupt-Geschäfte ist, kürzlich bemerken.

1.) Zu ihrem Kapitek oder härichten Seehunds-Kleidern, schaben sie die Haut dünn, legen sie 24 Stunden lang ins Korbik, oder Urin-Gefäß, um den Spek auszuziehen, und dehnen sie hernach, auf einem grünen Platz mit Seehunds-Ribben angepflökt, aus, zum Trocknen. Wenn sie die Haut verarbeiten wollen, wird sie mit Urin eingesprengt, mit Bimsstein zwischen den Händen gerieben und geschmeidig gemacht.

2.) Das Sohlleder wird zwey bis drey Tage im Korbik gebeizt, und nachdem die losgeweichten Haare mit dem Meſſer und den Zähnen abgeſchabt worden, drey Tage lang in ſüſſes Waſſer gelegt, und alsdann ausgedehnt und getroknet. Eben ſo wird

3.) Das Eriſak-Leder, das ſie zu den Schäften der Stiefeln und Schuhe brauchen, zubereitet; nur daß es vorher ganz dünn geſchabt wird, um es geſchmeidig zu machen. Aus dieſem Leder bereiten ſie auch ihre Waſſer-Kleider, die die Mannsleute, wenn ſie auf die See fahren, über die übrigen Kleider anziehen, um die Näſſe abzuhalten. Sie werden zwar vom Regen und Seewaſſer wie ein Waſchlappen weich und feucht; laſſen aber keine Näſſe auf die Unterkleider kommen, und werden daher auch von den Schifleuten mit groſſem Nutzen gebraucht.

4.) Das Erogak-Leder, woraus ſie ihre glatten, ſchwarzen Land-Pelze machen, wird eben ſo bereitet, nur daß ſie es beym Verarbeiten mit den Händen reiben; daher es nicht ſo ſteif wie das Eriſak-Leder, aber weil es nicht Waſſer hält, auch nicht zu Stiefeln und Waſſer-Kleidern tüchtig iſt.

5.) Zu den Boot-Fellen nehmen ſie die ſtärkſten Häute der Seehunde, davon der Spek nicht ganz abgenommen worden; rollen ſie zuſammen, und laſſen ſie etliche Wochen lang in der Wärme unter der Pritſche, oder in der Sonne mit Gras bedekt liegen, bis die Haare abgehen. Dann legen ſie dieſelben auf etliche Tage ins See-Waſſer, um ſie wieder zu erweichen, und überziehen alsdann ihre Weiberboote und Kajake damit. Den Rand der Häute ziehen ſie mit den Zähnen herbey und nehen ihn zuſammen. Und die Nähte beſtreichen ſie ſtatt des Harzes mit altem Seehund-Spek, damit kein Waſſer durchdringe. Sie müſſen aber wohl Acht haben, daß die Narbe nicht abgehe, weil ſonſt das ſcharfe See-Waſſer das Leder leicht durchfreſſen würde.

6.) Was

6.) Was von diesem und den übrigen Arten von Leder zurük bleibt, das schaben sie dünne, legen es auf den Schnee, oder hängen es in der Luft auf, um es weiß zu bleichen. Und wenn sie es roth färben wollen, so käuen sie die wenige Rinde, die sie an den Wurzeln des in der See aufgefischten Tannen-Holzes finden, mit den Zähnen in das Leder ein.

7.) Die Vögel-Felle lösen sie um den Kopf und ziehen sie ganz über den Leib ab. Nachdem sie das Fett mit einer Muschelschale abgeschabt, wird das Fell den Mannsleuten und sonderlich den Gästen, zwischen den Mahlzeiten, Ehrenhalber zum Auskäuen gereicht und wie Confect angenommen. Dann werden die Felle im Korbik gebeizt, und nachdem sie ein wenig in der Luft getroknet, mit den Zähnen vollends ausgearbeitet. Aus dem Rükken der See-Vögel-Felle machen sie ihre dünnen, leichten Unter-Kleider, aus den Bäuchen die warmen Winter-Kleider, und aus den Hälsen die schönen Staats-Pelze, und bey diesen letzteren sie gemeiniglich die Federn auswerts.

§. 19.

Ihre Haushaltung und Lebens-Art sieht beym ersten Anblik unordentlicher und unreinlicher aus, als eine Zigeuner- oder Bettler-Wirthschaft im Busch. Man empfindet ein Grauen, wenn man ihre mit Fett besudelten Hände und Gesichter, ihre so unappetitlich zugerichteten und genossenen Speisen, ihre schmuzigen und voll Ungeziefer wimmelnden Kleider und Lagerstellen ansieht. Wenn man aber durch Sturm und Wetter genöthigt wird, bey ihnen zu bleiben; so ist man froh, daß man in ihren Häusern und Zelten unterkriechen kan: und hat man selber nichts mehr zu essen; so nimt man auch gern mit ihnen vorlieb und danket GOtt für Seine Gaben. Und wenn man die Haushaltung einer jeden Familie für sich,

und

und etlicher Familien in einem kleinen Hause zusammen, mit aufmerksamen Augen betrachtet; so findet man eine Ordnung, Reinlichkeit und Sittsamkeit, die ihnen wohlgezogene Völker kaum nachmachen würden. Es wohnen oft 10 Familien in einem Hause, das nicht viel über 10 Klaftern lang und kaum zwey Klaftern breit ist: und doch sieht man sowol ihre engen Lagerstellen, als den Hausrath und besonders die Jagd-Geräthe, woran der Mann beständig putzt und bessert, allezeit in guter Ordnung. Ihre Kleider, die sie nicht täglich brauchen, heben sie in ledernen Säcken, die fast wie unsre Koffres gemacht und mit allerley Figuren sauber ausgenehet sind, sorgfältig auf. Ihre Wasser-Gefässe, die theils von Holz gemacht und mit Bein zierlich ausgelegt, theils von Kupfer sind, halten sie sauber, daß man sich nicht scheuen würde, daraus zu trinken, wenn sie das Wasser nicht in übelriechenden ledernen Eimern zutrügen. Selten sieht man sie ihre Nothdurft verrichten: dazu suchen sie einen abgelegenen Ort aus, und bedienen sich dabey allezeit einer Handvoll Mooses. Darinnen sind sie so haikel, daß sie deswegen weder Garten-Gewächse, noch das köstliche Löffelkraut essen mögen, weil es am häufigsten an solchen gedüngten Orten wächst. Doch diese Reinlichkeit und Ordnung, die nur in den wenigsten Theilen ihrer Haushaltung herrscht, kan ihre Unreinlichkeit nicht balanciren.

Hingegen findet man desto mehr Ursach, ihre Verträglichkeit zu bewundern. So etliche Familien mit ihren Kindern von verschiedenem Alter leben so still, eingezogen und friedlich miteinander, daß man weniger Unruhe gewahr wird, als sonst in einem grossen Hause, wo nur zwo Familien wohnen, wenn sie gleich nahe verwandt sind. Und wenn auch einer von den andren beleidigt zu seyn denkt, so zieht er, ohne was zu sagen, in ein ander Haus. Sie helfen einander gern, und leben

ben in gewissen Stükken gemeinschaftlich, ohne sich auf einander zu verlassen und dadurch nachläßig und faul zu werden. Wer des Abends etwas zu Hause bringt, sonderlich im Winter einen Seehund, die alsdann schwer zu fangen und nicht häufig sind, der gibt allen und auch den armen Witwen im Hause etwas ab, und ladet noch einige Nachbarn zu Gaste. Niemand aber, wenn er auch noch so arm und hungrig ist, fordert etwas zu essen. Sie haben es auch nicht nöthig: denn die Gastfreyheit wird im ganzen Lande gegen Bekante und Unbekante beobachtet, und ist eine desto nöthigere und löblichere Gewohnheit, da sie oft viele Meilen weit herum ziehen, und nicht überall Zeit und Gelegenheit finden, die nöthigen Nahrungs-Mittel zu erjagen.

III. Abschnitt.
Von dem Verhalten der Grönländer in Gesellschaft.

§. 20.

Alsdann hat man auch Gelegenheit, ihren Umgang im gemeinen Leben und in der Gesellschaft kennen zu lernen. Da sind sie bescheiden, eingezogen, freundlich, manierlich und schaamhaft; wissen aber nichts von einer falschen Schaam, verdächtigen Schüchternheit und Verstellung, nur daß sie ihre Begierden und Neigungen wohl zu verbergen wissen. Sie sehen nicht so wol darauf, sich durch etwas hervorzuthun und zu brilliren, als sich nicht lächerlich zu machen und ihren ehrlichen Namen einzubüssen. Wenn die wahre Höflichkeit ohne ausgekünstelte oder gar verstellte Worte und Complimente und ohne wunderliche und oft lächerliche Bewegungen und Grimacen bestehen kan; so sind sie ein höfliches Volk. Sie wissen zwar nichts von Grüssen und Ehrenbezeugungen, und es kommt ihnen lächer-

lächerlich vor, wenn sie die Europäer Complimente machen, einen Untergebenen gegen seinen Obern unbedekt stehen oder denselben gar übel behandeln sehen. Demohngeachtet haben doch Kinder und Gesinde gegen die Alten, und alle gegen einander, die nöthige Achtung und Ehrerbietung. In ihren Gesellschaften sind sie gesprächig und dabey etwas scherzhaft, auch wol ironisch: und wenn man eben so mit ihnen umgeht, kan man fast mehr ausrichten, als durch die vernünftigsten Reden und Vorstellungen mit Härte begleitet. Denn wenn sie gar zu sehr beschämt und blosgestellt werden; so werden sie halsstarrig, wie ein stättig Pferd. Sie befleißigen sich, einer dem andern zu gefallen, oder vielmehr, nicht mißfällig zu werden und etwas bey dem andern zu erwekken, das ihn beunruhigen könte. Dieses scheint der Grund ihrer meisten Handlungen zu seyn, darnach sie auch von andren behandelt seyn wollen. Und solte einer dem andern wo zu nahe kommen, so wird er ihn darüber doch nicht bestrafen oder böse Worte geben. Daher kan es bey ihnen auch nicht leicht zum Zank und Streit kommen, und in ihrer Sprache haben sie nicht ein einiges Schelt- oder Fluch-Wort. In Gesprächen redet einer nach dem andern. Sie widersprechen einander nicht gern, noch weniger fällt einer dem andern in die Rede, oder überschreyt ihn. Sie lachen auch, wo etwas lächerlich klingt, sonderlich wenn sie sich über die Europäer aufhalten; es ist aber kein unanständiges und geräuschiges Gelache. Was nicht unnatürlich oder in sich selbst häßlich ist, darüber schämen sie sich nicht, und wollen nicht beschämt seyn. In ansehnlicher Gesellschaft einen Wind lassen, oder die Läuse fangen und mit den Zähnen zerknikken, dünkt sie so wenig unanständig zu seyn, daß sie darüber keine Erinnerung ertragen können. Und gleichwol sind sie so höflich, daß sie sich dessen in Gegenwart der Europäer enthalten, sobald sie von an-

dren

dren erfahren, daß sie ihnen dadurch mißfällig werden und ihre Gesellschaft unerträglich machen könten.

§. 21.

Wenn sie zum Besuch fahren, bringen sie eine Kleinigkeit an Eß- oder Fell-Waaren zum Präsent mit. Sind es ansehnliche und recht angenehme Gäste, so werden sie mit Singen bewillkommt. Alles ist geschäftig, ihr Fahr-Zeug ans Land zu ziehen und ausladen zu helfen. Ein jeder will die Gäste in sein Haus haben. Diese besinnen sich aber und lassen sich einigemal nöthigen. Sobald sie hineinkommen, nöthigt man sie, die Ober-Kleider auszuziehen, und legt sie zum Trofnen auf den Rost über der Lampe. Man präsentirt ihnen auch wol trofene Kleider und ein weiches Fell, darauf zu sitzen. Die Ehrenstelle ist auf der Pritsche, die die Europäer gern verbitten. Die Manns-Leute setzen sich zusammen, und die Weibs-Leute zu ihres gleichen. Jene reden sehr ehrbar und bedächtig vom Wetter und der Jagd, diese divertiren sich mit allerley Historgen, nachdem sie einander ihre verstorbenen Verwandte sehr harmonisch haben beheulen helfen. Dabey lassen sie das Schnupftabaks-Hörngen fleißig herum gehen, welches aus Rennthier-Horn gemacht und oft mit Zinn und Kupfer zierlich ausgelegt ist, und ziehen den Tabak mit der Nase heraus. Indessen wird die Mahlzeit fertig, dazu das ganze Haus, auch wol etliche Nachbarn kommen. Die Gäste aber lassen sich oft nöthigen, und stellen sich sehr gleichgültig, damit sie nicht für arm oder heißhungrig angesehen werden. Gemeiniglich haben sie drey bis vier Gerichte; solls aber ein Festin seyn, so hat man auch mehrere. Ein Kaufmann zehlte bey einer grossen Gasterey, dazu er mit einigen ansehnlichen Grönländern invitirt war, folgende Gerichte: 1.) gedörrte Heringe, 2.) getroknetes, 3.) gekochtes, 4.) halb roh und verfaultes Seehund-Fleisch oder Mikiak, 5.) gekochte

kochte Alken, 6.) ein Stük von einem halb verfaulten Wallfisch-Schwanz. Auf dieses rare Gerichte waren die Gäste, wie gleichsam auf eine Reh-Keule, eigentlich gebeten, 7.) Gedörrten Lachs, 8.) gedörrt Rennthier-Fleisch, 9.) Confituren von Kräke-Beeren mit dem Magen von Rennthier vermischt, 10.) eben dasselbe mit Thran angemacht.

Ihre Tisch-Gespräche können etliche Stunden lang währen, und handeln doch von nichts als von ihrem Haupt-Geschäfte, nemlich dem Seehund-Fang. In ihren Erzehlungen sind sie zwar weitläuftig, aber so lebhaft, daß man nicht leicht dabey gähnt. Denn wenn sie z. E. erzehlen wollen, wie sie einen Seehund geworfen haben; so beschreiben sie aufs genauste Zeit und Ort, nebst einer jeden Bewegung, die sie und der Seehund gemacht haben, zeigen mit der linken Hand alle Creutz- und Quer-Sprünge des Thiers, und mit der rechten alle Bewegungen ihres Kajaks und des Arms, wie sie den Pfeil ergriffen, wie sie damit ausgeholt, gezielt und endlich geworfen haben, und das alles so geschiklich und naturell, daß man ihnen mit Vergnügen zuhört und zusieht. Die Knaben, die von solchen Erzehlungen das meiste profitiren können, hören sehr aufmerksam zu; sagen aber nichts, als bis sie gefragt werden, und antworten kurz und bescheiden.

Wenn Europäer dabey sind, so haben sie gern, daß sie ihnen von ihres Landes Beschaffenheit erzehlen. Davon würden sie nichts begreiffen können, wenn man es ihnen nicht Gleichnisweise deutlich machte, z. E. die Stadt oder das Land hat so viel Einwohner, daß so und so viel Wallfische auf einen Tag kaum zur Nahrung hinreichen würden. Man ißt aber keine Wallfische, sondern Brodt, das wie Gras aus der Erde wächst, und das Fleisch der Thiere, die Hörner haben, und läßt sich durch grosse starke Thiere auf ihrem Rütken tragen, oder auf einem hölzernen Gestelle ziehen. Da nennen sie dann das Brodt, Gras; die Ochsen, Rennthiere; und die Pferde, grosse Hunde; bewundern alles und bezeigen Lust, in einem so schönen, fruchtbaren Lande zu wohnen, die ihnen aber gleich vergeht, sobald sie hören, daß es da oft donnert und keine Seehunde hat. Sie hören auch gern von GOtt und Göttlichen Dingen, solange man nicht die Application auf sie selbst macht, und ihnen ihre abergläubischen Fabeln und Gewohnheiten auch gelten läßt.

Den Fremden wird die Schlafstelle besonders angewiesen und mit neuen Fellen bereitet: diese aber warten aus Höflichkeit, bis sich der Hausherr niedergelegt hat.

§. 22.

Mit ihrer Handlung geht es gar einfältig und kurz zu. Sie tauschen einander aus, was sie brauchen: Und weil sie sehr veränderlich und neugierig wie die Kinder sind, so hat das Umtauschen bey manchen, oft zum größten Schaden ihrer Haushaltung, kein Ende. Da können sie die brauchbarste Sache für eine unnütze Kleinigkeit, die ihren Augen gefällt, hingeben: und wenn man ihnen für eine schlechte Sache, die ihnen gefällt, etwas noch so brauchbares anbietet; so nehmen sie es nicht, sondern wollen just das haben, was ihnen eben gefällt. Sie werden einander nicht leicht betriegen oder vervortheilen, noch weniger stehlen, welches unter ihnen sehr schimpflich ist: können sie aber einen Europäer hintergehen oder bestehlen; so rühmen sie sich dessen, daß sie noch klüger sind, als sie.

Sie handeln theils unter sich selber, theils mit den Kauf- und Schifleuten. Unter sich halten sie eine Art von Jahrmarkt. Denn wo eine grosse Versamlung von Grönländern ist, als bey einem Tanz, oder im Winter bey dem sogenanten Sonnen-Fest, (wovon bald geha-

gehandelt werden soll,) da finden sich, wie bey einer grossen Wallfahrt oder solennen Messe, allezeit welche ein, die ihre Waaren zur Schau auslegen, und dabey sagen, welcher Waare sie dagegen benöthigt sind. Wem nun dieselbe ansteht, der bringt die dafür begehrte Sache, und so ist der Kauf richtig. Daß sie aber ihre Waare mit der Trommel tanzend ausbieten solten, habe ich nie erfahren können. Am meisten handeln sie mit Gefässen von Weichstein, welcher nicht an allen Orten zu haben ist. Und da die in Süden keine Wallfische, die in Norden aber kein Holz haben: so ziehen alle Sommer aus Süden, ja von der Ost-Seite des Landes, viele Boote voll Grönländer 1 bis 200 Meilen nach Disko mit neuen Kajaks und Weiber-Booten, nebst dem dazu gehörigen Werkzeug, und tauschen sich dafür Einhörner, Zähne, Knochen, Fischbein und Sehnen von Wallfischen ein, die sie auf ihrem Rükwege zum Theil wieder verkaufen.

Auf solchen Reisen, die sie, nach ihrer veränderlichen neugierigen Art, sich schon so angewöhnt haben, daß sie, wenn auch die Handlung nicht wäre, nicht lange an einem Ort bleiben können, nehmen sie ihre ganze Familie, Haab und Gut mit, weil etliche Jahre drauf gehen, ehe sie zurük kommen; indem sie, wo sie der Winter überfällt, am liebsten aber in der Nähe einer Colonie, bleiben, ein Haus bauen und sich zur Nahrung einrichten. Denn Land und See steht ihnen überall offen: und weil doch immer einige von solchen herumziehenden Familien sich hie und da gänzlich niederlassen; so finden sie überall Freunde und Bekante, die ihnen behülflich sind.

Bey den Kaufleuten setzen die Grönländer ihre Fuchs- und Seehund-Felle, am meisten aber den Spek ab, um dessentwillen die Handlung eigentlich fortgesetzt wird. Dafür bekommen sie kein Geld; das hat bey ihnen keinen Werth, und es ist ihnen einerley, ob sie ein Goldstük oder einen Rechenpfennig; eine Glas-Perle oder einen Brillanten am Hals hängen haben. Dergleichen Sachen achten sie nur, weil sie glänzen, und sie haben wol eher eine Guinée oder Spanischen Thaler, den sie etwa den fremden Schiffern gestohlen, für ein paar Schuß Pulver oder ein Stük Tabak hergegeben. Hingegen gilt das Eisen bey ihnen desto mehr, weil sies brauchen können. Sie bekommen also von den Kaufleuten nach einem schon vestgesetzten Preise, Pfeil-Eisen, Messer, Stich-Sägen, Bohrer, Meissel und Nehnadeln; ferner, gestreiftes Lein- und Cattun-Zeug, Kersey, wollene Strümpfe und Mützen, Schnupftücher, Bretter, Kisten, hölzerne Schüsseln und Blech-Teller, kupferne Kessel; und dann Spiegel, Kämme, Band, und allerley Spielzeug für die Kinder. Am liebsten kauffen sie Tabak und Flinten nebst Pulver und Bley, wovon sie doch wenig Nutzen, und am Ende in ihrer Haushaltung manchen Schaden haben. Der Tabak, den sie nur zum Schnupfen brauchen, ist bey ihnen wie die Scheidemünze. Für einen jeden Dienst, den sie einem thun, erwarten sie ein klein Stükgen Tabak: damit bezahlt man sie auch für ihre Schuster- und Schneider-Arbeit; dafür bringen sie ein paar Händevoll unreine Eider-Dunen, Eyer, Vögel, ein Gericht Fische und dergleichen; dafür verkauft mancher armseliger, lüderlicher Wirth die Kleider vom Leibe, und leidet mit seinen Kindern lieber Noth, als daß er desselben entbehren könte; dadurch bringt sich manche Familie in so grosse Armuth, als in andren Ländern mit dem starken Getränk, welches den Grönländern, zu ihrem Glük, zu theuer ist.

§. 23.

Es ist erst der Tanz-Versamlungen und des Sonnen-Festes gedacht worden. Dieselben sind keine

Uebun-

Uebungen oder Ceremonien der Religion, wie etwa bey andren heidnischen Nationen, sondern eine bloße Lustbarkeit. Das Sonnen-Fest halten die Grönländer zur Zeit der Sonnen-Wendung im Winter, um den 22ſten December, um sich über die Rükkehr der Sonne und des guten Fang-Wetters zu freuen. Da ziehen sie im ganzen Lande in starken Parthien zusammen, tractiren einander aufs allerbeste: und wenn sie sich so satt gegessen, daß sie platzen möchten; (betrinken aber können sie sich nicht, weil sie nur Wasser haben,) so stehen sie auf zu spielen und zu tanzen. Ihr einiges musicalisches Instrument ist die Trommel, welche aus einem zwey Finger breiten Reif von Holz oder Wallfischbein besteht, und nur auf einer Seite mit einem dünnen Fell, oder der Haut von der Wallfisch-Zunge überzogen, ein wenig oval, etwa anderthalb Schuh breit, und mit einem Schaft zur Handhabe versehen ist. Dieselbe nimt der Grönländer in die linke Hand, und schlägt mit einem Stekgen auf den untern Rand, hüpft bey jedem Schlag ein wenig in die Höhe, doch so, daß er allezeit auf einem Flek bleibt, und macht mit dem Kopf und dem ganzen Leibe allerley wunderliche Bewegungen, und das alles nach dem Vierviertel-Takt, so daß auf jedes Viertel zween Schläge kommen. Dazu singt er vom Seehund-Fang und dergleichen Geschäften, rühmt der Vorfahren Thaten, und bezeugt seine Freude über die Rükkehr der Sonne. Die Zuschauer sitzen nicht still dabey, sondern accompagniren einen jeden Vers seines Gesangs mit einem etlichemal wiederholten Amna Ajah ajah - ah - ah! so daß der erste Takt eine Quarte herunter gedehnt, der andre einen Ton höher angefangen, heruntergesungen und so immer wiederholt wird. Der Sänger singt bey jedem Auftritt vier Cantos, davon die ersten zwey gemeiniglich nur aus dem immer wiederholten Amna ajah, die andren aber aus einem Recitativ bestehen, da er im ersten

Takt eine kurze Strophe, doch ohne Reimen singt, die zusammen einen ganzen Gesang ausmachen, aber im andern Takt allemal mit dem Amna ajah unterbrochen werden; z. E. " Die Sonne kommt zu uns zurük, Amna " ajah - ajah - ah - hu! Und bringet uns gut Wetter mit, " Amna ajah - ajah - ah - hu!" Den Affect weiß der Sänger mit besondren sanften oder eifrigen Wendungen der Trommel und Verdrehungen der Glieder, die man, weil er bis auf die Beinkleider nakket ist, bewundern muß, auszudrükken. Ein Auftritt währt eine gute Viertelstunde; und wenn einer müde und von dem beständigen Hüpfen und Verdrehen voll Schweiß ist, tritt der andre in den Kreis. So continuiren sie die ganze Nacht, und nachdem sie am Tage ausgeschlafen und Abends ihren Bauch wieder angefüllt haben, etliche Nächte lang, bis sie nichts mehr zu essen haben, oder so abgemattet sind, daß sie nicht mehr reden können. Wer die poßirlichsten Verdrehungen der Glieder machen kan, der paßirt für einen Meister-Sänger.

Dann haben sie auch das Ball-Spiel. Sie theilen sich bey Mondschein in zwo Partheyen; einer wirft dem andern von seiner Parthey den Ball zu, und die von der andren Parthey suchen ihn zu sich zu bekommen: oder sie werfen ihn mit dem Fuß nach einem gewissen Maal, und certiren also, wer am behendesten ist.

Sie probiren auch ihre Kräfte, indem einer den andern mit der Faust auf den blossen Rükken schlägt, und wer es am längsten aushält, ist Meister. Dieser macht sich damit groß und fordert einen andern heraus, bis er es auch müde ist. Sie setzen sich nieder mit ineinander geschlungenen Beinen und Armen; oder sie stehen und schlagen die Finger ineinander: und wer den andern überziehen kan, der paßirt für dessen Herrn. Auch machen sie im Hause an einem Balken einen Riemen vest, hängen sich mit dem Fuß und Arm daran,

und

und machen allerley geschikte Wendungen, wie etwa die Seiltänzer.

Junge Leute drehen ein Hölzgen mit einem Stift wie einen Brumm-Kräusel herum, und gegen welchen der Stift weiset, der hat das, was sie alle aufs Spiel gesetzt haben, gewonnen.

Die Kinder, sonderlich die Mägdgen, geben einander die Hände, schliessen einen Kreis und tanzen so gehend und hüpfend hin und her, und singen sich selber was dazu.

§. 24.

Es werden auch zu andren Jahrszeiten, wenn sie vollauf haben und in der See nicht viel zu thun ist, solche Tanzgelage angestellt, und dabey pflegt gemeiniglich auch etwas verhandelt zu werden. Das wunderlichste aber ist, daß sie so gar ihre Streitigkeiten tanzend und singend abmachen; und dieses nennt man einen Singe-Streit. Wenn ein Grönländer von dem andern beleidigt zu seyn glaubt, so läßt er darüber keinen Verdruß und Zorn, noch weniger Rache spüren; sondern verfertigt einen satyrischen Gesang, den er in Gegenwart seiner Hausleute und sonderlich des Frauen-Volks so lange singend und tanzend wiederholt, bis sie alle ihn auswendig können. Alsdann läßt er in der ganzen Gegend bekant machen, daß er auf seinen Gegenpart singen will. Dieser findet sich an dem bestimmten Ort ein, stellt sich in den Kreis, und der Kläger singt ihm tanzend nach der Trommel unter oft wiederholtem Amna ajah seiner Beysteher, die auch einen jeden Satz mitsingen, so viel spöttische Wahrheiten vor, daß die Zuschauer was zu lachen haben. Wenn er ausgesungen hat, tritt der Beklagte hervor, und beantwortet unter Beystimmung seiner Leute die Beschuldigungen auf eben dieselbe lächerliche Weise. Der Kläger sucht ihn wieder einzutreiben, und wer das letzte Wort behält, der hat den Proceß gewonnen, und wird hernach für etwas recht ansehnliches gehalten. Sie können dabey einander die Wahrheit gar derbe und spöttisch sagen, es muß aber keine Grobheit und Paßion mit unterlaufen. Die Menge der Zuschauer decidirt, wer gewonnen hat, und die Partheyen sind hernach die besten Freunde.

Das ist nicht nur eine Lustbarkeit, wobey nicht leicht etwas unanständiges vorkommt; es müßte dann einer, der gute Secundanten hat, eine Weibsperson, die er heyrathen will, mit Gewalt fortschleppen: sondern sie bedienen sich dieser Gelegenheit, einander durch Vorhaltung der Schande zu bessern Sitten zu bewegen, die Schuldner zum Bezahlen zu mahnen, Lügen und üble Nachreden abzulehnen, allerley Vervortheilungen und Ungerechtigkeiten in ihren Handthierungen, ja sogar den Ehebruch zu rächen; indem die Grönländer durch nichts so sehr in Ordnung zu erhalten sind, als durch eine allgemeine Beschämung. Ja diese lustige Rache verhindert manchen, sein rachgieriges Gemüth durch Represalien oder gar durch den Mord auszuüben. Doch sieht man wohl, daß es dabey nur auf ein gutes Maulwerk ankommt; daher die berühmtesten Satyrici und Sittenlehrer auch unter den Grönländern gemeiniglich die schlechtesten in ihrer Aufführung sind.

§. 25.

Dergleichen Trommel-Tanz ist also ihr Olympisches Spiel, ihr Areopagus, ihre Rostra, ihre Schaubühne, ihr Jahrmarkt und Forum, vor welches sie einander citiren und ihre Sachen abmachen, ohne sich durch den Zweykampf oder mit einer giftigen Feder weder am Leben, noch an der Ehre Schaden zu thun. Man kan diese Art, einander zu beschämen, zu bestrafen und sich Recht zu schaffen, eben auch nicht tadeln, solange sie Wilde sind und weder Religion, noch obrigkeitliche Verfassung haben, davon unter ihnen nicht einmal ein Schatten vorhanden ist. Sie leben, wie etwa die ersten Menschen gleich nach der Sündfluth gelebt haben mögen, ehe sie einander das Ihrige zu beneiden und sich um Ehre, Gut, Freyheit und Leben zu bringen gelernet haben. Ein Vater regiert seine Familie so gut er kan, hat niemanden weiter etwas zu befehlen, und nimt von niemand einige Vorschrift an. So gar, wo etliche Familien in einem Hause beysammen wohnen, hat keine über die andere etwas zu sagen. Nur müssen sie gemeinschaftlich das Haus repariren und zu gleicher Zeit ein und ausziehen, weil viele Lampen erfordert werden, das Haus zu heitzen. Doch richten sich die Manns=Leute gern nach dem ansehnlichsten Wirth, der das Wetter und den Fang am besten versteht. Derselbe wohnt am Nord-Ende des Hauses, und sieht auf die Ordnung und Reinlichkeit desselben. Will ihm aber jemand nicht folgen, so wird er demselben nicht befehlen, noch weniger ihn bestrafen; sondern alle werden eins, auf künftigen Winter nicht mehr bey so Leuten zu wohnen, und dem Haus-Vater einmal bey einem satyrischen Gesang die Wahrheit zu sagen, wenn sie ihn so vieler Mühe werth halten.

Die Kinder bleiben bey ihren Eltern, solange diese leben, auch wenn sie verheirathet sind, und folgen ihnen. Die Verwandten halten sich gern zusammen, um in der Noth der andren Hülfe zu geniessen. Bey grossen Zügen folgen sie dem verständigsten Mann, der den Weg am besten weiß; können sich aber, sobald sie wollen, von ihm trennen. Kurz, es begehrt niemand sich über den andern etwas anzumassen, ihm vorzuschreiben, ihn zur Rechenschaft für seine Handlungen zu fordern, oder zu allgemeinen Bedürfnissen, Abgaben zu begeh-

begehren. Denn sie haben nichts übrig, niemand kan sich bey ihnen bereichern, ihr Naturell ist allem Zwang feind, und das ganze Land steht einem jeden offen.

Jedoch haben sie gewisse wohlhergebrachte Gewohnheiten, nach welchen sie sich statt der Gesetze richten; wiewol es in der Ausübung oft fehlt und die Execution gar keine Statt findet, auch an keine Strafe für die Verbrecher, ausser bey dem satyrischen Tanz, gedacht werden kan. Ich will aus des Kaufmann Dalagers Relation von der Grönländer Sitten und Gebräuchen ꝛc. nur folgender Gewohnheiten gedenken. Ein jeder kan zwar wohnen, wo er will: findet er aber schon Einwohner vor sich, so landet er nicht eher, als bis man ihm zu erkennen gegeben, daß man ihn gern da hat. Die Jagd und Fischerey, (denn sonst gibt das Land nichts ab) steht jedermann überall frey, und es hat sich niemand zu beschweren, wenn ganz Unbekante an einen Fischreichen Ort kommen und so gar bey einem mit Mühe aufgebauten Lachs-Damm fischen: nur müssen sie nichts verderben und die Thiere verscheuchen. Handeln die Fremden dagegen, so gehen die Eingebornen lieber davon und darben, als daß sie mit ihnen zanken solten. Wer an einem Strande Holz oder gestrandet Schif-Gut findet, dem gehört es, ob er gleich nicht da wohnt. Er muß es aber ans Land schleppen und einen Stein drauf legen, zum Zeichen, daß schon jemand sich dessen angemaßt hat; alsdann wird es gewiß kein anderer Grönländer anrühren. Wenn ein Seehund, der mit dem Werf-Pfeil davon läuft, von einem andern getödtet wird, so gehört er doch dem, der ihn zuerst geworfen hat. Ist er aber mit Harpun und Blase geworfen, und der Riemen reißt, so hat der erste Werfer sein Recht verloren. Treffen zweeu zugleich in einen Seehund, so theilen sie ihn.

hn. Eben so halten sie s auch mit den Vögeln. Findet jemand einen todten Seehund mit der Harpun, so behält er denselben; die Harpun aber gibt er dem zurük, der sie verloren hat. Wird ein Wallroß und dergleichen grosses Seethier gefangen, so nimt der Treffer den Kopf und Schwanz für sich selbst; vom Rumpf mag jedermann schneiden, so viel er bekommen kan. An einem grossen Wallfisch haben alle, auch die nur blosse Zuschauer abgegeben, gleichen Antheil mit den Harpunirern: und da es dabey so unordentlich zugeht, daß unter den etlich hundert Menschen, die mit ihren scharfen Messern mit einer unsinnigen Begierde über das Thier her sind, gemeiniglich einige verwundet werden; so werden sie doch darüber keinen Groll gegen einander fassen. Wenn einige zugleich ein Rennthier schiessen, so gehört es dem, dessen Pfeil zunächst am Herzen getroffen hat: doch bekommen die andren etwas von dem Fleisch. Wer es aber zuerst verwundet, wenns gleich hernach von einem andern getödtet wird, dem gehört das Thier. Seitdem sie aber Flinten haben, da niemand seine Kugel kennt, setzt es manche Disputen, die schwer zu decidiren sind. Wer eine Fuchs-Falle baut und sie eine Zeitlang nicht aufstellt, der kan an das Gefangene keine Prätension machen, wenn ein anderer sie aufgestellt hat. Wer jemanden ein Boot oder Geräthschaft leihet, der muß keine Reparation fordern, wenn etwas unversehens zu Schaden kommt; es sey dann, daß es ohne sein Wissen gebraucht worden. Daher leihen sie nicht gern. Wer etwas kauft, und es steht ihm hernach nicht recht an, der kan es zurük geben, und seine Bezahlung wieder nehmen. Der Käufer bekommt auch eine Sache auf Credit, wenn er nicht so gleich bezahlen kan. Stirbt er, ehe er bezahlt, so muß man die hinterlassenen Leidtragenden nicht mit Erinnerung des Verstorbenen betrüben; nach einiger Zeit aber kan man die dafür eingetauschte Sache wieder

geben

geben und das Seinige nehmen, wenns nicht unterdessen, wies gemeiniglich im Sterb-Haus geht, in die Rappuse gegangen ist. Ja wenn einer etwas, das er auf Credit bekommen hat, indessen verliert oder zerbricht, so wird er nicht angehalten, es zu bezahlen.

Dergleichen Gewohnheiten, die nach und nach gleichsam zu Gesetzen bey den Grönländern worden sind, kommen denen, die andre Gesetze und Gebräuche haben, freilich etwas widersinnig vor, und bringen sonderlich den Kaufmann in manche Verlegenheit. Die Grönländer sehen selbst die Unzulänglichkeit und Unbilligkeit vieler ihrer Gewohnheiten ein; mögen aber nichts darinn ändern, aus Scheu übler Nachrede, und ihr Final-Grund ist: Es ist nun schon so die Gewohnheit.

IV. Abschnitt.
Von dem moralischen Verhalten der Grönländer.

§. 26.

Nun solte ich auch etwas von den Tugenden oder Untugenden der Grönländer melden, insofern man Menschen, die ausser Christo, das ist, ohne GOtt, in dieser Welt leben, und weder Religion, noch Obrigkeit haben, und also auch von keinen göttlichen und weltlichen Gesetzen wissen, Tugenden beylegen kan. Ich weiß aber nicht, ob mir eine Abschilderung der moralischen Gemüths-Beschaffenheit dieser Nation ins Ganze gelingen wird. Denn wie eine jede Nation, ja ein jeder Mensch, bald auf der guten, bald auf der schlechten Seite betrachtet und also von verschiedenen Leuten auf eine andere und gar widersprechende Weise beschrieben werden kan, laudatur ab his, culpatur ab illis: so findet man bey dem ersten Anblik unter diesen unwissenden Menschen so viel liebens- und lobenswürdiges, daß unsre Christenheit, wie sie dermalen stehet, bey ihrer treflichen Erkentnis und doch fast durchgängigen Handeln gegen alles natürliche und geoffenbarte Licht, dadurch gar sehr beschämt werden könte. Auf dieser Seite präsentirt sich die Grönländische Nation einem jeden, der nicht Zeit und Gelegenheit genug hat, dieselbe aus dem Grunde, in allen verborgenen Gängen und Krümmen ihrer Neigungen und Handlungen, kennen zu lernen. Daher kommen die guten Beschreibungen, die man von den Grönländern aufweiset. Auf der andren Seite findet man bey diesen Leuten gar nichts, das man in dem eigentlichen Sinn vor Menschen, geschweige vor GOttes Augen, gut und tugendhaft nennen könte; und hingegen wo nicht alles, doch so vieles böse und lasterhafte, daß einige, die die Grönländer besser als andre Nationen kennen, denselben gar nichts gutes gelten lassen und sie unter die allerwildesten, gräulichsten und lasterhaftesten Völker hinunter setzen. Ich selber habe bey diesen Wilden mehr artiges als unartiges wahrgenommen, weil ich sie meistens auf der guten und selten auf der schlechten Seite gesehen habe: muß aber, was ich von ihnen schlechtes gehöret, mit dazu nehmen, um sie, so viel möglich, nach ihrer eigentlichen Gestalt abzumahlen.

§. 27.

Man nennt die Grönländer Wilde, und macht sich von den Wilden einen seltsamen Begrif von einem viehischen, unsittsamen ja grausamen Naturell und Lebens-Art. Es geht aber mit diesem Wort, wie mit dem Wort Barbari, womit die Griechen und Römer alle Ausländer belegten, die oft bessere, nur nicht ihre Sitten und Gebräuche hatten. Mit dem Wort Wilde, Sauvage, Sylvaticus, haben die Schiffer die Leute benant, die nicht in Städten und Dörfern, sondern

dern hin und wieder im Walde, wie das Wild, wohnen; so wie die Heiden Pagani genant worden, da sie nicht mehr in Städten, sondern nur auf dem Lande ihren Götzendienst treiben durften. Die Grönländer sind keine ungezogene, farouche, wilde, barbarische oder grausame Menschen, sondern ein sanftes, stilles, sittsames und in dem eigentlichen Sinn des Worts frommes, oder wie die Engländer sagen, good-natured, gutes Volk. Sie leben in einem Statu naturali & libertatis, wie es Anderson ausdrükt, zwar extra Civitatem, aber doch in Societate, darauf die erdichteten Beschreibungen von den Menschen vor der bürgerlichen Verfassung, gar nicht eintreffen. Ihre Societät, welche aus vielen Familien in einem Hause, und aus etlichen Häusern oder Zelten auf einer Insel besteht, hängt zwar nicht durch bekant gemachte Einrichtungen und Gesetze, noch weniger durch Zwang und Strafe, aber doch durch freiwillig einverstandene Ordnung zusammen, und hat sich ohne grosse Mühe und Aufwand, vermuthlich schon viele hundert Jahre, in den meisten Stükken besser als ein Sparta oder Athen, aufrecht erhalten. Man kan sie in der That ein glükliches Volk nennen: denn ein jeder thut, was er will, und handelt doch, die Rachgier oder eigenmächtige Bestrafung ausgenommen, nicht leicht andren zum Schaden. Sie können deshalber auch in Ruhe und Sicherheit leben und bedürfen der Obrigkeit, die GOtt als Seine Dienerin und Rächerin zur Strafe der Uebelthäter gesetzt hat, nicht so unentbehrlich, wie alle civilisirte Nationen, die GOtt nicht genug danken können, daß Er ihnen zu ihrer eigenen Erhaltung Obrigkeiten gesetzt hat. Sie führen zwar in unsren Augen ein armseliges, beschwerliches Leben; sind aber dabey vergnügt, können mit dem Wenigen, das sie besitzen, gut zurecht kommen: und wenn sie etwas weit kostbareres als ihre Seehunde hätten; so würden sie dabey so wenig als wir bey ihrer

Lebens-

Lebensart bestehen können. Daher sie uns auch nicht zu beneiden, wol aber zu bedauren, Ursach finden; weil wir nicht mit so wenigen und geringen Lebensmitteln auszukommen wissen. Und diese Armuth, aber zugleich Gnügsamkeit, trägt gar viel zu ihrer Sicherheit und Freiheit und folglich zu ihrer Glükseligkeit bey, weil sie keine Schätze samlen können, da die Diebe nachgraben und stehlen. Daher haben sie auch keinen Krieg, keine Gewaltthätigkeit, drükkendes Unrecht, Chicane und desgleichen zu befürchten, und können in ihren schlechten Hütten so ruhig schlafen, als ein Fürst in seinem bewapneten Pallast.

§. 28.

Von ihrem äusserlichen Betragen gegen einander, nach der blossen Anständigkeit betrachtet, ist hin und wieder schon so viel angeführt worden, daß ich nur noch etwas von ihrem moralischen Verhalten hinzuthun darf. Da muß man bekennen, daß gewisse Laster, die unter andren Nationen so im Schwang gehen, daß ihnen durch keine Gesetze und Strafen gesteuret werden kan, unter den Grönländern entweder gar nicht, oder doch nicht in eben der Gestalt und Maasse zu finden sind. Man hört bey ihnen kein fluchen, schwören, schelten, zanken, schimpfen; wie sie dann ausser gewissen Nek-Namen, womit sie lächerliche und niederträchtige Handlungen sehr sinnreich und viel bedeutend ausjudrükken wissen, gar keine Schelt-Worte haben. In ihren Gesellschaften hört man kein schreyen, lautes Gelächter, durcheinander plaudern, widersprechen, disputiren, verleumden und lästern. Und ob sie gleich sehr scherzhaft sind, und eine unanständige Handlung gern spöttisch durchziehen und lächerlich machen, auch wol gar sinnreiche Equivoquen zu brauchen wissen; so hört man doch keinen groben, noch weniger unzüchtigen Scherz, bittern Spott, Zoten und Narrentheidungen.

gen. Von Lügen, Betriegen und Stehlen hört man selten. Straſſenraub und Gewaltthätigkeit iſt was unerhörtes, ja man möchte faſt auf die Gedanken kommen, daß ſie einer des andern Gut nicht beneiden und begehren, wenn man blos nach dem äuſſerlichen Anſehen urtheilen wolte. Von der Trunkenheit wiſſen ſie nichts; daher ſieht man unter ihnen auch keine Schlägereyen und Balgen, und ſie wiſſen ihren Zorn und Unwillen ſo meiſterlich zu verbeiſſen, daß man ſie für ſtoiſche Philoſophen halten ſolte: wie ſie dann auch in ihrem Umgang nichts unzüchtiges ſpüren laſſen, und das bey andren Nationen ſo öffentliche und ärgerliche Herumgeſchleppe, geile Bezeigen und Reden bey ihnen ſo was unerhörtes iſt, daß ſie ehedem, wenn ſie dieſe und mehrgemeldete Laſter an dem gemeinen ausländiſchen Volk geſehen haben, voll Verwunderung geweſen und nichts anders zu ſagen gewußt haben, als: Die Leute haben ihren Verſtand verloren, das Tollwaſſer, d. i. das ſtarke Getränk, hat ſie raſend gemacht.

Sogar bey ihren Luſtbarkeiten und Tanz-Gelagen, haben Junge und Alte ſeyn können, ſieht und hört man nichts, das die Modeſtie verletzen könte; ſo daß, wenn die Trommel und die poßirliche Figur des Tänzers nicht geſehen würde, ein Fremder, der Sprache unkundiger, dieſe Verſamlung eher für eine andächtige Uebung, als für eine Luſtbarkeit halten ſolte. Sie ſind aufrichtig und ſagen nicht leicht wiſſentlich eine Unwahrheit, ſonderlich wenn ſie einem den Weg weiſen ſollen, und fahren lieber ein Stük mit. Jedoch wenn ſie einer Sache beſchuldigt werden, kan man ſchten, und oft gar nicht die Wahrheit herauskrigen.

Obgleich die Kinder ohne alle Zucht aufwachſen, ſo muß man doch ſagen, daß ſie den Eltern wenig Mühe und Verdruß machen, ſolange ſie klein ſind: und wenn ſie zu Verſtande gekommen und ihre eigene Herren

werden

worden sind, lassen sie so wenig Ungehorsam, Härte, Undankbarkeit oder Versäumung gegen alte, unbehülfliche Eltern sehen, daß im Gegentheil Mann und Frau einer alten oft schon verdrießlichen Mutter die Disposition über das Ihrige nur zu sehr überlassen.

§. 29.

Des betrift nun zwar mehrentheils nur den Mangel gewisser Laster, welcher zum Theil aus ihrer stillen, phlegmatischen Gemüthsart, zum Theil aus dem Mangel böser Exempel und gewisser Mittel, die zu vielen Lastern reitzen, hergeleitet werden kan. Denn wer z. E. keinen Ueberfluß an köstlichen Speisen und gar kein starkes Getränk, hingegen viele Arbeit hat, bey dem werden manche Laster, die doch alle in ihm liegen, nicht so leicht ausbrechen. Die Beschaffenheit des Landes und die armseligen Haus-Umstände der Grönländer ersparen ihnen auch manche Unordnungen, wodurch andre Völker einander das Leben sauer machen. Weil aber dieser Mangel sie nur von einigen bösen Stükken zurükhalten kan; im Gegentheil aber eine Reitzung zu andren Verbrechen, z. E. zum Diebstahl, Betrug und Straßenraub seyn würde: so muß man den Grund zu ihrem scheinbaren Tugend-Wandel aus andren Quellen herleiten. Denselben kan man zwar bey den Grönländern, wie bey anderen Wilden, die weder göttliche noch menschliche Gesetze haben, in der Vernunft und dem daraus hergeleiteten allereinfältigsten Satz der Billigkeit: Was dir ein anderer nicht thun soll, das thue du ihm auch nicht; wie auch in den Forderungen des natürlichen Gesetzes und in den geheimen Bestrafungen des Gewissens, in dem Verklagen und Entschuldigen der Gedanken, nach Röm. 2, 15. suchen und zugeben. Sie haben allerdings eben so viel Vernunft als andre Menschen, und wissen dieselbe in allen ihnen nöthigen Geschäften zu brauchen, und leider! auch in manchen Stükken zu mißbrauchen. Weil man aber bey ihnen in keiner Sache ein sonderbares Nachdenken, und in ihren meisten Handlungen etwas unbesonnenes wahrnimt; so möchte ich sagen, daß ihre moralischen Handlungen mehr, wie es Anderson ausdrükt, aus einem inwendigen natürlichen Triebe, der noch vieles mit den Thieren gemein hat, als aus Principiis herfliessen. Und dieser Trieb äussert sich in einer gewissen Eigenliebe, Eigennutz, Furcht und Schaamhaftigkeit.

Der Same zu allem Bösen liegt bey ihnen, der Trieb dazu ist eben so natürlich und stark, als bey allen Adams-Kindern; aber die Furcht vor der Wiedervergeltung des Bösen hält sie von vielen, und die Scheu und Schaam vor einem bösen Namen, von den meisten Lastern zurük. Ein Grönländer darf nicht rauben, tödten, schlagen, den Zorn in Worten oder Handlungen auslassen; denn es könte ihm oder seinem liebsten Freunde das Leben kosten. Sie müssen sich ordentlich, sittsam und friedlich gegen einander betragen: denn sonst würden sie in ein übles Geschrey kommen und bey einem Singe-Streit ausgetrommelt werden. Junge Leute müssen einander wohlanständig und züchtig begegnen, damit sie nicht ihren guten Namen oder gar ihr zeitliches Glük einbüssen. Die Liebe zu ihresgleichen, Bekanten und Unbekanten, ihr geselliges, freundliches, hülfreiches Hauswesen, ihre Gast-Freyheit gegen die Fremden, entsteht nicht aus einer ihnen angebornen Mildthätigkeit und Mitleiden gegen arme hülflose Leute, (wir werden bald das Gegentheil sehen,) sondern aus der Eigenliebe und Eigennutz. Den Leuten im Hause müssen sie mittheilen, damit sie ihnen, wenn sie nichts haben, auch aushelfen. Ihren Nachbarn müssen sie helfen, damit sie ihnen wieder dienen. Gegen Fremde müssen sie Gastfrey seyn, damit sie deshalber durchs ganze Land gerühmt, und wenn sie

nach

nach ihrer alten Gewohnheit, das Land durchziehen, und nicht Zeit genug haben, sich selber zu versorgen, wieder eben so behandelt werden. Kurz, der Character, den unser Heiland Matth. 5. den Heiden beylegt, daß sie nur die lieben und denen Gutes thun, von welchen sie ein gleiches erwarten können, trift bey den Grönländern recht ein.

Bey andren mit Gesetzen und Policey-Ordnungen eingeschränkten Nationen geht es ziemlich aus eben den Gründen. Wäre nicht die Furcht vor der Schande, und noch mehr, vor der obrigkeitlichen Strafe; so würde man wol sehen, wie weit die Abscheulichkeit des Lasters und die Schönheit der Tugend die verderbten Menschen abhalten oder antreiben, und wie stark das Regiment der ausgeklärten Vernunft bey der besten Moral seyn würde. Und was gibt den unwissenden oder sogenanten unschuldigen Kindern, und dem einfältigen Bauer-Volk, in den Augen verständiger Leute einen so grossen Vorzug vor den raffinirten Classen der Menschen? die Schaamhaftigkeit, daß sie noch nicht, wie man sagt, der Schaam den Kopf abgebissen und in der Schande eine Ehre zu suchen gelernt haben.

§. 30.

Den Grundsatz der falschen alamodischen Moral, Sauver les apparences, es so machen, daß man für einen ehrlichen Mann gehalten, wenigstens nicht vor der Welt zu Schanden werde, wissen die Grönländer recht gut, und besser als andre kluge und moralisirte Völker zu beobachten: und es ist mir oft eingefallen, daß unsere angeblichen starken Geister noch etwas bey ihnen lernen könten. Dem ohnerachtet thut man ihnen doch nicht unrecht, wenn man ihnen nur den Mangel gewisser Laster, und hingegen keine wahre Tugend beymißt.

Denn

Denn, um mit der Liebe zum Nächsten anzufangen, so wird man kaum einen Grönländer finden, der einem andern, von dem er nicht wieder und zwar bald, etwas zu hoffen hat, Gutes thut. Wenn z. E. ein fremder Mann stirbt und keine nahen Verwandten oder schon etwas brauchbare Söhne hinterläßt: so nimt sich niemand der armen Hinterlassenen an, es sey dann, daß just jemand eine Dienerin braucht. Niemand gibt ihnen zu essen, Dach und Fach; ja es wird ihnen noch wol das Beste geraubt: und sie können die armen Leute so kaltsinnig erfrieren und erhungern sehen, als obs Creaturen einer andren Art wären. Wenn Leute auf dem Lande jemanden im Wasser mit dem Kajak umschlagen sehen, der nicht ihr Bluts- oder Gutthats-Freund ist: so sehen sie kaltsinnig und wol noch mit Vergnügen zu, wie er sich vergeblich zu retten sucht. Es ist ihnen zu beschwerlich, deshalber in den Kajak zu steigen und ihm zur Hülfe zu eilen: und wenn sie durch das Schreyen und Lamentiren der Weiber und Kinder incommodirt werden, so schleichen sie sich davon. Sind sie aber mit einander ausgefahren, so helfen sie ihm auf, weil das keine Mühe kostet. Sie haben ein unempfindliches Gemüth nicht nur gegen die Thiere, (ich meyne diejenigen, die sie nicht zu ihrer Nahrung brauchen), indem sogar schon die Kinder kleine unbrauchbare Vögel mit einem gewissen Vergnügen zu Tode martern, sondern auch gegen die Menschen: und es findet sich so wenig Barmherzigkeit und Mitleiden bey ihnen, daß es sich nicht einmal bey dem sonst von Natur weichlichen und zärtlichen Geschlecht äussert.

Dagegen spürt man eine stärkere Liebe zwischen Eltern und Kindern, nebst allen daraus entstehenden Affecten, als bey andren Nationen. Eine Mutter kan ihr Kind nicht aus den Augen lassen, und es hat sich manche ins Wasser gestürzt, wenn ihr Kind ertrunken ist.

Da sich nun auch bey den Thieren eine Gleichgültigkeit gegen der andren Wohl oder Wehe, und hingegen eine stärkere Liebe und Bekümmernis um ihre Jungen findet: so möchte man fast auf die Gedanken kommen, daß die Grönländer mehr nach Instinct und Affecten, die die Menschen in gewisser Maasse mit den Thieren gemein haben, als nach menschlicher Vernunft handeln. Und dieses äussert sich bey ihnen am meisten in einer gewissen Unnachdenklichkeit. Sie leben auch in blos leiblichen Dingen in den Tag hinein, und bekümmern sich nicht sehr ums Künftige. Was sie sehen, gefällt ihnen, wenn sie es gleich nicht zu brauchen wissen. Und wenn sie mit einer Begierde darauf fallen; so verkauffen sie ihre unentbehrlichsten Sachen dafür, und leiden darüber Noth. Empfangen sie eine Wohlthat und wol gar in der größten Noth eine Hülfe, sonderlich von einem Europäer, so wissen sie, ausser dem Kujonak, Schön Dank! von keiner Erkentlichkeit und Dankbarkeit, und sie werden ihm, wenn er es braucht, selten wieder dienen. Wenn sie etwas schönes auf dem Leibe haben; so können sie stolziren wie ein Pfau, und andre neben sich sehr geringschätzig tractiren, sonderlich wenn sie eine besondre Geschiklichkeit in etwas besitzen und in ihrem Fang glüklich sind. Wenn die Leidenschaften, die sie lange zu bezähmen oder doch zu verbergen wissen, einmal ausbrechen; so wüten sie desto unsinniger und viehisch. Was sie thun wollen, das muß durchgesetzt seyn: und was ihnen nicht beliebig ist, dazu lassen sie sich durch keine Vorstellung bereden. Diese mit einer mukkischen Tükke begleitete Halsstarrigkeit, die theils aus ihrer Unbesonnenheit, theils aus dem gänzlichen Mangel aller Ziehe und Beugung in ihrer Kindheit herrührt, hängt den alten Leuten am meisten an, und macht den Mißionariis beynahe die schwerste Arbeit; wenn sie nicht auf eine geschikte Weise ihren Eigensinn zum voraus zu verhüten und abzuwenden verstehen.

§. 31.

§. 31.

Es ist leicht zu erachten, daß die Grönländer nicht alle einerley sind, und also was bisher sowol von ihrem artigen als unartigen Wesen gemeldet worden, nicht so ohne Ausnahme zu verstehen ist, als wäre keiner anders als just so. Es gibt unter ihnen auch nachdenkliche, vernünftige, gutthätige Leute: sie sind aber sehr rar. Und derer, die ein ausgemacht unartiges, ja lasterhaftes und gar unnatürliches Leben führen, nachdem sie einmal die natürliche Scheu und Schaamhaftigkeit überwunden, oder keine Wiedervergeltung zu befürchten haben, sind nicht wenige. Lügen und böse Nachreden sind beym weiblichen Geschlecht sehr gemein. Die Armen und Faulen legen sich auch wol aufs Stehlen, sonderlich von Fremden vorbeyfahrenden, wenn es heimlich bleiben kan: können sie aber den Ausländern etwas heimlich oder mit Gewalt rauben; so wird es gar für rühmlich gehalten. Diese dürfen ihnen auch nicht weit trauen, weil sie schon einigemal von ihnen betrogen, ja gar ans Land gelokket und dann umgebracht und ihrer Waaren beraubt worden sind. An den beständig da wohnenden Ausländern dürfen sie solche Kunst und Schelmstükke nicht ausüben, weil man sie überall aufsuchen und zur Strafe ziehen kan.

Ihre scheinbare äusserliche Züchtigkeit geht auch nicht weit. Ohne mich bey der Jugend und den ledigen Leuten in particularia einzulassen, bey welchen noch die wenigsten öffentlichen Ausbrüche vorkommen, wiewol sie heimlich eben so garstig sind als bey andren Nationen: so will ich nur von den Alten sagen, daß ihre Polygamie nicht allemal die Nachkommenschaft, sondern mehrentheils die Wollust zum Grunde hat. Daneben gibts auch Huren von Profeßion; wiewol selten eine Ledige zu diesem schändlichen Gewerbe greifft. Hingegen sind die Verheyratheten so arg, daß sie ohne

Scheu von beyden Seiten die Ehe brechen, wo sie können. Da aber dieser Leute Verstand so wenig excolirt und, wie gesagt, in ihren Handlungen viel thierisches anzutreffen ist; so solte man wol kein Raffinement in ihren thierischen Vergnügungen vermuthen: ich bin aber des Gegentheils versichert worden; und man hat daneben angemerkt, daß sie die Augen-Sprache, ohne die geringste Miene und Geberden zu machen, besser verstehen, als in der Türkey.

§. 32.

Wie eigennützig und ungerecht, ja grausam sie mit Witwen und Waysen, die keinen Beystand haben, verfahren, kan man aus ihrer wunderlichen Erbschafts-Verfassung urtheilen. Wenn ein Mann stirbt, so soll der älteste Sohn das Zelt und Weiberboot, d. i. Haus und Hof, erben, und dagegen die Mutter mit den übrigen Kindern, die das andre Hausgeräth und Kleiderwerk unter sich theilen, ernehren. Ist kein erwachsener Sohn vorhanden, so soll der nächste Verwandte erben und die Witwe mit den Kindern versorgen und erziehen. Hat er aber selbst Zelt und Boot, so soll er die Erbschaft und Schuldigkeit einem Fremden überlassen: denn niemand kan zwey Zelte und Boote zugleich im Stand erhalten. Wenn die Söhne heranwachsen, so bekommen sie nichts von Zelt und Boot: wer es hat, der behält es. Hat aber der Pflegvater keine oder unmündige Kinder, so erbt der Pflegsohn desselbigen Sachen, und erhält dafür die Hinterlassenen. So weit geht es ordentlich. Weil aber, sobald die Söhne erzogen sind und selbst etwas fangen können, die Witwe mit demselben wirthschaften kan, wie sie will; und, wenn sie ihren alten Wohlthäter mit dessen hülflosen Kindern sitzen läßt, darüber nicht angesprochen werden kan: so kan man sich leicht vorstellen, daß die Sorge für verwayste Leute, zumal wenn sie nichts mitgebracht, bey so ungewisser Erwartung einiges Nutzens, oft sehr schlecht seyn müsse. Daher viele Knaben, weil ihre Ausrüstung mit Kajak und Geräthschaft kostbar ist, in der Jugend versäumt werden; und noch mehrere hülflose, weiblichen Geschlechts, vor Blösse und Hunger verderben.

Das grausamste aber ist das. Wenn eine Wittwe, die keine nahen Verwandten hat, mit ihren Kindern wie ausser sich auf dem Boden liegt und den Verlust ihres Mannes beweint; so wird indessen von den condolirenden Gästen alle Geräthschaft des Mannes heimlich entwendet. Die entblöste Wittwe kan bey niemanden ihre Klage anbringen und Hülfe begehren, sondern muß sich bey dem, der das meiste geraubt hat, insinuiren. Dieser erhält sie eine Weile. Wenn er ihrer überdrüssig ist, muß sie bey einem andern unterzukommen suchen. Endlich läßt man sie mit ihren Kindern gar sitzen: da sie dann, wenn sie sich auch eine Zeit lang mit Fischen, Muscheln und See-Gras durchgebracht, aus Mangel der Kleider und des Speks, verhungern und erfrieren müssen. Dieses ist wol die Haupt-Ursach, warum der Grönländer von Jahr zu Jahr immer weniger werden, zumal wo sie sich schon angewöhnt haben, mehr zu brauchen, als sie erwerben können.

§. 33.

In Criminal-Fällen ist es noch unordentlicher und grausamer. Es werden keine Verbrecher mit dem Tode gestraft, als nur die Mörder und die Hexen, die andere Leute sollen todt gehext haben. Damit geht es aber so unbesonnen und rachgierig zu, daß endlich fast niemand seines Lebens sicher ist. Die Grönländer haben zwar an und für sich selbst kein mörderisches Gemüth: weil sie sich aber von Jugend auf mit dem Würgen der Seehunde und andrer Creaturen beschäftigen,

gen, wozu ihnen die Inclination gleichsam angeboren ist; so kriegen einige durch diese alltägliche Gewohnheit endlich gar wol die unnatürliche Lust, auch Menschen ohne alle Ursach zu morden. Doch mögen solcher Bösewichter, die aus blosser Lust morden, oder um sich berühmt und fürchterlich zu machen, wenige seyn. Mehrere morden aus Neid über die vorzügliche Geschiklichkeit oder gute Geräthschaft eines andern; wiewol sie nichts davon rauben. Die meisten morden aus Rache.

Ein solcher Meuchelmörder verrichtet die That auf der See hinterlistiger Weise, indem er den Grönländer in seinem Kajak umstürzt und ersauffen läßt, oder hinterrüks mit der Harpun wirft und ersticht, und den Cörper in die See treiben läßt. Erfahren es die Freunde des Entleibten, so verbeissen sie ihren Zorn, ja sie reden nicht einmal davon, aus Furcht, der Mörder oder seine Spions und Secundanten möchten auch sie aus dem Wege räumen, um selber sicher zu seyn. Solten aber auch 30 Jahr hingehen, wovon man Exempel hat; so vergessen sie nicht, den Mord zu rächen, wenn sie den Mörder wo allein finden. (*) Sie greiffen ihn gemeiniglich auf dem Lande, zeigen mit wenig Worten die Ursach an, steinigen oder erstechen ihn, und werfen seinen Cörper in die See, oder zerhauen ihn, wenn sie recht böse sind, und verschlukken ein Stükgen vom Herzen oder der Leber, weil sie denken, daß dessen Anverwandte dadurch das Herz verlie-

---

(*) Die Rachbegierde, ohne dieselbe eher, als zur gelegenen Zeit, blikken zu lassen, wird auf die Kinder und Kindes-Kinder fortgepflanzt. Wenn sie aber wahre Christen werden, so fällt, nebst andren Sünden und Unordnungen, auch diese so dahin, daß sie der ehmaligen Beleidigungen gar nicht mehr gedenken und einander herzlich lieben.

ren, sie anzugreiffen. Ist der abgestrafte Mörder wegen seiner Mordthaten sehr rüchtig und verhaßt, und hat keine Verwandten, so bleibts dabey: gemeiniglich aber wird diese Todes-Strafe wieder mit dem Tode gerochen, entweder an dem Thäter oder an seinen Kindern, Enkeln und Verwandten; und wenn man die nicht haben kan, an seinen Bekanten, die mit ihm auf einem Lande wohnen. Und so kan es immer fortgehen und oft sehr unschuldige Leute treffen.

Ihr Hexen-Proceß ist auch sehr kurz. Wenn ein altes Weib (auch wol eine Mannsperson,) ins Geschrey kommt, daß sie hexen kan; woran sie selbst schuld ist, weil sie sich mit allerley Gaukel- oder Quaksalber-Curen durchzubringen sucht: so darf einem Mann nur die Frau oder ein Kind sterben, oder die Pfeile treffen nicht, und die Flinte versagt; so wird von einem Angekok oder Wahrsager die Schuld auf solche arme Person geschoben; und sie, wenn sie keine wehrhaften Verwandten hat, von allen Leuten auf dem Lande gesteiniget, ins Wasser gestürzt, in kleine Stükken zerschnitten, wies ihnen eben die Rache eingibt. Ja man hat Exempel, daß ein Mann in solchem Fall seine eigne Mutter oder Schwester im Angesicht aller Leute im Hause erstikt, und niemand ihm nur darüber einen Vorwurf macht. Hat aber die Ermordete nahe Anverwandte; so suchen dieselben den Mord zu rächen, und dann gibt es eben wieder eine langwielige Mordgeschichte. Wenn sich solche arme beschuldigte Leute nicht mehr retten können; so stürzen sie sich auch wol selber in die See, damit sie nur nicht zerstükkelt und den Raben zum Raube werden.

§. 34.

Ich habe für nöthig erachtet, die Gestalt der Grönländer, die vielleicht noch unter allen Heiden die einfältigste und am wenigsten verderbte Nation sind,

von

von der guten und schlechten Seite zu zeigen, und so viel mir möglich, dem Grunde und Triebwerk ihrer Handlungen nachzuspüren: weil man aus den bisherigen Nachrichten von dieser Nation, so wie aus den glänzenden Beschreibungen fast aller heidnischen Völker in alten und neuen Zeiten, beynahe auf die Gedanken kommen möchte, daß es tugendhafte Heiden gebe, die die Christen in vielen Stükken übertreffen, und nur von diesen durch böse Exempel, Reitzungen und bisher unbewußte Mittel zu den Lastern verführt werden; und daß also die Menschen nach dem blossen Licht der Natur und ihrer Vernunft ein tugendhaftes Leben führen könten, und das Licht des Evangelii nicht so sehr bedürften, um GOtt gefällig und ihren Mitmenschen werth zu seyn. Daß dieses der Grundsatz des Naturalismi ist, weiß jedermann. Es ist auch bekant, wie mancher Lehrer, ohne darüber nachzudenken, in Bestrafung und Ermahnung seiner Zuhörer das Exempel der tugendhaften Heiden anführt: welches entweder gar keinen, oder den bösen Effect hat, daß es den, einem jeden Menschen angebornen Pelagianismum und das Selbstwirken einiger Scheintugenden bestärket; zu geschweigen, daß es den Atheisten und Naturalisten das beste Schwerdt in die Hände gibt, die Nothwendigkeit der Versöhnung und der Lehre des Evangelii zu bestreiten. Daher macht man sich auch wol eine leichte Idee von der Heiden-Bekehrung und denkt: die größte Schwierigkeit bestehe darinnen, ihnen einen gehörigen, überzeugenden Begrif der göttlichen Wahrheiten beyzubringen; denn was die Ausübung betreffe, mit der werde es keine Noth haben, weil sie ohnedem einen tugendhaften Wandel zu führen gewohnt sind.

Freilich kan man diesen Heiden ein vorzügliches Lob vor unserer verderbten Christenheit beylegen, weil sie doch viele Laster meiden; nicht nur aus der blossen
Erman-

Ermangelung böser Exempel, Mittel und Gelegenheiten, oder aus einem sträflichen Eigenlob und Eigennuz; sondern auch aus einem Principio der Schaumhaftigkeit: welche doch anzeigt, daß sie einen wiewol sehr dunkeln Begrif haben, daß das und jenes unrecht oder sündlich sey; ob sie gleich nach ihrer natürlichen Kaltsinnigkeit und Trägheit nachzudenken, nicht auf die in ihnen liegenden Dictamina des Natur-Gesetzes und des Gewissens kommen und also auch nicht nach Principiis und Vorschriften handeln können. Und daß sie bey ihrer gänzlichen Unwissenheit, nach dem wenigen Licht ihres Verstandes, besser handeln, als die meisten Menschen nach ihrer Erkentnis, bey dem hellen Licht des Evangelii und dem so oftmaligen Anklopfen der göttlichen Gnade an ihrem Herzen; das ist auch nichts geringes, und wird ihnen wenigstens viele Streiche ersparen, die andre für ihren Muthwillen und Verachtung der angebotenen Gnade verdienen.

Daß sie aber von Natur die größten Laster meiden und gewisse, wo nicht vor dem göttlichen, doch einem menschlichen Gericht, zu lobende und zu belohnende Tugenden ausüben solten, können wir weder bey den Grönländern, noch bey einigen heidnischen Völkern, so weit wir dieselben näher kennen gelernt, bemerken. Und woher solten sie die Vorschrift, das Exempel und das Vermögen dazu hernehmen, solange sie von dem heiligen Evangelio nichts wissen, und noch unter der Botmäßigkeit des Gottes dieser Welt stehen, der sein Werk in den Kindern des Unglaubens nur gar zu gern ausübet?

V. Ab=

V. Abschnitt.
Von der Religion oder vielmehr Superstition der Grönländer.

§. 35.

Das führt mich auf die Religion, oder vielmehr Superstition der Grönländer. Es ist aber schwer, etwas gewisses davon zu sagen, weil sie sehr unwissend, unnachdenklich, leichtgläubig und doch in ihren Meynungen sehr verschieden sind: indem ein jeder Freyheit hat, nichts oder allerley zu glauben.

Ehe Mißionarii ins Land gekommen sind, hat man die Grönländer für grobe Abgötter ausgegeben, die die Sonne anbeten und dem Teufel opfern, daß er ihnen in ihrem Fange förderlich, wenigstens nicht hinderlich seyn möge. Das haben die Schiffer nicht aus ihren Reden vernommen (denn sie verstunden die Grönländer nicht) sondern aus einigen Umständen geschlossen. Sie sahen, daß die Grönländer alle Morgen, sobald sie aufstunden, mit einer tiefsinnigen Betrachtung gegen Aufgang der Sonne hingerichtet stunden, um aus den Strahlen der Luft und der Bewegung der Wolken zu schliessen, ob sie denselben Tag gutes oder schlechtes Wetter oder gar Sturm zu erwarten hätten. So thun sie noch itzt alle Morgen. Die Schiffer, die diese Ursach nicht wußten, glaubten, daß sie die Sonne anbeteten. Ein anderer sahe an einigen verlassenen Orten viele mit Steinen ausgelegte vierekkigte Plätze, und auf einem erhabenen Stein einige Kohlen und daneben einen Haufen abgenagte Knochen liegen. Gleich war es ausgemacht, daß die Grönländer da geopfert haben müßten. Und wem solten sie sonst opfern, als dem Teufel? Die Schiffer hatten aber keine Sommer=Haushaltung der Grönländer gesehen, da sie ihre Zelte in

solchen

solchen vierekfigten Plätzen aufschlagen und ihre Speisen mit Holz kochen. So kan man sich in der Verfassung und Religion eines Volks irren, wenn man es nur gesehen, aber nicht verstanden hat. Die Grönländer haben weder Religion, noch Götzen-Dienst, und man findet auch keine Ceremonien, die sich auf etwas gottesdienstliches beziehen. Daher sind die ersten Mißionarii auf die Gedanken gekommen, daß bey ihnen auch so gar keine Spur eines Begrifs von einem göttlichen Wesen vorhanden sey, weil sie kein Wort hatten, dasselbe anzudeuten. Wenn man sie gefragt hat, wer Himmel und Erde und alles was sie sehen, geschaffen? so ist die Antwort gewesen: Wir wissen das nicht; oder, wir kennen ihn nicht; oder, das muß ein sehr mächtiger Mann seyn; oder, es ist immer so gewesen und wird so bleiben. Nachdem man aber ihre Sprache besser verstehen gelernet, so hat man nicht nur aus ihren wiewol sehr verschiedenen Meynungen von der Seele und den Geistern, wie auch aus der bangen Bekümmerung wegen des Zustands nach dem Tode, das Gegentheil schliessen; sondern auch in einem freyen Gespräch mit ganz wilden Grönländern (wenn man nur nicht gleich die Application auf sie gemacht, und sie auf Pflichten führen wollen, dazu sie noch keine Neigung hatten) deutlich wahrnehmen können, daß ihre Vorfahren ein Wesen in der Höhe geglaubt und demselben einigen Dienst geleistet haben müssen, welchen die Nachkommen, je weiter sie von verständigern civilisirten Völkern entfernet worden, nach und nach verabsäumet, bis sie endlich allen deutlichen Begrif von einer GOttheit verloren haben. Daß aber auch bey diesen eine dunkle Idee von einem göttlichen Wesen verborgen liege; sieht man daraus: weil sie gleich ohne Widerspruch (es sey dann, daß sie die Folgen dieser Lehre scheuen und also nicht glauben wollen,) der Lehre von GOtt und seinen Eigenschaften Beyfall geben.

Nur

Nur laſſen ſie ſich von ihrer natürlichen Trägheit, Dummheit und Sorgloſigkeit verhindern, durch ein ordentliches Nachdenken über die Werke der Schöpfung und über die bange Bekümmerung wegen des Künftigen, auf ordentliche Principia zu kommen. Es müſſen aber doch einige, wenn gleich nicht alle, ſchon vorher, ehe ſie einen Mißionarium geſehen, wenigſtens in ihren jungen Jahren, da ſie noch nicht mit Nahrungs-Sorgen überhäuft ſind, darüber geforſcht haben; das zeigt folgende Begebenheit.

Es wunderte ſich einmal jemand in einer Geſellſchaft von getauften Grönländern, wie ſie doch ehedem ſo unverſtändig und ohne Nachdenken hätten dahin leben können. Hierauf verſetzte einer: " Es iſt wahr, wir ſind unwiſſende Heiden geweſen, und haben nichts von GOtt und vom Heiland gewußt. Wer hätte es uns auch ſagen ſollen, ehe ihr gekommen ſeyd? Du mußt aber nicht glauben, daß kein Grönländer darüber nachdenkt. Ich habe oft gedacht, ein Kajak mit dazu gehörigen Pfeilen entſteht nicht von ſelbſt, ſondern muß mit Mühe und Geſchiklichkeit von Menſchen-Händen gemacht werden; und wer es nicht verſteht, der verderbt leicht etwas daran. Nun iſt der geringſte Vogel viel künſtlicher als der beſte Kajak, und niemand kan einen machen. Der Menſch iſt noch weit künſtlicher und geſchikter als alle Thiere. Wer hat ihn gemacht? Er kommt von ſeinen Eltern, und dieſe kommen wieder von ihren Eltern her. Aber wo kommen dann die allererſten Menſchen her? Sie ſollen aus der Erde gewachſen ſeyn. Aber warum wachſen dann nun nicht mehr Menſchen aus der Erde? Und woher iſt dann die Erde, das Meer, Sonne, Mond und Sterne entſtanden? Nothwendig muß jemand ſeyn, der das alles gemacht hat, der immer geweſen iſt und nicht aufhören kan. Derſelbe muß unbegreiflich viel mächtiger, geſchikter

schikter und weiser seyn, als der klügste Mensch: er muß auch sehr gut seyn, weil alles, was er gemacht hat, so gut und uns so nützlich und nöthig ist. Ja, wenn ich den kennte, den wolte ich recht liebhaben und in Ehren halten. Aber wer hat ihn gesehen und gesprochen? Niemand von uns Menschen. Es kan aber doch Menschen geben, die etwas von ihm wissen; die möchte ich gern sprechen. Sobald ich also von euch zum erstenmal von dem grossen Wesen gehört habe, so hab ichs gleich und gern geglaubt, weil ich so lange darnach verlangt hatte." Dieses Zeugnis wurde von den andren mit mehr oder weniger Umständen bestättiget. Sie thaten z. E. hinzu: "Ein Mensch ist doch ganz anders als die Thiere gemacht. Diese dienen einander und endlich alle dem Menschen zur Speise, und haben keinen Verstand. Der Mensch aber hat eine verständige Seele, ist niemanden in der Welt unterworfen, und fürchtet sich doch vor dem Künftigen. Vor wem fürchtet er sich dann? Das muß ein grosser Geist seyn, der uns zu gebieten hat. Wenn man doch den kennte und zum Freunde hätte!"

§. 36.

Es bleibt also bey dem Ausspruch des grossen Heiden-Apostels, Röm. 1, 19. 20. 21. "Daß GOtt sey, ist ihnen offenbar, denn GOtt hat es ihnen offenbaret, so man es wahrnimt an den Werken der Schöpfung, wiewol sie aus eigner Schuld in ihrem Dichten eitel und ihr Herz verfinstert worden." ꝛc. Und dieser Satz wird nicht nur durch das allgemeine Zeugnis der Reisebeschreiber, daß sie noch kein Volk entdekket, welches nicht einigen, obgleich dunkeln und irrigen Begrif von GOtt gehabt hätte; sondern auch bey den dummen und wilden Grönländern aus ihren verschiedenen Meynungen von der Seele des Menschen und von andren grossen und kleinen geistlichen Wesen, gnugsam bestättiget.

Es

Es gibt zwar einige Grönländer, die nicht glauben, daß sie eine Seele haben, die von dem lebendigen Wesen eines andern Thiers unterschieden sey, und mit dem Tode nicht aufhöre. Diese sind aber entweder recht dumme, viehische Menschen, die so gar von den Ungläubigen ausgelacht werden; oder boshafte kluge Köpfe, die ihren Nutzen bey dieser Meynung suchen.

Andre geben eine von dem Leibe unterschiedene Seele zu; beschreiben sie aber so materiell, daß sie ab- und zunehmen, zertheilt werden, ein Stük verlieren und wieder reparirt werden, oder sich gar auf eine Zeitlang aus dem Leibe verlieren kan: so daß schon mancher, wenn er auf eine weite Reise gegangen ist, seine Seele zu Hause gelassen hat, und doch immer frisch und gesund geblieben ist. Auf diese wunderlichen Gedanken sind sie vermuthlich theils durch das Heimweh, da man immer an den Geburts-Ort denkt; theils durch solche Krankheiten gerathen, da die Kräfte der Seele geschwächt oder gar auf eine Zeitlang unterdrükt werden.

Einige von diesen Materialisten statuiren zwo Seelen, nemlich den Schatten und den Othem des Menschen, und meynen, daß in der Nacht die Seele den Leib verlasse, und auf die Jagd, zum Tanz, zum Besuch u. s. w. fahre. Die Träume, die bey den Grönländern sehr häufig und lebhaft, ja oft recht unbegreiflich sind, haben sie auf diese Meynung gebracht. Bey solchen Leuten finden die Angekoks ihre beste Nahrung, indem sie eine beschädigte Seele ausbessern, eine verlorne zurükbringen und eine kranke, mit einer frischen, gesunden Seele von einem Hasen, Rennthier, Vogel oder jungen Kinde verwechseln können.

Diesen Begrif mögen auch diejenigen Grönländer haben, die eine Wanderung der Seele vorgeben; eine Meynung, die man erst kürzlich unter ihnen wahrge-

R nommen

nommen hat. Besonders suchen die hülflosen Witwen dieselbe zu behaupten, um die Mildthätigkeit zu erregen, wenn sie den Eltern weißmachen können, daß die Seele ihres verstorbenen Kindes in des Mannes Sohn, oder seines verstorbenen Kindes Seele in eins von ihren eigenen Kindern gefahren ist; da dann ein solcher Mann der vermeynten Seele seines Kindes Gutes zu thun beflissen ist, oder sich mit der Witwe gar nahe verwandt zu seyn glaubt.

Die verständigsten Grönländer behaupten, daß die Seele ein von dem Leib und von aller Materie ganz verschiedenes geistliches Wesen ist, das keiner materiellen Nahrung bedarf, und weil der Leib in der Erde verfault, nach dem Tode noch leben und eine andere als leibliche Nahrung, die sie aber nicht wissen, haben muß. Die Angekoks, die öfters ins Reich der Seelen zu reisen vorgeben, sagen, sie sey bleich und weich, und wenn man sie angreiffen wolle, so fühle man nichts, weil sie kein Fleisch und Bein und Sehnen habe.

§. 37.

Hieraus läßt sich leicht abnehmen, welche Begriffe sie sich von dem Zustand nach dem Tode machen müssen. Insgemein stellen sie sich denselben besser vor als dieses zeitliche Leben, und glauben, daß derselbe nie aufhört. Jedoch, wo und wie derselbe Ort beschaffen ist, darinn sind sie wieder sehr verschiedener Meynung. Weil die Grönländer ihre meiste und beste Nahrung aus der Tieffe des Meers bekommen; so suchen sie diesen glükseligen Ort unter dem Meer oder Erdboden, und denken, daß die tiefen Löcher in den Felsen die Eingänge dazu seyn. Daselbst wohnt Torngarsuk und seine Mutter. Da ist ein beständiger Sommer, schöner Sonnenschein und keine Nacht. Da ist gutes Waßer und ein Ueberfluß an Vögeln, Fischen, Seehunden

und

und Rennthieren, die man ohne Mühe fangen kan, oder gar in einem grossen Kessel lebendig kochend findet. Dahin kommen aber nur die Leute, die zur Arbeit getaugt haben, (denn andere Begriffe von der Tugend haben sie nicht,) die grosse Thaten gethan, viele Wallfische und Seehunde gefangen, sehr viel ausgestanden, im Meer ertrunken, oder über der Geburt gestorben sind. Man sieht doch daraus, daß sie ehedem einen Begrif von der Belohnung des Guten gehabt haben müssen. Die abgeschiedene Seele kommt aber nicht tanzend in diese Elisäischen Felder, sondern muß fünf Tage lang, andre sagen, noch länger, an einem rauhen Felsen, der daher schon ganz blutig ist, herunter rutschen. Ob dieses die Jdee von einer Reinigung der Seele zum Grunde hat; oder nur, daß es per aspera ad astra geht, kan ich nicht sagen. Sonderlich werden die armen Seelen bedauret, die diese Reise im kalten Winter oder bey stürmischem Wetter thun müssen, weil da leicht eine zu Schaden kommen kan; welches sie den andern Tod nennen, da nichts zurük bleibt. Und das ist ihnen das allerbetrübteste. Daher müssen die Hinterlassenen, diese fünf oder etliche Tage lang, sich gewisser Speisen, auch aller geräuschigen Arbeit (ausser dem nöthigen Fischfang,) enthalten, damit die Seele auf ihrer gefährlichen Reise nicht beunruhigt werde oder gar verunglükke. Hieraus liesse sich vermuthen, daß ihre Vorfahren für die abgeschiedenen Seelen der Jhrigen geopfert haben müssen, wenigstens sieht man so viel ganz deutlich, daß auch bey den dummen Grönländern, wie bey den alten klugen Heiden, ein Entsetzen vor der vermeyntlichen gänzlichen Zernichtigung der Seele liegt.

Wer mehr von der Schönheit der himmlischen Körper eingenommen ist, der sucht den glükseligen Ort im obersten Himmel, über dem Regenbogen, und die Fahrt dahin ist so leicht und hurtig, daß die Seele noch denselbigen

selbigen Abend bey dem Mond, der ehedem ein Grönländer gewesen, in seinem Hause ausruhen und mit den übrigen Seelen Ball spielen und tanzen kan; denn dafür halten sie den Nordschein. Daselbst stehen die Seelen in Zelten um einen grossen See herum, in welchem die Menge Fische und Vögel sind. Wenn dieser See überläuft, so regnet es auf der Erde. Solten aber einmal die Dämme durchbrechen, so gäbe es eine allgemeine Sündfluth.

Die erste Parthey aber behauptet, daß nur die untauglichen faulen Leute in den Himmel kommen, und daselbst einen grossen Mangel an allem haben; daher die Seelen sehr mager und kraftlos seyn, zumal da sie wegen der schnellen Umdrehung des Himmels gar keine Ruhe haben. Sonderlich kommen die bösen Leute und Hexen dahin, und werden von den Raben so geplagt, daß sie dieselben nicht aus ihren Haaren abhalten können. Diese aber wissen das besser. Sie kommen in eine grosse Gesellschaft von ihres gleichen, die nichts als Seehundsköpfe speisen, welche nie verzehrt werden.

Die verständigsten Grönländer, die die Seele für ein geistliches unmaterielles Wesen halten, lachen über das alles, oder sagen: wenn ja so ein leiblich überflüßiges Paradies seyn solte, wo die Seelen der Grönländer sich von der Jagd nehren könten; so müßte es im Himmel seyn und nur eine Zeitlang währen. Hernach komme die Seele in die stillen Wohnungen. Was aber daselbst ihre Nahrung und Geschäfte sey, das können sie nicht wissen. Hingegen die Hölle setzen sie in die unterirdische Gegend, die ohne Licht und Wärme und mit stetswährendem Schrekken und Angst angefüllt ist. Dergleichen Leute führen ein ordentliches Leben und enthalten sich alles dessen, was nach ihren Gedanken böse ist.

§. 38.

§. 38.

Wer da weiß, welche ungereimten Begriffe die alten weisen Heiden von der Seele und dem Zustand nach dem Tode gehabt haben, der wird sich nicht so sehr über die Dummheit der Grönländer wundern, sondern ihnen vielmehr einen Witz beylegen, den man doch sonst nicht an ihnen spüren kan. Ich halte dieses für die wenigen Reste von den Wahrheiten der Religion der ersten Menschen, die durch die Tradition auf die Nachkommen fortgepflanzt; jemehr aber diese sich von ihrem ersten Aufenthalt und andren civilisirten Völkern entfernt, zum Theil aus der Acht gelassen und vergessen, zum Theil mit neuen Zusätzen verdunkelt worden. Wenn man die Nachrichten von den nördlichsten Americanern und Asiatischen Tattarn lieset, so findet man die Lebens-Art, Sitten, Gebräuche und Meynungen dieser Völker mit dem, was bisher von den Grönländern gesagt worden, ziemlich übereinstimmend, nur mit dem Unterschied, daß die wilden Nationen, je weiter sie gen Norden gekommen, je weniger Begriffe und Gebräuche beybehalten haben. Doch könten die Grönländer auch etwas von den alten Norwegischen Christen gehört und angenommen, aber wiederum vergessen, oder doch nach ihrer groben Denkweise verändert haben, wofern die Ueberbleibsel der Norweger, wie man vermuthet, sich mit denselben vereinigt und zu einem Volk worden sind.

Dergleichen verunstaltete Traditionen findet man unter ihnen von der Erschaffung und dem Ende der Welt und von der Sündfluth, die zum Theil nicht ungereimter klingen, und unter einander eben so widersprechend sind, als die Meynungen der Griechen in dem fabulösen Alter der Welt. Ich will nur einige derselben anführen. Der erste Mensch, den sie Kallak nennen, soll aus der Erde, und bald darauf aus seinem

Daumen die Frau entstanden seyn, von denen hernach alle Menschen hergekommen. Demselben schreiben manche auch den Ursprung aller Dinge zu. Den Tod soll das Weib in die Welt gebracht haben, indem sie gesagt: Laß diese sterben, damit die Nachfolgenden Platz bekommen. Eine Grönländische Frau soll einmal Kablunät, (so nennen sie die Ausländer,) und Hunde geboren haben, welche ihren Vater aufgefressen. Einer der Kablunät hat einen Grönländer gespottet, weil er keine Vögel treffen konte; und da dieser jenen mit dem Pfeil getroffen, so ist der Krieg zwischen ihnen entstanden, in welchem endlich die Grönländer gesieget und alle Ausländer umgebracht haben. Das zielt auf die Vertilgung der alten Norweger, auf welche sie solchen Haß geworfen, daß sie ihren Ursprung der Verwandelung der Hunde in Menschen zuschreiben. Die Fische sollen davon entstanden seyn, daß ein Grönländer Späne von einem Baum ins Meer geworfen, nachdem er sie zwischen den Beinen durchgezogen.

Von der Sündfluth, von welcher fast alle heidnische Nationen noch etwas wissen, haben die ersten Missionarii eine ziemlich deutliche Tradition unter den Grönländern gefunden, nemlich daß die Welt einmal umgekantert und alle Menschen ertrunken, einige aber zu Feuer-Geistern worden sind. Der einige Mensch, der lebend geblieben, habe hernach mit dem Stok auf die Erde geschlagen; da sey eine Frau herausgefahren, mit welcher er den Erdboden wieder bevölkert. Sie erzehlen auch, daß weit oben auf dem Lande, wo niemals Menschen haben wohnen können, allerley Ueberbleibsel von Fischen, ja auf einem hohen Berge Wallfischknochen gefunden werden, woraus sie klar machen, daß der Erdboden einmal überschwemmt gewesen.

Von dem Ende der Welt und der Auferstehung des Leibes können sie wol wenig Begrif haben. Einige geben

ben vor, die Seele halte sich fünf Tage lang bey dem Grabe des Leibes auf: alsdann stehe der Mensch wieder auf, und treibe in jener Welt seine Nahrung, die er hier getrieben; daher sie auch des Verstorbenen Jagd-Geräthe bey seinem Grabe niederlegen. Weil aber die verständigern Grönländer gesehen, daß sowol der Leib als das Jagd-Geräth an demselben Ort bleibt und verfault; so halten sie nichts von dieser, und wissen nichts von der rechten Auferstehung. Doch haben einige wenige folgenden Begrif davon geäussert, der desto merkwürdiger ist, weil er zugleich eine Spur von einem obern Wesen enthält. Es soll einmal, wenn alle Menschen gestorben sind, der Erdklumpen zerschmettert und durch eine grosse Wasserfluth von der Todten Blut gereiniget werden. Alsdann wird ein Wind den rein gewaschenen Staub wieder zusammen blasen und ihm eine schönere Gestalt geben. Dann werden nicht mehr kahle Klippen, sondern alles eben und schön bewachsen seyn. Die Thiere werden auch alle wieder aufleben und in grossem Ueberfluß seyn. Auf die Menschen aber wird pirksoma, d. i. der da droben, blasen, so werden sie leben. Von dem da droben aber können sie keinen Bescheid geben. (*)

§. 39.

Ausser der Seele des Menschen reden die Grönländer noch von andren grossen und kleinen Geistern, die mit den grossen und kleinen Göttern der alten Heiden einige Aehnlichkeit haben. Der grossen sind nur zween, ein guter und ein böser Geist. Den guten nennen sie Torngarsuk. Das ist der Angekoks ihr Orakel, zu dem sie so manche Reise an den unterirdischen glükseligen Ort anstellen, um sich mit ihm über Krankheiten und deren Cur, über gut Wetter, guten Fang und

---

(*) P. Egede Continuation. S. 79.

dergleichen zu besprechen. Wegen seiner Gestalt sind sie nicht einig. Einige sagen, er habe gar keine Gestalt: andere beschreiben ihn als einen grossen Bär, oder als einen grossen Mann mit einem Arm, oder so klein als einen Finger. Er ist unsterblich, und doch könte er getödtet werden, wenn jemand in dem Hause, wo gehext wird, einen Wind liesse.

Der andre grosse aber mißgünstige Geist ist eine Weibsperson, ohne Namen. Ob sie des Torngarsuks Weib oder Mutter ist, darinn sind sie nicht einig. Doch glauben die Nordländer, daß sie des starken Angekoks Tochter ist, der das Eiland Disko vom vesten Lande beym Bals-Revier abgerissen und an die hundert Meilen nach Norden buxirt hat. Diese höllische Proserpina wohnt unter dem Meer in einem grossen Hause, darinnen sie durch ihre Kraft alle See-Thiere gefangen halten kan. In der Thran-Bütte, die unter ihrer Lampe steht, schwimmen die See-Vögel herum. Die Hausthüre wird von aufrechtstehenden Seehunden, die sehr beißig sind, bewacht. Oft steht auch nur ein grosser Hund davor, der nie länger als einen Augenblik schläft, und also sehr selten überrascht werden kan. Wenn einmal Mangel auf der See ist, so muß ein Angekok für gute Bezahlung eine Reise dahin vornehmen. Sein Torngak, oder Spiritus Familiaris, der ihn vorher wohl unterrichtet hat, führt ihn zuerst durch die Erde oder See. Dann paßirt er das Reich der Seelen, die alle herrlich leben. Hernach aber kommt ein gräulicher Abgrund oder Vacuum, darüber ein schmales Rad, das so glatt wie Eis ist, sehr schnell herum gedrehet wird. Wenn er glüklich darüber gekommen ist, führt ihn der Torngak bey der Hand auf einem über den Abgrund gespanten Seil durch die Seehund-Wache, in den Pallast dieser höllischen Furie. Sobald sie die ungebetenen Gäste erblikt, schüttelt und

schäumt

schäumt sie vor Zorn, und bemüht sich, einen Flügel von einem See-Vogel anzuzünden, durch dessen Gestank sich Angekok und Torngak zu Gefangenen ergeben müssen. Diese aber greiffen sie an, ehe sie räuchern kan, schleppen sie bey den Haaren herum, reissen ihr die unflätigen Angehänge ab, durch deren Charme die See-Thiere aufgehalten werden, die darauf sogleich in die Höhe des Meers fahren. Sogar findet der Held den Rükweg ganz leicht und ohne Gefahr.

Von diesem Hirn=Gespenst halten die Grönländer nicht viel, weil es so gierig und neidisch ist, und ihnen so viel theure Zeit, Mühe und Unkosten verursacht. Doch halten sie es nicht für so böse, daß es die Menschen plagen und einmal ewig unglükselig machen solte; so wie auch seine Wohnung nicht als eine Hölle, sondern herrlich beschrieben wird. Es verlangt aber auch niemand zu ihm. Hingegen von Torngarsuk machen sie viel Wesens: und ob sie ihn gleich nicht für den Urheber aller Dinge halten; so wünschen sie sich doch nach dem Tode zu ihm zu kommen und seines Ueberflusses mit zu geniessen. Daher viele, wenn sie von GOtt und Seiner Allmacht reden hören, leicht drauf fallen, ob nicht ihr Torngarsuk damit gemeynt sey. Sie sehen ihn also an, wie andre Heiden ihren Jupiter, Pluto und dergleichen grosse Götter, die doch noch nicht der rechte seyn sollen, von welchem alles sein Wesen hat. (*) Nur beweisen sie ihm keine Ehre und

---

(*) Selbst das Wort scheint anzuzeigen, daß sie ihn ehmals für eine Gottheit gehalten haben. Denn die Seele nennen sie Tarngek, einen andern Geist Torngak; und Torngarsoak heißt ein grosser Geist, dafür sagen sie Torngarsuk. Die Indianer in America nennen das Göttliche Wesen gemeiniglich den grossen Geist, im Gegensatz der Manitu, oder kleinern Geister, die alle, auch die leblosen Geschöpfe bewohnen und von ihnen verehrt werden.

Dienst, sie halten ihn ohnehin für allzu gütig, als daß er forderte, versöhnt oder bestochen zu werden: es müßte dann das ein Opfer heissen sollen, wenn einige Grönländer neben einem grossen Stein ein Stük Spek, oder allerley Fellwerk, sonderlich ein Stük Fleisch von dem ersten geschossenen Rennthier hinlegen; wobey sie doch keinen andern Grund anzuführen wissen, als daß es ihre Vorfahren auch so gethan haben, damit sie in ihrem Fang glüklich seyn möchten.

§. 40.

Diese grossen Geister kan niemand als ein Angekok zu sehen krigen: von den kleinern aber, deren es in allen Elementen welche gibt, wissen mehr Leute zu reden.

In der Luft soll ein solcher Innua, d. i. Besitzer, seyn, den sie Innerterrirsok, d. i. den Verbieter, nennen, weil er durch die Angekoks den Leuten sagen läßt, was sie nicht thun sollen, wenn sie wollen glüklich seyn. Der Erloersortok wohnt auch in der Luft und paßt den hinaufwerts fahrenden Seelen auf, um ihnen das Eingeweide auszunehmen und zu verzehren. Sie beschreiben ihn so mager, finster und grausam als den Saturnus. Die Kongeusetokit sind Meer-Geister, die die Füchse aufschnappen und fressen, wenn sie am See-Strande fischen wollen. Ingnersoit sind Feuer-Geister, die in den Klippen am See-Strande wohnen, und sich oft als Irrwische (Ignis fatuus) sehen lassen. Sie sollen die Einwohner der Welt vor der Sündfluth gewesen seyn: denn da sich damals die Welt-Kugel um und ins Wasser gedreht hat, sind sie in Flammen verwandelt worden und haben ihre Zuflucht in die Felsen genommen. Sie sollen auch oft Menschen vom Strand wegstehlen, um Cameraden zu haben, denen sie viel gutes thun. Tunnersoit und Innuarolit sind Berg-Geister,

jene

ene sechs Ellen, und diese eine halbe Elle lang, dabey
ber ungemein geschikt. Von diesen Pygmæis sollen
ie Europäer ihre Künste gelernt haben. Hingegen
ie Erkiglit haben ein Gesicht wie ein Hunds-Kopf,
nd Kriegs-Geister und grausame Menschen-Feinde,
wohnen aber nur auf der Ost-Seite des Landes. Vielleicht wollen sie damit die Ueberbleibsel der alten Nor-
ländner andeuten. Sillagiksartok ist ein mächtiger
Aeolus, wohnt auf dem Eisfeld und schaft gut Wetter. Das Wasser hat seine eigenen Geister: daher muß,
wenn die Grönländer an eine bisher unbekante Quelle
kommen, ein Angekok oder der älteste Mann zuerst davon trinken, um es von einem schädlichen Geist zu be-
freyen. Wenn gewisse Speisen den Leuten, sonderlich
den Weibern, die kleine Kinder haben oder in der Trauer sind, schädlich werden, so haben die Nerrim-Innuet,
d. i. Inhaber der Speisen, dieselben gereizt, gegen die
Enthaltungs-Regeln davon zu essen. Sonne und
Mond sind auch jeder von einem Geist bewohnt, die
ehedem Menschen gewesen. Ja die Luft ist ein geistliches Wesen, das durch ungeschikte Handlungen erzürnt,
aber auch um Rath gefragt werden kan. Darüber werden sich wenigstens diejenigen nicht wundern, die der
weisen Chineser Religion folgen, oder nach der neuesten
Mode, den Himmel zum Zeugen und zum Segen geben, anrufen. Und wenn ein geschiktes Génie sich
rechte Mühe geben wolte: so könte vielleicht die Grönländische Superstition den Platz der griechischen und
lateinischen Mythologie einnehmen; nur daß sie nicht
so obscön heraus kommen würde.

Von Gespenstern wissen die Grönländer auch genug zu erzehlen, und denken, daß alle Mißgeburten zu
dergleichen Schrekbildern verwandelt werden, die die
Seehunde und Vögel verscheuchen. Nur die Angekoks
können ein solches Gespenst oder Angiak sehen, und es

in

in der Luft fangen. Sie müssen aber bey einer solchen Jagd ihre Augen zubinden: und wenn sie es gefangen haben, so zerreissen sie es, oder freßens gar auf.

Daß sie auch Erscheinungen der Abgestorbenen glauben, sieht man aus Capitán Egede Continuation, S. 74. daß ein Knabe, der mit andren am hellen Tage auf dem Felde gespielet, von seiner Mutter, die daselbst begraben gewesen, ergriffen und also angeredet worden: "Fürchte dich nicht, ich bin deine Mutter und habe dich lieb; du wirst zu fremden Leuten kommen, die dich unterweisen werden von dem, der Himmel und Erde geschaffen hat, und dergleichen." Dieses soll der Knabe, nachdem er in des Mißionarii Haus gekommen und getauft worden, demselben erzehlt haben, und von den andren bestättigt worden seyn.

§. 41.

Wenn ein Grönländer ein Angekok, d. i. Zauberer oder Wahrsager, werden will, so muß er von obgemeldten Geistern der Elemente einen zu seinem Torngak oder familiären Geist bekommen. Wie dieses zugeht, davon erzehlen sie gar wunderliche Dinge, um sich das Ansehen eines wirklichen Umgangs mit Geistern zu verschaffen. Hauptsächlich läuft ihr Studium Magiæ darauf hinaus. Der Grönländer muß eine Zeitlang in einer Einöde, von allen Menschen abgesondert, in tiefsinnigen Betrachtungen zubringen und den Torngarsuk um Zusendung eines Torngak anruffen. Durch die Entziehung vom Umgang der Menschen, durch das Fasten und Abmatten des Leibes und durch das steiffe Anstrengen der Gedanken, kommt endlich die Einbildungs-Kraft des Grönländers in eine Unordnung, daß sich ihm allerley Bilder von Menschen, Thieren und Abentheuren vorspiegeln, die er für wirkliche Geister hält, weil er an nichts als Geister denkt und sein Leibes-Gebäude zugleich

leich in grosse Unordnungen und Convulsionen geräth, die er sorgfältig zu unterhalten und zu vermehren sucht. Einige werden schon von Jugend auf zu dieser Kunst destinirt, mit einer aparten Kinder-Tracht distinguirt, und von einem berühmten Meister unterrichtet: und denen kostet es alsdann weniger Mühe. Manche aber geben vor, daß sie sich an einen grossen Stein setzen, den Torngarsuk ruffen und sagen müssen, was ihr Begehr ist. Wenn derselbe kommt, erschrikt der Lehrling, stirbt und bleibt drey Tage todt liegen. Alsdann wird er wieder lebendig und bekommt seinen Torngak, der ihm auf Erfordern alle Weisheit und Geschiklichkeit beybringt, und ihn in wenig Zeit in den Himmel und in die Hölle begleitet.

Diese Fahrt kan aber nur im Herbst geschehen; ja im Winter, wann die Nächte am längsten (denn es muß allemal finster seyn) und der Regenbogen, als der erste Himmel, sich am nächsten über der Erde präsentirt, ist der Weg am kürzesten. Der Angekok trommelt zuerst eine Zeitlang, und macht allerley wunderliche Contorsionen, wodurch er sich abmattet und seine Phantasie aufbringt. Alsdann läßt er sich neben dem Eingange des Hauses durch einen seiner Lehr-Jünger mit einem Riemen den Kopf zwischen die Beine und die Hände auf den Rükken binden, alle Lampen im Hause auslöschen und die Fenster behängen. Denn niemand muß ihn mit seinem Geist umgehen sehen, niemand darf sich rühren oder nur im Kopf kratzen, damit der Geist nicht gehindert werde, oder vielmehr, damit ihn niemand in seiner Betriegerey ertappe; und bey hellem Tage läßt sichs gar nicht in den Himmel fahren. Nachdem er einen Gesang angestimmt, den alle mitsingen, fängt er mit grossen Bewegungen und Rasseln an zu seufzen, zu schnauben und zu schäumen, fordert seinen Geist zu sich und hat oft viele Mühe, ehe er kommt. Wenn er gar nicht kommen will, so fährt seine Seele aus, ihn zu holen. Er liegt also indessen eine kleine Weile still und kommt dann mit grossem Freuden-Geschrey wieder, wobey, wie mich ein verständiger Europäer, der einigemal dabey gewesen, versichert, ein Sausen seyn soll, als hörte man erst über dem Hause und hernach drinnen unterm Dach einige Vögel hinfliegen. Kommt aber der Torngak von selbst, so bleibt er draussen im Eingange. Mit demselben bespricht sich der Angekok über das, was die Grönländer zu wissen verlangen. Man hört deutlich zwo verschiedene Stimmen, eine draussen, eine drinnen. Die Antwort ist allezeit sehr dunkel und verwirrt, die Zuhörer erklären einander die Meynung: und wo sie nicht darüber einig seyn, bitten sie den Torngak, daß er dem Angekok deutliche Antwort gebe. Manchmal kommt auch wol ein anderer als der gewöhnliche Torngak, da dann weder Angekok noch Zuhörer ihn deutlich verstehen. Da muß dann hernach die Antwort, wie das Oracul zu Delphis, erklärt werden, und das gibt dem Angekok hinlängliche Ursach, sich zu entschuldigen, wenn seine Wahrsagung nicht zutrift.

Hat er eine weitere Commißion auf, so fährt er mit seinem Torngak an einem langen Riemen hinauf in das Reich der Seelen, wo er einer kurzen Conferenz der Angekut Poglit, d. i. der dikken oder berühmten Weisen, beywohnt, eines Kranken Schiksal erfährt und ihm gar eine neue Seele mitbringt; oder er fährt hinunter zu der Göttin der Höllen, wo er die Thiere losmacht. Er kommt aber bald wieder, fängt gräulich an zu schreyen und zu trommeln, weil er sich indessen entweder selbst, oder durch seine Schüler, von den Banden loszumachen gewußt hat, und erzehlt, wiewol sehr abgemattet, was er alles gesehen und gehört hat. Nach allem stimmt er ein Lied an: dabey geht er herum und gibt einem jeden durchs Anrühren seine Benediction.

Alsdann wird das Licht angezündet, und da sieht man, daß der Angekok sehr bleich, abgemattet und verstört aussieht und nicht ordentlich reden kan.

Nachdem er eine Zeitlang seine Kunst mit gutem Erfolg getrieben, (denn nicht einem jeden Grönländer will es gelingen, und wer zehnmal um seinen Torngak vergeblich getrommelt hat, der muß sein Amt niederlegen,) alsdann kan er ein Angekok Poglik werden. Da muß er auch in einem finstern Hause, aber ungebunden liegen. Und nachdem er singend und trommelnd sein Begehren zu erkennen gegeben, und er vom Torngarsuk dazu würdig geachtet worden, (es gelangen aber nur wenige zu dieser Ehre) so kommt ein weisser Bär und schleppt ihn an einem Zähe in die See. Da wird er von demselben und einem Wallroß aufgefressen, in einer Weile aber auf seiner vorigen finstern Stelle wieder ausgespien, sein Geist kommt aus der Erde wieder herauf und belebt die Knochen. Damit ist der grosse Wahrsager fertig.

§. 42.

Das kommt nun wol so grob heraus, daß man die Betriegerey mit Händen greiffen könte. Man hat sie auch den Grönländern bey vielen Gelegenheiten deutlich gezeigt, und niemals Ursach gefunden, diesen armen Leuten ein wirkliches Commercium mit dem Satan Schuld zu geben. Man muß sie aber doch nicht alle durch die Bank für blosse Gaukler halten. Es gibt unter ihnen einige, wiewol wenige, geschikte Leute; andere sind wirkliche Phantasten, denen etwas seltsames begegnen mag; und die meisten sind blosse Betrieger.

Die Verständigen, die man weise Männer oder ächte Angekoks (welches Wort fast eben so viel als einen grössen, weisen Mann besagt (*)) nennen könte,
haben

(*) Angekau, oder wie es die Süderländer aussprechen Angokahk, heißt, er ist sehr groß, und Angejokzit, die Vorfahren,

haben theils durch den Unterricht ihrer Vorfahren, theils durch eigenes Nachdenken und lange Erfahrung eine gewisse Natur-Kunde erlangt, daraus sie auf die Veränderung des Wetters und auf einen guten oder schlechten Fang einen ziemlich zuverläßigen Schluß machen, und den Leuten rathen können, wie sie es in der und jener Sache anzustellen haben. Eben so verhalten sie sich bey einem Kranken, den sie, wiewol unter allerley Gaukeleyen, aufzumuntern, und solange sie selber Hoffnung zur Genesung sehen, durch eine Diät, die in manchen Stükken nicht so lächerlich ist, zu curiren suchen. Und weil sie sich auch durch ihren Verstand und gute Conduite in ein solches Ansehen gesetzt haben, daß sich andere nach ihnen richten; so kan man sie der Grönländer ihre Physicos, Philosophos, Medicos und Moralisten, so gut als ihre Wahrsager, nennen.

Wenn Europäer mit solchen Leuten verständig sprechen; so leugnen sie zwar die Erscheinungen und Gespräche der Geister, nebst allen damit connectirenden Abentheuren: beruffen sich aber auf die Tradition der Vorfahren, die doch Offenbarungen gehabt und ausserordentliche Curen gethan haben sollen, welche *auf eine gewisse Sympathie* hinauslaufen; und gestehen, daß sie um der Einfältigen willen gewisse Erscheinungen vorgeben, und grauerliche Bewegungen machen müßten, um sich bey ihnen in Ansehen zu setzen und ihren Vorschriften ein Gewicht zu geben.

Doch sind viele und selbst solche, die diese Betriegerey mit dem Heidenthum zugleich verlassen haben, welche behaupten, daß sie oftmals wie ausser sich gerathen, und ihnen alsdann gewisse Bilder vorgekommen, die sie für Offenbarungen gehalten, und die ihnen hernach wie ein Traum vorgekommen sind. Die starke Imagination kan freilich allerley seltsame Wirkungen zuwege bringen. Viele Grönländer sind

sehr

ſehr zu Träumen geneigt, und träumen oft von Sachen, die niemals in ihre Sinnen gefallen ſind, ſo lebhaft, als ob ſie ſie geſehen oder gehört hätten. Und daß der Vater der Lügen ſich in ihre Gaukeleyen mengen könne, um dieſen ſeinen angeblichen Dienern ein Anſehen zu verſchaffen und das arme Volk zu äffen, iſt auch nicht zu leugnen. Daher bleiben die Grönländer, ſelbſt die geweſenen Angekoks, die getauft ſind, dabey, daß das meiſte wol Betriegerey ſey; daß ſich aber doch bey manchen etwas Geiſteriſches drein menge, das ſie nunmehro zwar verabſcheuen, aber nicht beſchreiben könten.

Die mehreſten aber ſind bloſſe Betrieger, die allerley Charlatanerien und Gaukeleyen vornehmen, und vorgeben, daß ſie Krankheiten über die Leute bringen und vertreiben, die Pfeile verhexen, Segen ſprechen, Geſpenſter verjagen und dergleichen verrichten können, damit ſie einen fürchterlichen Namen und gute Bezahlung für ihr gutes oder böſes thun bekommen mögen. Dieſe müſſen über dem Kranken mummlen und ihn anblaſen, damit er geſund werde; oder ihm eine geſunde Seele holen und einpflanzen; oder auch nur wahrſagen, ob ein Kranker geneſen oder ſterben werde. Da binden ſie ihm einen Riemen um den Kopf, und ſtekken einen Stekken durch, womit ſie denſelben aufheben und fallen laſſen. Iſt der Kopf leicht, ſo wird der Menſch geſund: iſt er ſchwer, ſo ſtirbt er. Auf die Weiſe erforſchen ſie auch, ob einer, der nicht zu rechter Zeit von der See zu Hauſe kommt, lebendig oder todt iſt; indem ſie dem nächſten Verwandten des ausgebliebenen mit dem Stekken den Kopf aufheben, und in einem darunter ſtehenden Gefäß mit Waſſer den Abweſenden im Kajak entweder umgekantert, oder aufrecht ſitzend und fahrend ſehen wollen. So ſollen ſie auch die Seele eines Menſchen, dem ſie ſchaden wollen, im Finſtern vor sich citiren, und mit einem Pfeil verwunden, und die Zuschauer wollen dieselbe an der Stimme kennen; worauf der Mensch eines langsamen Todes sterben müsse.

Solche schädliche Hexenmeister, die Gutes, aber noch mehr Böses thun zu können, vorgeben, werden Illiseetsok genant. Und auf diese Profeßion legen sich viele alte Weiber, die sich sonst nicht durchbringen können. Diese wissen auch sehr geschikt aus einem geschwollenen Bein, Haare und Fellstekke mit dem Munde, (den sie vorher voll gestopft) heraus zu saugen.

Durch solche Pfuscher ist nun freilich die ganze Kunst in grosse Verachtung gerathen, sonderlich seitdem die Mißionarii den Heiden so viel Exempel von Betriegereyen unter die Augen gestellt haben: daher sich wol eher ein Heide unterstanden hat, den Angekok während seiner vorgegebenen Höllenfahrt anzugreiffen und als einen Betrieger aus dem Hause zu werfen. Weil sie aber bey den rechten Angekoks zu bemerken meynen, daß ihre Wahrsagungen oft zutreffen, daß mancher, über den gegaukelt worden, gesund wird, und wo die Cur mißräth, die Schuld nur auf die Zweydeutigkeit des Oraculs, oder auf die schädliche Hexerey eines Illiseetsok geschoben werden darf; diese aber, wenn sie zur Todes-Strafe gezogen werden, aus Trotz niemals zugestehen, daß sie Betrieger oder Betrogene sind, sondern als Märtyrer für ihre Gaukeleyen sterben: so stehen gleichwol die Angekoks noch bey dem größten Theil der Heiden in solchem Ansehen, daß sie, wenn sie auch über ihre Betriegerey spotten, sich doch genau nach ihren oft lächerlichen Vorschriften richten, indem sie denken: wenns nichts hilft, so kans doch nichts schaden.

§. 43.

Dergleichen Vorschriften betreffen entweder die Diät oder gewisse Amuleta. Ihre Diät geht nicht nur
die

die Kranken an, sondern auch die Gesunden. Denn wenn jemand gestorben ist, müssen sie sich nicht nur einiger Speisen, sondern auch gewisser Arbeit enthalten, und die Kleider, in welchen sie den Todten angerührt haben, wegwerfen. Sonderlich haben die Wöchnerinnen sehr viel zu beobachten. Sie dürfen nicht unter freyem Himmel essen, aus ihrem Wasser-Gefäß muß niemand anders trinken, noch bey ihrer Lampe einen Span anzünden, und sie selbst dürfen eine lange Zeit nicht darüber kochen. Sie müssen zuerst Fisch, hernach Fleisch, aber nur von dem, was ihre Männer gefangen haben, essen, und die Knochen nicht aus dem Hause werfen. Der Mann darf einige Wochen, ausser dem nöthigen Fang, nichts arbeiten und handeln, und das alles aus der Ursache, damit das Kind nicht sterbe; wiewol man gut sieht, daß die ersten Erfinder solcher Enthaltung auf der schwachen Frau Bequemlichkeit und Conservation gesehen haben.

Dergleichen Enthaltungen von Speise und Arbeit werden auch den ledigen Weibspersonen vorgeschrieben, wenn sie von der Sonne oder Mond (oder vielmehr von einem Vogel im Fluge) beschmissen werden, indem sie sonst leicht zu Schaden oder gar um ihre Ehre und Leben kommen könten. Der Torngak der Luft könte auch darüber erzürnet werden und ein schlimmes Wetter erregen. Wenn die Männer einen ganzen Seehund verkauffen, welches sie nicht gleich den ersten Tag thun dürfen; so wollen sie den Kopf oder doch etwas davon, solltens auch nur etliche Bart-Haare seyn, zurük behalten, damit sie ihr Glük nicht verlieren.

In ihren Amuletis oder Angehängen sind sie so verschieden, daß einer über des andern seine lacht. Dieselben sind ein alt Stükgen Holz, Stein oder Bein, Schnäbel und Klauen von Vögeln, die sie sich um den Hals hängen; oder ein lederner Riemen, den sie um die Stirne, Brust oder Arme binden. Alles das soll vor Gespenstern, vor Krankheiten und dem Tode bewahren, gut Glük geben, und sonderlich hindern, daß die Kinder, bey Donner-Wetter und andren Schrekken, ihre Seele nicht verlieren. Ein Stük von einem Kleide oder Schuh der Europäer den Kindern angehängt, bringt ihnen etwas von der Europäer Geschiklichkeit und Kräften zuwege. Besonders lassen sie sich gern von ihnen anblasen. Beym Wallfisch-Fang muß nicht nur alles reinlich gekleidet, sondern auch die Lampen im Zelt ausgelöscht seyn, damit der Wallfisch, der sehr haikel seyn soll, nicht verscheucht werde. Das Boot muß vorn mit einem Fuchs-Kopf, und die Harpun mit einem Adlers-Schnabel versehen seyn. Bey der Rennthier-Jagd werfen sie den Raben ein Stük Fleisch hin, und die Seehund-Köpfe müssen nicht zerbrochen, auch nicht in die See, sondern vor die Thür auf Hauffen geworfen werden; damit die Seelen der Seehunde nicht erzürnt werden und die andren verscheuchen, oder besser, damit ein jeder sehe, daß da ein Mann wohnt, der zu leben hat. An den Kajak hängen sie gern ein kleines Modell desselben mit einem Männgen, der ein Schwerdt in der Hand hat, auch wol nur einen todten Sperling, Schnepf, oder ein Stük Holz, Stein, Federn und Haare, damit sie nicht kantern: wiewol die am meisten umkommen, die sich so bewafnet haben; weil sie entweder ohnehin ungeschikt und also furchtsam sind; oder sich so sehr auf ihren Aberglauben verlassen, daß sie sich weiter wagen, als ihr Vermögen geht. Sonderlich soll eine grosse Kraft in den Fuchs-Zähnen und Adlers-Klauen liegen, die schädlichen Säfte aus den Gliedern zu ziehen. Aber thun nicht viele Leute unter den polirtesten Völkern eben das? und sind darum dergleichen Curen ganz aus der Mode gekommen? Jedoch haben die Grönländer auch viele Angehänge, die blos zum Zierrath dienen sollen: wie sie dann auch oft einen

nen Riemen um die Arme oder Beine ihrer Kinder binden, um zu sehen, wie sie zu- oder abnehmen.

VI. Abschnitt.
Von den Wissenschaften der Grönländer.

§. 44.

Ehe ich etwas von ihrer geringen Erkentnis in der Astronomie, Physic und Chronologie melde, will ich den Sprachkundigen einen kurzen Begrif von der Grönländischen Sprache machen.

Dieselbe hat, ausser sehr wenigen mit dem Norwegischen verwandten Worten, die vielleicht Ueberbleibsel von den vertilgten Normännern sind, keine Aehnlichkeit, weder in der Abstammung, noch Flexion, noch Bedeutung, mit einiger der Nordischen, Tattarischen und Indianischen Sprachen, soweit uns dieselben bekant worden; die Sprache der Eskimos in Terra Labrador ausgenommen, mit welchen die Grönländer ein Volk zu seyn scheinen.

Die Aussprache, darinn auch ein merklicher Unterscheid zwischen den Nord- und Süderländern ist, fällt zwar einem Europäer, wegen des r, das sehr tief aus der Kehle herausgeholt und oft wie ch oder k ausgesprochen wird, etwas schwer, und die vielen Endungen in k und t den Ohren unangenehm. Die Menge der vielsylbigten und besonders der vielfach zusammengesetzten Wörter (denn einsylbige haben sie gar wenige) macht eine so grosse Schwierigkeit, daß einer, der nur fertig lesen kan, schon halb gelehrt ist. Bey dem allen aber ist diese Sprache nicht so roh und unausgearbeitet, als man sie sich bey einem solchen unpolirten Volk vorstellen solte. Man könte eher auf die Gedanken kommen, daß sie einmal geschikte Leute gehabt haben müssen, die die Sprache in eine so künstliche und zierliche Ordnung gebracht hätten. Denn erstlich ist sie in den Sachen, darüber die Grönländer zu denken und also sich auszudrükken haben, so Wortreich, daß sie, wie die Chinesischen Tattern, zu einer jeden Sache und Handlung, sobald sie im geringsten unterschieden werden soll, ein besonders Wort haben. (*) Sie können also mit wenig Worten viel sagen, ohne undeutlich zu werden. Hingegen haben sie zu Sachen, die sie bisher nicht haben denken können, z. E. zu der Religion und Moral, zu Künsten und Wissenschaften und zu abstracten Begriffen gar keine Worte. Zum andern werden die Wörter auf so vielerley Weise, und doch nach vestgesetzten Regeln mit wenig Ausnahmen, verändert, flectirt, und weit mehr als im Hebräischen, mit Affixis und Suffixis versehen, daß ihre Sprache nicht nur zierlich und nett, sondern auch deutlich und unzweydeutig herauskommt. Und drittens setzen sie viele Wörter zusammen, so daß sie, wie die Nord-Americaner, sich sehr kurz und doch significant ausdrükken können. Aber eben dieses macht einem Ausländer so viel Schwierigkeiten, daß er etliche Jahre braucht, bis er die Grönländer gründlich versteht, und mit ihnen ungezwungen sprechen lernt; und es doch nie dahin bringt, sich so leicht, so zierlich und so significant, als die Eingebornen, auszudrükken.

Folgende Anmerkungen über alle Partes Orationis können die Sache erläutern.

Gewisse Buchstaben haben sie nicht, und fangen keine Worte mit B. D. F. G. L. R. und Z. an. Sie
haben

(*) Histoire générale des Voyages, pag. 333. Also benennen sie eine jede Gattung von einerley Art Thieren, nach ihrem Alter, Geschlecht, und Gestalt mit einem eigenen Namen und drükken z. E. das Wort fischen bey einer jeden Gattung der Fische mit einem eigenen Verbo aus.

haben auch wenig zusammengesetzte Consonantes, wenigstens nie im Anfang einer Sylbe. Daher lassen sie in Außsprechung fremder Namen solche Buchstaben aus und theilen die zusammengesetzten, z. E. Eppetah, statt Jephta, Peterusse statt Petrus. Dahingegen holen sie das r so tief aus der Kehle heraus, daß es scheint, als ob sie Consonantes hätten, die wir nicht aussprechen können. So haben sie auch Diphthongos, die ihnen schwer nachzusprechen sind. Die Buchstaben werden wegen des Wohlklangs, sonderlich von Frauensleuten, die gern mit ng endigen, oft verändert, aber nie versetzt. Den Accent, der am meisten auf die letzte Sylbe fällt, muß man an seinen gehörigen Ort legen, wenn kein anderer und gar conträrer Sinn herauskommen soll. Hiebey ist noch zu merken, daß die Grönländer, besonders die Weibs=Leute, manche Worte nicht nur mit einem besondern Accent, sondern auch mit Mienen und Augen-Winken begleiten, und wer dieselben nicht gut wahrnimt, der kan des Sinnes leicht verfehlen. Wenn sie z. E. etwas mit Wohlgefallen bejahen, schlurfen sie die Luft durch die Kehle hinunter, mit einem gewissen Laut. Wenn sie etwas mit Verachtung oder Abscheu verneinen, rümpfen sie die Nase und geben einen feinen Laut durch dieselbe von sich. Und wenn sie nicht aufgeräumt sind, muß man mehr aus ihren Geberden als Worten verstehen.

Nomina Adjectiva, die meistens Participia sind, haben sie wenige und werden allzeit hinter das Substantivum gesetzt, welches auch allemal die Rede anfängt. Dieses hat, gleichwie auch das Verbum, einen Singularem, Dualem und Pluralem, aber kein Genus und braucht keinen Artikel. Nach der Verschiedenheit der Endung ist auch die Ableitung des Dualis und Pluralis, mit wenigen Exceptionen verschieden. Z. E.

Nuna=

	Sing.	Dual.	Plur.	
a.	Nuna.	Nunæk.	Nunæt,	das Land.
ak.	Norrak.	Norrek.	Norret,	das Reh.
gak.	Nallegak.	Nallekek.	Nalleket,	der Herr.
rak.	Ujarak.	Ujarkek.	Ujarket,	der Stein.
ak. parum.	Ajaupiak.	Ajaupirſek.	Ajaupirſet,	der Stab.
e.	Allerſe.	Allerſik.	Allerſit,	der Strumpf
ek.	faſt eben ſo, doch mit vielen Ausnahmen.			
bik.	Iglerbik.	Iglerbek.	Iglerbeet,	die Kiſte.
o. und u.	Iglo.	Igluk.	Iglut,	das Haus.
ut.	Angut.	Angutik.	Angutit,	der Mann.
uk.	Innuk.	Innuk.	Innuit,	der Menſch.
ok.	Okiok.	Okiuk.	Okiut,	der Winter, od. das Jahr.
et.	Aket.	Aketik.	Aketit,	der Handſchuh.
eit.	Auleit.	Auleiſik.	Auleiſit,	die Flinte.

Die Collectiva haben nur den Pluralem und endigen ſich in it, als Umiarſoit, das Schif. Igloperkſuit, die Stadt, d. i. Samlung vieler Häuſer.

Die Declination iſt leicht. Nur der Genitivus bekommt ein b und ſequente Vocali ein m, durch Zuſaz oder Veränderung, und die übrigen Caſus bekommen ein Affixum von einer Präpoſition.

Die Nomina können aber ſehr verändert werden, in Diminutiva, z. E. Nuna*ngoak*, ein kleines Land; in Augmentativa, z. E. Nunar*ſoak*, ein groſſes Land; auch mit einer häßlichen oder lieblichen Bedeutung, z. E. Iglu*piluk*, ein ſchlechtes Haus, Iglopilurkſoak, ein groſſes ſchlechtes Haus. Sie machen auch verſchiedene Denominativa und Verbalia, ja ſie componiren ein Stük von einem Verbo mit einem Nomine, um neue Nomina zu mehrerer Deutlichkeit zu machen.

Die Pronomina ſeparata, aus welchen die Affixa gemacht werden, ſind:
Uanga, ich,   Iblit, du,   Oma, er.
Uagut, wir,   Illivſe, ihr,   Okkoa, ſie.

Der Dualis unterſcheidet ſich mit k.   Dann

Dann haben ſie auch Pronomina Interrogativa und ſehr viele Demonſtrativa, ſowol mit als ohne Suffixo.

Die Pronomina werden nicht vor dem Wort gebraucht, ſondern ein Buchſtabe davon hinten angehängt, und in jeglichem Numero auf verſchiedene Art. Ich will nur den Singularem herſetzen.

Nuna	das Land
Nuna*ga*	mein Land
Nun*et*	dein Land
Nuná	deſſen Land (Terra ejus)
Nuna*ne*	ſein Land (Terra ſua)
Nuna*rput*	unſer Land
Nuna*rpuk*	unſer beider Land
Nuna*rſe*	euer Land
Nuna*rſik*	euer beider Land
Nun*æt*	derer (illorum) Land
Nun*æk*	derer beider Land
Nuna*rtik*	ihr und ihrer beider (ſuæ) Land.

Die Verſchiedenheit der Endung eines Nominis macht auch einige Verſchiedenheit im affigiren des Pronominis poſſidentis.

Das war ein Exempel eines Nominis, wenn ein Verbum Intranſitivum ohne Suffixo Pronominis paſſivi oder poſſeſſi drauf folgt. Iſt aber Significatio tranſitiva, da das Verbum ein Suffixum bekommt, z. E. ich liebe dich, ich ſehe ſie; ſo wird das Nomen mit ſeinem Pronomine auf eine andere Weiſe flectirt, als Nalleka*h*, der Herr, Nalleka*ma*, mein Herr, Nallek*auit*, dein Herr ꝛc. hat dich geſchlagen.

Præpoſitiones haben ſie nur fünf: mik bedeutet mit oder durch, mit von, müt zu, me in oder auf, kut und agut, durch und um. Im Duali und Plurali, wie auch nach den Pronominibus, wird das m in n verwandelt. Sie werden aber nicht, wie in andren Sprachen, vor, sondern hinter das Nomen gesetzt, und die Flexion desselben leidet abermals eine Veränderung, z. E. Nuna*mit* vom Lande, Nuna*unit* von meinem Lande, Nuna*ngnit* von deinem Lande ꝛc. Und zu den Pronominibus demonstrativis brauchen sie andre Affixa, als: Taursoma dieser, Taursom*inga* von diesem ꝛc.

Die Verba hat man nach ihren Endungen in fünf Conjugationes eingetheilt. Denn sie endigen sich
1.) in kpok als Ermikpok, er wäscht sich.
2.) rpok als Mattarpok, er zieht sich aus.
3.) pok nach einem Vocali, als Egipok, er wirft weg.
4.) ok und vok, als Pyok, er bekommt, und Assavok, er liebet.
5.) au, als Irsigau, er schauet an.

Hiezu kommt noch das Negativum, welches bey einem jeden Verbo durch alle Modos und Tempora durchgeht, und mit ngilak angedeutet wird, als Ermingilak, er wäscht sich nicht.

Die dritte Person ist der Radix oder Wurzel, aus welcher alle Personen mit Zusetzung des Pronominis activi erwachsen, als Ermikpok, er wäscht sich, Ermikpotit, du wäschest dich.

Sie haben zwar nur drey Tempora, das Præsens wird sowol von einer erst vergangenen, als gegenwärtigen, und das Præteritum von einer längst vergangenen Zeit gebraucht. Dieses unterscheidet sich vom Præsenti mit einem t oder s, als Ermiksok, er hat sich gewaschen. Das Futurum ist zweyerley, als: Ermisavok, er wird, Ermigomarpok, er will sich waschen in einiger Zeit.

Hingegen haben sie sechs Modos:
Indicativum, als, Ermikpok, er wäscht sich.
Interrogativum, als, Ermikpa? wäscht er sich?
Der Imperativus ist zweyerley; einer, der nur höflich
erinnert,

erinnert, als, Ermina, wasch dich doch; der andere befehlend, Ermigit, wasche dich.

Modus permissivus ist ebenfalls zweyerley. Der eine fordert eine Sache, der andere bittet um Zulassung, als, Ermigle, Erminaunga, laß mich waschen. Soll aber das geforderte augenbliklich geschehen, so wird ein i hineingestikt, als, Ermigile. Jedoch weicht dieses im Conjugiren nicht ab.

Der Conjunctivus, der nicht Significationem optativam hat, sondern durch eine ausgelassene Conjunction verursacht wird, ist abermal zweyerley.
1.) Causalis, da, nachdem, weil ꝛc. Ermikame, da oder weil er sich gewaschen hat.
2.) Conditionalis, wenn, wo ꝛc. Ermikune, wenn er sich wäscht.

Die dritte Person Sing. und Plur. Conjunctivi wissen die Grönländer so genau zu unterscheiden, daß keine Confusion entstehen kan, wenn sie von etlichen Personen reden. Das nennt man in der Grammatik die zween Agentes: ja es müssen wol drey von einander unterschieden werden. Z. E. 1.) Er wurde bös, da er sich wusch. 2.) Er (A) wurde bös, da er (B) sich wusch. 3.) Er (A) wurde bös, da er (B) ihn (C) wusch. Eine jede dritte Person wissen sie mit Veränderung eines Buchstabens deutlich anzuzeigen. Aber einem Ausländer ist es sehr schwer, darauf zu achten, und sich dem Grönländer deutlich zu machen.

Der Infinitivus ist dreyerley und hat die Bedeutung, 1.) mich, dich, sich, ihn ꝛc. zu waschen, als, Ermiklune, daß er wasche. 2.) Indem er sich ꝛc. wäscht, als, Ermiksillune. 3.) Ehe er ihn, dich, mich ꝛc. wäscht, als, Ermiksinnane. Doch dieses ist schon ein Negativum. Es muß aber ein anderes Verbum dabey stehen, sonderlich das Pyok, welches sie weit mehr als die Engländer ihr get und do, und manche Teutsche

Teutsche ihr thun, in unzehligen Fällen brauchen, ob es gleich eigentlich ein bekommen oder besitzen bedeutet. Und alsdann drükt der Infinitivus aus, was sonst in andren Sprachen durch den Conjunctivum gegeben wird.

Alles das deutlich auseinander zu setzen, erfordert Nachdenken und lange Uebung. Und die Paradigmata Conjugationum sind auch nicht leicht mit dem Gedächtnis zu fassen, ob sie gleich regelmäßig sind. Denn erstlich muß durch alle Modos und Tempora mit Zusatz des Pronominis agentis sowol in Verbo affirmativo als negativo, mit so viel Aenderung, daß keine Zweydeutigkeit entstehe, conjugirt werden, als

Ermikpok,   er wäscht sich
   potit,   du wäschest dich
   ponga,   ich wasche mich
   put,   sie waschen sich
   puk,   sie zwey waschen sich
   pose,   ihr waschet euch
   potik,   ihr zwey waschet euch
   pogut,   wir waschen uns
   poguk,   wir zwey waschen uns.

Hernach muß ein jeder Modus und Tempus mit den Suffixis Personarum agentium & patientium conjugirt werden, als

Ermikpa,   er wäscht ihn
   pet,   du wäschest ihn
   para,   ich wasche ihn
   pæt,   sie waschen ihn
   pæk,   sie zwey waschen ihn
   parse,   ihr waschet ihn
   partik,   ihr zwey waschet ihn
   parput,   wir waschen ihn
   parpuk,   wir zwey waschen ihn.

Und so geht es nicht nur durch alle sechs Personen im Singulari und Plurali, als, er wäscht dich u. s. w. er wäscht sie ꝛc. sondern es muß auch der Dualis, er wäscht sie zwey, euch zwey, uns zwey, durch alle Personen conjugirt werden, so daß, wenn man alle Flexiones in einem jeden Modo, (da mancher, als der Conjunctivus, zwölfmal flectirt wird) und in einem jeden Tempore zusammen zehlt, ein jedes Verbum sowol affirmativum als negativum 180 mal conjugirt und mit dem Gedächtnis gefaßt werden muß.

Das Participium, welches den Mangel des Adjectivi ersetzet, ist im Præsenti und Præterito mit dem Præterito selbst einerley, als, Ermiksok, einer der sich wäscht. Im Futuro heißts Ermisirsok, der sich waschen wird.

Nun haben zwär die Grönländer weder Deponens, noch Passivum, und dieses formiren sie mit einigem Zusatz vom Activo: hingegen haben sie eine Menge Verba Composita, theils mit Partikeln, die ausserdem und separate keinen Sinn haben; theils mit einigen Auxiliaribus, sonderlich dem Pyok; theils mit andren Verbis. Man hat bisher schon über 100 Arten entdekt, zwey oder mehr, ja fünf bis sechs Worte als ein Verbum zu componiren, so daß die erstern vorn oder hinten abgekürzt, und nur das letzte mit den Suffixis der Personen conjugirt wird. Z. E. Aglekpok, er schreibt.

Agleg--iartor--pok, er geht hin zu schreiben.

Agleg--iartor--asuar--pok, er geht eilends hin zu schreiben.

Agleg--kig--iartor--asuar--pok, er geht eilends hin aufs neue zu schreiben.

Agleg--kig--iartor--asuar--niar--pok, er geht eilends hin und befleißigt sich aufs neue zu schreiben. Dergleichen

Dergleichen Composita werden durch alle Arten der Veränderungen conjugirt und sind bey den Grönländern sehr gebräuchlich, indem sie dadurch zugleich zierlich und kurz reden können. Z. E. die Redens-Art: Er sagt, daß du gleichfalls eilends hingehen und dir ein schönes Messer kauffen willst, kan ein geschikter Grönländer mit einem zehnfach zusammengesetzten Wort also ausdrükken:

Messer   schön   kaufen   hingehen   eilen   wollen
   Sauig - - - ik - - sini - - ariartok - - - asuar - omar - -
ebenfalls   du   auch   er sagt.
     y - - otit - tog - - - - og.

Doch denke ich, daß diese Redens-Art mehr die Art und Kunst der Zusammensetzung zu weisen, dienen soll, als daß die Grönländer oft so sprechen könten.

Von Adverbiis haben sie, wie andre Nationen, verschiedene Classen. Aber ihre Numeralia gehen nicht weit, und bey ihnen trift das Sprüchwort zu, daß sie kaum fünf zehlen können, weil sie nach den fünf Fingern rechnen und hernach die Zähen an den Füssen zu Hülfe nehmen, und so mit Mühe Zwanzig heraus bringen. Z. E. Attausek, Eins, Arlæk, Zwey, Pingajuek, Drey, Sissamat, Vier, Tellimat, Fünf. Dann fangen sie bey der andren Hand an, zeigen zugleich mit den Fingern, und nennen Sechs, Arbennek; die übrigen bis zehn heissen wie Zwey, Drey, Vier, Fünf. Die Elfte Zahl nennen sie Arkanget, und die Sechszehnte Arbarsanget, und diese Zehner zehlen sie nach den Zähen. So drükken sie sich bis ein und zwanzig aus. Statt zwanzig sagen sie auch wol Ein Mensch; nemlich alle Finger an Händ- und Füssen, und zehlen hernach so viel Finger zu, als über die Zahl ist. Folglich sagen sie statt hundert, fünf Menschen. Die meisten sagen, wenns über zwanzig geht: Es ist unzehlig. Wenn sie aber zu der Zahl eine Sache setzen, so drükken sie manche Zahlen anders aus, als, Innuit pingasut, drey Menschen.

Ihre

Ihre Conjunctiones hängen sie hinten ans Wort an, wie die Lateiner ihr que: und an Interjectionibus fehlts ihnen auch nicht.

Ihre Syntaxis ist simpel und naturell, so daß das Hauptwort zuerst steht und die übrigen nach ihrem Gewicht folgen. Die meiste Schwierigkeit findet man mit ihrem Conjunctivo und Infinitivo, die der Bedeutung nach von andren Sprachen so sehr abgehen. Im Fragen und Antworten gehen sie auch von uns ab, wenn sie negative fragen. Z. E. Piomangilatit? Wilst du das nicht haben? da muß man antworten: Nagga, Nein, wenn man es haben will; und hingegen, wenn man es nicht will: Ap, piomangilanga, Ja, ich will es nicht haben.

Der Stilus, oder ihre Art zu reden, ist gar nicht hyperbolisch, hochtrabend oder schwülstig, wie der orientalische, den man auch bey den Indianern in America wahrnehmen kan, sondern gar simpel und naturell. Doch bedienen sie sich gern der Gleichnisse, sonderlich wenn sie Christen werden: und auf diese Art kan man ihnen, und sie sich einander, eine Wahrheit am besten beybringen. Sie machen auch nicht grosse Umschweiffe in ihren Reden, ob sie gleich eine Sache zu mehrerer Deutlichkeit oft repetiren, und reden oft so laconisch, daß zwar sie einander sehr leicht, Ausländer aber nach vieljährigem Umgang es kaum verstehen können.

Sie haben auch verschiedene figürliche Redens-Arten und Sprüchwörter, und die Angekoks bedienen sich metaphorischer und oft dem gewöhnlichen Sinn ganz conträrer Ausdrükke, damit sie gelehrt zu reden scheinen und auch für die Erklärung des Oraculs bezahlt krigen. So nennen sie einen Stein, die grosse Härte; das Wasser, das Weiche; die Mutter, einen Sak.

In ihrer Poesie brauchen sie weder Reime noch Sylben-Maaß. Sie machen nur kurze Sätze, die aber
doch

doch nach einem gewissen Tact und Cadenz gesungen werden, und zwischen jedem Satz wird ein etlichemal repetirtes amna ajah ajah hey! vom Choro angestimmt.

Mit dem Uebersetzen geht es wie in andren Sprachen. Die Grönländer können sich so kurz und nett ausdrükken, daß man ihren Sinn mit vielen Worten beschreiben muß und doch kaum ganz trift. Noch weitläuftiger wird die Uebersetzung in ihre Sprache, zumal in Sachen, die ihnen ganz unbekant sind. Anderson hat im Anhang seiner Nachricht ein kurzes Dictionarium nebst Redens-Arten, wie auch eine Conjugation und verschiedene Uebersetzungen mitgetheilet, so gut die Arbeit in den ersten Jahren der Mißion hat gerathen können, und ist überdis voller Schreib- und Druk-Fehler. Ich will, als ein Muster einer den Grönländern ganz verständlichen Uebersetzung, dem Sprachliebenden Leser zu gefallen, den zwenten Artikel des Christlichen Glaubens und einige Verse mittheilen, und sowol die Suffixa Personarum, als Affixa Præpositionum mit anderer Schrift unterscheiden.

Credo JEsum Christum in DEi
Operpunga JEsus Christus*mut*, Gum
Filium unicum ejus in DOminum meum in
Ernetua*nut*, Nalegauti*nut*,
a Spiritu Sancto cum esset conceptus
Annernerub Ajunginnerub pimmago,
Virgine a Maria a natus est Pontio
Niviarsia*mit* Maria*mit* erniursok, Pontius
Pilato gubernante passus est
Pilatus nalegautillugo anniar-ti-tok
affixusque lignum in Crucem in
kikkiek-tortitorlo Kersung*mut* Senningarso*mut*;

mor-

A. VI. Von den Wissensch. der Grönl. §.44.

mortuusque sepultus est infernum in
tokkovlunilo illirsok, Aller*nut*
exitum non habentes ad se recepit die
annivekangitsomètun*nut* pirsok, Udlut.
tertioque mortuis a surrexit
pingajuænilo Tokkors*onit* makkitok,
Cœlum in que ascendit omnipotentis DEi
Killang*mui*lo kollartok, ajukangitsub Gum
Patris sui manu ejus dextra in sedem capessit
Attatame Tellerpiæt tunga*ne* ivksiauvok,
inde rursus venire vult vivosque
tersanga ama tikki-ytsomar-y-ok, Innursullo
mortuosque ut judicet eos.
tokkungarsullo ekkartotillugit.

Ita hoc est.
Imaipok.

Credo JEsum Christum DEum verum
Operpunga, JEsus Christus Gudioluinartok
æterno a Patre suo a natum Credo
Issokangitso*mit* Attata*mit* erniursok, Oper-
itidem et hominem verum natum terra in
y-ungatog Innuluinnartok erniursok Nuna*me*
Virgine a Maria a DOminum meum esse
Niviarsia*mit* Maria*mit*, Nalegarigavne,
redemit me cum condemnatus essem servum
annaupanga ekkartotaugama, Kivga-
esse cessare fecit me peccato a omni a
yungnær-sipanga, Ajortun*nut* tamma*nut*
morte a et Diaboli potestate a et
Tokko*mui*lo, Tornarsub Pirsaunera*nui*lo,
T pretio

    pretio   terræ   bonis   nummis
Erdlingnartunnik Nunab peenik, Anning-
  pretiofis   neque   redimere non voluit me
aurfekfennigloneet   pingikalloarpanga,
fanguine fuo cum fed   pretiofo   valde cum
   Aungmi*n*igle   erdlingnartorfoar*mik*
 cariffimo   incomparabili   cum effet
idluartuinnarto*mik* nellekangitfo*mik*, piuang-
 innocens   Paffione fua   morte fua que redemit
inname Anniam*inik* Tokkomi*n*iglo annaup-
me.   Ita fecit   . ut me iterum habere vellet
anga. Taimailiorpok pi-gi-omau-vlunga,
 a me et   ut ferviatur   juftitia in
uam*nul*lo   nalekullune   Idluarner*mik*
  innocentia in que   gaudio   in que
Piuanginner*miglo*,   Tipeitfungner*miglo*
  regno   fuo in ut vivam unacum ipfo et
Nalegauvingmi*ne* innuk-attigek-kulluni*lo*
ut cum ipfo regnarem.   Quemadmodum·
nálegauk-attigek-kullune.   Sorlo
  mortuis   a   furrexit   et vivit
Tokkorfun*nit* makkitok, innuvluni*lo*
 æternum usque.   Hæc   omnia
Iffokangitfo*mut*. Tamakko tammarmik
 creditu digna   et vera funt.
oper-nard-lutiglo illomorput.

Der Vers: Ihn hab ich eingeschlossen in meines Her-
zens Schrein ꝛc. aus dem Liede: Keinen hat
GOtt verlassen, ꝛc.

Tauna irsertorpara,	Ihn habe ich verwahret
Umættim*nut* mahna	In meinem Herzen hier
Aungne koislimago,	Sein Blut weil Er ver-
goßen hat
Uanga pivlunga,	Um meinetwillen,
Ominga annaumanga	Dadurch hat Er mich
erlöset
Anniarchwiksam*nit*,	Von meiner Pein,
Assannekangilanga	Ich habe keinen, der
lieb hat
Taima aktiksomik.	So gar sehr.

Der Vers: Dein Blut, der edle Saft ꝛc. aus dem
Liede: Wo soll ich fliehen hin? ꝛc.

Aut nellekangitsok	Das Blut das unschätz-
bare
Pirsaunekangarpok	Hat eine sehr grosse
Kraft,
Kuttingub attausingub	Ein einiges Tröpflein
Innuit nunametut	Die Menschen die auf
der Erde sind
Annau-sinna-kullugit	Daß es vermag sie zu
erlösen
Kingarsairsub Karnanit	Von des grimmigen
Hassers Rachen.

§. 45.

Was nun die Wissenschaften betrift, so kan man sich
leicht vorstellen, daß die Grönländer derselben ganz
und gar ermangeln, weil sie keinen Gebrauch davon zu
machen

machen wissen. Man findet nicht einmal eine in heroische Gesänge verfaßte Tradition von den merkwürdigsten Begebenheiten ihrer Vorfahren, dergleichen man sonst bey vielen Barbarischen Völkern, die nichts aufschreiben können, gefunden. Sie wissen weiter nichts von ihnen, als daß sie brave Jäger gewesen und die alten Normänner todtgeschlagen haben. Hingegen sind sie in satyrischen Gesängen desto geübter. Wie aber ihre Poesie und Music, beschaffen ist, wird man sich aus dem obigen §. 23. noch erinnern können.

In der Genealogie sind sie ziemlich bewandert, und können oft ihr Geschlecht bis auf 10 Ahnen, nebst allen Neben-Aesten herzehlen, welches manchem Armen sehr zu statten kommt: denn niemand schämt sich seiner armen Verwandten, und es darf einer nur darthun, daß er mit einem wohlhabenden Grönländer, wenn gleich sehr weitläuftig, verwandt ist; so wird es ihm nicht an Nahrung fehlen. Dabey muß ich noch anmerken, daß die Grönländer die Tauglichkeit zur Arbeit, und die Geschiklichkeit für die einige, wenigstens vornehmste Tugend und gleichsam für ihren Adel halten, und glauben, daß derselbe vom Vater auf Sohn fortgeerbt werde. Und es ist wirklich etwas an der Sache: denn man kan mit ziemlicher Gewißheit drauf rechnen, daß ein Sohn, dessen Vater ein guter Seehund-Fänger gewesen, sich darinnen auch hervorthun werde, wenn er gleich denselben schon in der Kindheit verloren, und von ihm nicht dazu angeführt werden kan.

Wie wenig sie zehlen und folglich rechnen können, ist schon §. 44. angemerkt worden. Vom Schreiben haben sie keinen Begrif. Anfangs haben sie sich gar gescheut, einen Brief an jemand mit zu nehmen, oder ein Buch anzufassen, weil sie es für Hexerey gehalten, daß jemand durch ein wenig schwarz auf weiß des andern Gedanken errathen könte; haben auch wol gedacht, daß der Priester, wenn er ihnen die Gebote GOttes vorgelesen, aus dem Buch eine Stimme hören müsse. Nunmehro fahren sie gern Post mit Briefen, weils gut bezahlt wird und eine Ehre ist, eines Herrn Stimme durchs Land zu tragen. Manche haben auch wol den Kaufleuten Petitionen und Obligationen überschikt, da sie das, was sie zu borgen begehrt, mit einer Kohle auf ein Stük Fell abgezeichnet, und die Zahl der Tage, nach welchen sie es zu bezahlen versprochen, mit so viel Strichen angedeutet haben. Sie haben ihr Wort auch richtig gehalten, und sich nur gewundert, daß die klugen Europäer ihre Mahlerey nicht eben so gut, als ihr eigenes Gekritzel verstehen können.

Ihre Chronologie erstrekt sich auch nicht weit. Bis ins zwanzigste Jahr können sie ohngefehr wissen, wie viel Winter einer gelebt hat: denn sie rechnen Jahre und Tage nach Wintern und Nächten; hernach können sie nicht weiter zehlen. Doch haben sie von der Ankunft des ersten Mißionarii und einiger nachfolgenden bekanten Europäer, wie auch von der Anlegung der und jener Colonie gewisse Epochen gemacht, so daß sie nun sagen können: der und die wurden bey der Ankunft oder Abreise dessen geboren, als man Eyer samlete, Seehunde fing u. s. w. Denn auf diese Weise haben sie das Jahr eingetheilt. Sie rechnen nemlich vom Solstitio hyemali oder kürzesten Tag (welches sie aus den Sonnen-Strahlen an den Felsen auf etliche Tage ziemlich genau wissen können, da sie gleichsam ihr Neues Jahr bey dem obbeschriebenen Sonnen-Fest begehen, drey volle Monden-Scheine bis auf den Frühling; das Æquinoctium aber oder Tag und Nacht gleich können sie nicht anmerken. Alsdann ziehen sie aus den Winter-Häusern in die Zelte. Im vierten Monden-Schein, d. i. im April, wissen sie, daß die kleinen Vögel sich wieder sehen lassen und die Raben Eyer legen. Im fünften lassen sich die Angmarset, wie auch die Seehunde mit ihren Jungen wieder

der sehen. Im sechsten brüten die Eider-Vögel. Weil sie aber in den hellen Sommer-Nächten den Mond nicht mehr beobachten können; so würden sie in ihrer Rechnung irre werden, wenn sie sich nicht theils nach dem Zunehmen der Eider-Vögel und der Seehunde an Grösse und Gestalt, theils nach dem Schein der Sonne an Bergen und Klippen richteten. Daher können sie genau sagen, wann die Seehunde, die Fische und Vögel da und dorthin in Menge kommen, und wann es Zeit seyn wird, die Winter-Häuser auszubessern, die sie gemeiniglich bald nach Michaelis beziehen.

Den Tag theilen sie nach Ebb und Fluth, wiewol sie darinnen nach Veränderung des Monds immer anders rechnen müssen; und die Nacht-Zeit nach dem Auf- und Niedergehen gewisser Sterne.

Von der Erd-Kugel denken sie, daß sie auf Stützen ruht, die vor Alter schon so morsch sind, daß sie oft krachen: daher sie schon längst eingefallen wäre, wenn nicht die Angekoks immer dran flikten, die manchmal zum Beweise ihrer Arbeit ein Stükgen faules Holz mitbringen. Der Himmel soll auf einem hohen spitzigen Berge in Norden ruhen, und sich an demselben herum drehen.

Alle himmlischen Cörper sollen ehedem Grönländer oder Thiere gewesen seyn, die durch besondere Fatalitäten da hinauf gefahren, und nach Verschiedenheit ihrer Speise blaß oder roth glänzen. Die Planeten, die sich begegnen, sind zwey Weiber, die einander besuchen oder sich zanken. Die schiessenden Sterne halten sie für Seelen, die einmal aus dem Himmel in die Hölle zum Besuch reisen. Den Sternen geben sie auch besondere Namen. Ursa major heißt bey ihnen Tukto, das Rennthier; die Siebensterne, Kellukturset, d. i. einige Hunde, die einen Bären hetzen, und nach denselben rechnen sie die Nacht-Zeiten; Gemini, Killab Kuttuk, des

Him-

Himmels Brust-Beine; Orions Gürtel, Siektut, die Verwilderten, weil sie, da sie vom Seehund-Fang sich nicht zu Hause finden können, hinauf genommen und unter die Sterne versetzt worden.

Sonne und Mond sollen zwey leibliche Geschwister gewesen seyn. Malina wurde bey einem Kinderspiel im Finstern schändlicher Weise von ihrem Bruder Anninga verfolgt, bestrich daher ihre Hände mit dem Ruß der Lampen und fuhr damit ihrem Verfolger über das Gesicht und die Kleider, um ihn am Tage daran zu entdekken. Daher kommen die Flekken im Mond. Sie wolte sich mit der Flucht retten: ihr Bruder aber lief hinter ihr drein. Endlich fuhr sie in die Höhe und wurde zur Sonne: Anninga fuhr ihr nach, und wurde zum Mond, konte aber nicht so hoch kommen, und läuft nun noch immer um die Sonne herum, in Hoffnung, sie einmal zu haschen. Wenn er müde und hungrig ist, und das geschicht beym letzten Viertel; so fährt er aus seinem Hause auf einem mit vier grossen Hunden bespannten Schlitten auf den Seehund-Fang, und bleibt etliche Tage aus: und davon wird er so fett, wie sie ihn im Vollmond wieder sehen. Er freut sich, wenn Weibsleute sterben, und die Sonne hat zur Revange ihre Freude an der Männer Tode. Daher halten sich diese bey Sonnen- und jene bey Monds-Finsternissen inne. Der Mond muß oft die Schuld haben, wenn eine ledige Weibsperson verunehret wird; daher dürfen sie nicht lange stehen und ihn angaffen. Und wenn eine Finsternis ist, so geht er herum in den Häusern, etwas Fell- und Eß-Waaren zu mausen, und wol gar die Leute umzubringen, die nicht alle Enthaltungs-Regeln observirt haben. Da verstekken sie alles, und die Männer tragen Kisten und Kessel aufs Haus, und schlagen mit solchem Gepraffel drauf, daß sich der Mond endlich davor fürchtet und wieder an seinen Ort geht. Bey einer Sonnen-Finsternis kneiffen die Weiber die Hunde in die Ohren. Schreyen sie, so ist es ein Zeichen, daß die Natur noch nicht am Ende ist: denn weil die Hunde eher als die Menschen entstanden sind, so sollen sie auch ein geschwinderes Gefühl von zukünftigen Dingen haben. Wenn sie aber nicht schrien (welches doch nie ausbleibt) so wäre das Ende aller Dinge nahe.

Den Nordschein halten sie für die Seelen der Verstorbenen, die im Himmel Ball spielen und tanzen. Wenn es blitzt, so dehnen zwey Weiber ein getroknetes Seehund-Fell aus, und von dem Rasseln kommt der Donner. Der Regen ist das aus dem himmlischen Teich überlaufende Wasser: brächen aber die Dämme durch, so fiele der Himmel ein.

Doch genug von solchen albernen Historien: womit sich, selbst in Grönland, nur die schwachen Köpfe unterhalten. Ja mich beucht, daß die Grönländer, die ihre Schalkheit sehr gut mit dem Mantel der Dummheit zu bedekken wissen, die Europäer für ihre Erzehlungen oft mit wunderseltsamen Historien bezahlt haben, um zu sehen, wie weit ihr Verstand und Leichtgläubigkeit geht; oder sich ihnen gefällig zu machen.

Von der Kunst, aus den Sternen, oder Eingeweiden der Thiere, oder dem Fluge und Gesang der Vögel zukünftige Dinge zu errathen, habe ich bey ihnen keine Spur bemerken können. Desto genauer geben sie auf die Veränderungen der Luft und ihrer verschiedenen Strahlen Achtung, und können daraus einen ziemlich gewissen Schluß auf die Veränderung des Wetters machen.

§. 46.

Die Grönländer haben ihr armseliges und beschwerliches Leben doch sehr lieb, und fürchten sich gräulich vor dem Tode. So wahr ist es, daß die Menschen ohne Erlöser durch Furcht des Todes im ganzen Leben Knechte seyn müssen; welches einem besonders bey den unwissenden Heiden in die Augen fällt. Wenn sie nun

krank

krank werden, so lassen sie es nicht bey den Gaukeleyen der Zauberer und Hexen bewenden, die sie nur, um ja nichts zu versäumen, brauchen; sondern greiffen zu vernünftigern Mitteln: wiewol sie derer nicht viele haben, und aus Furcht, durch das Anrühren angestekt zu werden, sich der Kranken wenig annehmen. Ich will ihre Krankheiten und wie sie dabey verfahren, kürzlich berühren.

Im Frühjahr, im May und Junio werden ihnen von den scharfen Winden und dem Blenden der Sonne auf dem schmelzenden Schnee und Eis, die Augen oft roth und trieffend, so daß sie dieselben manchmal nicht aufthun können. Einige verwahren sich dagegen mit einem sauber aus Holz gearbeiteten und mit Bein ausgelegten drey Finger breiten Reif, den sie, wie einen Licht=Schirm über die Stirn binden. Manche haben auch lange, aber schmale Löcher drein geschnitten, wodurch die Augen sehen, ohne von dem Schnee=Glanz verletzt zu werden. Wenn die Augen=Krankheit anhält, so schneiden sie an der Stirne über dem Auge ein Loch, damit die Schärfe da einen Ausgang finde. Oft bekommen sie einen Flekken oder gar ein Häutgen übers Auge: das weiß die Frau mit einer gekrümmten Nadel aufzuziehen und mit ihrem groben Weiber=Messer so geschikt abzuschneiden, daß es selten mißlingt. Doch seitdem sie den Schnupftobak so stark brauchen, haben sie weniger Augen=Schmerzen.

Sie haben oft Nasenbluten, weil sie sehr vollblütig sind. Da lassen sie sich jemand hinten im Nakken saugen; oder binden den Goldfinger an beyden Händen vest einwerts; oder nehmen ein Stük Eis in den Mund und schlurfen See=Wasser in die Nase: so hört es auf.

Kopf= und Zahn=Schmerzen; Schwindel und Ohnmachten sind sie auch unterworfen, wie auch dem Schlag, oder Stekfluß. Man hat auch Exempel von der fallenden Sucht, der Mond= und Wassersucht, der

Narrheit und Raserey, welche aber, wie auch der Krebs am Munde, nicht sehr gemein sind. Und dafür haben sie keine Mittel.

Für den Scorbut essen sie einige wenige oben schon angezeigte Kräuter und Wurzeln, wie auch eine Art dünnes See-Gras, das nicht erst ausgewässert worden. Des herrlichen Löffelkrauts bedienen sie sich gar nicht.

Sie sind mit zweyerley Ausschlag geplagt. Der eine ist eine Art von Friesel mit kleinen Beulen, die den ganzen Leib, nur nicht die Hände, einnehmen, bald vergehen und nicht anstekken. Der andere ist der Aussatz mit weissen Eiter-Wunden und Schorff über den ganzen Leib. Der ist anstekkend und bleibt gemeiniglich bis an den Tod. Doch soll es etwas helfen, wenn man den Schorff mit Habichts-Federn abkratzt. Dergleichen Leute müssen abgesondert wohnen. (*) Von Blattern und Masern wissen sie nichts, ausser daß im Jahr 1733. ein Knabe die Kinder-Pokken aus Copenhagen mit gebracht, woran bey 3000 Menschen gestorben; wie in demselben Jahr gemeldet werden wird. Daß aber der Sexus nichts von den Mensibus wissen solte, darinnen hat man sich geirrt.

Wenn sie Beulen bekommen, die oft so groß werden, wie ein Teller, davon manche gar contract werden, so schneiden sie dieselben Creutzweis auf, und binden einen hohlen Dekkel von Stroh oder dünnem Holz drüber, damit das rohe Fleisch nicht von den Kleidern irritirt werde; und so gehen sie wieder an ihre Arbeit.

Eine

(*) Diese Krankheit herrscht auch an der Seeseite von Norwegen und in den Färöerschen Inseln, und soll von dem vielen Fisch-Essen entstehen. Pontopp. Nat. Histor. von Norwegen. Th. 2. Cap. 9. §. 9.

Eine frisch verwundete Hand oder Fuß stekken sie ins Urin-Gefäß, um das Blut zu stillen. Alsdann legen sie die Grieven oder Fasern von ausgedruktem Spek, oder etwas im Thran gebrantes Moos darauf, und binden die Wunde mit einem ledernen Riemen vest zu. Grosse Wunden aber werden erst zugeneht.

Beym Bein- oder Arm-Bruch ziehen sie das Glied, bis es eingerichtet ist, und binden es mit starkem Sohl-Leder vest zusammen. Man muß sich wundern, wie geschwind das beschädigte Glied, wenn gleich die Splitter herausgestanden, geheilt ist.

Für äusserliche Schäden haben sie also leichte Mittel, und die heilen recht geschwind: für innerliche Krankheiten aber wissen sie weder Mittel noch Wartung, und müssen alles der Natur überlassen. Dergleichen Krankheiten sind, die Auszehrung, das Blutspeyen, (welches sie mit schwarzem Moose, der an den Klippen wächst und den sie essen, zu stillen denken) Diarrhöe und rothe Ruhr, die sonderlich im Frühjahr vom vielen Fisch-Essen, und im Herbst von den unreiffen Beeren entsteht. Viele schleppen sich etliche Jahre mit einer Brust-Schwachheit, die vom vielen Schleim herrührt, der sie endlich erstikt.

Von kalten und hitzigen Fiebern wissen sie nichts. Wenn sie aber das Seitenstechen oder vielmehr Bruststechen bekommen, welches oft vom versessenen Schleim verursacht wird; so spüren sie Anfangs ein Schaudern, und bekommen dann etwas Hitze, die beständig mit heftiger Bewegung und Stechen in der Brust anhält. Dieses ist ihre gemeinste Krankheit; sie macht auch kurze Arbeit, und ist oft anstekkend. Ihr einiges Mittel ist, daß sie mit einem heissen Asbest-Stein auf den Flek, wo sie das Stechen spüren, stossen; welches auch bey der Geschwulst geschiehet. Nunmehr lassen sie sich bey solchen Fällen, und manche auch wol zur Präser-
vation,

vation, eine Ader öfnen, welches ihnen ehedem ganz unbekant gewesen und ihnen oft grosse Dienste thut.

Die Ursachen dieser und anderer Krankheiten sind wol in ihrer unordentlichen Lebens-Art zu suchen. Im Winter kommt ein Mann so durchfroren, daß er an Händen und Gesicht keine Empfindung hat, in das warme Haus. Wenn sie in der Hitze schwitzen, lauffen sie halb nakket hinaus. Haben sie nichts, so hungern sie zwey bis drey Tage. Wenn sie aber was bekommen, so ist des Essens kein Ende. Wenn sie warm oder durstig sind, lassen sie sich nicht an dem ohnedem kalten Wasser genügen, sondern legen ein Stük Eis oder Schnee drein. Und weil sie nur vor Durst trinken, so stürzen sie auf einmal desto mehr in den Leib. Solche grosse und plötzliche Veränderungen müssen freilich den ordentlichen Gang der Natur sehr beschweren. Daher merkt man auch, daß ihre meisten Krankheiten, besonders das Seitenstechen, gemeiniglich zu Ende eines harten Winters, sonderlich wenn sie wenig zu essen gehabt haben, ausbrechen, und, weil sie nicht zum Schwitzen zu bringen sind, sondern vielmehr die innerliche Hitze mit Eiskaltem Wasser zu dämpfen suchen, ihnen gar bald den Garaus machen.

§. 47.

Wenn ein Grönländer mit dem Tode ringt, so ziehen sie ihm seine besten Kleider und Stiefel an und biegen seine Füsse unter die Lenden, vermuthlich damit sie das Grab desto kürzer machen können. Sobald er todt ist, werfen sie seine Sachen hinaus, damit sie dadurch nicht verunreinigt und unglüklich werden. Alle Leute im Hause müssen auch ihre Sachen hinausthun bis auf den Abend, damit der Todten-Geruch heraus ziehe. Alsdann klagen sie ihn in der Stille eine kleine Stunde lang. Dann machen sie Anstalt zum Begräbnis. Die Leiche tragen sie nicht durch den Eingang

des

es Hauses, sondern durchs Fenster hinaus, und im selt machen sie hinten ein Fell los und schieben sie da eraus. Hinter drein schwenkt eine Frau einen angezündeten Span hin und her und spricht: Hier ist nicht mehr zu bekommen. Das Grab machen sie gern in einem abgelegenen Ort auf einer Höhe von Steinen, unten drein legen sie etwas Moos und breiten ein Fell darüber. Der nächste Anverwandte bringt den Todten, in seinem besten Seehund- oder Rennthier-Felle eingewikkelt und eingenehet, auf dem Rükken getragen, auch wol hinter sich auf dem Boden geschleppt, legt ihn ins Grab, dekt ein Fell, auch wol etwas Rasen drüber, und legt grosse, breite Steine drauf, so daß die Füchse und Vögel nicht dazu kommen können. Neben das Grab legen sie des Verstorbenen Kajak, Pfeile und täglich gebrauchtes Werkzeug, und so bey den Weibern ihre Messer und Nehzeug, damit sie sich nicht dadurch verunreinigen oder durch dessen oftmaliges Anschauen zu gar zu grosser Betrübnis gereizt werden: denn dieses bekommt der abgeschiedenen Seele nicht allzuwohl. Viele stehen auch in den Gedanken, daß sie sich ihres Werkzeugs in der andren Welt zu ihrer Nahrung bedienen werden. Und solche Leute legen zu eines Kindes Grab einen Hunds-Kopf, damit die Seele des Hundes, die überall zu Hause findet, dem unmündigen Kinde den Weg zu dem Lande der Seelen weise. Seitdem aber die Wilden gesehen, daß die Getauften solche beym Grabe niedergelegten Sachen wegnehmen, und ohne sich dadurch der Rache der Gespenster blos zu stellen, brauchen; so kommt diese Mitgabe ziemlich ab. Doch brauchen sie dergleichen Sachen nicht selber, sondern verkaufen sie an andere, die davon keine Betrübnis zu besorgen haben.

Wer einen Todten anrührt, besonders, wer ihn zu Grabe trägt, ist etliche Tage lang unrein, und muß

muß sich gewisser Arbeit und Speisen enthalten: welches auch die übrigen Verwandten, ja alle Haus-Leute, doch in geringerm Grad, thun müssen; damit sie sich nicht selbst unglüklich, und der abgeschiedenen Seele ihre Reise beschwerlich machen.

Ein kleines, säugendes Kind, das noch keine grobe Speisen geniessen kan, und niemand hat, der es pflegt, wird mit der Mutter zugleich, oder doch, wenn der Vater sich keinen Rath mehr weiß, und dem Jammer des Kindes nicht mehr zusehen kan, einige Zeit drauf, lebendig begraben: mit welchem Schmerz des Vaters, sonderlich wenn es ein Sohn ist, kan man sich leicht vorstellen. Manche alte, kranke Witwen, die keine ansehnliche reiche Verwandten haben, von denen sie ohne Mühe ernehrt werden können, werden auch lebendig begraben: und die Kinder halten das nicht für eine Grausamkeit, sondern für eine Wohlthat, daß sie ihnen die Schmerzen eines langen Krankenlagers, davon sie doch nicht wieder aufstehen, und sich selbst Kummer, Betrübnis und Mitleiden ersparen. Die eigentliche Ursach aber muß man doch in der Verachtung, Faulheit und dem Geiz suchen, weil man nicht leicht ein Exempel haben wird, daß sie einen alten untauglichen Mann begrüben, er müßte dann gar keine Verwandten haben, da sie ihn doch eher auf einer Insel allein sitzen und verhungern lassen. Wer gar keine Freunde hat, bleibt auch wol unbegraben liegen.

§. 48.

Nach dem Begräbnis begeben sich die Begleiter ins Sterbhaus, setzen sich stille nieder, stützen die Arme auf die Knie und legen den Kopf zwischen die Hände: die Weiber aber legen sich auf der Pritsche aufs Angesicht, und alle schluchsen und weinen in der Stille. Dann hält der Vater oder Sohn, oder wer der nächste Verwandte ist, mit einer lauten, heulenden Stimme

eine

eine Klag-Rede, darinnen alle guten Eigenschaften des Verstorbenen berührt werden, und die wird von allen bey jedem Absatz mit einem lauten Heulen und Weinen begleitet. Den Inhalt einer solchen Klag-Rede eines Vaters über seinen Sohn, will ich als ein Muster der Grönländischen Wohlredenheit, aus des Kaufmann Dallagers Relation, S. 46. mit einschalten.

" Wehe mir, daß ich deinen Sitz ansehen soll, der nun leer ist! Deine Mutter bemüht sich vergebens, dir die Kleider zu trokner. Siehe, meine Freude ist ins Finstere gegangen und in den Berg verkrochen. Ehedem ging ich des Abends aus und freute mich: ich strekte meine Augen aus und wartete auf dein Kommen. Siehe du kamst, du kamst muthig angerudert mit Jungen und Alten. Du kamst nie leer von der See, dein Kajak war stets mit Seehunden oder Vögeln beladen. Deine Mutter machte Feuer und kochte. Von dem Gekochten, das du erworben hattest, ließ deine Mutter den übrigen Leuten vorlegen, und ich nahm mir auch ein Stük. Du sahest der Schaluppe rothen Wimpel von weiten und ruftest: da kömt Lars (nemlich der Kaufmann.) Du liefst an den Strand und hieltest der Schaluppe Vorder-Staven. Dann brachtest du deine Seehunde hervor, von welchen deine Mutter den Spek abflenzte, und dafür bekamst du Hemder und Pfeil-Eisen. Aber das ist nun aus. Wenn ich an dich denke, so brauset mein Eingeweide. Ach daß ich weinen könte, wie ihr andre! so könte ich doch meinen Schmerz lindern. Was soll ich mir wünschen? der Tod ist mir nun annehmlich worden. Doch wer soll meine Frau und übrigen kleinen Kinder versorgen? Ich will noch eine Zeitlang leben: aber meine Freude soll in beständiger Enthaltung von allem, was den Menschen sonst lieb ist, bestehen." rc.

Nach einem solchen Klage-Liede continuiren die Weibs-Leute mit Weinen und Heulen, alle in einem

Ton, als ob man eine Quinte herunterwerts durch alle Semitonia tremulierend spielte. Dann und wann halten sie ein wenig inne, und die eigentliche Leidträgerin sagt etliche Worte dazwischen; die Manns=Leute aber schluchsen nur. Dann werden alle Eß=Waaren, die der Verstorbene hinterlassen hat, auf den Boden gelegt und von den condolirenden Gästen verzehrt. Solange noch etwas übrig ist, continuiren sie ihren Besuch, und das kan acht bis vierzehn Tage währen. Wenn die Witwe ausgehet ihre Nahrung zu suchen, muß sie alte, zerrissene, beschmierte Kleider anhaben, sich nie waschen, die Haare abschneiden oder doch unaufgebunden tragen, und unter freyem Himmel allezeit eine besondere Trauer=Kappe auf dem Kopf haben. Sie geben also auch ihre Trauer durch eine besondere Kleider-Tracht zu erkennen; die Manns=Leute aber distinguiren sich darinnen nicht, ausser daß sich manche zum Zeichen eines tief fressenden Schmerzens selbst verwunden. Wer inzwischen zum Besuch kommt, den empfängt die Frau mit den Worten: Den ihr sucht, den findet ihr nicht, ihr kommt hinter drein. Und dann geht das Heulen wieder an. Eine solche halbstündige Klage setzen sie alle Tage einige Wochen lang, bis zu einem vollen Jahr fort, je nachdem der Verstorbene jung oder alt, oder unentbehrlich gewesen. Sie besuchen auch das Grab, legen sich darüber, und die umstehenden Weibsleute kommen und helfen ihnen heulen. Ist der Haus=Vater gestorben, so suchen die condolirenden Gäste bey jedem Besuch, solange die Witwe noch nicht ausgehet, etwas heimlich oder öffentlich mit wegzunehmen, wo nicht die nächsten Verwandten stark genug sind, es abzuwehren, bis sie endlich so entblößt ist, daß manche nach einiger Zeit mit ihren Kindern verhungern und erfrieren muß.

Der

Der Grönländischen Historie Viertes Buch.

Von der Geschichte des Landes und der ersten Mission bis auf das Jahr 1733.

Inhalt.

I. Abschnitt.

Geschichte von Alt-Grönland.

§. 1. Entdekkung und Besetzung von Island durch die Normänner.

§. 2. Entdekkung und Anbau von Grönland durch die Isländer.

§. 3. Die Zeit dieser Entdekkung ist nicht recht zu bestimmen.

§. 4. Geographische Beschreibung des Landes in alten Zeiten.

§. 5. Ehmalige Beschaffenheit des Landes auf der Ost-Seite.

§. 6. Anfang der Christlichen Religion in Grönland. Erster Grönländischer Bischof und dessen Nachfolger.

§. 7. Die Isländer und Grönländer entdekken einen Theil von Nord-America und senden Colonien dahin.

§. 8. Muthmaſſungen, wann und woher die itzigen Wilden nach Grönland gekommen ſind.

§. 9. Die alten Normänner in Grönland werden durch die Peſt und durch die Wilden aufgerieben. Die Schiffahrt dahin hört auf und das Land geht verloren, doch bleiben einige Spuren.

§. 10. Neueſte Nachrichten von dem itzigen Zuſtand des Landes und der Einwohner auf der Oſt-Seite.

§. 11. Fortſetzung der Nachrichten von der Oſt-Seite aus dem Munde der Grönländer.

§. 12. Die Entdekkung von Oſt- und Weſt-Indien gibt Gelegenheit an das verlorne Grönland zu denken. Martin Frobisher entdekt das Land, und John Davis die Straſſe Davis.

§. 13. Die Dänen entdekken die Oſt- und Weſt-Seite des Landes, können aber keinen veſten Fuß faſſen.

II. Abſchnitt.
Geſchichte von Godhaab.

§. 14. Ein Norwegiſcher Prieſter, Hans Egede, thut Vorſchläge, eine Colonie und Mißion in Grönland anzufangen.

§. 15. Er leidet darüber viele innerliche und äusserliche Anfechtungen, vertheidigt sich, legt sein Amt nieder und geht nach Bergen.

§. 16. Er wendet sich an den König, errichtet nach vielen Schwierigkeiten eine Handels-Gesellschaft und wird zum Mißionario in Grönland bestellt.

§. 17. Gefährliche Reise nach Grönland, Ankunft daselbst, Anbau der Colonie Godhaab.

§. 18. Die Wilden scheuen sich vor den Dänen, fassen aber bald ein Vertrauen zu ihnen und grosse Hochachtung für den Mißionär.

§. 19. Die Handlung läßt sich schlecht an, die Colonie geräth in Mangel und will zurük gehen, wird aber aus dem Vaterland unterstützt.

§. 20. Der Mißionär wohnt eine Zeitlang unter den Wilden, die Sprache zu lernen, und fängt an einige zu unterrichten.

§. 21. Er bemüht sich einen bessern Platz für die Colonie zu finden, durchsucht das Bals-Revier und trift Ueberbleibsel von der Normänner Wohnungen an.

§. 22. Er bekommt einen Gehülfen an Albert Top, sucht die Ost-Seite zu entdekken, aber vergeblich, findet viele Ruinen, wird von den Grönländern wohl aufgenommen und sehr hoch gehalten,

§. 23. Er thut eine gefährliche und doch vergeb⸗
liche Entdekkungs-Reiſe gegen Norden,
wo hernach eine neue Colonie bey Nepi⸗
ſene aufgerichtet wird, läßt Erz ſuchen
und Korn ſäen, und ſucht die Handlung
in Aufnahme zu bringen.

§. 24. Man fängt mit Ernſt an, die Grönlän⸗
der zu unterrichten und ſie durch allerley
Mittel ordentlich und aufmerkſam zu
machen. Viele geben der Wahrheit
Beyfall, können und wollen aber nichts
davon begreiffen.

§. 25. Von zween Grönländiſchen Knaben, die
nach Copenhagen geſandt worden, kommt
einer zurük, zween andere Knaben wer⸗
den getauft, einige bibliſche Stükke über⸗
ſetzt und der Anfang zu einer Grönländi⸗
ſchen Grammatik gemacht.

§. 26. Die Colonie bey Nepiſene wird verlaſ⸗
ſen und verbrant. Der Mißionarius
ſieht ſich nach einem beſſern Platz um,
und bekommt, ſo wie auch der Kauf⸗
mann, auf der Reiſe verdrießliche Hän⸗
del, daraus eine Nachſtellung entſteht,
die noch bey Zeiten entdekt wird.

§. 27. Durch langes Ausbleiben der Schiff
kommt die Colonie in Mangel und der
Mißionarius iſt genöthiget, bey den Hol⸗
ländiſchen Schiffen Hülfe zu ſuchen, end⸗
lich wird die Noth durch die Ankunft des
einen Schifs erleichtert.

§. 28.

§. 28. Die Grönländische Handlung wird von der Compagnie zu Bergen aufgegeben und vom Könige fortgesetzt. Albert Top kehrt mit einem Grönländischen Knaben nach Dännemark zurük, und Egede bemüht sich vergeblich, seinen und der Mißion Unterhalt selbst ausfündig zu machen.

§. 29. Bey den Grönländern findet sich mehr Willigkeit und Lehr-Begierde, die aber bey den wenigsten von Herzen geht.

§. 30. Es werden Soldaten und allerley Leute zu Anlegung eines Castells und mehrerer Colonien überschifft, die aber mehrentheils sterben und zum Theil eine Meuterey anrichten.

§. 31. Vergebliche Bemühung die Ost-Seite zu entdekken. Bey Nepisene wird abermals eine Colonie und ein Castel angelegt.

§. 32. Viele Grönländer ziehen aus Furcht vor den neuen Colonisten weg. Egede beschließt in einer Conferenz mit seinen zween neuen Collegen der Heiden Kinder zu tauffen.

§. 33. Neue Noth wegen Mangel des Proviants, und abermalige Anstalt zum Anbau des Landes.

§. 34. Abruf aller Colonisten bis auf Egede und seine Familie. Die Colonie bey Nepisene wird abermals verbrant.

§. 35.

§. 35. Das Tauffen der Kinder wird eingestellt, die Grönländer wollen dieselbe nicht mehr unterweisen lassen, und ziehen gar davon.

§. 36. Die Handlung gewinnt einen bessern Fortgang, bekommt aber noch keine Versicherung. Die Entdekkung der Ost-Seite wird abermals vergeblich versucht.

§. 37. Egede wird durch eine allergnädigste Versicherung zur Fortsetzung der Mißion erfreut. Ankunft der drey ersten Heiden-Boten von Herrnhut.

I. Abschnitt.

I. Abschnitt.
Geschichte von Alt-Grönland.

§. 1.

Nun möchte man wol auch gern die Geschichte dieses Volks wissen: davon wird man aber wenig vorbringen können, weil unter den Grönländern weder münd- und schriftliche Traditionen, noch einige Monumenta vorhanden sind. Sie selbst wissen weiter nichts von ihren Vorfahren, als daß sie die Kablunät oder ehmaligen Nordischen Einwohner dieses Landes vertrieben haben. Die Zeit, da dieses geschehen seyn soll, wird Gelegenheit geben, von dem Herkommen der Grönländer so viel beyzubringen, als einen die Wahrscheinlichkeit vermuthen läßt. Ich will also nunmehr kürzlich erzehlen, wie dieses Land von den Europäern entdekt, bewohnt, verloren, wieder gesucht und gefunden worden.

Aus der Historie ist bekant, daß sich die Nordischen Völker seit dem fünften Jahrhundert unter den übrigen Nationen besonders hervorgethan, grosse Flotten gehalten, neue Länder entdekt, See-Räuberey getrieben, aber auch neue Colonien angelegt, ja ganze Länder und Königreiche eingenommen und beherrscht haben. Rom hat nicht nur vor den alten Cimbrern gezittert, sondern sich auch einigemal unter das Joch der aus dem Norden hervorbrechenden sogenanten Barbaren bükten müssen. Die Normandie hat noch von den Norwegern ihren Namen, und in der Englischen Historie wird man ihrer nie vergessen. Einige und darunter der berühmte Hugo Grotius, sind gar so weit gegangen, daß sie die Bevölkerung der neuen Welt aus Norwegen herleiten. Den Ungrund dieser Meinung haben andre dargethan. Das gewisseste ist, daß die Orcadischen Eylande, Island und Grönland von den Normännern entdekt, oder doch zuerst recht bewohnt und angebaut worden sind.

Nach der Erzehlung des gelehrten Isländers Arngrim Jonas, soll Island zuerst von einem Norweger Naddok, der nach der Insel Färö fahren wollen, von ohngefehr entdekt und Schneeland genant worden seyn. Ein See-Räuber Flokko, der davon gehöret, und dieses Land aufsuchen wollen, hat sich aus Mangel des Compasses, wie Noah, eines Raben bedient, welcher, da er ihn mitten auf der See ausfliegen lassen, nach seinem natürlichen Triebe seinen Flug gegen das Land gerichtet, da dann Flokko ihm sicher nachgefahren, das Land gefunden und wegen des vielen Eises Island genant hat.

Norwegen hatte damals schon seine Könige, wurde aber mehrentheils von einer Menge Jarls oder Grafen beherrscht, die den Königen viel zu schaffen machten, und grosse Gewaltthätigkeiten ausübten, aber vom König Harald Haarfager unters Joch gebracht wurden. Einer dieser Jarls, Namens Ingolf, dem seine Freyheit lieber als das Vaterland war, begab sich mit seinem Schwager Hiorleif nebst einer Menge ihrer Anhänger, die noch alle dem Heidenthum ergeben waren, nach Island, bevölkerte es zum erstenmal, wie Arngrim dafür hält, baute es an, (denn es soll damals noch Korn und viel Holz hervorgebracht haben,) und richtete eine Republik auf, die den damaligen barbarischen

hen Zeiten Ehre macht. Dieses soll im Jahr 874.
geschehen seyn. Es sind aber viele Ursachen, die wahrscheinlich machen, daß dieses Land, wo es nicht der alten Thule ist, doch schon lange vor der Ankunft Ingolfs bewohnt; und wenigstens von den Irrländern der Fischerey halber besegelt worden. Man kan dieselben finden in Peyrere. Rélation de l' Islande à Monsr. de la Mothe le Vayer, §. XLIII.

§. 2.

Unter denen Jarls, die sich dem König Harald unterwarfen, war einer, Namens Thorrer, welcher so reich beschrieben wird, daß er in dem Nordlichen Theil von Norwegen drey Inseln und auf jeder achtzig Stük fette Ochsen gehabt; daher er Yrna-Thorrer, oder der Ochsen-Thorrer genant worden. Eine dieser Inseln hat er mit sammt den Ochsen dem König Harald zu einer Mahlzeit für seine Armee geschenkt und sich dadurch seine Gunst erworben. Sein Groß-Enkel Thorwald lebte an dem Hofe des Grafen Hagen eine Zeitlang in grossem Ansehen, mußte sich aber wegen eines begangenen Mordes auf die Flucht begeben, kam mit einer neuen Colonie nach Island, und baute daselbst ein eignes Stük Land an. Sein Sohn Erich Raude oder Rothkopf breitete sich nach seinem Tode noch weiter aus. Ein mächtiger Nachbar, Eyolf Saur, hatte einige von seinen Knechten umbringen lassen. Erich rächete den ihm angethanen Schimpf und Verlust mit Eyolfs Tode, mußte aber darüber, und weil er mit dem mächtigen Thorgest, der ihm die auf der Flucht anvertrauten Haus-Götzen nicht wieder herausgeben wolte, in Streitigkeiten gerieth, auf die Flucht denken. Nun hatte er vernommen, daß Gunbiörn im Westen von Island nicht nur einige fischreiche Klippen entdekket, die von ihm den Namen Gunbiörns-Schären erhalten, sondern auch weiter hin ein grosses Land erblikt habe.

habe. Dieses suchte der flüchtige Erich, dem ein drey-
jähriges Exilium zuerkant worden, auf, entdekte zuerst
das veste Land bey Herjolfs-Näs, fuhr neben dem
Lande weiter Süd-Westwerts hin, und überwinterte
auf einer angenehmen Insel, neben einem Sund, den
er Erichsund nante. Das folgende Jahr untersuchte
er das veste Land, und ging im dritten Jahr nach Island zurük, wo er sein neues Land, welches er, um
Leute dahin zu locken, Grönland nante, so vortreflich
an Wiesen, Waldung und Fischerey beschrieb, daß ihm
das Jahr drauf 25 Schiffe voll Colonisten, die sich
reichlich mit Hausrath und Vieh von allerley Gattung versehen hatten, dahin folgten, von denen aber
nur 14 angekommen sind. Mit der Zeit folgten noch
mehrere Colonien sowol aus Island als Norwegen,
und bauten das Land auf der Ost- und West-Seite
nach und nach so stark an, daß man die Einwohner
etwa ein Drittel so stark als ein Dänisches Bißthum
geschätzt hat.

§. 3.

Die Zeit, da dieses geschehen, wird auf verschiedene
Weise angegeben. Man hat zwo Haupt-Quellen
von der Grönländischen Historie. Die eine ist die Isländische Chronik des uralten Nordischen Geschicht-
schreibers, Snorro Sturlesen, welcher um das Jahr
1215. Nomophylax oder Canzler der Regierung in Island gewesen. Demselben ist nicht nur der gelehrte
Arngrim Jonas, Coadjutor des Bischofs Gunbrand
Thorlak in Island im Anfang des vorigen Jahrhunderts, sondern auch der Königliche Historiographus,
Thormoder Torfäus, ein geborner Isländer, in seiner Grœnlandia antiqua, der ich mich hier am meisten
bediene, gefolget. Diese setzen die Entdekkung Grönlands in das Jahr 982. Hingegen hat man eine
Grönländische Chronik in Dänischen Versen von dem

Predirediger Claudius Christophersen oder Lyscander, welche das Jahr 770. angibt. Und diese Rechnung scheint nicht nur in dem Alterthum Islands ihren Grund zu finden, sondern wird auch, durch eine im Jahr 835. vom Pabst Gregorius IV. ausgefertigte Bulle bestärkt; darinnen dem ersten Nordischen Apostel, Ansgarius, welcher vom Kayser Ludovicus Pius zum Erzbischof zu Hamburg bestellt worden, unter andren Nordischen Völkern, mit ausdrüklichen Worten auch die Isländer und Grönländer zu bekehren anvertraut werden. Es muß also Grönland, wofern diese Bulle ihre Richtigkeit hat, woran man doch keine Ursachen zu zweifeln findet, wenigstens 150. Jahr vorher und also um das Jahr 830. von Isländern oder Norwegern entdekt und bewohnt worden seyn.

§. 4.

In der Beschreibung des Landes regiert nicht nur zwischen der Isländischen und der Dänischen Chronik, sondern zwischen den Isländern selber, eine noch grössere Verschiedenheit, die der Isländer Torfäus mit aller seiner Mühe nicht vereinigen können. Er folgt in einer Charte hauptsächlich den Beschreibungen des Ivar Beer, welcher im vierzehnten Jahrhundert des Grönländischen Bischofs Haus-Hofmeister und Land-Richter gewesen. Nach diesen Nachrichten ist Grönland auf der Ost- und West-Seite bebaut gewesen. Jene, oder die Oster-Bygd, welche man nun das alte oder verlorne Grönland nennt, wird durch ein Vorgebirge im 63sten Grad, Herjolfs-Näs genant, in zwey Theile getheilt. "Unter diesem Vorgebirge (schreibt Magister Theodor Thorlak, welcher im vorigen Jahrhundert Bischof in Island gewesen) liegt die Skagafiord, und vor der Mündung dieses Meerbusens eine lange Sandbank, daher die grossen Schiffe nur bey hohem Wasser einlauffen können. Alsdann geht auch eine grosse

grosse Menge Wallfische und andre Fische dahinein; die Fischerey darf aber nur mit Erlaubnis des Bischofs, dem der Meerbusen zusteht, getrieben werden. Weiter gegen Osten liegt der Sinus ollum lengri, oder der allerlängste Meerbusen, dessen Ende noch niemanden bekant ist. Da ist eine grosse Menge kleiner Inseln, die man Holme nennt, und ebene Flächen mit grossem Gras bewachsen."

Diese lange Fiorde möchte wol mit der auf der West-Seite in Disko-Bucht befindlichen Ise-Fiorde, welche nach der Grönländer Aussage ehedem eine Durchfahrt gewesen seyn soll, zusammenfliessen. Torfäus setzt sie in den 66sten Grad. Was weiter hinauf liegt, nennt er Obygdr, oder wüste Orte, da nur eine Bucht angemerkt und Funkabudr genant wird, weil daselbst ein Bedienter des Norwegischen Königs Olai, Namens Funka, gestrandet und begraben seyn soll. Auf dem vesten Lande dieser Gegend sind zween grosse Eisberge angemerkt, jener von dem blauen Eise Blaaserken oder Blauhemd, und dieser von dem weissen Schnee Hvitserken oder Weißhemb genant. Wenn man von dem westlichen Vorgebirge Islands, Snäfels-Näs, den halben Weg nach Herjolfs-Näs, welche zwey Vorgebirge etwa sechzig Meilen von einander sind, hinter sich gelegt hat, so kan man sowol den Blaaserk in Grönland, auch den Snäfels-Jökel oder Eisberg in Island sehen.

Zwischen Herjolfs-Näs und Statenhuk sind weit mehr Fiorden bewohnt gewesen. Die merkwürdigsten sind, Ketils-Fiord, darinnen zwey Kirchspiele und ein Mönch-Kloster, dem heiligen Olao und Augustino geweihet, gewesen seyn sollen; ferner die Raben-Fiorde, an deren Ende das Nonnen-Kloster des heiligen Olai gewesen. "In der Einars-Fiorde, welche sich oben in verschiedene Aeste zertheilt, sieht man im Hin-

ein

einfahren (wie Mag. Theodorus schreibt) das kleine
Vorgebirge Klining zur linken, und einen grossen Wald
zur rechten Hand, wo das kleine und grosse Vieh der
Cathedral-Kirche, welche am Ende des Busens bey
dem Dorfe Gardar liegt, geweidet wird. Vor der
Einars-Fiord liegt die grosse Insel Rinsey; da werden
häufig Rennthiere gejagt, da findet man auch den besten Weichstein, daraus die Grönländer Krüge und
Gefässe von 10 bis 12 Tonnen groß (Vasa decem vel
duodecim Tonnarum capacia) verfertigen, die so vest
sind, daß sie alles Feuer aushalten. Weiter nach Westen liegt das Lang-Eyland, wo acht Bauerhöfe
sind, die dem bischöflichen Sitz zugehören; die Zehnden
aber hebt die Kirche zu Hvalfseyre. Das nächste ist
die Eriks-Fiord, wo das prächtige Gut Brattahlid,
der Sitz des obersten Richters, liegt. Auf der Westerbygd ist die grosse Kirche auf Ströms-Näs, die
eine Zeitlang die Cathedral-Kirche und des Bischofs
Sitz gewesen ist."

So weit Thorlak bey dem Torfäus, Cap. VII. Derer Fiorden, die auf der Ost-Seite bewohnt gewesen,
zehle ich 19. In denselben sollen 190 Dörfer oder
vielmehr Meyerhöfe (Villæ, Prædia, wie sie Torfäus nennt) und dieselben in 12 Kirchspiele getheilt
gewesen seyn, nebst einem bischöflichen Sitz und
zwey Klöstern. Torfäus ziehet diese bewohnten Plätze
auf seiner Charte durch die Frobisher-Strasse, und
hält das südliche Land sowol auf der West- als Ost-
Seite für unbewohnt. Da wir aber nunmehro wissen, daß auf der West-Seite zwischen Cap Farwell
und der sogenanten Frobisher-Strasse die meisten
und besten Ruinen angetroffen werden: so muß man
die bewohnten Fiorden auch auf der Ost-Seite der
Frobisher-Strasse vorbeyziehen. Von der Osterbygd
bis an die Westerbygd soll man mit einem sechsrudrigen

gen Boot in sechs Tagen, haben fahren können, ohne Menschen anzutreffen; und eben so viel Zeit brauchen itzt die Grönländer, wenn sie von der Ost-Seite nach Onartok auf der West-Seite zum Angmarset-Fang in ihren leichten Weiber-Booten fahren.

Auf dieser, nemlich der West-Seite, werden neun angebaute Fiorden angegeben, in welchen 90, andre setzen 110, Dörfer oder Meyerhöfe gestanden haben sollen, die in vier Kirchspiele eingetheilt gewesen. Das Ende dieser Wohnungen, so weit wir die Ueberbleibsel davon haben finden können, trift etwa in den 65sten Grad. Es sind also vom 65sten Grab auf der Ost-Seite, bis auf eben die Höhe der West-Seite alle wohnbaren Plätze von den Normännern besetzt worden; ihre Nachbarn auf der West-Seite sind die Skrällinger gewesen, und auf der Ost-Seite haben sie wegen des Eises nicht weiter wohnen können, und sind nur des Sommers etwas weiter der Fischerey wegen hinaufgezogen.

§. 5.

Von der Beschaffenheit der Luft und des Landes der Ost-Seite braucht wol nichts gemeldet zu werden, da man dieselbe aus der Beschreibung der West-Seite abnehmen kan. Weil man aber bisher sehr viele Herrlichkeiten von dem verlornen Grönland ausgegeben hat, so will ich aus dem Torfäo nur so viel davon anführen, daß man sehe, die Ost-Seite sey von der West-Seite, wie sie itzt ist, nicht sehr verschieden gewesen.

" Die Luft (sagt er nach dem Zeugnis des Speculi regalis, eines uralten Isländischen Buchs) ist in Grönland stiller und beständiger, und die Kälte auch nicht so heftig als in Island und Norwegen. Es fällt zwar eine unmäßige Kälte ein, und die Stürme toben heftiger als irgendwo, halten aber nicht lang an, kommen

en selten und sind nie so stark, daß sie die Thiere er‍
ikken." Der Autor dieses alten Buchs, den man ins
zte Jahrhundert setzt, beschreibt auch schon das
Nordlicht, welches er Nordrlios nennt, aber als et‍
was damals noch so seltenes, daß es nur in Grönland
gesehen werde. Peyrere, welcher des französischen
Gesandten an den Nordischen Höfen Secretair gewe‍
sen, und seine Relation erst im Jahr 1646. geschrieben,
beschreibt dieses Luft-Zeichen als ein Wunder, das er
sich nicht getrauen würde zu berichten, wenn es nicht
die Isländische Chronik bezeugte. Er führt auch aus
der Dänischen Chronik an, daß im Jahr 1308. ein
entsetzliches Gewitter in Grönland gewesen, wodurch
eine Kirche abgebrant, und daß darauf ein erschrekli‍
cher Sturm gefolgt, der die Spitzen von vielen Felsen
heruntergeworfen, so daß der Staub von den zer‍
schmetterten Steinen wie ein Regen herumgeflogen.
Darauf soll ein harter Winter gefolgt seyn, dergleichen
man noch nie gehabt, so daß das Eis ein ganzes Jahr
nicht geschmolzen.

 Die Fruchtbarkeit des Landes wird gar verschieden
und widersprechend beschrieben. Bald soll es nach der
Isländischen Chronik den besten Waitzen getragen ha‍
ben; bald soll nach eben derselben wegen der Kälte
gar nichts haben wachsen können. Man redet nicht nur
von Wäldern, wo man weisse Bären gejaget, da doch
der weisse Bär von der See lebt, sondern auch von
Eich-Bäumen, die so grosse Eichel wie Aepfel, und
von so angenehmen Geschmak wie Castanien getragen.
Das wahrscheinlichste, was auch mit der Beschaffenheit
der West-Seite übereinstimmt, ist, was die Dänische
Chronik erzehlt, daß Erich Raude Anfangs nur von
Fischen gelebt, und seine Nachfolger nach und nach in
den Thälern Wiesen zur Viehzucht zubereitet haben.
Eben so schreibt auch Torfäus Cap. XV. de Grœnlan‑
dorum

dorum Victu: "Obgleich wohlhabende Leute versucht haben, ob das Land Korn tragen könne, so hat es doch wenig hervorgebracht, weil Frost und Kälte die Saat verderben. Das gemeine Volk hat weder Brod gekant, noch Korn gesehen. Sonst wird das Land sehr gut an Weide beschrieben, und bringt recht grosse und fette Ochsen, Kühe, Schaafe und Ziegen hervor, die einen grossen Vorrath an Butter und Käse abgeben." So weit Torfäus. Wenn also Grönland unter die Königlichen Tafel-Güter gezehlt worden, dahin nur die Königlichen Schiffe fahren und die herrlichen Producte des Landes abholen durften: so muß man es blos von dem vortreflichen Vieh, das in allen Bergländern am fettesten und schmakhaftesten gedeihet, verstehen.

Auffer den Thieren, derer in der Beschreibung der West-Seite gedacht worden, melden die Isländischen Geschichtschreiber noch von Wölfen, Luchsen, Castoren, Zobeln und Mardern, wie auch weissen Adlern und Falken; und von den See-Thieren beschreibt Torfäus aus dem Speculo regali Islandico sechs Arten Seehunde auffer dem Rostungar oder Wallroß, und 23 Arten Wallfische, die meistens mit den vorhin beschriebenen übereintreffen.

§. 6.

Von der Geschichte der Normänner in Grönland findet man wenig zusammenhängendes, auffer einigen weitläuftigen Erzehlungen von Mord und Todtschlag, und einigen sehr wohl ausgedachten Helden-Geschichten, die Torfäus erzehlt und zugleich widerlegt. Aus seiner kurzen Chronik, die nicht viel mehr, als die Folge der Bischöfe in Grönland enthält, sieht man, daß Leif, des Erich Raude Sohn, im Jahr 999. nach Norwegen gereiset, dem damals regierenden König Olaf Tryggeson von der neuen Colonie in Grönland Nachricht gegeben, und den Winter über an seinem Hofe

Hofe geblieben. Dieser König, der nicht längst das Heidenthum verlassen, und sehr eifrig war, den Christlichen Namen auszubreiten, überredete den Leif, daß er sich taufen ließ, und einen Priester nach Grönland mitnahm, der die dasigen Einwohner bekehren solte. Auf dem Rükwege fand er einige verunglükte Seeleute auf den Schifs-Trümmern schwimmen, dieselben nahm er auf, und brachte sie mit sich nach Grönland. Sein Vater nahm ihm sowol dieses, als daß er einen Norwegischen Priester mitbrachte, sehr übel, weil dadurch, seiner Meynung nach, den Fremden der Weg gezeigt würde, sich Grönland unterwürfig zu machen; ließ sich aber durch die kräftigen Vorstellungen seines Sohnes, daß er durch die Errettung der Unglükseligen die Pflichten der Menschlichkeit beobachtet, die die Natur von den Menschen fordert, und die das Christenthum weit herrlicher vorstellt und belohnet, nicht nur besänftigen, sondern auch bewegen, den Priester anzuhören und die Christliche Religion anzunehmen, welchem Beyspiel die übrigen gefolgt sind.

Zu gleicher Zeit verliessen auch die Isländer die Religion der Nordischen Heiden, die hauptsächlich vier Götter angebetet haben, den Thor, Odin oder Wothan, Thyr und Freya. (*) Aus Island und Norwegen kamen immer mehr neue Colonisten herüber, die zum Theil schon Christen waren, unter denen vom Thorgils, einem neuen aber eifrigen Christen, der sich gegen die vielmaligen Warnungen seines ehmaligen Gözen, nach Grönland begeben, eine wunderseltsame Ge-

---

(*) Von denselben sind noch einige Wochen-Tage in der teutschen und den damit verwandten Sprachen benant, als vom Thor, Thorsdag, Thursday, Donnerstag; vom Odin, Onsdag oder Odensdag, Wednesday, Mittwoch; vom Thyr, Thiisdag, Tuesday, Dienstag, und von der Freya der Freytag.

Geschichte von vieljährigen Verfolgungen des bösen Feindes und harten Unglüksfällen zu Wasser und Lande, nach welchen er endlich wie Hiob und Tobias zu grossen Ehren und Glük gelangt, erzehlt wird.

Nachdem sich die Christlichen Einwohner stark vermehrt und viele Kirchen gebaut hatten, berief Leifs Enkel, Sok, im Jahr 1122. das Volk zu Brattahlid zusammen, und stellte vor, daß es die Ehre des Volks und die Erhaltung der Religion erfordere, nach dem Beyspiel andrer Völker einen eigenen Bischof zu haben, zu dessen Unterhaltung sie etwas gewisses aussetzen solten. Alle wurden darüber einig und sandten des Soks Sohn, Einar, mit Geschenken von Wallroß-Zähnen und Häuten an den Norwegischen König Sigurd ab, mit der Bitte, ihnen einen Bischof zu geben. Der König erwehlte hiezu einen gelehrten Priester Arnold. Dieser wandte zwar seine wenige Gelehrsamkeit und die Rauigkeit des Volks, das sich durch blosse Ermahnungen und Drohungen nicht regieren lassen würde, dagegen vor. Da sich aber Einar mit einem Eide verpflichtete, aus aller seiner Macht, die Kirchen-Güter und Rechte schützen zu wollen: so nahm er den Ruf nach Grönland an, und reiste mit einem Empfehlungs-Schreiben des Königs zu dem Erzbischof Ascher zu Lund in Schonen, von welchem er zum Bischof über Grönland eingeweihet wurde. Auf der Reise nach Grönland wurde er durch Sturm nach Island verschlagen. Hier verblieb er den Winter über bey dem ältesten Isländischen Scribenten, Sämund Frode. Als ein Zeichen seiner Demuth und Mäßigung wird angeführt, daß er einer armen Frau einen zerbrochenen Wollen-Kamm ausgebessert habe. Das folgende Jahr kam er nach Grönland, und richtete seinen bischöflichen Sitz zu Gardar auf.

Es

Es hatten ihn aber viele ansehnliche Norweger begleitet. Einer derselben, Namens Arnbiörn, wurde mit zwey Schiffen im Sturm an die wüste Nord=Gegend von Grönland verschlagen. Niemand wußte, wo er geblieben war, und man glaubte, daß er mit seinen Schiffen von der See verschlungen worden, bis ein Grönländer, Namens Sigurd, auf seiner Fischerey in dieselbe Gegend kam, und daselbst ein zerscheitertes und ein noch brauchbares Schif mit vielen Waaren, und daneben ein Haus mit todten Menschen angefüllt, fand. Er ließ sie begraben, reparirte das noch brauchbare Schif, und brachte es nebst den Waaren zum Bischof, welcher ihm die Waaren ließ, das Schif aber der Kirche zueignete.

Nach einiger Zeit kam des verunglükten Arnbiörns Schwester=Sohn Auffur nach Grönland, und forderte die Verlassenschaft seines Oheims. Einar, welcher die Kirchen=Güter zu schützen versprochen hatte, sprach sie ihm in einer Versamlung des Volks ab. Aus Verdruß machte Auffur in geheim dasselbe Schif, welches der Kirche gehörte, untauglich, und reiste darauf nach der West=Seite, wo er zwey Norwegische Handlungs=Schiffe fand, die er überredete, das in seiner Person allen Norwegern angethane Unrecht noch weiter zu rächen. Als er mit denselben wieder nach Gardar kam, wurde er vom Einar, der durch eine Bestrafung des Bischofs, daß er die Kirchen=Güter seinem Eide zuwider beschädigen lassen, aufgebracht worden, hinterlistiger Weise, und zwar auf dem Kirchhofe, da sie beyde vom Gottesdienst kamen, mit einer Axt erschlagen. Seine Verbündete wolten diesen Mord rächen. Der alte Sok suchte zwar die Sache in einer grossen Versamlung zu vergleichen. Da er aber den Beleidigten etwas gar geringes zur Gnugthuung für ihres Hauptes Leben anbot; ermordeten sie seinen Sohn Einar auf der

Stelle. Hierüber geriethen sie in ein Handgemenge, darinn von beyden Theilen einige ums Leben kamen. Sok wolte die drey Schiffe bekriegen, ließ sich aber durch einen vernünftigen Bauer davon abwenden und bereden, mit den Mördern seines Sohnes einen Vergleich einzugehen; und weil von Auffurs Parthey einer mehr als von der andren Parthey erschlagen war, so mußte Sok für denselben etwas Geld zahlen; dahingegen diese sogleich das Land verlassen und niemals wieder kommen solten.

Ich habe diese Geschichte, die Torfäus Cap. XXVI. XXVII. XXVIII. ausführlich erzehlt, ganz kurz mit anführen wollen, weil man sich daraus einen Begrif von den Sitten und Regierungs-Form der alten Normänner in Grönland machen kan.

Die Dänische Chronik meldet, daß die Grönländer schon im Jahr 1023. und also kurz nachdem sie die Christliche Religion angenommen, den Königen von Norwegen zinsbar worden; daß sie sich 1256. zur Zeit des Königs Magnus davon los zu machen gesucht, von demselben aber 1261. mit Hülfe des Dänischen Königs Erich Glipping, der eine ansehnliche Flotte dahin gesandt, Friede zu machen gezwungen worden. Torfäus will davon nichts wissen, sondern behauptet, daß sie sich nebst den Isländern im Jahr 1261. freywillig unter den Norwegischen Zepter begeben und versprochen haben, einen mässigen Tribut zu erlegen, und für jeden Mord, er möge von Norwegern oder Grönländern, an bewohnten oder unbewohnten Orten begangen worden, solte es auch unter dem Pol seyn, Strafe zu geben. Seitdem sind sie durch einen Norwegischen Statthalter, aber nach Isländischen Gesetzen, regiert worden, und nachdem zu Drontheim in Norwegen ein eigenes Erzbißthum errichtet worden, haben die Grönländischen Bischöfe unter demselben gestanden.

Nach dem Torfäus folgen diese in folgender Ordnung:

1. **Ericus** noch vor 1120. Dieser ist aber nicht ordentlich zum Bischof gesetzt worden, hat auch keinen bischöflichen Sitz gehabt, und ist mehrentheils zu Erbauung der Kirchen auf dem Lande herum und endlich nach Wiinland gezogen, dasige Heiden zu bekehren.
2. **Arnoldus** 1121. wird hernach der erste Bischof zu Hammer in Norwegen.
3. **Jonas I.** 1150.
4. **Jonas II.** 1188.
5. **Helgo** 1212.
6. **Nicolaus** 1234.
7. **Olaus** 1246. Unter diesem Bischof haben drey Grönländische Deputirte, Odd, Paul und Leif, entweder Friede gemacht, oder sich den Norwegischen Königen unterworfen. Dieser Bischof hat auch mit aßistirt, den Drontheimischen Erzbischof Hacon zu ordiniren.
8. **Thorder** oder **Theodorus** 1288.
9. **Arno** 1314.
10. **Jonas Calvus** 1343.

So weit geht Torfäi Rechnung.

Der Baron Holberg setzt in seiner Dänischen Reichs-Historie aus dem Dänischen Canzler und Geschichtschreiber Hvitfeld noch folgende hinzu:

11. **Alpho.** Zu dessen Zeit sollen sich die Skrällinger oder wilden Grönländer zuerst haben sehen lassen.
12. **Berthold.**
13. **Gregorius.**
14. **Andreas.**
15. **Johannes.**
16. **Henricus.** Dieser soll im Jahr 1386. bey dem vom König Olaf zu Nyborg in Fünen zusammen berufenen Herren-Tag gewesen seyn, und nebst

andren Bischöfen verschiedene Freyheiten für die Kirchen und Klöster erhalten haben. Weil nun in derselben Zeit die Schiffahrt nach Grönland aufgehört, und man keine Nachricht mehr von daher erhalten, hat Askill, Erzbischof zu Drontheim, im Jahr 1408. den

17. Andreas zum Bischof von Grönland ordinirt und dahin gesandt, um des Bischofs Henrici Stelle wofern er todt wäre, zu besetzen. Man hat aber keine Nachricht, ob er hineingekommen, oder wie es mit ihm gegangen ist.

Seitdem hat man in langer Zeit nicht mehr an Grönland gedacht; die Dänische Geistlichkeit aber hat es nicht ganz vergessen: denn man findet vom Jahr 1533. ein Document, da sich der Episcopus suffraganeus von Roschild als Bischof von Grönland unterschrieben hat.

§. 7.

Man findet keine Spur von einiger Kriegs-Macht der ehmaligen Grönländischen Normänner weder zu Wasser noch zu Lande. Die Grönländische Handlung wird zwar als sehr beträchtlich angegeben, und es ist glaublich, daß sie viel gutes und köstliches Fleisch, Butter, Käse, Fische, Thran und Fellwerk abgesetzt habe: es scheint aber, daß diese Waaren von fremden Schiffen abgeholt worden, und daß sie selber die Schiffahrt verabsäumet, die sie im Anfang gut verstanden haben müssen. Denn sie haben sich nicht nur selber mit eigenen Schiffen aus Island und Norwegen nach Grönland begeben; sondern es wird ihnen auch die erste Entdekkung und Besegelung von Nord-America zugeschrieben. Ich will diese seltsame und bisher noch wenig bekante Geschichte kürzlich erzehlen, wie solche Mallet in seiner Introduction à l' Histoire de Danemarc

marc (*) und Pontoppidan in seiner natürlichen Historie von Norwegen (**) aus den Isländischen Geschichtschreibern Arngrim Jonas und Torfäus weitläuftiger beschrieben und mit dem Zeugnis des alten Historici, Adami Bremensis, der in der Mitte des elften Seculi und also zur Zeit dieser Entdekkung, geschrieben hat, bestättigen.

Ein Isländer, Namens Herjolf, ging alle Jahr mit seinem Sohn Biörn auf die Handlung in verschiedenen Ländern. Als sie einmal im Jahr 1001. durch Sturm von einander getrennet worden, und Biörn bey seiner Ankunft in Norwegen erfuhr, daß sein Vater nach Grönland gesegelt sey, welches damals noch nicht sehr bekant war, folgte er seinem Vater dahin nach; wurde aber durch einen Sturm nach Süd-Westen getrieben, wo er ein flaches, ebenes und mit Wald bewachsenes Land entdekte, und auf dem Rükweg eine Insel. Er hielt sich aber nicht dabey auf, sondern fuhr nach dem Sturm Nord-Ost auf Grönland zu. Sobald die Sache bekant wurde, wolte obgemeldter Leif, Erich des Rothköpfigen Sohn, sich eben wie sein Vater in Entdekkung und Bepflanzung neuer Länder berühmt machen, rüstete also ein Schif mit 35 Mann aus, und begab sich mit Biörn auf die See. Das erste Land, das sie entdekten, war steinigt und unfruchtbar. Das nennten sie Helleland, d. i. Flachland. Sie entdekten darauf ein niedriges Land mit weissem Sand und einiger Waldung bedekt. Das nennten sie Markland, d. i. ebenes Land. Nach zween Tagen sahen sie wieder Land, dessen mitternächtige Küste durch eine Insel bedekt war. Sie fanden daselbst Pflanzen mit süssen Beeren, und fuhren mit der Fluth in einen Fluß bis in einen See, aus welchem der Fluß

(*) S. 174. bis 190.
(**) S. 423. bis 433.

Fluß herkam. Die Luft war milde, der Boden fruchtbar, und im Fluß fanden sie eine Menge von allerley Fischen und besonders sehr grosse Lachse. Die Sonne ging am kürzesten Tage (denn sie blieben denselben Winter da) um 8 Uhr auf, welches ohngefehr in den 49sten Grad, oder auf die Höhe von Terre Neuve und dem Laurenz-Fluß in Canada trift.

Nachdem sie sich daselbst einige Hütten aufgebaut hatten, vermißten sie einen teutschen Matrosen, Namens Tyrker, welchen sie nach vielem Suchen im Walde lustig und hüpfend antrafen. Auf Befragen der Ursach dieser Lustigkeit, antwortete er, daß er solche Trauben gegessen, daraus in seinem Vaterlande Wein gemacht würde. Nachdem Leif die Trauben selber gesehen und gekostet, nante er sein neues Land Viinland d. i. Weinland. (*)

Im Frühjahr kehrten sie nach Grönland zurük. Leifs Bruder Thorwald wolte die Entdekkung weiter treiben, und fuhr in eben demselben Jahr mit Leifs Leuten wieder dahin, untersuchte das Land Westwerts und den folgenden Sommer Ostwerts. Sie fanden an der Küste, die stark mit Wald bewachsen und mit vielen kleinen Inseln besetzt war, keine Fußstapfen von Menschen oder wilden Thieren. Im dritten Sommer untersuchten sie die Inseln: weil aber das Schif an einem Vorgebirge Schaden litte; so mußten sie die Zeit meist mit Ausbesserung desselben zubringen. Und da sie den alten Kiel nicht mehr brauchen konten, richteten sie ihn an demselben Vorgebirge auf und nanten es Kialar-Näs.

Nachdem sie das Schif reparirt hatten, recognoscirten sie die Ost-Seite des Landes, wo sie drey kleine Boote

---

(*) Man weiß, daß in den Wäldern von Canada wilde Weintrauben wachsen und wohlschmekkend sind, aber keinen guten Wein geben.

Boote mit Fellen überzogen, und in jedem drey Männer gewahr wurden. Sie griffen dieselben, ausser einen, der ihnen entflohe, und brachten sie aus blossem Muthwillen ums Leben. Einige Zeit darauf wurden sie von einer Menge solcher Männer in ihren Booten überfallen; mußten sich aber hinter den Brettern, womit die Geländer ihres Schifs bekleidet waren, so gut gegen ihre Pfeile zu verwahren, daß die Wilden nach einem stündigen Gefechte die Flucht nehmen mußten. Sie nanten diese Wilden aus Verachtung Skrällinger, und Arngrim führt aus dem Myritio an, daß diese elenden Menschen, die er Pygmæos bicubitales nennt, und die sich auch auf der West-Seite Grönlands aufhalten, so wenig Kräfte haben, daß man sie, wenn ihrer auch noch so viele wären, gar nicht zu fürchten hätte. Der einige Thorwald mußte seine Grausamkeit büssen, indem er an einer Pfeil-Wunde starb. Er befahl, daß man bey seinem Grabe zum Kopf und Füssen ein Creutz aufrichten solte. Daher ward dasselbe Vorgebirge Krossanäs genant. (*) Seine Leute blieben den Winter über in Weinland, und kehrten das folgende Frühjahr nach Grönland zurük.

Dasselbe Jahr begab sich Erich Raudes dritter Sohn, Thorstein, mit seiner Frau Gudrid, nebst seinen Kindern und allen seinen Leuten, in allem 25 Personen, auf den Weg nach Weinland, hauptsächlich um seines Bruders Leiche abzuholen; wurde aber durch Sturm auf eine von den Norwegischen

---

(*) Es scheint also, daß Thorwald auch schon wie sein Bruder Leif ein Christ gewesen. Die übrigen Grönländer, die Isländer und sonderlich die Norweger, die von Zeit zu Zeit nach Weinland gereiset, sind wol noch Heiden gewesen, die lieber ein fremdes Land bewohnen, als die Christliche Religion, welche Olaus Tryggeson in Norwegen mit Gewalt ausbreitete, annehmen wollen.

Wohnungen weit entfernte Küste in West-Grönland geworfen, wo er denselben Winter bleiben und nebst einigen von seinem Gefolge an einer eingerissenen Krankheit sein Leben lassen mußte. Seine Frau führte das Frühjahr drauf seine Leiche mit sich nach Hause.

Von nun an wurde mit mehrerem Ernst auf eine beständige Colonie in Weinland gedacht. Ein vornehmer Isländer, Namens Thorfin, heirathete die Gudrid, erbte dadurch des Thorsteins Recht auf Weinland, fuhr mit ihr nebst 60 Manns- und 5 Weibs-Leuten dahin ab, nahm allerley Arten von Vieh, wie auch Werkzeug mit, und baute sich also an. Die Skrällinger fanden sich auch bald ein, ihr Pelzwerk mit ihnen zu verhandeln, und hätten am liebsten einige von ihren Waffen dafür genommen, welche aber Thorfin scharf verboten hatte ihnen zu geben. Jedoch hatte einer ein Beil gestohlen und wolte es an seinem Cameraden probiren: da derselbe aber sogleich den Tod davon hatte, nahm ein anderer das Beil, betrachtete es eine Weile und warf es endlich ins Meer.

Nach drey Jahren kam Thorfin nach Grönland zurük, und machte durch seine köstlichen Waaren vielen Leuten Lust, ihr Glük in Weinland zu suchen. Er selbst reiste nach Island, und baute sich daselbst ein prächtiges Haus. Nach seinem Tode that Gudrid eine Reise nach Rom, und endigte hernach ihr Leben in einem Kloster in Island, welches ihr Sohn Snorro, der in Weinland geboren worden, hatte bauen lassen.

Indessen hatten zween Isländer, Namens Helgo und Finbog, jeder ein Schif mit 30 Mann nach Weinland ausgerüstet, und eine Tochter des Erich Raude, Namens Freidis, mit dahin genommen. Diese richtete in der neuen Colonie einen Aufruhr an, in welchem 30 Personen, und darunter auch Helgo und Finbog um umkamen. Sie ging nach Grönland zurük, wo sie, von jedermann verabscheuet, ihr Leben im Elend endigte. Die übrigen Colonisten haben sich aus Furcht der Strafe wahrscheinlich im Lande zerstreut; wenigstens findet man seitdem keine zusammenhängende Nachricht von dieser Colonie, ausser daß im Jahr 1121. und also 100 Jahr nach der Entdekkung, ein Bischof aus Grönland, Namens Erich, dahin gereiset seyn soll, seine verlornen Lands-Leute, die meistens noch Heiden waren, zu bekehren, von welchen wahrscheinlich die ißigen Wilden in der Gegend von Terre Neuve, die sich an Gestalt und Lebens-Art so sehr von andren Americanern unterscheiden, herstammen mögen.

§. 8.

Das gibt Gelegenheit, von der Herkunft der ißigen Grönländer, die von den Alten Skrällinger (*) genant worden, zu reden. Ich finde keine zuverläßige Spur, daß Grönland vor der Ankunft der Normänner bewohnt gewesen. Zwar meldet die oft angeführte Dänische Chronik in Versen, daß zuerst einige Armenier im Sturm dahin verschlagen worden, welche von da aus, Norwegen und America bevölkert haben, und daß man viele Völker in Grönland gefunden, die von verschiedenen Herren regiert worden. Der Verfasser schreibt aber gar viel unrichtiges und ungereimtes, das man ihm als einem Poeten zu gut halten muß. Torfäus erzehlt aus den ältesten Isländischen Schriftstellern; deren einige, als Sämund Frode, Arius Polyhistor und Snorro Sturlesen schon im zwölften Jahrhundert, und also bald nach der Entdekkung des Landes, geschrieben haben, daß man zwar am Seestrande dann und wann

---

(*) Die Grönländer sagen, daß sie von den ehmaligen Christlichen Einwohnern Karallit genant worden, welches nach ihrer Aussprache, da sie die zusammengesetzten Consonantes theilen, mit Skralling übereintrift.

wann zerbrochene Ruderstükke gefunden, aber so weit man auch auf die Berge gestiegen, um das Land zu übersehen, weder auf der Ost- noch West-Seite, Menschen gesehen habe. Die ersten Skrällinger hat Thorwald in seinem neu entdekten Weinland gefunden, und einige derselben ermordet. Man vermuthet, daß dieses Land das itzige Terre Neuve oder gar Canada sey. In Grönland erscheinen sie auf einmal im 14ten Jahrhundert. Da sollen sie auf der West-Seite 18 Normänner getödtet und zween Knaben gefangen fortgeführt haben. — Obgenanter Grönländischer Richter, Ivar Beer, wird vom Bischof dahin gesandt, die Skrällinger zu vertreiben, findet aber bey der Anländung weder christliche noch heidnische Menschen, hingegen viele Ochsen und Schaafe, wovon er so viel schlachtet als seine Schiffe tragen können, und kehrt so dann wieder zurük. Dieses setzt Torfäus ins Jahr 1349. Seitdem lieset man von den Skrällingern nichts mehr, und die Nachrichten von Grönland haben auch bald ein Ende.

Peyrere führt des gelehrten Worm Gedanken darüber an, daß die Skrällinger sich an dem Nordstrand der Kindilsfiord, der letzten Bucht, die die Normänner auf der West-Seite besessen, haben sehen lassen; daß einige verwegene Normänner hinüber gefahren und nach ihrer Gewohnheit die verächtlichen Skrällinger insultirt haben, (*) welchen Muthwillen sie mit dem Leben bezahlen müssen; und daß diese Wilden, als sie des Ivar Beers Schiffe gesehen, sich in den Bergen und Klüften versteckt haben, daher man gar keine Menschen, aber viel Vieh gefunden hat.

Es

(*) Diese Muthmassung trift mit der Grönländer Tradition von dem Ursprung der Kablunät und ihrem Streit mit den Innuit überein. B. III. S. 38.

Es ist also am wahrscheinlichsten, daß die itzigen Wilden erst im vierzehnten Jahrhundert nach Grönland gekommen sind, und zwar nicht von Osten her aus Europa, sondern von Westen aus Nord-America. Solten sie aus Europa gekommen seyn, so müßte man supponiren, daß sie entweder, (wie Hallur Geit, der aus Grönland eine Reise zu Fuß nach Norwegen gethan, mit einer Geiß, von deren Milch er gelebt, daher er den Zunamen Geit bekommen) (*) über Nova Jembla und Spitzbergen dahin gegangen; welches seit den Entdekkungen im Eis-Meer, da man weiß, daß diese Länder weder mit Rußland noch mit Grönland zusammenhangen, ganz wegfällt: oder daß sie mit ihren geringen Booten über so ein weites Meer und durch so viel Eis haben fahren können; welches nicht wohl möglich ist: oder daß sie, (wie Arngrim von einer gewissen Helgo erzehlt, die aus Norwegen auf einer grossen Eisscholle nach Grönland geführt worden) übers Eis dahin gegangen; welches ebenfalls ungereimt klingt. Der Weg durchs Eis-Meer scheint zwar der nächste zu seyn, hat aber so grosse Schwierigkeiten, daß man ihn sich gar nicht wahrscheinlich vorstellen kan.

So weit mir die Nachrichten der Nordlichen Völker bekant sind, finde ich bey den Lapländern, Samojeden und Ostiaken, die am Eis-Meer Nord und Nord-West wohnen, weniger Aehnlichkeit mit unsren Grönländern als bey den Kallmukken, (**) Jakuten, Tungusen und Kamschadalen, die die Nord-Östlichen Gegen-

---

(*) Verelius ap. Torfæum. S. 25.
(**) Oder besser Kallmak, wie sie sich selbst nennen, welcher Name zusammengesetzt ist von Kall, sitzen bleiben, und Umak, ein Geschlecht. Nun nennen die Grönländer ihren Stamm-Vater Kallak, und Umiak heißt bey ihnen ein grosses Boot, worinnen die ganze Familie fährt,

genden der grossen Tatarey zwischen dem Eis-Meer und der Mongaley bewohnen. Diesen Weg müssen unsre Grönländer genommen haben, da sie von der grossen Zerstreuung der Völker zuerst in die Tatarey gekommen, und von herrschsüchtigen oder doch stärkern Nachfolgern immer weiter, bis endlich in den äussersten Nord-Ostlichen Winkel von der Tatarey bey Kamschatka getrieben worden. Und da sie auch hier nicht ruhig bleiben können, haben sie sich nach America begeben müssen. Ich will hiemit nicht sagen, daß von ihnen zuerst und eigentlich America bevölkert worden: es sind mehr Wege, wie dieser grosse Welt-Theil lange vorher hat bevölkert werden können. Die meisten Americaner sind auch von unsren Grönländern so sehr verschieden, daß ich sie nicht von einerley Abkunft halten kan. Ich sage nur, daß sie in die Nordlichste Gegend von America gekommen sind. Was aber ins besondere die Nord-Americanischen Völker betrift, so haben andere zwischen ihnen und den Sibirischen Völkern eine grosse Aehnlichkeit in der Lebens-Art, Nahrung, Kleidung, ja fast in allen

---

ein Weiber-Boot. Strahlenberg in seiner Beschreibung des Nord-und Östlichen Theils von Asia erzehlt an verschiedenen Orten aus dem Tatarischen Scribenten Abulgasi Chan, daß Og, oder Ogus Chan, welcher lange vor Christi Geburt die Tatarey beherrschet, einen Einfall in die südlichen Asiatischen Länder gethan, und da einige Völker, die ihm bey einem tiefen Schnee nicht folgen können, zurük geblieben, so wären dieselben hernach zum Spott Kall-atzi, wie auch Karlik genant worden. Und dieses Karlik, oder im plur. Karalit ist der Name, den sich die Grönländer selber geben. Ich finde auch so viele Aehnlichkeit zwischen ihnen und den Kallmukken, sowol in der Gestalt und den Sitten, als in verschiedenen Geschlechts-Namen, die die Grönländer beybehalten haben, ohne ihre Bedeutung zu wissen, daß ich unter den Asiatischen Völkern die meiste Verwandtschaft mit ihnen vermuthe.

allen Sitten, und selbst in der Religion gefunden, und daraus haben sie geschlossen, daß jene von diesen herstammen. Wen das grosse Meer zwischen Asien und America abschrekt, der darf nur die Charte, die nach des Professor de l' Isle de la Croyere neuesten Entdekkungen verfertigt worden, ansehen, und in Büschings Erdbeschreibung lesen, daß die Rußischen See-Capitains Beering, Spangenberg und Tschirikow, mit welchem leztern der Professor de l' Isle gefahren, in ihren Endekkungs-Reisen zwischen den Jahren 1725. und 1740. nicht nur viele Inseln in demselben Meer, und auf denselben, Menschen angetroffen, die eben die Kleidung, ledernen Boote und eine solche Lebens-Art, wie unsre Grönländer haben; sondern auch gefunden, daß America sich so nahe gegen Kamschatka ziehe, daß man im 66sten Grad, wo nicht einen Zusammenhang zwischen Asia und America doch nur eine gar kleine Meer-Enge vermuthen müsse. (*)

Ehe man diese Entdekkung gemacht, hat man schon einen so nahen Zusammenhang vermuthet, weil man sonst nicht begreiffen konte, wie verschiedene Thiere aus der alten in die neue Welt hätten kommen können. Die alten Isländer glaubten daher, daß Grönland mit Lapland

---

(*) Ausführlicher handelt hievon Herr Professor Müller in seinen Samlungen Rußischer Geschichte. III. Band. S. 214. Die Einwohner der Americanischen Küste kamen in kleinen Booten, wie die Kajaks der Grönländer gestaltet, an Bord, verstunden zwar die Tschuktschi, die die Russen als Dolmetscher von Kamschatka mitgenommen, nicht, sahen sie aber wegen der Leibes-Gestalt als ihres gleichen an. Diese Tschukrschi haben wol keine kleine, aber grosse Boote, welche sie Baidaren nennen, die 30 bis 40 Mann tragen, inwendig mit hölzernen Latten oder Wallfisch-Knochen auseinander gedehnt, und auswendig mit Seehund Fellen überzogen sind. Strahlenbergs Beschreibung. S. 437.

land zusammenhinge. Charlevoix erzehlt in seiner Dissertation von dem Ursprung der Americaner, daß der Jesuit Grellon auf seiner Chinesischen Mißion in der Tatarey, eine Huronische Frau, die er auf seiner ehmaligen Mißion in Canada getauft, angetroffen, welche im Kriege gefangen und von einem Volk zum andern bis in die Tatarey geführt worden. Ein andrer Jesuit soll eine Spanische Frau aus Florida in China gefunden haben, die von den Wilden gefangen weggeführt, durch sehr kalte Länder bis in die Tatarey gekommen, und daselbst an einen Tatarischen Soldaten verheirathet worden. (*)

Nachdem sich also unsre Wilden vor ihren Drängern über diese Meer-Enge, oder durch die Inseln nach America retirirt; so haben sie sich in dem zu Anfang noch unbewohnten Lande zuerst Süd-Ostwerts um die Hudsons-Bay oder durch Canada bis ans Nord-Meer ungehindert ausbreiten können. Und hier sind sie im elften Jahrhundert von den Normännern zuerst in ihrem Weinland gefunden worden. Da aber auch diese Gegend von denen aus Florida heraufdringenden weit grössern, stärkern und streitbaren Indianern besetzt worden; so haben sie sich abermals genöthigt gesehen, weiter gegen Norden bis über den 60sten Grad zu weichen. Hier findet Ellis in seiner Reise nach Hudsons-Bay die Eskimaux, (**) die mit unsren Grönländern einerley Gestalt, Kleidung, Fahrzeuge, Jagd-Geräthe, Wohnung, Sitten und Gebräuche haben. Hätte er mehr von ihrer Sprache verstanden oder aufgeschrieben, als das einige Wort Tukto, welches ein Rennthier

---

(*) Journal d' un Voyage &c. S. 45.
(**) Ihren Namen führt Charlevoix von dem Indianischen Wort in der Sprache der Abenaquis, eskimantsik her, welches roh essen bedeutet; wie sie dann auch wirklich die Fische roh essen sollen.

thier heißt; so würde man vielleicht finden, daß sie auch einerley Sprache haben. Jedoch ich besinne mich, daß im Jahr 1752. ein Schiffer, der einigemal in Grönland gewesen, und sich eine Anzahl Wörter aufgeschrieben hatte, von London nach Terra Labrador fuhr, und mit dasigen Wilden, die er den Grönländern gar ähnlich, nur etwas gröber und wilder fand, sich ziemlich wohl verständigen konte. (*)

Ellis merkt ferner an, (**) daß diese Eskimaux von den Indianern, die am Süd- und West-User der Hudsons-Bay um die Factoreyen wohnen, und von ihnen schon sehr verschieden sind, gar oft verfolgt, mit

Y Krieg

(*) Dieses ist nun völlig ausgemacht, seitdem einer von unsren Brüdern, der die Grönländische Sprache versteht, im Jahr 1764. mit Genehmhaltung und Förderung des Gouverneurs von Terre Neuve, Herrn Hugh Palliser, eine Reise nach Labrador gethan, und am 4 September an die 200 Wilde angetroffen. Der erste, dem er von ferne zugerufen, hat zwar im Anfang sehr wild und scheu gethan: da er ihn aber nach seiner Art gekleidet gesehen und seine eigne Sprache erkant, hat er mit grossem Freuden-Geschrey: Unser Freund ist gekommen! die übrigen herbey gerufen, welche ihn aufs Land zu ihren Familien geführt, und ihm, da sonst kein Europäer allein des Lebens bey ihnen sicher zu seyn geglaubt, alle erstinnliche Freundschaft erwiesen, und sich gefreut, als er ihnen Hoffnung gemacht, aufs nächste Jahr wieder zu kommen. Er hat gefunden, daß der Unterschied ihrer und der Grönländischen Sprache nicht grösser sey, als der Südlichen und Nordlichen Grönländer, welche weniger verschieden ist, als hoch und platt Teutsch. Sie nennen sich selbst, wie die Grönländer, Innuit oder Karalit, und die Europäer Kablunät. Ihre Statur und Gesichts-Bildung, ihre Lebens-Art und Sitten, ihre Kleidung, Zelte, Pfeile, und Fahrzeuge sind eben dieselben, nur etwas gröber und schlechter, aus Mangel gehöriger Werkzeuge.

(**) S. 188.

Krieg überzogen, gefangen und hingerichtet werden, weil sie ihnen die Schuld beymessen, wenn sie auf der Jagd unglüklich sind. Aus der Ursach haben sich diese Flüchtlinge so weit nach Norden zurükgezogen, und sind zum Theil nach aller Wahrscheinlichkeit zuerst im vierzehnten Jahrhundert entweder in ihren Booten vom Vorgebirge Walsingham im 66sten Grad über die Strasse Davis, die daselbst kaum 30 Meilen breit seyn kan, nach der Süd-Bay in Grönland herüber gefahren; oder auch oben über der Baffins-Bay, wo nach der Grönländer Aussage hin und wieder an der See-Kante aufgerichtete Steine mit Armen, nach Art unser Wegweiser, stehen sollen, herunter gekommen, und haben also die von den Normännern ehedem bewohnten Gegenden zuerst auf der West- und endlich auch auf der Ost-Seite eingenommen.

§. 9.

Allein wie solten diese elenden Skrällinger, die überall vor dem geringsten Feinde fliehen, die sich lieber in die rauhesten und wüstesten Nordländer verkriechen, als daß sie sich mit denen eben so schlecht bewafneten Indianern herumschlagen solten, die noch itzt so furchtsam sind und von gar keinen Vertheidigungs-Anstalten wissen, wie solten die im Stande seyn, die beherzten Normänner, die von Conqueranten herstammten, in ihren stark bewohnten Colonien zwischen steilen Felsen mit Krieg zu überziehen und so gar zu vertilgen, daß man bisher keine Spur von ihnen hat finden können? Dieses sage ich nicht, und halte es für eine ungegründete Meynung. Die Alten gedenken weiter nichts von einem Kriege, als daß achtzehn Normänner auf der West-Seite erschlagen worden. Die Pest nebst den damit verknüpften Umständen hat hauptsächlich diese zahlreichen Colonien verwüstet, und die Wilden haben ihnen hernach desto leichter ein Ende machen können.

Dieß

Diese Pest, die man den schwarzen Tod nennte, regierte um das Jahr 1350. und erstrekte sich über ganz Europa mit solcher Wut, daß nicht nur die meisten Menschen, ja auch das Vieh wegstarb, sondern auch die Wurzeln der Bäume, der Kräuter und des Grases mehrentheils verdorrten, und ganze Gegenden wüste und leer wurden. Besonders wütete diese Pest in den Nordländern. Was kan man anders vermuthen, als daß Grönland, wohin aus Norwegen ein starker Handel getrieben ward, auch angestekt wird, die See-Leute fangen an zu mangeln, und bey den Grönländern ist nicht mehr viel zu holen, weil das Vieh mit ausgestorben. Daher wird das Land nicht mehr so stark wie vormals befahren. Die Wilden breiten sich immer mehr aus, und die geschwächten Normänner ziehen sich aus Furcht vor denselben zuerst von der West- auf die Ost-Seite, und je mehr sie abnehmen, immer enger zusammen; daher Ivar Beer seine Relation von Grönland also beschließt: Itzo aber besitzen die Skrällinger die ganze Westerbygd.

Nach der Pest liessen einige Kaufleute ihre Schiffe nach Grönland fahren. Die Königin Margaretha ließ ihnen im Jahr 1389. den Proceß machen, daß sie ohne ihre Erlaubnis dahin gehandelt, weil dieses Land nebst Jsland, Fårö und Finmarken zu den Königlichen Domänen gehörte. (*) Sie selbst und ihre Nachfolger residirten nicht mehr in Norwegen, und hatten wegen der Calmarischen Vereinigung aller drey Nordischen Reiche so viel Arbeit und Unruhe, daß sie nicht mehr an die verlassenen Grönländer denken konten. Zu gleicher Zeit verunglükten viele Schiffe durch Sturm; dadurch wurden die Kaufleute noch mehr abgeschrekt und endlich die Schiffahrt dahin gar versäumt. (**) Die ver-

---

(*) Pontanus ap. Torfæum. S. 24.
(**) Lyscander ap. Torfæum. S. 25.

verlassenen Normänner konten nun mit leichter Mühe von den Wilden eingeschränkt, ausgehungert und getödtet werden, (*) oder mußten sich in ihre Arme werfen, mit ihnen vermengen, und ihre Lebens-Art erwehlen. Endlich dachte man wieder an sie und sandte ihnen im Jahr 1406. den Bischof Andreas. Man hat aber weder von seiner Ankunft, noch von den Normännern seitdem etwas gewisses vernehmen können, und weiß bis itzt noch nichts von ihrem endlichen Schiksal, ob sie alle in der Pest ausgestorben, oder von den wilden Skrällingern ermordet worden; oder ob noch einige vorhanden sind, die sich zwischen die Berge in den Fiorden gezogen haben, welches viele vermuthen.

Doch findet man noch lange nachher einige Spuren von ihnen. Um das Jahr 1530. soll Bischof Amund von Skalholt in Island auf seiner Rükreise aus Norwegen durch Sturm so nahe an die Grönländische Küste bey Herjolfs-Näs getrieben worden seyn, daß er sehen können, wie das Volk auf dem Lande das Vieh eintreibt. Er ist aber nicht gelandet, weil sogleich ein guter Wind entstanden, der das Schif die Nacht durch nach Island geführet. Der Isländer, Biörn von Skardsa, der dieses berichtet, meldet ferner, daß ein Hamburgischer Schiffer, Namens Jon Grönländer, dreymal an die Grönländischen Inseln verschlagen worden, wo er solche Fischer-Hütten zum Fisch dörren, wie in Island, aber keine

---

(*) Im Bals-Revier heißt eine Gegend Pissiksarbik, d. i. ein Ort, wo man mit Pfeilen schießt, oder Wahlstatt. Man glaubt, daß die Skrällinger da mit den Normännern eine Schlacht gehalten haben. Auf der andren Seite des Wassers, das man in einer halben Stunde überfahren kan, stehen noch einige Rudera, und die Grönländer sagen, der Ort habe davon den Namen, daß man ehmals von beyden Seiten mit Pfeilen gegen einander geschossen habe.

keine Menschen gesehen; ingleichen, daß von Zeit zu Zeit Stükke von zerschlagenen Booten, ja im Jahr 1625. ein ganzes Boot, mit Sehnen und hölzernen Nägeln verbunden und mit Seehund-Spek verpicht, in Island ans Land getrieben worden; und nach der Zeit einmal ein Ruder, darauf mit Runischen Buchstaben geschrieben gewesen: Oft var ek dasadur, ek dro thik, d. i. Oft war ich müde, wenn ich dich zog. Ein teutscher Autor, Dithmar Blefken, erzehlt, daß er im Jahr 1546. in Island mit einem Domicaner-Mönch aus dem Grönländischen St. Thomas-Kloster, welcher das Jahr vorher mit seinem Bischof aus Grönland nach Norwegen gereiset, und sich hernach in Island niedergelassen, gesprochen habe. Dieser soll ihm die Beschaffenheit des St. Thomas-Klosters erzehlt haben. Und obgleich dieses ohne Zusammenhang erzehlt, und sehr in Zweifel gezogen wird, so finde ich doch in Cäsar Longini Extract aller und jeder Reisen, (*) daß ein Engelischer Schiffer, Namens Jacob Hall, der in Dänischen Diensten einige Fahrten nach Island und Grönland gethan, und die wilden Grönländer unter allen am genausten und der Wahrheit gemäß beschrieben, sich ebenfalls in Island in Beyseyn des Statthalters mit demselben Mönch über die Beschaffenheit von Grönland besprochen habe. Derselbe hat ihm auch von dem St. Thomas-Kloster erzehlet, daß darinnen sey " ein Brunnen von heissem Wasser, so durch Röhren in alle Gemächer geleitet wird, also daß dadurch nicht allein die Stuben, sondern auch die Kammern erwärmet werden; und daß im gemeldten Brunnen alle Speise so bald zu kochen sey, als wenn sie in einem Hafen am Feuer gesotten wäre; und daß die Mauren gemeldten Klosters von lauter Bimstein gemacht seyn; und so man vorgemeldtes warmes Wasser auf die Steine giesse,

so

___

(*) Th. II. S. 147.

so werde es ganz kleberich, also daß sie es auch anstatt des Leimes gebrauchen."

Dieses Klosters gedenkt auch die Dänische Chronik von Grönland, und setzt noch einen Garten hinzu, durch welchen ein Bach von der heissen Quelle geflossen, der das Land so fruchtbar gemacht, daß es die schönsten Blumen und Früchte hervorgebracht. Die ältesten Isländischen Nachrichten aber gedenken dieses Klosters, wie auch der Stadt Albe in Grönland, mit keinem Wort. Derselbe Mönch soll auch dem Jacob Hall vieles von der Beschaffenheit des Landes und der Wilden, die er Pygmäer oder Zwerge nennt, erzehlt haben, welches weder mit dem itzigen Augenschein, noch mit Jacob Halls eigenen Nachrichten von Grönland (*) übereinstimmt. Ich lasse also alles, was man von der Ost-Seite Grönlands erzehlt, dahin gestellt seyn. Und was man zur Wieder-Entdekkung derselben von Zeit zu Zeit unternommen hat, wird weiter unten angeführt werden.

§. 10.

Ehe ich aber die Ost-Seite ganz verlasse, will ich etwas von der itzigen Beschaffenheit derselben melden, so viel man von einigen Grönländern, die im Sommer 1752. ihre Verwandten in Neu-Herrnhut besuchten, hat erfahren können.

"Einer dieser Fremden (heißts im Journal) Namens Kojake, der von Onartok oder dem warmen Brunn, noch fünf Tage-Reisen bis zu seiner Heimath hat, und also 30 Meilen auf der Ost-Seite wohnt, erzehlte, daß er im vorigen Winter zween Männer beherbergt, die mit einem dritten in ihren Weiber-Booten eine dreyjährige Reise auf der Ost-Seite gethan haben sollen. Dieser Leute Vaterland und Wohnung wußte

---

(*) Longinus l. c. S. 137.

te er nicht weiter zu nennen, als daß es sehr weit von ihm gegen Nord-Oſt ſey. Den erſten Winter ſind ſie (ihrer Erzehlung nach) unterwegs geblieben, und das andre Jahr ſo weit gereiſet, bis ſie wegen Eiſes nicht mehr fortkommen können. Im dritten Jahr ſind ſie zurükgekommen. Indeſſen ſind ſie doch auf der Oſt-Seite ſo weit geweſen, daß die Sonne im Sommer nicht ganz untergangen, ſondern um Mitternacht noch die Berge beſchienen hat, welches in den 66ſten Grad trift. Unterwegs haben ſie zuweilen ihr Zelt und Boot auf einen Schlitten laden und von den Hunden über das Eis ziehen laſſen müſſen. Sie ſind immer am Lande hin, und nie tief in die See gefahren, weil daſelbſt viel Eis liegt; wiewol es unter dem Lande auch nicht ohne Eis iſt, welches aber doch eher als in der See durch die Sonne und den Strom aufgelöſet werden kan. Die Menſchen auf der Oſt-Seite beſchrieben ſie gröſſer, als die auf der Weſt-Seite. Sie hätten ſchwarze Haare, groſſe Bärte und ſähen braun aus, wie die andren Grönländer. Die Sprache komme mit der Ihrigen meiſtens überein, nur hätten ſie einen ſingenden Ton. Bäume und Gras hätten ſie nicht geſehen, auch keine Rennthiere und Haſen, weil ſie nicht aufs veſte Land gekommen, ſondern in den Inſeln geblieben ſind. Hingegen hätten ſie viele Seehunde, beſonders ſprenglichte, und die Art, die man Klap-Mützen nennt, ingleichen viele Wallfiſche, Rothfiſche, Schollen, Eider-Vögel, Rypen, Bären und Füchſe geſehen. Darinnen beſtehe die Nahrung der dortigen Einwohner, die ſie ſehr zahlreich und freundlich im Umgang beſchrieben. Eine ſchöne Fiorde ſollen ſie geſehen haben, aber nicht hineingefahren ſeyn, aus Furcht vor den Menſchen-Freſſern, die in derſelben Gegend wohnen ſollen. Alle Grönländer fürchten ſich vor denſelben von Alters her. Nach dieſer Reiſenden Meynung hätten ſie im Anfang aus Noth Menſchen gegeſſen, weil ſie einmal bey groſſer

Hungers-Noth im Winter nichts anders zu essen gehabt, und da es ihnen geschmekt, so hätten sie nun die Gewohnheit, aus ihren Todten Milkiak zu machen, d. i. sie in einem Loch mit anderm Fleisch aufzuheben, und sodann roh und halb verfault und gefroren zu essen. Die Leute von mittlerm Alter schlachten sie zur Zeit der Noth nicht leicht, sondern nur alte Leute und verlassene Kinder: und sodann schonen sie lieber ihrer Hunde wegen ihrer Brauchbarkeit, und schlachten dafür einen unbrauchbaren Menschen. Ihre Häuser bauen sie, wie unsre Grönländer, von Stein, und legen hölzerne Sparren drauf. Das Holz ist aber da sehr rar. Ihre Kleidung soll auch wie die hiesige seyn, aber grob zusammen gestochen, weil das Eisen und sonderlich die Nehnadeln sehr rar sind; daher es eine grosse Freude verursacht, wenn sie in dem Holz, das die See herzutreibt, einen Nagel finden. Schiffe hätten sie nie gesehen, hätten auch selber keine Segel-Boote. Sonst sollen ihre Weiber-Boote, Kajake und Pfeile wie die hiesigen seyn. Von der Religion wußte er nichts zu sagen; ausser, daß es auch daselbst Angekoks oder Zauberer gebe. Auch beschrieb er dortige Witterung und Winde. So viel Nebel gebe es nicht, wie in der Strasse Davis, aber der Schnee falle ungleich tiefer, und ordinär mit Süd-Wind." So weit diese Nachricht.

Ein gewisser Kaufmann meldet mir von der Beschaffenheit der Ost-Seite unter andren folgendes: "Im Jahr 1757. überwinterte hier bey der Colonie ein Süderländer, und erzehlte, wie er von einigen Grönländern, die von der Ost-Seite gekommen, vernommen habe, daß dort in einer Fiorde zwischen den Bergen Menschen wohnen, die fast alle Jahr im Frühling in einer ziemlichen Anzahl herunter an die See-Kante kommen. Die Grönländer fliehen alsdann aus Furcht vor diesen Menschen, die sie sehr grausam und zugleich fabelhaft be-

beschreiben, so geschwind sie können, in ihren Booten auf die Inseln, wohin ihnen diese Menschen aus Mangel der Fahrzeuge nicht folgen können, und nur mit ihren Pfeilen nachschiessen, die sie in einem Köcher auf dem Rüken tragen. Alsbann verderben sie ihre Wohnungen, nehmen daraus mit, was sie brauchen können, und begeben sich wieder in ihre Berge."

Wenn diese Sage gegründet wäre, so könte man vermuthen, daß diese Menschen und die erst gemeldeten Menschen-Fresser in einer gewissen Fiorde der Ost-Seite, einerley Volk wären, das von den alten Normännern abstammt, vor den Wilden sich in die Berge gezogen, dieselben aus Rache über ihrer Vorfahren Vertilgung anfeindet, im Frühling, da ihm die Lebens-Mittel ausgehen, beraubet, und von den Wilden wegen der übertriebenen Furcht für Menschen-Fresser angesehen und fabelhaft beschrieben wird; wie man sich dann noch aus dem vorhergehenden Buch §. 40. erinnern wird, daß die Grönländischen Weiber ihren Kindern von gewissen Berg-Geistern, die theils sechs und theils eine halbe Elle groß sind, und von welchen die Europäer ihre Geschiklichkeit erlernt haben, wie auch von den Erkiglit vorschwatzen, die nur auf der Ost-Seite des Landes wohnen, und von den Grönländern so beschrieben werden, wie (nach des Herrn Professors Egede Anmerkung) ein gewisser Italiänischer Schriftsteller die Norweger, die er vermuthlich nie gesehen, beschreibt, daß sie Menschen-Feinde sind und ein Gesicht wie ein Hunds-Kopf haben.

§. 11.

Ein andrer Kaufmann, der sich viele Mühe gibt, fremde Grönländer über die Beschaffenheit ihres Landes auszufragen, und ihre unbestimmte und oft streitige Aussagen nach der Wahrscheinlichkeit zu bestimmen, hat mir folgende Gedanken darüber mitgetheilt: "Von der West-Seite haben die Grönländer in ihren Booten vier bis sechs Tage-Reisen, bis ihnen die Sonne aus dem Meer aufzugehen scheint, das ist, bis sie Statenhuk vorbey und also auf der Ost-Seite des Landes sind. Alsdann können sie noch einige Tage-Reisen weit fahren, bis an einen grossen Eis-Schlund, den sie sich, wegen des heftigen Stroms und des Eises, das sich weit in die See erstrekt, nicht vorbey zu fahren getrauen. Ich habe viele Ursachen zu glauben, daß dieser Eis-Schlund die Frobisher-Strasse ist, die, nach meinen vorhin geäusserten Gedanken, ehmals fahrbar gewesen, seit undenklichen Zeiten aber mit dem Treib-Eis verstopft worden. So weit ich der Grönländer Tage-Reisen nachrechnen kan, muß es von der West-Seite bis an den Eis-Schlund 50 bis 60 Meilen seyn. In der Holländischen See-Charte ist dieses Stük Land auf der Ost-Seite ohne Fiorden und Buchten abgezeichnet. So beschreiben es auch die Grönländer. Daher finden sie dort keine kleinen Fische, ausser Ulken, und müssen deshalber jährlich nach Onartok auf der West-Seite fahren, Angmarset, als ihr tägliches Brod, zu schöpfen. Es wächst da auch kein Gras und Gesträuch; daher sieht man auch keine Rennthiere, sondern nur Füchse. (*) Es wohnen aber doch viele Grönländer da, weil sie viele Seehunde und sonderlich Klapmützen fangen können. Dieses Oestliche Land von Statenhuk bis an den Eis-Schlund ist uns schon lange bekant gewesen, weil die Grönländer auch von dorther häufig hier herauf und bis Disko-Bucht ziehen. Was aber von dem Eis-Schlund oder der Frobisher-Strasse weiter

---

(*) Man wird sich aus §. 4. erinnern, daß die alten Isländischen Nachrichten von einer Wüste zwischen der Oster- und Wester-Bygd reden, die man zu Wasser sechs Tage lang umfahren muß.

ter Ost- und Nordwerts liegt, welches man eigentlich die Osterbygd oder das verlorne, ehedem von den Normännern so stark bewohnte Grönland nennt, davon haben die Grönländer vor dem Jahr 1752. nichts weiter zu sagen gewußt, als daß daselbst so viele Menschen wohnen, daß ein grosser Wallfisch ihnen kaum zu einer Mahlzeit hinlänglich sey, und daß sie sehr grausam seyn und Menschen fressen. Im Jahr 1751. sollen zween Männer von jenseit des Eis-Schlundes gekommen seyn, und von ihrer Reise auf der Ost-Seite vieles erzehlt haben. (*) Im Jahr 1756. 58. 60. und 61. sind abermal einige Grönländer von der Osterbygd bis gegen Statenhuk gekommen, um mit dasigen Grönländern zu handeln. Die letztern sind ohngefehr zu Ende Julii nach einer dreymonatlichen Reise mit zwey grossen Weiber-Booten und vielen Kajaken daselbst angelangt, und nachdem sie das nöthigste eingekauft, einige Tage darauf zurük gefahren. Ich habe diese Fremden sonst immer für Leute von eben dem Volk, das zwischen dem Eis-Schlund und Statenhuk wohnt, gehalten, werde aber nunmehro von den Grönländern, die mit den letzten gehandelt haben, und die eben itzt (1762.) Anstalt machen, diesen Winter durch in Kangek zu wohnen, versichert, daß sie alle Grönländer derselben Gegend genau kennen, und daß diese Fremden sehr weit von Nord-Osten gewesen. Sie nennen daher dieselben auch nicht, wie ihres gleichen, Süderländer, sondern zum Unterscheid, Nordländer. Sie beschreiben dieselben als ein einfältiges, furchtsames und wenig moralisirtes Volk. So raisonniren die Süderländer, die von uns für die dümmsten und gröbsten Grönländer gehalten werden. Sie sind groß und stark von Gliedern, haben schwarze Haare und keinen Bart, sprechen Grönländisch, nur mit einer verschiedenen Aussprache, die dem Dialect der
Grön-

(*) Ihre Erzehlungen findet man im vorhergehenden §.

Grönländer in der Disko-Bucht nahe kommt. (*) Sie sind wie unsre Grönländer gekleidet, scheinen aber andre Moden zu haben; wie ich dann von dem Grönländer, der mir dieses erzehlt, ein Darm-Kleid, das er von ihnen gekauft, bekommen habe, das mit noch einer längern Schleppe, als die hiesigen Weibs-Kleider, vorn und hinten versehen, und mit vielen Zierrathen, aber grob, ausgenehet ist. Von den alten Normännern und ihren Wohnungen oder Kirchen wissen sie nichts. Doch haben sie Hunde, die von der Grönländischen Art ganz verschieden sind, und der Isländischen am nächsten kommen. Sie können auch nicht wol etwas von den Norwegischen Gebäuden wissen, denn sie wohnen nur in den Inseln: weil nicht nur die Fiorden des vesten Landes mit Eis verstopft seyn, sondern auch das Eis dermassen über das Land bis ans Wasser herüber hängen soll, daß es wie ein Eis-Feld anzusehen ist. In der See bleibt das Eis auch sehr lange liegen. Alsdann müssen sie sich mit einer Art schwarzer Helleflynder behelfen, deren Fett sie statt des Thrans in den Lampen brennen. Wenn das Eis wegtreibt, so fangen sie viele Seehunde. Die letzten drey bis vier Jahre haben sie gar keinen Eisgang gehabt: worüber sie sich eben so sehr wundern, als wir, daß wir diese sieben letzten Jahre seit 1756. damit verschont geblieben sind. In der Zeit hat ihnen die See ungewöhnlich viel Holz zugeführt. Hauptsächlich fehlt es ihnen an Eisen und Bein. Dasselbe zu erlangen, haben sie erst seit 10 Jahren angefangen, solche ge-
fähr-

(*) Aus diesen Kennzeichen liesse sich schliessen, daß diese keine Abkömmlinge von den alten Normännern sind. Wenn aber das Grund hätte, was ich ausserdem gehöret, daß unsre Grönländer ihre Sprache nicht verstehen können, sobald sie unter sich selbst allein reden: so könte man das Gegentheil, und wenigstens so viel behaupten, daß sie aus einer Vermischung der alten Normänner mit den Grönländern herstammen.

ährliche Reisen zu unsren Grönländern zu unternehmen. Sie bringen Fuchs- und Seehund-Felle, Riemen und Weichstein-Kessel, legen ihre Waaren hin, und sind zufrieden, wie viel schlechte Nadeln oder stumpfe Messer man ihnen dafür hinlegt. Ueber Leinen- und Wollen-Zeug und dergleichen ausländische Waaren wundern sie sich sehr, bezeigen aber kein Verlangen darnach."

§. 12.

Ich gebe diese Nachrichten von der itzigen Beschaffenheit der ehmals so fruchtbaren und bevölkerten Ost-Seite, so gut ich sie empfangen habe, und habe desto weniger Ursache, daran zu zweifeln, als sie mit dem Augenschein auf der West-Seite übereinstimmen. Nun will ich kürzlich erzehlen, welche Mühe man sich gegeben, dieses verlorne Land wieder aufzusuchen.

Es waren ohngefehr 100 Jahr verflossen, daß man unter den vier Nachfolgern der grossen Königin Margaretha, dem Erich aus Pommern, Christoph aus Bayern, Christian I. und Hans nicht mehr viel an Grönland gedacht hatte, als die Entdekkung von West-Indien das Verlangen rege machte, Grönland wieder zu suchen. Die Portugiesen hatten nicht längst den Weg nach dem reichen Ost-Indien um das Vorgebirge der guten Hoffnung gefunden, dessen Schätze sich zuzueignen angefangen, und vom Pabst einen Freyheits-Brief erhalten, alle Länder, die sie Ostwerts entdekken würden, mit Ausschliessung der übrigen See-Mächte allein zu besitzen. Christophorus Columbus dachte, daß es den Spaniern erlaubt sey, den Weg gegen Westen dahin zu suchen, und die Reichthümer von Ost-Indien mit den Portugiesen zu theilen. Er segelte im Jahr 1492. diesen Weg, und entdekte diejenigen Eyländer, die noch itzt West-Indien heissen, und bald darauf das veste Land, welches einem seiner Nachfolger

ger, Americus Vesputius, zu unverdienten Ehren, America genant worden. Die Engländer wolten nicht lange müßige Zuschauer dieser grossen Begebenheiten seyn. Heinrich VII. schikte den Sebastian Cabot im Jahr 1497. aus, den Weg nach Ost-Indien Nord-Westwerts über America zu suchen. Er entdekte die ganze Küste von Nord-America und Terre Neuve, welche sich die Engländer zueigneten und mit vielen schönen Colonien besetzten, die durch den Landbau und die Handlung der Krone eine dauerhaftere Macht und unerschöpflichern Reichthum, als die Bergwerke von Merico und Peru, zuwege gebracht haben. Cabot soll bis in den 67sten Grad gekommen und also der erste seyn, der die Strasse Davis befahren. Schon 100 Jahr vorher, nemlich 1380. sollen zween vornehme Venetianer, Nicolaus und Antonius Zeni, auf ihrer Reise von der Irrländischen Küste durch Sturm in das Deucaledonische Meer verschlagen worden seyn, und zwischen Island und Grönland im 58sten Grad eine grosse von Christen bewohnte Insel mit 100 Städten und Dörfern entdekt haben, die West-Friesland genant worden. Man hat seitdem nichts von diesem Lande erfahren können, und es für eine blosse Erdichtung halten wollen. Frobisher hat auf seiner dritten Reise daselbst gelandet, und die Einwohner den Grönländern in allem ähnlich gefunden: daher er es für einen Theil von Grönland gehalten. (*) Doch halten einige dafür, daß es durch ein Erdbeben versunken, und daß es in der Gegend gewesen, wo in der Charte das versunkene Land von Bus angezeiget wird, welche die Schiffer wegen der Seichtigkeit des Grundes und des Tobens der Wellen sorgfältig vermeiden.

Das Verlangen neue Länder zu entdekken, war nun überall rege worden, weil man in allen entdekten

---

(*) Recueil des Voyages au Nord, T. V. p. 54. 80.

dekten Ländern Gold- und Silber-Minen zu finden hoffte. In den noch unbekanten Nordländern dachte man dieselben auch zu finden. Als im Jahr 1271. ein starker Nordwind eine Menge Eis und Holz mit einigen weissen Bären nach Island getrieben, woraus die Isländer schlossen, daß über Grönland noch mehr Land seyn müßte, welches kein anderes als dasjenige seyn könte, von woher einige Friesländische Schiffe zur Zeit des Königs Olaus einen grossen Reichthum an Gold, Silber und Edelsteinen gebracht haben solten, (diese Schätze würden aber vom Saturnus und seinen bösen Geistern, oder von gräulichen Wilden bewacht) so suchten sie dieses Land auf, konten aber wegen des Eises nicht dazu kommen. (*) In Grönland solte auch Gold seyn, weil es im Buch Hiob Cap. 37, 22. heißt: *Von Norden kommt Gold*, und weil *Theophrastus Paracelsus* daselbst noch reichere Gold-Gruben als in Osten geweissagt hatte. Der erste, der unter König Christian II. mit Ernst darauf dachte, die Fahrt dahin zu erneuern und die armen verlassenen Christen mit Lehrern zu versorgen, war Erich Walkendorf, Erzbischof zu Drontheim. Er las alle Schriften, die von Grönland handeln, forschte bey allen Kauf- und Schif-Leuten nach, was sie in den Nordischen Gewässern angemerkt hatten, verfertigte eine See-Charte über den dahin zu haltenden Curs, dingete Leute, die dahin handeln und eine Colonie anlegen solten, und schrieb ihnen die Regeln vor, nach denen sie sich dabey zu verhalten hätten. Da er aber in seines Königs Ungnade fiel, und 1521. aus dem Lande und nach Rom, wo er gestorben, reisete, wurden alle seine guten Anschläge zu Wasser.

Unter Friedrich dem Ersten wurde zwar an Grönland gedacht, aber nichts gethan. Christian der Dritte hob das Verbot der Königin Margaretha wegen der
Grön-

(*) Peyrere l. c. S. 128.

Grönländischen Handlung auf, und erlaubte jedermann dahin zu fahren, schikte auch selbst Schiffe aus, das Land aufzusuchen; sie konten es aber nicht finden. Friedrich II. schikte 1578. den berühmten Seemann, Magnus Henningsen, dahin. Dieser war nach vieler Gefahr in Sturm und Eis so glüklich das Land zu sehen: mußte aber wieder umkehren, weil, nach seiner Aussage, das Schif bey dem besten Winde und einer unergründlichen Tiefe auf einmal still gestanden und nicht weiter zu bringen gewesen; welches er einer verborgenen magnetischen Klippe, und andere dem Fisch Remora, der das Schif mit seinen Zähnen gehalten, zugeschrieben; wiewol die Furcht vor dem Eis oder ein Magnet im Vaterlande wol die wahre Ursach gewesen seyn mögen.

Zwey Jahr vorher war Martin Frobisher von der Königin Elisabeth in England ausgesandt worden, *die Nord-Westliche Durchfahrt nach China zu suchen.* Auf dieser Reise entdekte er Grönland, welches er Meta incognita nante, und besonders die Strasse, die von ihm den Namen hat, und handelte mit den Wilden, die ihm ein Boot mit fünf Mann wegnahmen. Er ist also der erste, der diese Küste besegelt hat. Ein schwarzer Stein, aus dem man viel Gold gezogen, machte die Begierde dahin noch mehr rege. Im folgenden Jahr fuhr er wieder dahin, um seine verlornen Matrosen zu suchen; konte sie aber nicht finden, und nahm dafür zween Wilde nebst einer guten Ladung von den schwarzen Steinen mit zurük. Im Jahr 1578. schikte ihn die Königin abermal mit einer kleinen Flotte und 100 Menschen dahin, mit dem Befehl, eine Colonie daselbst anzulegen, und hernach in der Entdekkung der Nord-Westlichen Durchfahrt fortzufahren. Er verlor aber das Schif, das die Bau-Materialien führte, konte die sogenante Frobisher-Strasse nicht wieder finden, lief in eine andre Meer-Enge ein, wo er ebenfalls vieles von der

schwar-

schwarzen mineralischen Erde einladete, und kehrte nach England zurük. Aus seiner Beschreibung läßt sich nicht deutlich erkennen, ob er in Grönland oder in Labrador oder bey der Hudsons-Bay gelandet, weil weder die Höhe noch der Curs deutlich bestimmt worden.

Was er von der Beschaffenheit des Landes, der Einwohner und des Handels mit ihnen berichtet, stimmt gar gut mit Grönland überein. Wenn man aber dazu setzt, daß er recht civilisirte Einwohner gefunden, deren König, welcher Cakiunge genant wird, mit Gold-Stükken und Edelsteinen bekleidet gewesen: so sieht man wohl, daß sich entweder die Matrosen nach dem damaligen Geschmak des Volks gerichtet, welches keine Entdekkungs-Reise der Mühe werth schätzte, wenn man nicht Gold- und Silber-Berge, prächtige Palläste und Hofhaltungen und besonders einen Haufen Abentheuer gesehen hatte; oder daß andere aus denen ehmals gewöhnlichen Helden-Gedichten und Gassen-Liedern seine wahrhafte Reise-Beschreibung, in der kein Wort davon enthalten ist, vermehrt und verbessert haben.

Ihm folgte in eben derselben Absicht John Davis, welcher im Jahr 1585. zuerst bis auf den 64sten Grad, 15 Minuten, das ist, bis ins Bals-Revier gesegelt, daselbst gelandet und mit den Wilden, die er als ein friedliches und artiges Volk beschreibt, gehandelt hat. Hierauf und in den folgenden zwey Jahren hat er die Küste von America bis über 70. Grad entdekt, der Strasse Davis seinen Namen gegeben, und gute Hoffnung einer da zu suchenden Durchfahrt hinterlassen, welche seitdem von gar vielen Englischen See-Leuten, besonders von Button, Hudson und Baffin, nach denen man einige Meerbusen genant hat, bis zum Jahr 1747. vergeblich gesucht worden.

§. 13.

Durch diese Entdekkung wurden die Dänen abermals aufgemuntert, ihr verlornes Grönland aufzusuchen, und niemand hat mehr dran gewendet als König Christian IV. Er schikte im Jahr 1605. den in den Grönländischen Gewässern bewanderten Englischen Seemann John Knight und den Dänischen Admiral Godske Lindenow mit drey Schiffen dahin ab. Der Admiral landete mit seinem Schif auf der Ost Seite, getraute sich aber nicht ans Land zu gehen, sondern handelte nur drey Tage lang mit den Wilden um ihr Pelzwerk für allerley Eisen-Arbeit, Spiegel und dergleichen Kram, und grif endlich zween Männer, mit welchen er sich den vierten Tag auf den Rükweg begab. Der Engländer segelte mit den zwey andren Schiffen nach der West-Seite in der Strasse Davis, fand dasige Einwohner viel wilder als die auf der Ost-Seite, und schikte einige bewafnete Leute ans Land, die viele schöne grüne Plätze entdekten. Er machte eine Charte über diese Küste. Aus dem Rauch, der aus der Erde aufstieg, schlossen sie, daß da Schwefel-Minen seyn müßten, fanden auch metallische Steine, welche vom Centner 26 Unzen Silber ausgegeben haben sollen. Endlich bemächtigten sie sich auch vier wilder Männer, davon sie einen umbringen mußten, um den andren, die gar unbändig waren, eine Furcht einzujagen. Diese Wilden sollen mit denen, die von der Ost-Seite mitgebracht worden, keine Aehnlichkeit weder in Sprache, noch Kleidung, noch Sitten gehabt haben.

Der König wurde durch diese neue Entdekkung so aufgemuntert, daß er das Jahr drauf den Admiral aufs neue mit fünf Schiffen dahin sandte, und die drey Grönländer als Dolmetscher mitgab. Den 8ten May 1606. segelten sie ab und fuhren in die Strasse Davis, wo sie den 3ten Aug. ans Land kamen. Es wolten sich

aber

aber dasmal keine Wilden herzu trauen. An einem andern Ort schienen sie gar sich wehren zu wollen. Und da sie an einem dritten Ort mit ihnen auch nicht zum Handel kommen konten, wagte sich einer von Lindenows Dienern ans Land, in Hoffnung, die Wilden durch allerley Geschenke zu lokken. Sie griffen ihn aber, ehe man ihm zu Hülfe kommen konte, schnitten ihn mit ihren beinernen Messern in kleine Stükken, und rächten dadurch die voriges Jahr an ihnen verübte Gewalt. Die Schiffe fuhren also unverrichteter Sache nach Hause.

Von dem betrübten Schiksal der sechs Grönländer, die man auf der ersten Reise nach Dännemark gebracht, hat man angemerkt,(*) daß sie, ohnerachtet aller freundlichen Behandlung und guten Versorgung mit Stokfisch und Thran, dennoch oft mit betrübten Blikken und unter jämmerlichem Seufzen gen Norden nach ihrem Vaterland ausgesehen, und endlich in ihren Kajaken die Flucht ergriffen haben, aber durch einen starken Wind an das Ufer von Schonen geworfen und nach Copenhagen zurükgebracht worden, worauf zween vor Betrübnis gestorben sind. Von den übrigen sind ihrer zween nochmals entflohen und nur der eine wieder eingeholt worden, welcher, so oft er ein kleines Kind an der Mutter Halse gesehen, bitterlich geweinet; woraus man geschlossen, daß er Frau und Kinder haben müsse: denn man konte nicht mit ihnen sprechen: daher man sie auch nicht zur Taufe präpariren konte. Die zween letzten haben 10 bis 12 Jahr in Dännemark gelebt, und sind bey Coldingen zum Perlenfischen gebraucht, aber so gar im Winter so stark angestrengt worden, daß der eine darüber gestorben, der letzte nochmals entflohen und erst 30 bis 40 Meilen weit vom Lande eingeholt worden; worauf er ebenfalls aus Betrübnis sein Leben geendiget.

(*) Peyrere l. c. S. 150.

Nach diesem schikte der König abermal zwey Schiffe unter Capitain Carsten Richardsen nach Grönland; sie konten aber wegen des Eises nicht zu Lande kommen. Hierauf stand er zwar von Grönland ab, sandte aber im Jahr 1619. (nachdem das Jahr vorher das Etablissement zu Trankenbar auf der Küste Coromandel zu Stande gekommen war) den Capitain Jens Munk mit zwey Schiffen ab, die Nord-Westliche Durchfahrt zwischen Grönland und America nach Ost-Indien zu entdekken; welche Reise, wie alle bisherigen, vergeblich gewesen. Ob derselbe zuerst auf der West-Seite von Grönland gelandet, oder ob das, was er von den Grönländern meldet, die übrigens mit unsren übereinkommen, eigentlich von den Americanern in Hudsons-Bay zu verstehen sey, kan man nicht deutlich unterscheiden.

Jedoch wurde Grönland nicht ganz aus der Acht gelassen: denn im Jahr 1636. schikte eine Gesellschaft von Kaufleuten in Copenhagen, unter dem Schutz des Canzlers Christian Früs, zwey Schiffe in die Strasse aus, die auch mit den Wilden handelten. Einer von den Schifleuten wurde am Strande eines glänzenden Sandes gewahr, welcher an Farbe dem Golde ähnlich und sehr schwer war. Da glaubten sie, ein Ophir oder Peru gefunden zu haben, und luden beyde Schiffe voll. Als es aber bey ihrer Rükkunft in Copenhagen probirt wurde, so war es blosser Sand und blieb es. Der Canzler ließ also die ganze Ladung in die See stürzen. Da aber hernach ein fremder Künstler aus einem in Norwegen gefundenen und diesem ganz ähnlichen Sande gutes Gold gescheidet hatte, bereuete man diese übereilte Handlung: der Schiffer aber war indessen aus Verdruß gestorben, und man konte denselben Platz nicht wieder finden. Sie hatten auch zween Grönländer gegriffen und mitgenommen, welche, da sie mitten im Meer auf die Dekke gelassen worden, aus Liebe zu ihrem

rem Vaterland in die See gesprungen und vermuthlich ertrunken sind. Die Schifleute brachten von dieser Reise die damals noch so unbekanten Zähne oder Hörner des Einhorn-Fisches mit, die in Copenhagen zu der Zeit das Stük für 6000 Rthl. geschätzt, und in Rußland als Hörner vom Land-Einhorn theuer verkauft wurden. (*)

Unter Friedrich III. schifte ein Kaufmann Henrich Müller im Jahr 1654. ein Schif unter David Nelles Commando nach Grönland. Dasselbe brachte drey Weibs-Personen von der West-Seite mit. Die Grönländer wußten sich bey des ersten Mißionarii Ankunft derselben noch gut zu erinnern. Sie hiessen Kunelik, Kabelau und Sigokou.

Die letzte vergebliche Reise geschahe im Jahr 1670. vom Capitain Otto Axelsön, auf Befehl Christian V. Man hat aber keine weitere Nachricht davon. Und im Jahr 1674. rüstete der Commercien-Rath Tormöhlen zu Bergen ein Schif aus, nicht nur zu Entdekkung, sondern auch zu Besetzung des Landes, mit allen Nothwendigkeiten versehen. Es wurde aber von den Capern aufgebracht und nach Dünkerken geführt.

Endlich kam es so weit, daß fast niemand mehr glauben wolte, daß ein solches von Christlichen Normännern bewohntes Grönland in der Welt gewesen: und man würde noch daran zweifeln, wenn es nicht die vorgefundenen Ueberbleibsel ihrer Kirchen ausser Streit setzten.

II. Abschnitt.
Geschichte von Godhaab.

§. 14.

So geschäftig waren die Dänen unter sieben Königen gewesen, dieses verlorne Land ihrer Vorfahren wieder

---

(*) Peyrere l. c. S. 160.

wieder aufzusuchen und zu besetzen. Es glükte ihnen aber erst unter dem sowol wegen seiner Weisheit, als Muth in allen seinen Unternehmungen, berühmten König Friedrich IV. einen vesten Fuß in Grönland, jedoch nur auf der West-Seite zu fassen. Die Person, die GOtt dazu ausersehen und gewiß auf eine sonderbare Weise erwekt hatte, war Hans Egede, Priester in Vogens Gemeine im Nordlichen Theil von Norwegen. Die Veranlassung dazu, die Zeit und Mühe und die Mittel, die dieser unverdrossene Mann unter vielem Spott und Anfechtungen angewandt hat, zu seinem Zwek zu gelangen, sind so ungemein und merkwürdig, daß ich sie aus seiner eigenen Relation von der Grönländischen Mißion Anfang und Fortsetzung denen, die dieses Buch nicht haben können, zu Gefallen, etwas ausführlicher erzehlen muß.

Es erinnerte sich dieser fromme Mann im Jahr 1708. nachdem er etwas über ein Jahr im Amte gestanden, einmal gelesen zu haben, daß in Grönland ehedem Christliche Einwohner gewesen, von denen man nun nichts mehr wisse. Die blosse Neugier, (wie er meynte,) trieb ihn an, sich bey einem Freunde zu Bergen, der öfters auf den Wallfisch-Fang gefahren, um den itzigen Zustand von Grönland zu erkundigen. Dessen Antwort erwekte bey ihm ein herzliches Mitleiden über die, nach seinen Gedanken, überbliebenen, aber durch Mangel der Lehrer ins Heidenthum verfallenen Norweger. Er hielt es für die Pflicht eines Normanns, verlorne Lands-Leute aufzusuchen und ihnen das Evangelium zu bringen. Er dachte auf allerley Mittel, wie dieser löbliche Zwek erreichet werden könte. Dergleichen Gedanken erregten unvermerkt ein Verlangen bey ihm, selbst Hand daran zu legen. Doch dieses schien ihm weder erlaubt, noch thunlich zu seyn, weil er schon in einem Amte stand, und dabey Frau und Kind nebst einigen

nigen Verwandten zu versorgen hatte. Er bemühte sich also, die Sache aus dem Sinn zu schlagen: wurde aber darüber so unruhig, daß er sich nicht zu lassen wußte; indem auf der einen Seite ein innerlicher Trieb ihn dazu drang, sich selber dazu herzugeben; auf der andren Seite aber nicht nur die Mühe und Gefahr einer solchen Unternehmung, sondern auch eine zarte Furcht vor seiner eigenen Vermessenheit ihn davon abschrekten.

Er dachte hierinnen ein Mittel zu treffen, wenn er einen allerunterthänigsten Vorschlag zur Bekehrung der Grönländer, jedoch durch andere Personen, thäte. Seinen Vorschlag gründete er auf die Verheissungen der Heiden-Bekehrung, auf Christi Befehl, auf das Beyspiel der ersten Kirche und auf die gottseligen Wünsche vieler gelehrten Männer. Ob ihn nun gleich die Bedenklichkeit anfochte, daß die Vorschläge zu einem so wichtigen Werk von so geringer Hand nicht viel geachtet, und bey noch währendem Kriege mit Schweden und dabey vorwaltendem Geld-Mangel nicht würden ausgeführt werden können: so ließ er doch dieselben im Jahr 1710. abgehen, mit einem Bitt-Schreiben an den Bischof Randulff zu Bergen, (als von wo aus nach Grönland gehandelt wurde) wie auch an den Bischof Krog zu Drontheim, unter dessen Diöces er gehörte, daß sie diese Vorschläge zur Bekehrung der Grönländer nach Hofe befördern und kräftigst unterstützen möchten. Beyde Bischöfe antworteten ihm im Jahr 1711. lobten das Christliche Vorhaben, versprachen das Ihrige dabey zu thun, stellten ihm aber auch auf der einen Seite die Schwierigkeiten, und auf der andren Seite die Vortheile vor, die niemand besser als ihre Landsleute aus Grönland ziehen könte.

§. 15.

Bisher war die Sache bey ihm allein geblieben. Da sie aber durch diesen Briefwechsel bekanter worden, als er wünschte, wurde nicht nur er durch seine Freunde heftig angefochten, sondern auch seine Frau und Haus-Genossen gegen ihn aufgeregt, daß sie ihn von einem solchen thörichten Vorhaben, wie man es ansahe, abzubringen suchen solten. Ihre Vorstellungen und Thränen wirkten zwar so viel, daß er sich der Gedanken zu entschlagen suchte, in Meynung, daß er das seinige gethan habe und nicht gegen den Strom schwimmen könne. Allein das Wort des Heilands Matth. 10. *Wer Vater oder Mutter ꝛc. mehr liebet dann mich, der ist mein nicht werth,* brachte ihn von neuen in solche Bewegung, daß er Tag und Nacht keine Ruhe hatte und von niemand befriedigt werden konte. Indessen fügte es GOtt durch allerley Verdrießlichkeiten und kleine Verfolgungen, daß seine Frau selbst überdrüßig wurde, an dem Ort zu leben. Hier, dachte er, muß man schmieden, weil das Eisen warm ist, und ermahnte sie, die Sache nicht obenhin anzusehen, indem GOtt vermuthlich darum solche Trübsal über sie schikte, weil sie sich noch nicht entschliessen könten, um Seinetwillen alles zu verleugnen. Sie folgte seinem Rath, trug GOtt die Sache im Gebet vor, und wurde versichert, daß sie ihren Mann in seinem wunderlich scheinenden Beruf nicht hindern, sondern ihm folgen solte. Wer war froher als Herr Egede? Er glaubte nunmehro alle Schwierigkeiten überstanden zu haben, setzte sogleich ein Memorial an das hochlöbliche Mißions-Collegium auf, und ersuchte die Bischöffe zu Bergen und Drontheim aufs inständigste, sein Verlangen zu unterstützen. Sie musten ihn aber zur Geduld ermahnen, bis Friede und bessere Zeiten würden.

Auf diese Weise wurde sein Vorhaben nicht nur von Jahr zu Jahr aufgeschoben, sondern auch durch allerley Urtheile verunglimpft. Er sahe sich also im Jahr 1715. genöthigt, eine Vertheidigungs-Schrift von sich zu stellen,

stellen, unter dem Titel: Schriftmäßige und vernünftige Resolution und Erklärung über die Objectionen und Verhinderungen, den Vorsatz, die heidnischen Grönländer zu bekehren, betreffend. Ausser der Vorhaltung des rauhen kalten Landes, der gefährlichen Reise und Aufenthalts daselbst, ingleichen der Thorheit, ein gewisses Stük Brod für ein ungewisses fahren zu lassen, ja gar Frau und Kinder unverantwortlicher Weise in offenbare Gefahr zu bringen, hat man ihn auch dadurch abzuhalten gesucht, daß man ihm fleischliche Absichten Schuld gegeben, als suche er unter dem Vorwand, die Ehre GOttes auszubreiten, eigentlich sich selber einen grossen Namen zu machen, oder, da es ihm nicht nach Wunsch gehe, seine Umstände im Leiblichen zu verbessern.

Weil ihm aber die Zeit zu lang wurde, und er Ursach hatte zu denken, daß sein Memorial nicht gehörig unterstützt würde, so entschloß er sich, selber zur rechten Quelle zu gehen und die Sache zu treiben. Er schrieb also an seinen Bischof, daß er sein Amt niederlegen wolle, von seinem Nachfolger aber eine jährliche Pension erwarte, bis er entweder in Grönland, oder anderswo versorgt worden. Da ihm aber niemand auf diese Bedingung sein Amt abnehmen wolte, so legte er es im Jahr 1718. mit des Bischofs Vorwissen dennoch nieder. Und da es ihm schwer ankam, von einer Gemeine, die ihn lieb hatte, von seinen vielen guten Freunden und nahen Bluts-Verwandten Abschied zu nehmen: so mußte ihn nun seine Frau, anstatt selbst weich zu werden, aufmuntern und in seinem Vorhaben bestärken.

Indessen war ein Gerücht ausgekommen, daß ein Schif von Bergen an der Grönländischen Küste im Eis verunglükt und die Leute, die sich mit dem Boot ans Land retirirt, von den Wilden todtgeschlagen und aufgefressen worden. Auch durch dieses schrekhafte Gerücht (welches doch nicht ganz gegründet war) ließ weder er, noch

noch seine standhafte Frau sich abhalten, mit ihren vier kleinen Kindern die Reise nach Bergen anzutreten, um sich daselbst den Weg nach einem so übel beschrienen Lande zu bahnen.

§. 16.

Hier wurde er von allen Leuten als ein Wunder-Thier angesehen. Die meisten hielten ihn für einen Grillenfänger, der Träume und Offenbarungen gehabt haben müßte, daß er seinen ordentlichen Beruf liegen lassen, und wie ein irrender Ritter in der Welt herumfahren wolte. Einige verständige Männer hörten seine Vorschläge, die Grönländische Handlung ins Werk zu stellen, an. Weil aber die Bergische Handlung nach Grönland durch den Vorkauf so vieler Nationen verdorben worden, so hatte niemand Lust, wenigstens solange der Krieg mit Schweden währte, dieselbe wieder herzustellen. Da nun durch den schleunigen Todes-Fall des Königs von Schweden, Carl XII. im Jahr 1718. Hoffnung zum baldigen Frieden wurde, begab er sich nach Copenhagen, präsentirte dem Mißions-Collegio sein Memorial und Vorschläge, und erhielt nicht nur die erfreuliche Antwort, daß der König auf Mittel, dieses heilige Werk auszuführen, bedacht seyn werde; sondern Ihro Majestät thaten ihm die Gnade, ihn selbst zu sprechen und seine Vorschläge anzuhören. Er reiste darauf vergnügt nach Bergen zurük.

Indessen erging unter dem 17ten November 1719. ein Königlicher Befehl an den Magistrat zu Bergen, daß sie alle Handels-Leute, die in Straat-Davis gewesen, wegen des Grönländischen Handels vernehmen und ihr Gutachten über eine daselbst aufzurichtende Colonie, wie auch, was die Entrepreneurs für Privilegia begehrten, einsenden solten. Allein niemand hatte Lust dazu, und alle beschrieben die Fahrt so gefährlich und das Land so schlecht, daß der gute Herr Egede mit seinen

nen Vorschlägen bald in übeln Ruf gekommen wäre. Was er aber nicht durch Königlichen Befehl und Beystand ins Grosse erhalten konte, das suchte er nun auf seine eigene Hand und im Kleinen bey einzelnen Kaufleuten zuwege zu bringen. Es gelung ihm auch so weit, daß einige sich bereden liessen, ein Capital zusammen zu schiessen, zumal da ein vornehmer Kaufmann in Hamburg sich erbot, mit einem ansehnlichen Einschuß in Compagnie zu treten. Da aber dieser bald wieder davon abstand, und die begehrten Privilegia vom König auch nicht approbirt werden konten; so wolte niemand mehr von Grönland hören, und der gute Herr Egede muste für seine Mühe Spott und üble Nachreden zum Lohn haben.

So ging wieder ein Jahr dahin. Indessen ließ er bey allen Schwierigkeiten, Vorwürfen und Anfechtungen den Muth nicht sinken, hörte auch nicht auf, unterthänige Bittschreiben an den König und Vorstellungen an das Mißions-Collegium einzusenden, und die Kaufleute zu einer Unternehmung zu ermahnen. Endlich war er so glüklich, daß er einige redliche Männer, denen sein unabläßiger Eifer zu Herzen ging, zu einer Conferenz beredete, und sie mit vielen Vorstellungen, Bitten und Flehen, sich die Ehre GOttes und ihren eigenen sowol als des Vaterlandes Nutzen angelegen seyn zu lassen, dahin vermochte, daß jeder ein Capital von 1 bis 200 Reichsthaler einsetzte. Er selbst setzte 300 ein, verfaßte sogleich darüber ein Instrument, überreichte dasselbe dem Bischof und allen Stadt-Predigern und noch verschiedenen Kaufleuten, deren jeder noch etwas mit einsetzte. So brachte er endlich ein Capital von 9 bis 10000 Reichsthaler zusammen. Von dieser, wiewol noch unzulänglichen Summa, wurde sogleich ein Schif, die Hoffnung genant, gekauft, das ihn nach Grönland führen und

und den Winter über daselbst bleiben solte. Ueberdas wurden zwey Schiffe gefrachtet, das eine zum Wallfisch-Fang, das andre, um von der neuen Colonie Nachricht zurük zu bringen. Indessen lief im Frühjahr 1721. vom Mißions-Collegio die erfreuliche Nachricht ein, daß der König die Unternehmung allergnädigst bewilligt, und ihn zum Priester der neuen Colonie und zum Mißionario vocirt habe, mit einem jährlichen Gehalt von 300 Reichsthaler, und einem Geschenk von 200 Reichsthaler zu seiner Ausrüstung.

So erreichte endlich dieser unermüdete Mann zu seiner Freude, was er 10 Jahr lang mit so grossem Eifer und bey so vielen Widerwärtigkeiten gesucht hatte, nemlich das beschwerliche Amt eines Mißionarii unter den Heiden: und dadurch suchte er sich nicht den Weg zu einem einträglichern und ansehnlichern Amt zu bahnen, (denn dasselbe hatte er schon gehabt) sondern war vest entschlossen, sein Leben dabey aufzuopfern.

§. 17.

Am 2ten May 1721. begab er sich mit seiner Frau und vier kleinen Kindern an Bord der Hoffnung, wo er der Mannschaft, die aus 40 Personen bestand, als das Haupt dieser Colonie vorgestellt wurde: und am 12ten May erfolgte die Abreise. Den 4ten Jun. paßirten sie Statenhuk; hatten aber hernach viel Sturm und eine solche Menge Eis, daß sie dessen kein Ende sehen konten, welches den Schiffer bald bewogen hätte, zurük zu kehren. Den 24ten Jun. erblikten sie eine Oefnung im Eise und wagten sich da hinein, sahen aber bald, daß es sich ohne fernere Oefnung bis ans Land erstrekte. Sie wolten also wieder aus dem Eis heraus fahren: allein der Wind wurde ihnen conträr und stürmisch, das mitfolgende Schif stieß ans Eis und bekam ein Loch, welches doch noch mit Kleidern zugestopft ward.

warb. Niemand konte anders denken, als daß beide Schiffe bey dem überhandnehmenden Sturm mitten im Eis zerschmettert werden müßten, und der Schiffer kündigte ihnen an, daß sie sich zum Tode zu bereiten hätten. Daneben war den ganzen Tag bis gegen Mitternacht ein solcher dikker Nebel, daß sie nichts vor sich sehen konten. Jedoch wurden sie zu ihrer Verwunderung gewahr, daß das Schif immer mehr Raum bekam: und als sich nach Mitternacht der Nebel verzog, sahen sie so wenig Eis, daß sie kaum glauben konten, in solcher Gefahr gewesen zu seyn. Eben der Sturm, der ihnen den Untergang drohete, hatte sie, ohne daß sie bey dem dikken Nebel es sehen konten, vom Eise befreyet.

Endlich kamen sie den 3ten Jul. im Bals Revier auf dem 64sten Grad glüklich an Land, und baueten sich auf einer Insel bey Kangek, die sie von dem Schif, Haabets Øe, die Hoffnungs-Insel, nanten, ein Haus von Stein und Erde, mit Brettern bekleidet, welches den 31ten Aug. nach einer Danksagungs-Predigt über den 117 Psalm bezogen wurde. Das zum Wallfisch-Fang bestimmte Schif war vor ihnen von Bergen ausgelauffen, bey Statenhuk aber, wo ein starker Strom geht und oft stürmisch ist, umgeschlagen worden. Es hatte sich doch, ohne eine Seele zu verlieren, wieder aufgerichtet und war durch einen günstigen Wind, wiewol ohne Mast, glüklich nach Norwegen getrieben worden.

§. 18.

Die Grönländer waren Anfangs freundlich gegen ihre neuen Gäste, und bewunderten sonderlich, daß Frauens-Leute und Kinder mit kämen. Da sie aber aus den Anstalten zum Bauen sahen, daß es nicht auf einen kurzen Besuch und Handel, sondern aufs Bleiben angesehen sey: verliessen sie aus Furcht dieselbe Gegend, und wolten, wenn Europäer zu ihnen kamen, dieselben nicht beherbergen. Doch liessen sie sich nach und nach

durch

durch freundliche Behandlung und Geschenke bewegen, die Besuchenden aufzunehmen; liessen sie aber nicht in ihre Häuser, sondern räumten ein Häusgen für sie allein, und versahen es die Nacht durch mit Wache. Endlich wagten sie es, sie in ihre eigenen Häuser aufzunehmen und dann und wann einen Gegen-Besuch zu thun.

Herr Egede bediente sich aller Gelegenheiten, ihre Sprache zu lernen, und nachdem er das Wort Kina? d. i. Was ist das? wußte, fragte er sie um alles, was in die Sinnen fällt, und zeichnete es auf. Da er einigemal angemerkt hatte, daß ein Grönländer, Namens Arok, zu einem von seinen Leuten, der Aaron hieß, wegen der Aehnlichkeit des Namens eine besondere Liebe gefaßt hatte: so ließ er einmal diesen Menschen mit seiner Bewilligung heimlich bey den Grönländern zurük, damit er die Sprache bey ihnen lernen und sich um die Umstände des Landes erkundigen möchte. Sie ruften ihm zwar nach und gaben zu verstehen, daß er einen Mann vergessen habe: er that aber, als ob er nichts sähe und hörte. Nach etlichen Tagen brachten die Wilden Nachricht, daß Aaron gesund sey, und baten, daß man ihn abholen möchte, weil ihnen sein Daseyn bedenklich vorkam. Durch einige Geschenke liessen sie sich bereden, ihn den Winter durch bey sich zu behalten. Weil er aber, da sie ihn oft vexirten und ihm ein und anders wegnahmen, um sich schlug, wurde er von ihnen übel behandelt und blutig geschlagen. Sie nahmen ihm auch seine Flinte, damit er ihnen nicht Schaden thun möchte; waren aber hernach recht freundlich gegen ihn, und baten ihn, es nur nicht dem Priester zu sagen, damit ihnen nicht Leides widerführe. Herr Egede that auch, als wenn er von der Sache nichts erfahren hätte, und ließ, da er sie wieder besuchte, noch einen Mann bey ihnen.

Sie

Sie hatten grosse Furcht vor ihm, und es mußte mancher Angekok über ihn und seine Leute hexen, damit sie zu Schaden kommen und fortziehen möchten. Da aber diese Kunst nichts helfen wolte, gaben die Angekoks vor, der Priester sey selbst ein grosser, aber guter Angekok, der ihnen keinen Schaden zufügen werde. Dieser Meynung gaben die einfältigen Leute um so eher Beyfall, da sie gesehen hatten, wie er vor seinem Volk predigte, und alles ihm mit grosser Ehrerbietung begegnete. Er war begierig, das arme Volk von Göttlichen Dingen zu unterrichten, konte aber mit ihnen nicht leicht zur Sprache kommen. Daher ließ er durch seinen ältesten Sohn einige biblische Geschichten abzeichnen und ihnen vorlegen, wodurch sie nicht nur seinen Sinn leichter fassen konten, sondern ihm auch durch ihre Fragen Gelegenheit gaben, sowol die Sprache zu lernen, als ihnen die Grundsätze der christlichen Lehre bekant zu machen. Unter andren hatte die Vorstellung von der Auferstehung der Todten und von den Wunderwerken Christi, wie Er die Kranken geheilt und Todte auferwekt, den besten Eingang bey ihnen. Und da sie ihn für den Gesandten eines so mächtigen und gutthätigen GOttes hielten, begehrten sie, daß er ihre Kranken auch, wie ihre Angekoks, durchs Anblasen heilen solte. Dieser und dergleichen Zeichen ihrer Hochachtung und Vertrauens mußte er sich bedienen, das arme Volk zu unterrichten und es auf GOtt, als die Ursach und den Geber alles Guten, zu führen. Seine Lehren fanden auch, so viel sie ihn und er sie verstehen konte, gar bald Beyfall. Es fanden sich noch immer mehrere ein, die die Geschichte von dem, der Himmel und Erde geschaffen und so grosse Dinge thun könne, hören wolten: und wenn er ausfuhr, die Gegend zu recognosciren, wurde er gern von ihnen aufgenommen und angehört; zumal da einige Kranke, über welchen er, nach einer Ermahnung, den wahren

GOtt

GOtt zu erkennen und anzurufen, gebetet hatte, gesund worden waren.

§. 19.

Mit der Handlung sahe es im Anfang schlecht aus. Die Grönländer hatten nichts, und was sie den Winter durch erübrigten, wolten sie den Dänen nicht verkaufen, weil sie seit vielen Jahren gewohnt waren, mit den Holländern zu handeln, die schon wußten, was in Grönland abzusetzen ist, und alles bessern Kaufs geben konten. Es paßirten im Frühling des Jahrs 1722. eine Menge Holländischer Schiffe bey der Colonie vorbey, und die Dänen mußten mit Verdruß sehen, wie eins derselben, das bey ihnen einlief, in einer halben Stunde mehr erhandelte, als sie den ganzen Winter durch hatten kaufen können.

So gar ihr nothdürftiger Unterhalt fing an zu gebrechen. Sie hatten sich eben die Grönländische Fischerey und Jagd besser vorgestellt, als sie ist, und sich daher mit wenig Fisch und Fleisch versehen. Da sie nun noch des Landes sehr unkundig, die Rennthiere und Hasen scheu, und die Fische mit ihren Geräthschaften fast gar nicht zu fangen waren; so geriethen sie noch vor Ende des Jahrs in Mangel, und viele wurden vom Scorbut angegriffen. Das Volk fing an über den Priester, als ihren Anführer, zu murren: und da im Frühjahr das Proviant-Schif länger ausbliebe, als sie es sich vorgestellt hatten, wolten sie mit dem daselbst überwinterten Schif alle wieder zurük gehen. Hierüber kam er freilich in grosse Verlegenheit. Einen nach so vieljähriger Mühe erhaltenen Posten, der zur Bekehrung einer heidnischen Nation, die sich gut anließ, abzielte, konte er Gewissens halber nicht verlassen. Er konte aber doch auch nicht allein mit seiner Frau und vier kleinen Kindern bestehen, und sie verderben sehen. Alles

les was er bey seinem Volk erhalten konte, war, daß sie bis in den Junium auf die Ankunft des Schifs warten, und wenn es alsdann nicht käme und sie fortgingen, ihm etwas von ihrem zur Rükreise nöthigen Proviant ablassen wolten. Auch beredete er sechs Menschen, alsdann bey ihm zu bleiben. Da aber diese sahen, daß der ihm überlassene Proviant kaum auf ein halbes Jahr hinlänglich seyn würde; so liessen sie sich vernehmen, daß sie im Fall der Noth sich heimlich auf ein Holländisches Schif begeben und zurük fahren würden. Er mußte also mit schwerem Herzen die Entschliessung fassen, mit eben demselben Schif, das ihn herüber geführt hatte, zurük zu gehen. Allein seine Frau widersetzte sich diesem Vorhaben mit einer Herzhaftigkeit, die ihn in seiner Kleingläubigkeit beschämte und aufrichtete. Sie pakte nicht nur nichts ein, sondern ermahnte die übrigen, die schon die Wohnungen einzureissen anfingen, daß sie sich doch keine vergebliche Mühe machen solten, indem sie die gewisse Zuversicht habe, daß ein Schif ausgesandt worden und glüklich anlangen werde. Ob sie nun gleich diese neue Prophetin auslachten; so wurden sie doch alle am 27 Jun. mit der glüklichen Ankunft des Schifs beschämt und erfreut, und Herr Egede bekam erfreuliche Nachrichten sowol von den Kaufleuten zu Bergen, daß sie, ohngeachtet des schlechten Anscheins, die Handlung fortsetzen wolten; als auch vom hochlöblichen Mißions-Collegio, daß der König die Mißion aus allen Kräften zu unterstützen geruhe: weshalber zum Nutzen der Grönländischen Mißion und Handlung eine Lotterie bewilligt, und da dieselbe nicht zu Stande kam, den Einwohnern beyder Reiche, Dännemark und Norwegen eine mäßige Abgabe unter dem Namen der Grönländischen Schatzung auferlegt wurde, die sich zu einer ansehnlichen Summe belief. (*)

(*) Holbergs Dannemarks og Norges Geistlige og Verdslige Staat. S. 351.

§. 20.

Durch diese Versicherungen wurde Herr Egede aufs neue ermuntert, keine Arbeit und Mühe zu sparen, wodurch die Bekehrung der Heiden und die Erkundigung und Besetzung des Landes beschleunigt werden könte. Zu dem Ende hielt er sich im folgenden Winter 1722. selber mit seinen beyden kleinen Söhnen eine Zeitlang unter den Grönländern auf, ob ihm gleich im Anfang der Gestank und das Ungeziefer bey diesen Leuten sehr beschwerlich war; damit er einige Kundschaft vom Lande erlangen, und seine Kinder die Sprache durch den Umgang mit der Grönländer Kindern lernen möchten.

Zween verlassene Knaben liessen sich durch Geschenke bereden, beständig bey ihm zu wohnen. Es fand sich auch im Winter eine Familie von sechs Personen ein, die bey ihm um Aufenthalt bat. Er sahe zwar sogleich ein, daß diese Leute nur um der Verpflegung willen zu ihm kamen, hatte wenig Raum für sie, und von den Grönländern oft schon mehr Besuch, als ihm lieb war, weil sie nur immer alles sehen und etwas davon geschenkt haben wolten: er nahm aber doch auch diese Leute an, in Hoffnung, an ihren Kindern etwas auszurichten und von ihnen die Sprache zu lernen. Allein sobald der härteste Winter vorbey, und Gelegenheit war, in der See etwas zu fangen, fuhren diese Leute davon: und die zween Knaben, die sich zum beständigen Bleiben verpflichtet hatten, schlichen auch einer nach dem andern weg; so daß seine Hoffnung, Mühe und Kosten, die er an sie verwendet hatte, vergeblich waren. Er hatte diese jungen Leute von ihrem Herumschwärmen zu einer beständigen Lebens-Art gewöhnen, und sie in der Christlichen Religion, wie auch im Lesen und Schreiben unterweisen wollen: sahe aber bald, daß er ihnen, so oft es ihnen einfiel, erlauben mußte, auf die See oder zum Besuch der Wilden zu fahren. Und was das Lernen betrift,

betrift, so gingen sie im Anfang lustig dran, weil sie für jeden Buchstaben, den sie kennen lernten, einen Fischhaken und sonst allerley geschenkt bekamen. Sie wurden es aber bald überdrüßig und sagten: sie wüßten nicht, wozu es nütze, den Tag über zu sitzen, auf ein Stük Papier zu sehen und zu rufen a. b. c. &c.; er und der Kaufmann wären Leute, die zu nichts taugten, weil sie den ganzen Tag nichts thäten, als in ein Buch sehen und mit der Feder mahlen; die Grönländer hingegen wären brave Männer, die könten Seehunde jagen und Vögel schiessen, wovon sie Nutzen und Vergnügen hätten, u. s. w. Er bemühte sich zwar, ihnen den Nutzen des Lesens und Schreibens faßlich zu machen, weil man dadurch nicht nur eines abwesenden Freundes Gedanken erfahren, sondern vornemlich den Willen GOttes aus der Bibel erkennen lerne. Darum war es ihnen aber nicht so sehr zu thun, als um äusserlich Vortheile: und sobald sie derer genug zu haben dachten, gingen sie ohne sein Vorwissen davon.

§. 21.

Indessen hatte er sich gleich vom Anfang viele Mühe gegeben, das Land kennen zu lernen, und deswegen zu verschiedenen Zeiten nicht nur seine Leute ausgeschift, die Jagd und Fischerey zu erkundigen, womit sie auch nach und nach immer besser umgehen lernten, sondern sich selber bemühet, am festen Lande für die Colonie einen bessern Platz, wo man das Land anbauen könte, auszusuchen. Er fand eine schöne Fiorde, wo viel Gras und kleines Buschwerk, auch eine Lachs-Elve oder Bach und gute Gelegenheit zur Viehzucht war. Diese Fiorde nennte man die Priester-Fiorde, und machte eine Zeitlang mit Steinbrechen Anstalt, die Colonie daselbst aufzurichten. Weil aber die Schiffer die Einfahrt zu weit und gefährlich fanden, mußte man davon abstehen.

Im Jahr 1723. that er zwo Reisen in die Amaralik-Fiorde, theils um die Rudera der alten Norwegischen Gebäude zu sehen, theils einen bessern Platz für die Colonie zu finden; durchsuchte auch zu dem Ende alle Buchten in seiner Nachbarschaft, und fuhr das Bals-Revier zweymal hinauf, um zu erfahren, ob man da, wie die Grönländer berichteten, Seehunde auf dem Eise liegen finde, die man, wie bey Spitzbergen, zu hunderten todtschlagen könte. Er sahe sie zwar auf dem Eis liegen, man konte aber keine erhaschen. Auf der zweyten Reise ins Bals-Revier fand er in einem schönen Thal ein verfallenes vierekfigtes Gebäude von flachen Steinen, etwa neun Ellen lang und breit und noch sechs Ellen hoch, mit einer Thür. Dieses hielt er für einen Kirchen-Thurm; denn nicht weit davon sahe er einen verfallenen Steinhaufen 48 Ellen lang und 36 breit, aber nur noch eine Elle hoch), davon der Grund ganz gegen die Bau-Art der Grönländer zusammengesetzt war, welches nichts anders als die Kirche gewesen seyn konte. Ausserdem waren noch viele kleinere Häuser von Erde anzutreffen, der Grund aber überall mit Gras und Busch von Birken, Weiden, Erlen und Wacholder bewachsen. So angenehm dieses Thal aussahe, so fürchterlich sahe das schrekliche Eisfeld auf der andren Seite aus, welches sich, soweit man sehen konte, ins Land hinein erstrekte.

§. 22.

In diesem Jahr waren brey Schiffe nach Grönland ausgerüstet worden, das eine mit Proviant für die Colonie, mit welchem Herr Egede nicht nur erfreuliche Nachrichten von des Werks zu hoffender Fortsetzung, sondern auch einen Collegen an Herrn Albert Top erhielt. Das zweyte Schif war auf den Wallfisch-Fang ausgerüstet, und kehrte das folgende Jahr mit etwa 120 Tonnen Spek von Einem Wallfisch nach

Bergen zurük, dessen Werth nebst den Wallfisch-Barden sich auf 2700. Rthl. belief. (*) Das dritte Schif solte die Küsten in der Strasse Davis recognosciren, kam aber weder an, noch zurük, und ist vermuthlich bey Statenhuk, wo es im Sturm von den andren getrennt worden, verunglükt; gleichwie kurz zuvor ein Holländisches Schif, dessen Mannschaft sich in zwo Schaluppen gerettet, und halb verhungert zur Colonie gekommen war.

Der Mißionarius erhielt zugleich Befehl, durch einige beherzte Seeleute die Ost-Seite von Grönland entdekken zu lassen. Um nun diese Sache desto treulicher ausgerichtet zu sehen, begab er sich selber am 9ten Aug. 1723. mit zwo Schaluppen auf diese gefährliche und beschwerliche Reise, obgleich die beste Sommer-Zeit schon verstrichen war, in Hoffnung die Frobisher-Strasse zu finden und durch dieselbe den Weg nach der Ost-Seite zu verkürzen.

Nach seiner Beschreibung fanden sie ohngefehr im 62sten Grad, wo einige Charten die Frobisher-Strasse setzen, eine Fiorde zwey Meilen breit, die durch einen Nord-Wind so mit Treib-Eis versetzt war, daß sie, so weit ihre Augen in die offene See reichten, desselben kein Ende sahen. Sie wolten da warten, bis das Eis besser in die See triebe und eine Oefnung machte, die Strasse da zu suchen. Da sie aber von den Grönländern (so weit sie einander verstehen konten) erfuhren, daß dieses Eis nicht von Osten in die See, sondern aus der See herein ins Land setzte: so verloren sie die Hoffnung, daselbst eine Durchfahrt zu finden. Sie fuhren also, nachdem der Wind eine kleine Oefnung im Eis gemacht, mit vieler Gefahr durch dasselbe durch, paßirten Cap Comfort, und wurden von ihrem Grönländischen Loots-

――――――――――――――――――
(*) Holb. l. c. S. 352.

Lootsmann im 61ſten Grad vier Meilen zwiſchen hohen Klippen und Inſeln in einen Sund geleitet, wo
ſie die Durchfahrt zu finden dachten: es ging aber
wieder Süd-Weſtwerts in die See hinaus. Bis
auf den 60ſten Grad und alſo nahe an Statenhuk
ſuchten ſie die Durchfahrt vergeblich. Der Mißionarius hatte zwar Muth, durch den Sund, der das
Cap Farwell vom veſten Lande abſondert, durch und
auf die Oſt-Seite zu fahren. Weil aber die Grönländer ihm die Länge des Weges, die vielen Sturm-
Winde, den gegen den Winter daſelbſt einfallenden
ſtarken Strom nebſt dem Eiſe, und die Grauſamkeit
der Einwohner auf der Oſt-Seite vorſtellten: ſo mußte er dem Begehren ſeiner Boots-Leute gemäß, die
ſich nicht auf den Winter verſehen hatten, auf die
Rükreiſe bedacht ſeyn. Sie waren die etliche und
60 Meilen in 15 Tagen gefahren, und zur Rükreiſe
brauchten ſie 19 Tage.

Sowol auf der Hin- als Her-Reiſe zeigten die
Grönländer ihnen viele Fiorden, wo noch Rudera von
den alten Norwegern, ingleichen ſchöne Gras-Plätze
und kleines Holz, ſeyn ſollen. Sie hatten aber nicht
Zeit, alle dieſelben zu beſichtigen. Zwiſchen dem
60ſten und 61ſten Grad, an einem Ort, den die
Grönländer Kakoktok nennen, fanden ſie eine verfalle-
ne Kirche, inwendig 50 Fuß lang und 20 breit,
und die Mauren bey ſechs Fuß dik, mit zwo Thüren
auf der Süd-, und einer groſſen Thüre auf der Weſt-
Seite. Auf der Nord-Seite war nur ein, und auf der
Süd-Seite vier groſſe Fenſter. Das Mauerwerk war
künſtlich aber ohne Bilder. Die Mauer des Kirchhofs
ſtund auch noch. Daneben war ein groſſes Haus mit
einer Thür, und viele kleine Häuſer. In der Kirche
ließ Herr Egede, in Hoffnung einige Norwegiſche Anti-
quitäten zu finden, einen Hauffen Steine aufräumen,

wel-

welches die Grönländer Anfangs nicht zugeben wolten, aus Furcht, daß die Seelen der da begrabenen Ausländer gestört werden und ihnen Schaden zufügen könten. Er bekam aber aus Mangel gehörigen Werkzeugs weiter nichts als etwas Kohlen, Beine und Stükke von Läim=Töpfen zu sehen.

Auf der Rükreise fanden sie auf einer Insel acht Meilen von Godhaab eine gelbe Erde mit rothen Zinnober-Adern, davon Herr Egede etwas nach Bergen schikte. Da ihm nun gemeldet worden, daß etwas daraus zu machen sey, und er eine Ladung davon übersenden solle, hat er zwar denselben Platz wieder gesucht, aber in der Menge so vieler Inseln nicht mehr finden können.

Im Anfang dieser Reise wolten die Grönländer den Dänen gar nicht trauen und stellten sich zur Gegenwehr. Da sie aber von dem Grönländischen Lootsmann vernahmen, daß der Priester, oder, wie sie ihn nennten, der Kablunät ihr grosser Angekok, dabey sey, nahmen sie dieselben mit Singen und Freuden-Geschrey auf, begleiteten sie von Ort zu Ort, und hörten gern von dem Schöpfer aller Dinge reden. Ja ihr Vertrauen ging endlich so weit, daß sie den Mißionarium einmal zu einem Grabe führten, mit Bitte, den Todten aufzuwekken, weil sie so viel von den Wunder-Werken des Sohnes GOttes und von der künftigen Auferstehung der Todten gehört hatten. Sie glaubten auch, daß sein Zuspruch und Gebet bey den Kranken unfehlbar helfen müsse, und einmal brachten sie einen blinden Mann, den er durch Berührung der Augen sehend machen solte. Nach einigem Zureden und Ermahnung, daß er an den Sohn GOttes glauben solte, rieb er ihm die Augen mit Franz-Brantwein, und fuhr weiter. Dreyzehn Jahr darnach kam derselbe Mann auf die Colonie und bedankte sich, daß er ihm, da er seinen Worten geglaubt, die Augen geöfnet habe.

§. 23.

§. 23.

Bald nach dieser Entdeckungs-Reise fuhr er im November nach Pissubik, sieben Meilen Nord von der Colonie, um zu sehen, ob man daselbst Wallfische fangen könne; fand aber, daß nur Finn-Fische daselbst seyn, die gefährlich zu fangen sind und wenig Spek haben. Weil er aber hier von den Grönländern erfahren, daß 50 Meilen Nord von der Colonie im Febr. und Merz die rechten Wallfische zu finden seyen: so unternahm er selbst im Febr. 1724. mit zwo Schaluppen eine Reise dahin; obgleich die meisten der Meynung waren, daß in solcher frühen und kalten Jahrs-Zeit nicht möglich sey, dahin zu kommen. Sie schlugen sich im Eis durch bis auf den 65sten Grad, 56 Minuten, und waren nur noch 12 bis 14 Meilen von dem intendirten Platz, Nepisene genant. Da mußten sie, nachdem sie etliche Tage vergeblich auf einen Wind, der das Eis auseinander treiben könte, gewartet hatten, zurük kehren, und GOtt danken, daß sie nach einer vierwöchichen entsetzlichen Arbeit und Kälte unbeschädigt zu Hause kamen. Denn auf dem Rükwege konten sie wegen des Eises nicht mehr durch einen Sund zwischen den Inseln und dem Lande durchkommen, sondern mußten um die Inseln herum, sich in die freye See wagen, da doch auch so viel Eis lag, daß sie dessen kein Ende sehen konten. Die Grönländer stellten ihnen die Unmöglichkeit, durchs Eis zu fahren, vor; sie mußten es aber wagen, nahmen ihren Lootsmann, der sich hatte abschrekken lassen, mit Gewalt in ihre Schaluppe, und arbeiteten sich mit vieler Mühe glüklich durch. So viel hatten sie doch erfahren, daß im Februar bis zu Ende des Merz viele Wallfische in Nepisene seyn, die hernach im April weiter Nordwerts nach Disko, und sodann Westwerts nach der Americanischen Küste gehen.

Es kamen dismal zwey Schiffe aus Norwegen. Das eine solte längst der Küste bis nach Disko Handlung treiben; konte aber nur an zween Orten landen, und bekam wenig, weil die Holländer schon das beste aufgekauft hatten. Das andre solte die Americanische Küste zwischen dem 66sten und 67sten Grad, wo die Strasse am schmalsten ist, aufsuchen, und Bauholz zu Errichtung einer neuen Colonie nach Grönland führen. Es kam aber im Julio wieder, und hatte wegen des Eises nicht landen können. Auf dem Rükweg hatte man sich den Platz bey Nepisene besehen, wohin das Schif bald wieder mit einigen Materialien absegelte, und den Missionarium Top nebst 20 Personen und einem Grönländischen Knaben mitnahm, die daselbst die zweyte Colonie aufrichteten. Ausser diesen zwey Schiffen, ließ die Compagnie auf Königlichen Befehl ein Schif ausgehen, die Ost-Seite von Grönland, gleich Island gegenüber, aufzusuchen. Es mußte aber wegen des Eises und der Sturm-Winde unverrichteter Sache zurük kehren.

Sonst ließ der Kaufmann in der Amaralik-Fiorde einen Felsen sprengen, in Hoffnung, Metall-Erz zu finden: er bekam aber nur Schwefel-Kies. Und der Priester ließ daselbst und in der Priester-Fiorde im Monat May, nachdem man das alte Gras abgebrant, und dadurch den noch gefrornen Boden aufgethauet, etwas Korn zur Probe säen. Es wuchs recht gut bis in die Aehren; im September aber mußte man es wegen gar zu starken Nacht-Frostes unreif abschneiden.

Man sieht aus allem, wie geschäftig Herr Egede war, für das Beste der Colonie, deren Direction er von der Compagnie übernommen hatte, zu sorgen. Aus der Ursach mußte er, wie er selber schreibt, sich mit Sachen bemengen, die ihm, als einem Geistlichen, sonst verdacht werden könten. Darum nahm er so viele beschwerliche und Lebens-gefährliche Reisen auf sich, um einem jeden mit seinem Exempel zu zeigen, was er zu thun hätte, und mit eignen Augen nachzusehen, wo und wie der Compagnie Nutzen befördert werden könte: weil er wohl wußte, daß das Geistliche, nemlich der Grönländer Bekehrung, die ihm so sehr am Herzen lag, ohne Erhaltung eines hinlänglichen leiblichen Nutzens nicht erreicht werden würde.

§. 24.

Was nun die Mißion betrift, so fing er in diesem Jahr, da er einen Collegen bekommen hatte, erst recht an, die Grönländer zu unterrichten. Er hatte, so gut ers in dieser schweren Sprache schaffen konte, einige kurze Fragen und Antworten von der Schöpfung, dem Sünden-Fall, der Erlösung, der Auferstehung der Todten und dem Gericht, wie auch einige Gebete und *Lieder* übersetzt, die er und sein College den Grönländern verlasen, bis sie durch etlichmaliges Hören dieselben beantworten und mehr Unterricht darüber faßen konten. Im Anfang hörten sie gern zu: da es aber zu oft kam, wurden sie unwillig, sonderlich wenn sie auf die See fahren wolten, oder eine Lustbarkeit vorhatten, und mit derselben warten solten, bis das Lesen und Singen vorbey war. Wenn vollends ein Angekok da war und hexen solte, so war gar an keine Andacht zu denken. Und wolten die Herren Mißionarii dennoch vorlesen, so wurden sie nur ausgespottet und nachgeäffet, mußten sich auch Lügen straffen lassen, sonderlich im Artikel vom künftigen Gericht, weil die Angekots, die im Himmel gewesen, daselbst keine Spur von GOttes Sohn gesehen und den Himmel noch nicht so baufällig angetroffen hätten, wie sich die Grönländer aus dem Unterricht einbildeten. Man suchte sich also Autorität zu verschaffen, indem man den Angekok mit dem Stok fortjagte, die Matrosen unter die Leute setzte, um sie in Ordnung zu erhal-

erhalten, und wenn das noch nicht helfen wolte, sie bedrohte, daß bewafnete Leute kommen solten, die ihre Angekoks, als Betrieger und Verführer am Leben strafen und sie alle in Ordnung bringen würden.

So brachte man es dann mit vieler Mühe und oftmaligen freundlichem und scharfem Zureden dahin, daß sie sich geduldig vorlesen liessen, wenigstens nicht mehr Spott und Muthwillen dabey trieben, oder den Gesang mit ihrem Trommeln begleiteten. Und wenn man sie bey einer grossen Versamlung zu einer Lustbarkeit (sofern man sie nur nicht ganz darinnen störte) zu unterrichten kam; so liefen sie doch nicht gleich auseinander, sondern hörten eine Weile zu: ja einige bezeugten endlich, daß sie nun alles glaubten, was sie von GOtt gehöret, weil sie, nachdem sie ihn um Seehunde angerufen, in ihrem Fang glüklich gewesen wären. Wenn sie in Noth kamen, oder Kranke hatten, liessen sie auch wol den Herrn Egede rufen, und baten, daß er über dem Kranken beten und ihn gesund machen möchte. Einmal ließ ihn so gar ein Angekok darum ansprechen. Denselben bestrafte er über seine Betriegerey, und versicherte ihn, daß das Kind sterben werde: (denn es war am letzten) wenn er aber mit ihm GOtt anrufen und das Kind taufen lassen wolte, so könte es doch in den Himmel kommen. Der Mann gab allen seinen Worten Beyfall und bat inständig, daß er das Kind taufen möchte, welches er auch nach Anrufung des Namens GOttes that. Da nun das Kind gleich drauf seinen Geist aufgab, und die Hausleute nach Gewohnheit eine Zeitlang geheult hatten, mußte er die Leiche auch zu Grabe tragen, weil der Vater niemanden als ihn dazu würdig hielt; ja nach dem Begräbnis begehrte dieser nebst seinen Leuten auch getauft zu werden; welches er ihnen aber abschlug, mit dem Bedeuten, daß sie, als Erwachsene, erst den Willen GOttes erkennen lernen müßten. Auf

Auf der Rükreise von Nepisne hatte ihm ein Mann geklagt, daß er nach eines Angekoks Wahrsagung diesen Sommer sterben solte. Da ihn nun der Mißionarius überwies, daß es lauter Betrug mit dem Wahrsagen sey; wurde der Mann ungemein froh und hörte mit grosser Aufmerksamkeit alles an, was ihm von GOtt und der eigentlichen Beschaffenheit des Himmels erzehlt wurde; ließ es sich auch mit Kreide auf ein Bret mahlen, damit er es nicht vergessen und andere auch davon unterrichten könte.

Es hörten alle Grönländer gern, daß die Seele nicht wie der Leib untergehen, sondern mit demselben einmal auferstehen, keinen Krankheiten mehr unterworfen seyn und alle Freunde und Bluts-Verwandte wieder finden werde. Alles was man ihnen von geistlichen Dingen vorsagte, hörten sie mit einer Neubegierde an, die dem Mißionario gute Hoffnung gab. Wenn er ihnen aber eine Sache etlichemal erzehlte, und sie dieselbe mit ihren groben und fleischlichen Sinnen nicht fassen konten; so wurden sie es überdrüßig, und wolten nur wieder was neues hören, indem sie ja alles das glaubten, was er ihnen gesagt hätte. Oft waren sie verdrießlich, wenn schlimm Wetter war, und gaben dasselbe dem Lesen und Beten schuld, weil nach ihrer Meynung die Luft dadurch erzürnt werde; oder weil sie dem Mißionario geglaubt, und sich nicht mehr so genau, nach der Angekoks Vorschrift, von gewissen Speisen und Arbeit enthalten hätten. Solten sie ihm nun fernern Glauben zustellen, so müßte er mit seinem Gebet gut Wetter und einen Ueberfluß an Fischen, Vögeln und Seehunden auswirken und ihre Kranken gesund machen. Ermahnte er sie selber zum Gebet, so hieß es: Wir thun es ja, aber es hilft nicht. Sagte er, sie müßten GOtt hauptsächlich um Seine geistlichen Gaben und um die Seligkeit des ewigen Lebens anflehen,

hen, so sagten sie: Das verstehen und brauchen wir nicht, wir wollen nur gesunde Glieder und Seehunde zu essen haben; die können uns die Angekoks schaffen. Sagte er ihnen vom zukünftigen Gericht und von der ewigen Höllenstrafe, so möchten sie davon nichts hören, oder sagten, ihre Angekoks kennten die Hölle besser; oder wenn sie ja so heiß wäre, so hätte die See Wasser genug sie zu löschen und für ihren Zustand erträglich zu machen; da könten sie die Kälte ersetzen, die sie auf der Erde ausgestanden. Wolte er sie von dem Betrug der Angekoks damit überführen, daß sie ja noch keinen hätten in den Himmel oder in die Hölle fahren sehen, indem sie allezeit die Finsternis zu ihren Gaukeleyen erwehlen; so fragten sie, ob er dann GOtt gesehen habe, von dem er so viel zu sagen wisse. Es war schwer, diesen Leuten die mißverstandenen Begriffe zu benehmen, wenn sie einmal eine Wahrheit, z. E. daß GOtt allgegenwärtig, allmächtig und gütig sey und allen denen, die Ihn in ihren Nöthen anrufen, gerne helfe, sich zu allem ihrem Eigenwillen zu Nutze machen wolten. Und von dem tiefen Verderben der Seele und ihrer Heilung konten sie sich gar keinen Begrif machen.

§. 25.

Zwo Familien hatten in den Mißions-Wohnungen überwintert. Diese Leute hatten wol einige Stükke der Christlichen Lehre gefaßt, konten auf ein und andres antworten, und hätten sich schon auch taufen lassen, wenn es dem Herrn Egede um Leute zu thun gewesen wäre, die um eines Pathen-Geschenks und besserer Versorgung halber eine Taufe annehmen, davon sie weder Verstand noch Nutzen haben. Er konte aber kein Zeichen der Herzens-Aenderung, ja auch nur einiger Bewegung und Verlangens bey ihnen bemerken, und muste sie also eben so unempfindlich, als sie gekommen, wieder fahren lassen. Doch liessen sich ein paar Knaben
bere=

bereden, bey ihm zu bleiben, und wurden mit dem Schif nach Copenhagen geschikt, damit sie bey ihrer Rükkunft ihren Landsleuten einen bessern Begrif von Dännemark machen könten, als sie aus dem bisherigen Umgang der Fremden gefaßt hatten.

Im folgenden Jahr 1725. kam der eine Grönländer Namens Poek von Copenhagen zurük. Sein Camerad war auf der Rükreise zu Bergen gestorben. Was er den Grönländern vom Dänischen Reich, von der Königlichen Herrschaft (der er präsentirt worden) vom Hof-Staat, von Kirchen und andren prächtigen Gebäuden und von vielerley Gnaden-Bezeugungen erzehlte, das erwekte bey ihnen grosse Verwunderung, und die Geschenke, die er mitbrachte, bey mehreren das Verlangen, eine solche Reise zu thun. Was sie von der Hoheit und Gewalt des Königs hörten, wirkte bey diesen Leuten, die denjenigen, der die meisten Seehunde fangen kan, für den grösten und reichsten Herrn halten, ein besonders Nachdenken, woraus sie sich einige, dabey aber fürchterliche Vorstellung von GOtt, als dem Ober-HErrn aller Könige, machten, zumal da sie hörten, daß der König bey aller seiner unumschränkten Macht, doch auf seiner eigenen Unterthanen, der Priester, Stimme höre, wenn sie GOttes Willen verkündigen. (*)

Allein, so gut es dem Poek in Europa gefallen, so bekam er doch bald wieder Lust zu seiner vorigen Lebens-Art, und wolte mit einer Weibs-Person von der Colonie weg nach Süden fahren. Mit vieler Mühe überredete man ihn zu bleiben, und eine bey der Colonie woh-

---

(*) Herr Professor Egede hat einige dieser Begriffe in einem Grönländischen Gespräch zwischen Poek und seinen Landsleuten verfaßt, und nebst einem Gespräch zwischen einem Mißionär und Angekok, seiner Grönländischen Grammatik angehängt.

wohnende Grönländerin zu heirathen, die eben auch nicht wenig Schwierigkeit machte, einen Menschen zu nehmen, der durch eine ausländische Lebens-Art sich gleichsam erniedrigt hätte. (*)

Sonst hatte der Missionarius mit vieler Mühe noch ein paar Knaben von den Grönländern bekommen, und da die Eltern, die fast keinen Tag ohne ihre Kinder leben können, sie wieder abholen wolten, durch Geschenke und gütige Vorstellung, daß sie erst was rechtes lernen müßten, ehe sie andere unterrichten könten, behalten. Einer von denselben wurde kurz vor seinem Ende getauft, und der Missionarius Top hatte den nach Nepisene mitgenommenen Knaben, nachdem er die Fragstüke Christlicher Lehre beantworten konte, getauft und Friedrich Christian genant.

Die Sprache machte dem Herrn Egede nicht weniger Mühe, indem er immer wieder cassiren mußte, was er eine Woche vorher recht gefaßt zu haben dachte. Doch brachte ers mit Hülfe seiner Kinder, die im Umgang mit den Grönländischen Kindern, sonderlich in der Aussprache, alles leichter und gründlicher faßten und ihm auf Befragen eher Grund geben konten, so weit, daß er einen Anfang zur Grönländischen Grammatik machte, und einige Sonntags-Evangelia nebst beygefügten kurzen Fragen und Erklärungen übersetzte. Er bediente sich auch seines ältesten Sohnes in Unterweisung der Grönländer, weil er sich ihnen gefällig machen, und sie ihn besser verstehen konten.

§. 26.

Mit den zwey von Bergen gekommenen Schiffen hatte man die fröliche Nachricht, nicht nur von eifriger Fortsetzung des Werks, sondern auch von kräftiger Unterstützung desselben vermittelst 50000 Reichsthaler

---

(*). S. Andersons Nachrichten von Grönland, Seite 275.

thaler Schatzungs-Gelder erhalten. Das eine Schif solte auf der Rükreise Südwerts handeln, und das andre Nordwerts zu der neuen Colonie bey Nepisene gehen. Dahin hatte Herr Egede schon vorher im April eine Reise gethan, und dasige Colonisten ganz wohl angetroffen; wiewol sie wegen grimmiger Kälte so wenig als die Grönländer mit dem Wallfisch-Fang hatten ausrichten können. Desto unerwarteter und schmerzlicher war es ihm, als im Junio das nach Nepisene gegangene Schif nicht nur mit dem daselbst überwinterten Schif, sondern auch mit allen dasigen Colonisten zurükkam, weil sie, wie sie sagten, nicht gnugsamen Proviant auf ein ganzes Jahr hätten. Die mit so vielen Unkosten errichteten Häuser blieben also leer stehen, und man bekam nicht lange drauf Nachricht, daß sie von fremden Handels-Leuten angezündet worden.

Herr Egede hatte auch acht bis zehn Meilen Nord von Godhaab einen bessern und zur Fischerey und Jagd bequemern Platz ausgesucht, wohin er die Colonie vom Bals-Revier zu versetzen gedachte; that selber nochmals zwo Reisen dahin, und ließ mit Steinbrechen Anstalt zum Bau machen. Weil aber das Holz nicht gleich dahin gebracht werden konte, so wurde dieses Vorhaben aufgeschoben und endlich gar aufgehoben.

Auf dieser Reise krigte er einen verdrießlichen Handel mit einem Grönländer, der sich im vorigen Jahr, da man seinem Kinde die Amuleta abgerissen, in einen heftigen Wort-Wechsel eingelassen und behauptet hatte, daß der Grönländer ihr Torngarsuk kein solcher schlimmer Teufel, wie die Mißionarii ihn beschreiben, sondern ein guter Geist sey, und daß er nicht eher glauben wolle, daß ein GOtt im Himmel sey, bis man ihm denselben zeige. Dieser Mann wolte sich itzt rächen mit seinem bösen Maul, bekam aber was darauf, und da er sich zur Wehr setzen wolte, mußte er mit noch mehrerm vorlieb nehmen. Dem

Dem Kaufmann aber wäre ein solcher Handel beynahe übel gelungen. Denn da derselbe, auf einer Reise nach Süden, einem Angekok, der wie er meynte, ihn und seine Leute verhexen wolte, während der Handlung in Beyseyn vielen Volks, aufs Maul schlug, so grif derselbe nach Bogen und Pfeil, und der Kaufmann mußte froh seyn, daß er mit einer Flinte, die doch nicht geladen war, den Grönländern so viel Schrekken einjagen konte, daß sie selbst den Angekok, der durch diese unanständige Behandlung fast rasend gemacht worden, zurükhielten, dem Kaufmann Schaden zu thun. Doch dabey blieb es nicht. Ein Grönländer kan seine Rache meisterlich verbergen, aber nicht so leicht vergessen. Ein Angekok hatte einen mörderischen Anschlag gefaßt und seinen Leuten vorgestellt, daß die Grönländer in Süden sich vorgesetzt hätten, des Kaufmanns Aßistenten, wenn er der Handlung halber zu ihnen käme, umzubringen. Und weil nun auch der Kaufmann selbst mit den mehresten Leuten nach Norden gefahren, so sey es Zeit, den Priester mit seinem wenigen Volk zu überfallen, den Kaufmann bey seiner Rükkunft ebenfalls zu tödten und das auf der Colonie befindliche Handlungs-Gut unter sich zu theilen. Dieser Anschlag wurde dem Herrn Egede durch einen Grönländischen Knaben, der von ihm weggelaufen, und aus Furcht, mit Gewalt abgeholt und bestraft zu werden, wieder gekommen war, entdekt. Er ließ also gute Wache halten, bis der Kaufmann zurükkam, fuhr alsdann zu denselbigen Leuten, und ließ den Erfinder dieses mörderischen Anschlages gefangen nehmen; jedoch auf vieles Bitten der übrigen Grönländer bald wieder losgeben, nachdem sie alle versprochen, sich künftig ruhig zu halten. Des Aßistenten langes Ausbleiben beunruhigte ihn nicht wenig; er kam aber doch auch unbeschädigt wieder, mit der Nachricht, daß die Grönländer, bey denen er gewesen, ihn vor denen, die weiter Südwerts wohnen, sehr gewarnt hätten.

§. 27.

Das war eine bald vorübergehende Furcht; eine andre aber setzte sie in mehr Bewegung. Es ließ sich nemlich im Anfang des Junii 1726. da sehr viel Eis in der See trieb, ein gescheitertes Schif sehen. Weil sie nun nicht anders vermutheten, als daß dieses ihr aus Norwegen erwartetes Schif gewesen, und sie also dismal keinen Proviant zu hoffen hätten: so entschloß sich Herr Egede mit zwo Schalupen 50 Meilen Nord nach Süd-Bay zu fahren, wo die Holländischen Wallfisch-Fänger sich zur Rükreise versamlen, um Proviant von ihnen zu kaufen. Er mußte Tag und Nacht fahren, um nicht zu spät zu kommen und langte in fünf Tagen glüklich an, konte aber wenig bekommen, weil die Schiffe nicht gleich nach Hause, sondern erst auf die Americanische Seite auf den Wallfisch-Fang gehen wolten. Jedoch accordirte er mit einem Schiffer, daß er den Kaufmann nebst neun Mann mit nach Europa führen, und auf der Rükkehr von America bey der Colonie einlaufen und das Handels-Gut einnehmen solte. Indessen suchte man auf der Colonie sich so sparsam als möglich einzurichten. Es waren ihrer noch 21 Seelen, die hatten nebst dem, was sie von den Holländern bekommen, nicht mehr als drey Tonnen Erbsen, drey Tonnen Grütze, 11 Tonnen Maltz und 1700 Schifs-Zwiebak. Schiessen konten sie nichts, denn es fehlte an Pulver und Bley, und mit der Fischerey wolte es auch nicht recht gehen. Sie wolten also Seehunde von den Grönländern kaufen, das Fleisch mit ein paar Loth Grütze kochen, und die Fische anstatt der Butter, mit Sperma Ceti schmielzen. Allein sie konten auch wenig Seehunde von den Grönländern bekommen; denn sie sind sehr rükhaltend, wenn sie jemand in Noth sehen. Und an einer Portion Brod mußten sich nun acht Mann genügen lassen. Ihr Schrekken wurde verdoppelt, als ihnen die Grönländer,

der, vermuthlich aus Schalkheit, erzehlten, daß sie ein gestrandetes Schif meist unter Wasser hätten im Eis treiben und die Leute bis über die Knie im Wasser waten sehen, die gar jämmerlich geschrien und sonderlich sehr nach dem Priester gerufen hätten, vermuthlich um den Grönländern zu erkennen zu geben, daß sie vom Priester ein paar Boote holen solten, um sie zu retten. Sie hätten es aber mit dem Eis in die See treiben sehen und endlich aus dem Gesichte verloren. Hiezu kam noch, daß das holländische Schif nicht zur versprochenen Zeit bey der Colonie einlief. Und am 15ten Julii sahen sie den Kaufmann mit seinen Leuten, die sich auf das holländische Schif zur Rükreise begeben hatten, ganz allein in einem Boot ankommen. Man wußte nicht, was das bedeuten solte, wurde aber ungemein erfreut, als man hörte, daß sie unterwegs das zur Colonie bestimmte Norwegische Schif angetroffen und sich auf dasselbe begeben, es aber 10 Meilen Nordwerts verlassen hätten, weil es vor vielem Eis nicht hier einlaufen könte. Es wurde aber doch den vierten Tag in den Hafen gebracht. So erfreulich diese Hülfe dem Herrn Egede und seinen Leuten war, so sehr betrübte es ihn, zu vernehmen, daß ein anders gleich im Frühjahr ausgesendetes Schif verunglükket, und das glüklich angelangte wegen des Eises sich im August-Monat nicht zurük zu segeln getraute, sondern bey der Colonie überwintern mußte; woraus er gleich eine schlechte Wirkung bey der Compagnie zu Bergen muthmassen könte.

§. 28.

Und so kam es auch. Denn da im folgenden Jahr 1727. zwey Schiffe anlangten, vernahm man, daß die Compagnie zu Bergen sich gänzlich vom Grönländischen Handel losgesagt habe, weil sie keinen Vortheil dabey sahe, und niemand mehr etwas dran wagen wolte; obgleich der König aus besonderm Eifer für die

Aufnahme sowol der Handlung als der Mißion, derselben etlichemal und sonderlich mit der ansehnlichen Grönländischen Schatzung unter die Arme gegriffen hatte; auch nun bey allem schlechten Anschein, den Handel selbst fortzusetzen allergnädigst geruhete. Es kam auch ein Königlicher Commiſſarius mit, um zu unterſuchen, wie der Grönländiſche Handel mit einigem Vortheil fortgeſetzt werden könte.

Schon vor Ankunft der Schiffe hatte man für gut befunden, daß Albert Top, welcher vier Jahr mit Fleiß und Treue an der Bekehrung der Grönländer gearbeitet hatte, aber wegen seiner schwächlichen Leibes-Beschaffenheit in dem rauhen Lande nicht bestehen konte, mit einem Grönländiſchen Knaben nach dem Vaterland zurükkehren, den schlechten Zustand der Mißion unterthänigst vorstellen und um baldige Bewerkſtelligung der erforderlichen Anstalten bitten solte.

Herr Egede hatte bisher wenig Hoffnung gesehen, daß die Handlung so viel gewinnen würde, daß die Mißion davon unterhalten werden könte; suchte also ein Mittel ausfündig zu machen, dadurch die Mißion nicht nur für sich allein bestehen, sondern auch noch der Handlung Nutzen schaffen könte. Er erzehlt ausführlich in seiner Relation, S. 212. bis 220. wie er etliche Versuche in der Alchymie gemacht, die ihm aber nicht gelungen, und mußte sich also damit genügen lassen, daß der Allmächtige GOtt, (wie er sich ausbrükt) durch andere ihm noch unbewußte und vielleicht sehr unansehnliche Mittel seine Ehre in Bekehrung der blinden Grönländer, als welche er bey dieser kostbaren, aber vergeblichen Arbeit ganz allein bezielet, zu befördern wissen werde.

§. 29.

Indessen hatte er den Besuch der Grönländer fleißig fortgesetzt, auch bey einer Hungers-Noth eine Familie,

milie, die um Hülfe gebeten, abholen laſſen, worüber nicht nur das Boot in einem Sturm verloren ging, ſondern auch die Grönländiſche Frau mit ihrem Kinde ertrunk, und der Kaufmann, der ihnen helfen wolte, ſo weit in Gefahr gerieth, daß er mit genauer Noth gerettet werden konte. Und weil ſie ein paar Nächte in der Kälte (denn es war gleich nach Neujahr) ohne Obdach aushalten mußten, ehe man ſie finden konte, mußte man ein paar Leuten die erfrornen Fuß-Zähen abnehmen.

Herr Egede fand zwar bey den Grönländern nunmehr Willigkeit ihn anzuhören, merkte auch bey den Sterbenden einige Andacht und ein Verlangen, an einen guten Ort zu kommen, und die Geſunden nahmen immer mehr im Glauben zu, wie ſie ſagten, weil ſie viele Proben hätten, daß GOtt ihr Gebet erhöret, wenn ſie in Lebens-Gefahr geweſen, oder nichts zu eſſen gehabt hätten. Ein und andrer bot ſich an, bey ihm zu bleiben, und er hätte, wenn es ihm um einen Haufen getaufter Heiden zu thun geweſen wäre, leicht eine Menge taufen können. Denn da er einmal in ſeinem Unterricht von der Taufe redete, kamen ſie alle und baten, daß er dieſe Handlung an ihnen verrichten möchte, und wunderten ſich, daß er an der Aufrichtigkeit ihres Glaubens und ihrer Liebe zu GOtt zweifelte. Allein zu dieſem Zweifel hatte er gnugſamen Grund, weil er bey allem ihrem Vorgeben, wie ſie alles, was er ihnen ſagte, ſteif und veſt glaubten, und noch immer mehr hören und glauben wolten, nicht nur gar keine Aenderung ihres Lebens, ſondern auch gar keinen Begrif und Empfindung von dem Verderben der Seele, und alſo auch keinen Kummer, kein Nachdenken, und kein Verlangen nach einem ſeligern Zuſtand bey ihnen wahrnehmen konte. Und daß ihre Lehr-Willigkeit ebenfalls nur eine entweder aus Furcht oder aus Gewinnſucht entſtanstandene Heucheley sey, mußte er gar oft zu seiner Betrübnis vernehmen, wenn nicht nur die bey ihm unterhaltenen Grönländischen Knaben, sondern auch die Handels=Leute berichteten, daß eben die Grönländer, die alles zu glauben vorgaben, in seiner Abwesenheit mit seinem Singen, Beten und Lesen die leichtfertigsten Spöttereyen trieben, und sich, nachdem sie darüber bestraft worden, nur desto andächtiger anstellten.

Bey den Kindern und jungen Leuten sahe er mehr Hoffnung, das Christenthum auf eine geziemende und fruchtbare Weise befördert zu sehen: allein diese Hoffnung war fast unmöglich zu erreichen, weil er diese jungen Gemüther wegen des beständigen Herumziehens der Eltern nicht genugsam unterweisen und abwarten konte; daher er im Jahr 1726. nur einen kranken Knaben, der vorher unterrichtet worden, und in diesem Jahr des obgedachten Poeks kleines Kind, im folgenden Jahr aber auch die Eltern taufte.

§. 30.

So schwach es nun bisher sowol mit der Handlung als Mißion ausgesehen, daß auch des muthigen und unermüdeten Mißionarii Hoffnung wegen Fortsetzung derselben mehr als einmal gewanket hatte: so große Anstalten wurden im Jahr 1728. vorgekehrt, nicht nur beyde zu unterstützen, sondern auch zu erweitern und beständige Colonien zum Landbau anzulegen. Es kamen vier wo nicht fünf Schiffe, darunter auch ein bewafnetes, aus dem Vaterland an, und brachten Materialien, Geschütz und Munition mit, zu Anlegung eines Castells und einer neuen Colonie, nebst gehöriger Garnison, unter dem Commando des Major Paars als Gouverneurs und des Capitain Landorph als Commendanten, welche sowol die Handlung, als die Grönländer, die um Schutz gegen einige Schiffe gebeten, von denen sie ihrer Wallfisch=Barden und Spek beraubt

raubt worden, beschützen solte. Es wurde von Copenhagen eine ziemliche Anzahl verheiratheter Leute, darunter Maurer, Zimmerleute und dergleichen Handwerker waren, die theils freywillig gingen, theils aus dem Castel und Zuchthause genommen und copulirt wurden, dahin transportirt, um das Land zu bevölkern und anzubauen. Die Officiers brachten Pferde mit, auf welchen sie über die Berge reiten und das verlorne Grönland entdekken solten; und zu gleicher Zeit solte eins von den Schiffen auf der Rükreise nochmals versuchen, auf der Ost-Seite aus Land zu kommen.

Mit diesen Schiffen bekam Herr Egede auch zween Collegen an Herrn Ole Lange und Heinrich Milzoug. Hingegen ging sein ältester Sohn nach Copenhagen zurük, um seine Studia fortzusetzen. Mit ihm wurden ausser dem Poet und seinem Weibe, nunmehro Christian und Christina, auch zween Grönländische Knaben und ein Mägdgen übersandt, nachdem sie kurz vorher in Gegenwart der Herren Officiers ihr Glaubens-Bekentnis abgelegt und in der Taufe Carl, Daniel und Sophia Magdalena genant worden.

Man machte sogleich Anstalten, die Colonie von der bisherigen Hoffnungs-Insel zwey Meilen weiter Ostwerts aufs veste Land zu versetzen und mit den nöthigen Gebäuden zu vermehren. Allein es riß gar bald eine anstekkende Krankheit unter dem Volk ein, die Herr Egede nicht für den gewöhnlichen Scharbok ansahe, sondern der unordentlichen Lebens-Art und dem Mangel der Bewegung zuschrieb, weil von den See-Leuten und denen schon vorher bey der Colonie gewesenen Leuten, die eine beständige Arbeit hatten, nur wenige angestekt wurden. Die tauglichsten Leute und die Handwerker sturben weg, und weil die Pferde nicht ordentlich gewartet werden konten, so crepirten sie alle. Es wurde also nicht nur in die Reise über die Berge (wiewol dazu die Pferde ohnedem nicht zu brauchen waren) sondern auch in die zu errichtenden Colonien zum Landbau ein grosser Strich gemacht. Das gefährlichste war, daß diese Leute gleich Anfangs, da sie sahen, daß Grönland kein gelobtes Land sey, und daß sie nicht viel zur Schwelgerey bekommen könten, in Mißvergnügen und Uneinigkeit geriethen, die endlich eine Meuterey unter den Soldaten wirkte, dabey weder der Gouverneur, noch der Mißionarius, den sie für die Ursache dieses Transports und ihrer elenden Umstände hielten, des Lebens sicher waren. Daher mußte ein jeder, auch Herr Egede, der vorher in den Hütten der Wilden sicher schlafen können, (wie ers ausdrükt) sich nun gegen seine Mit-Christen mit geladenem Gewehr über dem Bett versehen und Wache halten. Es war also ein Glük für diese Herren, daß solches Volk von der Krankheit aufgerieben wurde, und eine Wohlthat für die armen Grönländer, daß sie von Menschen befreyt wurden, von denen sie nicht viel gutes hätten lernen können.

§. 31.

Dieses Sterben währte bis in den Frühling 1729. da man die noch übrigen Kranken zu den Grönländern führte, und mit dem unter dem Schnee hervorsprossenden Löffel-Kraut doch noch einige vom Tode rettet. So sehr nun auch die Mannschaft geschmolzen war, so suchte doch der Gouverneur dem Königlichen Befehl wegen der Reise auf die Ost-Seite nachzuleben, und begab sich den 25 April mit seinem Lieutenant und des Kaufmanns Aßistenten nebst fünf Mann durch die Amaralik-Fiorde auf den Weg; kam aber den 7 May unverrichteter Sache zurük, weil er das ganze Land mit Eis überdekt gefunden, welches nicht nur so glatt und uneben, daß man nicht drauf stehen können, sondern auch voller grosser und kleiner Risse gewesen, daraus vieles Wasser mit grossem Sausen herausgequollen.

Hier-

Hierauf machte man Anstalt, die neue Colonie nebst dem Castell bey dem öfters gedachten Nepisene aufzurichten, und setzte solches auch ins Werk; ob man gleich durch ein holländisch Schif mit der Nachricht von der grossen Feuers-Brunst in Copenhagen erschrekt und wegen künftiger Unterstützung zweifelhaft gemacht wurde. Man erhielt aber gleichwol mit den vaterländischen Schiffen nicht nur die allergnädigste Versicherung, daß das Werk, wie bisher, eifrigst fortgesetzt werden solte, sondern auch neue Bau-Materialien, und einen Befehl für den Lieutenant Richard, auf der Rükreise mit dem überwinterten bewafneten Schiffe einen Zugang zu der Ost-Seite zu suchen. Derselbe aber konte ebenfalls wegen Eis und Sturm nicht zum gewünschten Zwek gelangen.

§. 32.

Die Grönländer sahen freilich die starke Vermehrung der Ausländer nicht gern, zumal da so viele bewafnete Leute kamen, vor denen sie sich fürchteten. Und da dieselben häufig wegsturben, hielten sie es für eine gewisse Wirkung der Kunst eines berühmten Angekoks, der die Kablunaks mit seiner Hexerey zu tödten versprochen hatte. Da sie aber doch nicht alle sterben wolten, und besonders der Priester nicht, den sie für den eigentlichen Herrn der Ausländer hielten, so zogen die mehresten aus der Gegend weg in die Disko-Bucht. Es wurde also die Mißion durch diese Anstalten mehr gehindert als befördert.

Indessen war Herr Egede mit seinen zween neuen Collegen in eine Conferenz getreten, worinnen er ihnen in einem schriftlichen Aufsatz vorstellete: Weil er sehe, wie bey den erwachsenen Grönländern aus Mangel der Anstalten nichts weiter ausgerichtet werde, als daß sie dem Wort einen kaltsinnigen Beyfall, ohne Nachdenken über ihr Elend und ohne Verlangen nach der Gnade, geben;

geben; und er doch nicht gern seine Zeit ohne Frucht hinbringen wolle; noch weniger die armen unschuldigen Kinder ohne Taufe hinsterben sehen könne: so habe er sich mit GOtt entschlossen, die Kinder solcher Eltern, die der wahren Religion Beyfall geben, der heiligen Taufe theilhaftig zu machen, in Hoffnung, daß die Eltern in der Nähe bleiben und die Kinder künftig durch gnugsame Catecheten in der Erkentnis und Furcht GOttes unterweisen lassen würden.

Beyde Collegen fielen seiner Meynung bey, und Herr Ole Lange bestärkte dieselbe in einem schriftlichen Bedenken mit verschiedenen Argumenten. Sie erhielten auch das Jahr drauf des hochlöblichen Mißions-Collegii Approbation, jedoch unter folgenden Bedingungen: 1.) wenn die Eltern nicht dazu gelokket, noch weniger gezwungen würden, sondern ihren freyen Willen gäben; 2.) wenn sie es nicht aus Superstition verlangten, als ob die Taufe den Kindern zur Leibes-Gesundheit und Stärke helfen werde, so wie sie ehedem verlanget, daß der Mißionarius die Kranken anblasen möge; 3.) wenn sie sich verbänden, ihre getauften Kinder mit der Zeit unterweisen zu lassen; daher auch die Mißionarii ein richtiges Verzeichnis zu halten hätten, damit sie wüßten, welche Kinder getauft worden, und wo sie hingekommen, um nicht aus Irrthum eine Wieder-Taufe vorzunehmen; Erwachsene aber müßten sie nicht eher taufen, als bis sie in den nothwendigsten Stükken der Christlichen Religion unterwiesen worden, und ein wohl geprüftes Verlangen nach der Taufe an sich spüren liessen.

Herr Egede machte also den 11 Febr. 1729. in den Kokörnen den Anfang, mit 16 Kindern solcher Eltern, die dazu nicht nur willig waren, sondern auch selbst getauft zu werden begehrten. Er continuirte damit in den übrigen Inseln, wie auch auf seinem ehmaligen Wohn-Platz in Kangek, und meldet, daß darunter etliche gewesen, die schon selbst auf die vorgelegten Fragen haben antworten können. Zur Unterweisung dieser Kinder mußte er sich des getauften Grönländischen Knaben Friedrich Christian bedienen, den er dann und wann in die Inseln schikte, ihnen und den Eltern vorzulesen. Er selbst hatte nun selten Zeit und Gelegenheit zu den Heiden zu kommen. Denn obgleich so grosse und kostbare Anstalten zu Beförderung der Mißion gemacht worden; so waren doch bishero die meisten und tauglichsten Leute weggestorben, und die übrigen, ausser einigen wenigen, die mit der Handlung genug zu thun hatten, nebst den Fahrzeugen nach Nepisene gebracht worden.

§. 33.

Mit dieser neuen Colonie wolte es doch auch nicht recht gehen. Das Schif, das wegen des Wallfisch-Fanges daselbst überwintert hatte, bekam gar nichts, und das Handels-Schif sehr wenig, weil die Grönländer ihre besten Waaren vor den Dänen versteken, um sie andren Schiffen, da sie alles wohlfeiler haben konten, zu verkaufen.

Durch das lange Ausbleiben der Schiffe geriethen sie im Jahr 1730. abermal wegen des Proviants in grosse Verlegenheit, welche dadurch vermehrt wurde, als eine mit Proviant beladene Schaluppe, bey Godhaab, mit Verlust eines Mannes verunglükte, ein Boot, das ihr zu Hülfe kommen solte, ebenfalls im Eis zerschlagen wurde, und der noch übrige Proviant aus einer andren Schaluppe mehrentheils in die See geworfen werden mußte, um die Menschen zu retten. Doch kam endlich am 2 September das Schif glüklich bey Godhaab an, konte aber, weil der Winter vor der Thür war, nicht nach Nepisene kommen. Mit diesem Schif wurden allerley

lerley Bau-Materialien übersandt, um in den Thälern, wo ehedem die Norweger gewohnet, Häuser aufzubauen, die man künftig mit Isländischen Familien zu besetzen dachte.

§. 34.

Allein alle diese mit so vielem Eifer, Mühe und Unkosten begleiteten Absichten schienen mit dem in eben diesem Jahr erfolgten Tode des Königs Friedrich IV. auf einmal auszusterben. Denn da die Regierung unter Christian VI. nicht sahe, wie durch die Handlung und Aufrichtung der Colonie die seit so vielen Jahren angewandten und noch immerhin erforderlichen Kosten erstattet werden könten, anbey die Heiden-Bekehrung diese 10 Jahre so schlechten Anschein gegeben hatte; so brachte das Schif im Jahr 1731. einen Königlichen Befehl mit, daß beide Colonien aufgehoben werden und alles Volk zurük kommen solte. Zwar wurde dem Herrn Egede freygestellt, ob er mit zurük kommen oder im Lande bleiben wolte; da er dann so viel Leute, als von selbst dazu willig wären, nebst Proviant auf ein Jahr behalten könte: jedoch mit dem ausdrüklichen Bedeuten, daß sie keine weitere Hülfe zu erwarten hätten.

Auf diese Willkühr konte sich niemand entschliessen, bey ihm zu bleiben. Mit den Soldaten, die man ihm überlassen wolte, war ihm nicht gedient, und die Matrosen, die er brauchen konte, wolte man ihm nicht lassen. Er wäre also genöthigt gewesen, mit einem schweren und betrübten Herzen nach 10 jähriger Mühe und Arbeit dieses, so lang und eifrig gesuchte Land, nebst den 150 Kindern, die er schon getauft hatte, zu verlassen; wenn nicht zu allem Glük die Schiffe zu klein gewesen wären, alles zu den zwo Colonien gehörige Gut einzuladen. Da nun dieses nebst den Häusern den Grönländern oder fremden Schifleuten hätte

preiß

preiß gegeben werden müssen: so brachte er es doch mit seinen Vorstellungen so weit, daß ihm 10 Matrosen nebst gnugsamem Proviant auf ein Jahr überlassen wurden; wogegen er sich verpflichtete, die Capitains gehörig zu befriedigen, wenn einige von ihnen zu Schaden kommen solten. Ja er übernahm, die Handlung durch seinen zweyten Sohn auf sein Risico fortzusetzen, und, wenn auch übers Jahr kein Schif kommen solte, (darum er doch inständig bat) das Erhandelte durch fremde Schiffe an gehörigen Ort einzusenden.

So beständig war dieser eifrige Mann, sein im Glauben angefangenes Werk unter den Ungläubigen fortzusetzen, ob er gleich bisher noch wenig Frucht davon gesehen, und nun wenigstens ein Jahr lang zwischen der bangen Furcht und Hoffnung schweben mußte, ob er jemals vom Vaterland aus besucht und unterstützt, oder gar verlassen werden würde. Seine zween Collegen gingen mit dem Gouverneur, Commendanten und übrigen Leuten nebst sechs Grönländern, die die Officiers angenommen hatten, wieder zurük; und es währte nicht lange, so erhielt Herr Egede durch die Grönländer Nachricht, daß die Colonie bey Nepisene aufs neue von fremden Schifleuten zerstört und alles dabey noch befindliche Geräthe verbrant worden.

§. 35.

Bey solchen schweren Umständen, die der Mißion den Untergang droheten, mußte Herr Egede das Taufen der Grönländischen Kinder gänzlich einstellen, nicht nur, weil er nicht wußte, wie lange er würde bleiben und für deren Christliche Auferziehung sorgen können, sondern hauptsächlich darum, weil er sahe, daß mit den Eltern gar nichts anzufangen war. Denn da er sie noch vor diesem Umsturz ersuchte, daß sie ihm nach und nach

einige

einige Kinder einen Monat lang auf die Colonie in seine eigene Verpflegung geben möchten, damit er ein Häufgen nach dem andern unterweisen könte: so wolten sie dieses gar nicht bewilligen, und so oft er sie besuchen kam, hatten sie dieselben versteckt, aus Furcht, daß er sie ihnen wegnehmen und bey sich behalten würde; so daß er sie nicht einmal mehr wie vorher, in ihrer Eltern Hause unterrichten konte. Sie bezeugten zwar, wie ungern sie die schleunige Wegreise der Europäer sähen, und konten die wahre Ursache, daß so viele Leute mehr kosteten, als sie hier erwerben könten, nicht fassen: weil sie meynten, daß entweder ein solcher reicher Herr, in dessen Lande so viel Brod und Fleisch ist, wol mehr Leute, als die hiesigen erhalten würde: oder daß sie ja allenfalls wie die Grönländer leben könten. Und da man ihnen zur Ursach des Abrufs anführte, daß man bisher gesehen, wie sie so wenig nach GOtt und seinem Wort fragten und sich nicht bekehren wolten: beschwerten sie sich gar sehr, daß man sie bey dem König verleumdet habe, und bezeugten, wie gern sie hörten und alles glaubten, was ihnen der Priester sage; wie sie dann auch bewiesen hätten, daß sie den König ehrten, indem sie, da eine Schatzung von ihnen begehrt worden, viele Tonnen Spek gegeben hätten. Allein wie wenig auf ihren vorgegebenen guten Willen und Verlangen nach GOttes Wort zu bauen war, wurde Herr Egede gar bald inne, da die meisten, deren Kinder er getauft, und die ihm vor der Taufe versprochen hatten, in der Nähe zu bleiben und ihre Kinder Christlich erziehen zu lassen, sich so weit zerstreuten, daß ihnen nicht nachzukommen, und also die Hoffnung, sowol sie als ihre Kinder zu gewinnen, so bald nicht zu erreichen war.

Durch viele Arbeit, Verdruß und Kummer war der Mißionarius auch so abgemattet, und mit einer beschwerlichen Brust-Krankheit befallen worden, daß er

nun

nun nicht leicht mehr zu den Heiden fahren konte, sondern die Unterweisung derselben meistens seinem Sohn, der den Spekhandel übernommen hatte, bey Gelegenheit zu verrichten überlassen mußte.

§. 36.

Ohnerachtet der Colonie keine weitere Hülfe versprochen worden, so ließ sich doch der König die kläglichen Vorstellungen des Mißionarii zu Herzen gehen, und schifte ihm im Jahr 1732. den benöthigten Proviant, jedoch ohne weitere Versicherungen. Seine Leute waren indessen mit dem Spekhandel ziemlich glüklich gewesen, und konten eine grössere Ladung mit zurük geben, als sie in einigem der vorigen Jahre bey allem Wohlstande vermocht hatten. Ja sie hätten dismal alle Unkosten eines Jahrs stopfen können, wenn sie nicht im verwichenen Herbst, just da die Handlung am besten war, zwey der grösten Fahrzeuge im harten Wetter eingebüßt hätten; daher sie im Frühjahr nicht ausfahren konten, und also die Handlung den fremden Schiffen überlassen mußten.

Mit dem Schif kamen auch ein paar Männer herüber, die von Godhaab aus die Fahrt nach der Ost-Seite entdekken, wie auch Mineralien in den Grönländischen Bergen aufsuchen solten. Sie unternahmen im folgenden Jahr die Reise in zwey Fahrzeugen mit 10 Mann, kamen aber nur bis in den 61sten Grad, und mußten wegen der Menge des Eises zurükkehren. Und von Mineralien entdekten sie weiter nichts, als etwas rothgelbe Farb-Erde und Bley-Erz.

§. 37.

Endlich wurde Herr Egede, nachdem er zwey Jahr zwischen Furcht und Hoffnung geschwebet, den 20 May 1733. bey der Ankunft des Schifs zugleich mit der

Nachricht erfreut, daß die Grönländische Handlung von neuen wieder angefangen und die Mißion fortgesetzt werden solte, wozu Jhro Majestät jährlich 2000 Reichsthaler zu schenken allergnädigst geruheten.

Mit diesem Schif kamen die drey ersten Heiden-Boten von Herrnhut, nemlich Christian David, Matthäus Stach und Christian Stach in Grönland an. Weil ich nun eigentlich die Mißions-Geschichte der Mährischen Brüder zu beschreiben habe: so breche ich mit der Historie der Dänischen Handlung und Mißion ab; zumal da es mir an Nachrichten von denselben fehlt, und überlasse dieselbe andren, denen es eigentlich zukommt, und welche die dazu benöthigten Materien erlangen können. Was zu der Wiederauflebung der gleichsam in den letzten Zügen liegenden Mißion Gelegenheit gegeben, wird zu Anfang der folgenden Mißions-Geschichte nebst dem, was noch mit Herrn Egede, bis zu seiner im Jahr 1736. erfolgten Abreise, hauptsächlich vorgefallen, mit berührt werden.

www.ingramcontent.com/pod-product-compliance
Lightning Source LLC
Chambersburg PA
CBHW032011300426
44117CB00008B/979